国家社科基金项目(20BZX069)

清代礼学思想研究

潘 斌 著

图书在版编目（CIP）数据

清代礼学思想研究 / 潘斌著. — 北京：商务印书馆，2023
ISBN 978-7-100-23199-2

Ⅰ.①清… Ⅱ.①潘… Ⅲ.①礼仪－思想史－研究－中国－清代 Ⅳ.①K892.9

中国国家版本馆CIP数据核字（2023）第213115号

权利保留，侵权必究。

清代礼学思想研究
潘斌 著

商　务　印　书　馆　出　版
（北京王府井大街36号　邮政编码 100710）
商　务　印　书　馆　发　行
三河市尚艺印装有限公司印刷
ISBN 978-7-100-23199-2

| 2023 年 12 月第 1 版 | 开本 880×1230 1/32 |
| 2023 年 12 月第 1 次印刷 | 印张 13 3/4 |

定价：86.00 元

序

礼是中国古代社会关于祭天祀祖、区分尊卑上下和维护宗法社会秩序的一套仪节制度和行为规范,是人们在交际时用来表达感情意识和伦理思想的一种外在形式。礼是中国传统社会无所不包的社会生活总规范,也是中国传统文化的核心要素。围绕礼的阐释、研究而逐渐形成的礼学,是中国传统学术的重要内容。中国古代处处有礼学,研究中国传统文化处处会遇到礼学。

清代是中国礼学的高峰期,此时期从事礼学研究的学者众多,著述宏富。在被虞万里先生称之为"有清一代学人智慧之总汇"的《清经解》及《清经解续编》收录清人经学文献四百余种,其中"三礼"学文献共有六十七种,数量位列诸经之首。梁任公说:"试总评清代礼学之成绩,就专经解释的著作论,《仪礼》算是最大的成功。凌、张、胡、邵四部大著,各走各的路,各做到登峰造极,合起来又能互相为用,这部经总算被他们把所有的工作都做尽了。《周礼》一向很寂寞,最后有孙仲容一部名著,忽然光芒万丈。剩下的就是《礼记》,我们很不满意。《大戴礼》本来是残缺的书,有好几位学者替他捧场,也还罢了。就通贯研究的著作论,有徐、秦、黄三部大著,分量总算很重;其余碎金式的零册数篇,好的也不少。用从前经学家的眼光看,成绩不能不算十分优良了。"[1] 梁任

---

[1] (清)梁启超:《中国近三百年学术史》,商务印书馆2011年,第231页。

公于此所未列者如张尔岐、万斯大、李光坡、江永、盛世佐、方苞、吴廷华、张惠言、孙希旦等亦皆精于礼学，并留下了造诣精深的礼学文献。

清代礼学之盛，引起了学术界的重视。近年以来，学界关于清代礼学研究的动向大致可从以下两个方面来看：一是清代礼学文献的整理方面取得了不菲的成绩。王文锦先生整理的《周礼正义》（中华书局1987年）和《礼书通故》（中华书局2007年）、段熙仲先生整理的《仪礼正义》（江苏古籍出版社1993年）、方向东先生和王锷先生整理出版的《五礼通考》（中华书局2020年），都是近年以来清代礼学文献整理方面的重要成果。二是清代礼学史研究方面成果丰硕。清代礼制史研究方面的代表性成果有陈戍国先生所著《中国礼制史》（湖南教育出版社2011年）、汤勤福先生主编的《中华礼制变迁史》（中华书局2022年）。清代礼经学史研究方面的代表性成果有林存阳的《清初三礼学》（社会科学文献出版社2002年）、潘斌的《清代"三礼"诠释研究》（人民出版社2021年）、邓声国的《清代〈仪礼〉学史》（人民出版社2021年）。清代礼学思想史研究方面的代表性成果有台湾地区张寿安研究员的《以礼代理——凌廷堪与清中叶儒学思想之转变》（河北教育出版社2001年）和《十八世纪礼学考证的思想活力——礼教论争与礼秩重省》（北京大学出版社2005年）。此外，美籍华人周启荣的《清代儒家礼教主义的兴起》（天津人民出版社2017年）是海外学者研究清代礼学思想史的代表性著作。清代礼学与社会互动方面研究的代表性成果有吴丽娱先生主编的《礼与中国古代社会》（中国社会科学出版社2016年）。虽然近年以来学界在清代礼学研究的各个方面皆有成果，但是相关研究重在文献整理和礼制史、礼经学史研究方面。

至于清代礼学思想史的研究，虽然也有张寿安、周启荣等人的著作问世，但是相对于清代礼经学史和礼制史研究来说仍显薄弱。

礼学研究者潘斌在清代"三礼"学文献研究的基础之上，又耗费数年时间和精力从事清代礼学思想研究，成《清代礼学思想研究》一书。该书的成就和特色主要可以从以下几个方面来看：

第一，该书的结构合理，能较完整地呈现清代礼学思想之面貌。

清代礼学思想可以分为两个层次，即经学家、思想家个人的礼学思想，以及清代某个时期或整个清代礼学思想。因此，从事清代礼学思想之研究，既要重视经学家、思想家的礼学思想的个性之探讨，还要重视清代各个时期以及整个清代的礼学思想共性之归纳。举例来说，清前期礼学家、思想家的礼学思想有着鲜明的个性，各家礼学思想的侧重点不同，如王夫之、颜元重视礼乐，陈确则更关注礼俗；顾炎武重视从历史的角度考察历代礼俗，颜元则在人性检讨的基础上谈制礼作乐。然而在清初的世风和学风之下，王、颜、陈、顾的礼学思想还有其共性，比如他们都关注礼与移风易俗的关系。该书既有王、颜、陈、顾等人礼学思想的个案研究，也有清初礼学思想的综合研究，这种点与面的结合，对于全面呈现清初礼学思想的面貌是有帮助的。该书在清初礼学思想的研究方面如此，在清中期和晚期礼学思想的研究方面亦然。

第二，该书于清代礼学思想之研究，丰富了清代礼学研究的内容。

清代礼学有多个层面的内容，然而囿于清代学术的"特色"，不少人在从事清代礼学研究时，将重点放在了清代的考据礼学方面。比如清代孙诒让的《周礼正义》、胡培翚的《仪礼正义》、孙希旦的《礼记集解》等,今人已从考据学的角度对这些文献的版本、成书过程、训诂体式等皆做了系统的研究。不过,对于清代的义理礼学,学界的关注程度不高,研究成果也不多。潘斌在对清代礼学文献进行研究的基础上,对清代的义理礼学做了深入的考察,涉及清代礼学与理学的关系、礼学与经世思潮的关系、礼学与今古文之辨的关系等。即便是考察清代礼书,也不是将重点放在版本、校勘、文字、训诂和名物制度的考证方面,而是透过礼书文本以窥撰著者的诠释动机和思想内涵。该书从思想义理的角度所做的研究,对于丰富清代礼学研究的内容起到了推动作用。

第三,该书于清代礼学思想所做之研究,可以改变一些人对清代学术的认识。

有些人习惯性地将中国学术史分为先秦子学、汉代经学、魏晋玄学、隋唐佛教和清代实学(或朴学)五个方面。这种分法大体上是符合实际的,因为这种分法抓住了中国各个时期学术思想最重要和最有特色的内容。不过这种分法的弊端是容易让人忽略各个时代学术思想的全貌。每个时代的学术思想既有创新的内容,也有承继延续前代的内容。创新的内容有鲜明的时代特色,容易受到后世研究者的重视;而承继前代的内容以温和的批判为前提而存在,相对于"创新"的内容来说,时代特色不甚明显。不过,这些承继既往的学术思想影响着当时社会的方方面面,可谓当时学术思想之底色。比如人们一说清代学术,脑海里首先想到的就是考据学,因为考据学是清代学术中最有特色也是成就最高的内容。不过除了考据学,清代学术还有很多方面,比如明清之际的经典辨疑思潮、经世思潮,晚清的今文学思潮,以及伴随整个清代的理学思潮。即便是在考据学如日中天的乾嘉时期,戴震、章学诚、凌廷堪、程瑶田等擅长考据的学人在义理学方面仍然卓有建树。也就是说，清代学术虽然以考据为特色，不过清代并不缺乏思想家，清代学人也不缺乏思想。相反，清代是思想家辈出的时代，这些思想家在当时的社会背景下，对理学、今古文经学等进行批判和继承，从而构建起新的学术思想体系。在不少人看来，礼学就是名物典制之学，即所谓"实学""朴学"。于是礼学的繁荣，就成为清代考据学繁荣的重要证据。不过，潘斌独辟蹊径，他以"礼学思想"作为研究视角，通过对有清一代各个时期的礼学家、思想家的关于礼的思考和阐释内容详加探讨，以证明清代礼学不仅有考据，还有丰富的"思想"。更进一步说，清代学术不仅有考据，而且有"思想"。

第四，该书所采用的资料十分丰富，立论皆是建立在扎实的文献基础之上。

因为该书所关注的焦点是清代礼学"思想"，因此在资料的选择方面与经学史研究有所不同。比如江永的礼学文献有《周礼疑义举要》《仪礼释例》《礼记训义择言》《礼书纲目》等，然而潘斌在从事江永礼学思想的研究时，重点考察的是江永《昏礼从宜》。之所以如此，是因为江永的其他礼学文献重在考据，而《昏礼从宜》重在义理。此外，潘斌重视采用清人文集。清人文集中有不少关于论礼之内容，这些论述对于探讨清人的礼学思想有着十分重要的意义和价值。比如《陈确集》中关于丧葬礼的论述，是探讨陈确礼学思想的重要材料；《颜元集》中的《颜习斋先生言行录》，是探讨颜元的礼学观的重要材料；程瑶田的《论学小记》是研究程瑶田关于礼与理、礼与性情关系的重要文献。该书还十分重视史书所载与礼相关人物、事件和观点，对这些人物、事件和观点的考察，对于呈现清人对礼的态度和应用情况颇有助益。该书特别重视清代官修实录，在实录爬梳的基础上，归纳出了清代统治者的礼教思想。

清代礼学思想研究不是一件容易的事。潘斌所做的研究也有需要进一步深化的地方。比如清代统治者的礼学思想，该书主要涉及顺治、康熙、雍正和乾隆诸帝，至于乾隆之后诸帝的礼学思想则没有涉及；晚清礼学思想的研究，还可以深化。不过瑕不掩瑜，潘斌对清代礼学思想所做研究是清代礼学史和学术史研究方面的重要成果。我相信，该书的出版，必将推动中国礼学研究的深入开展。

我与潘斌是礼学同道，有着近十年的交谊。潘斌曾是我主持的课题《三礼学通史》的核心作者，如今又参与我主持的课题《中国礼学大百科全书》，承担"礼学文献编"的撰写工作。承蒙潘斌的信任，书稿完成后即赐下让我先睹为快，并索序于余。辞不获命，遂不揣浅陋，写下以上感想，权充此书弁言。

丁鼎
2023年春于济南

目 录

绪 论 1
　一、研究之目的和意义 1
　二、研究之现状 6
　三、研究之思路和方法 12

第一章　明清之际的礼学思想 15
　第一节　明清之际的世风学风与礼学的兴起 17
　　一、晚明世风与礼学的异军突起 17
　　二、对阳明学的批判与礼学求实精神的张扬 26
　　三、清初理学复兴与礼学的研究和应用 35
　第二节　明清之际思想家对儒礼的反思 49
　　一、陈确礼学的心性论基础和遗民情结 49
　　二、黄宗羲礼学的遗民情结和实证精神 64
　　三、顾炎武的礼俗观及其对清代学术的影响 82
　　四、王夫之礼学的思辨精神和经世取向 100
　　五、颜元礼学的人性论基础和实用精神 119
　　六、姚际恒礼学的辨疑精神及影响 138

第二章　清代的礼学与理学 151

第一节　清廷对礼学和理学的态度 151
第二节　清代理学官僚的礼学思想 159
　　一、方苞对礼经的态度及其礼教思想 160
　　二、朱轼的礼教思想与实践 175
　　三、曾国藩以礼统合汉宋之学及其礼教实践 193
　　四、郭嵩焘超越汉宋的礼学观及其外交礼仪实践 217
第三节　朱子家礼学思想在清代的传播和应用：
　　　　　以巴蜀和徽州为例 233
　　一、朱子家礼学思想在清代巴蜀地区的传播和应用 234
　　二、朱子家礼学思想在清代徽州地区的传播和应用 250

第三章　乾嘉礼学中的考据与义理 266

第一节　乾嘉考据礼学 266
　　一、礼经作者和成书问题之考证 267
　　二、礼学文献之校勘 274
　　三、礼例之归纳 286
第二节　乾嘉义理礼学 290
　　一、江永对礼与人情、风俗关系的辨析 290
　　二、戴震的礼学思想及其对清代学术的影响 305
　　三、程瑶田的礼学思想及其经世取向 319
　　四、凌廷堪的"复礼"思想及评价 339
第三节　乾嘉义理礼学与考据礼学之关系 362

第四章　晚清"以礼制平分今古"学说的兴起与衍变......370

第一节　廖平的"以礼制平分今古"学说......371
一、清人经学家法意识与"以礼制平分今古"学说的提出......371

二、廖平的治学经历与"以礼制平分今古"学说的关系......379

第二节　廖平"以礼制平分今古"学说之流衍......385
一、皮锡瑞对"以礼制平分今古"学说的发挥......385

二、刘师培对"以礼制平分今古"学说的承继......389

第五章　清代统治者的礼教思想......393

第一节　礼法合治、以刑弼教......393
第二节　文教是先、以礼化俗......401
第三节　保存满洲礼俗与接受儒家礼教并举......407

参考文献......412

后　记......425

绪　论

一、研究之目的和意义

"礼"是中国文化特有的概念或范畴，在西方语言中找不到与之对应的同义词，西方文化中也找不到与之相对应的概念。在翻译中文的"礼"时，有人将其译为英文的"etiquette"（礼节）；或将其译为"ceremony"（礼仪，礼节）；或将其译为英文词组"rites and regulations"（典礼、传统习惯和规则）。上述各种翻译都只是揭示了"礼"的部分内涵，而难以全面、完整、准确地表述"礼"的确切含义。"礼"是中国儒家学说的核心范畴，其既是伦理道德规范，也是社会政治理想，其通过对人们思想行为的引导、制约和规范来维护社会的安定和发展。"礼"这个概念范畴可以从多个角度或层次来理解：一是"礼书"，即记载礼仪、礼义的文本，比如"三礼"及其衍生文献；二是"礼仪"，即行礼的仪式和程序，这些仪式和程序十分复杂，内容极多；三是"礼物"，即行礼过程中需要的器物；四是"礼制"，即根据礼的核心要义制定的制度；五是"礼意"，即礼的意义；六是"礼俗"，即在礼的影响下形成的风俗习惯；七是"礼教"，即以礼从事教化。礼的各个层次或内容之间并非截然分离，而是你中有我、我中有你的相互依存关系。

围绕"礼"产生了一门学问，即"礼学"。如果从旨趣的角度来看，礼学可以分为"考据礼学"和"义理礼学"。"考据礼学"包括礼书作者和成书时代的考证，"三礼"经、注、疏的校勘，以及礼制、礼物的考辨等。"义理礼学"包括礼的哲学基础之探讨、礼意之掘发和阐释等。"考据礼学"与"义理礼学"互相关联，一方的存在以另一方的存在为前提。如果一个人对礼书、礼制不熟悉，那么其对礼哲学基础的探讨和意义的阐发就是无源之水、无本之木。反过来说，如果一个人不探讨礼的哲学基础和意义，那么其对礼书、礼制、礼物的认识也只能流于表面。在中国古代，有的礼学家偏重于"考据礼学"，比如宋代张淳《仪礼识误》主要是对《仪礼》中的文字进行辨析，清人卢文弨专事校勘，其《仪礼注疏详校》专门从事《仪礼》经、注、疏的校勘。还有一些学者既从事"考据礼学"，又从事"义理礼学"研究，这方面最典型的就是宋人朱熹。朱熹既有《仪礼经传通解》这样的礼学文献之编纂，也有礼在社会上的应用之设计（比如《家礼》），还对"礼"与"理""天理"之间的关系进行辨析。而有的学者不重视"考据礼学"，而专事"义理礼学"研究，这方面最典型的就是明人王守仁。王守仁虽然没有礼学方面的专门著作，不过其文集中有很多关于礼与心、礼与良知、礼与人情的相关论述。这些论述主要是关于礼的哲学基础和礼的意义的阐释。

清代是中国古典学术万流归宗的时代，同时也是中国礼学的繁荣时代。清代的礼学成就可从以下几个方面来看：

一是礼经学著述宏富。"三礼"（《周礼》《仪礼》《礼记》）是礼学的核心文献，也是礼学的重要载体，受到历代学者的特别重视。学者们对"三礼"的注释、阐发，形成了"三礼"的衍生文献。"三礼"及其衍生文献的研究，就是礼经学。清人在"三礼"

及其衍生文献的研究方面成果浩富，成就斐然。比如清前期张尔岐《仪礼郑注句读》、王夫之《礼记章句》、姚际恒《仪礼通论》、万斯大《周官辨非》《仪礼商》《礼记偶笺》、李光坡《三礼述注》、方苞《周官集注》《周官析疑》《仪礼析疑》《礼记析疑》，清中期江永《礼书纲目》《周礼疑义举要》《礼记训义择言》、盛世佐《仪礼集编》、杭世骏《续礼记集说》、吴廷华《三礼疑义》《仪礼章句》、戴震《考工记图》、程瑶田《考工创物小记》《仪礼丧服文足征记》、凌廷堪《礼经释例》、胡培翚《仪礼正义》、孙希旦《礼记集解》、朱彬《礼记训纂》，晚清黄以周《礼书通故》、孙诒让《周礼正义》、林昌彝《三礼通释》等，是清代礼经学的代表作。这些文献或从事于"三礼"文本校勘，或专注于文字训诂，或着意于名物考证，皆取得了令人瞩目的成就。

二是以礼化俗、以俗合礼、援礼入法、提倡礼教。清代朝野上下皆重视礼的应用。比如康熙时期的"圣谕十六条"中就有"明礼让以厚风俗"；乾隆时期所修《大清通礼》《礼器图式》是统治者推行礼教、规范社会秩序的重要手段。此外，清代不少学者主张以礼化俗、以俗合礼。如明清之际的顾炎武在《日知录》《天下郡国利病书》中反复强调礼对于社会治理的重意义，强调以礼化俗的重要性。乾嘉皖派先驱江永在朱子《家礼》的基础上撰《昏礼从宜》，意在为徽州地区婚礼的开展提供参考。

三是礼的哲学基础之探讨、意蕴之阐发。清代不少学者还对礼的心性论基础进行揭示，对礼的意义进行阐发。比如王夫之《礼记章句》对《礼记》中的"理欲""动静"等概念皆有辨析，可见该书并非完全意义上的章句训诂之作。程瑶田是乾嘉时期的考据学大家，不过其对于礼与理、礼与性情关系的探讨，思辨性不在一般的宋学家之下。凌廷堪是乾嘉时期从事礼例研究的大家，不过，他针对李翱"复性"论而别出心裁地提出了"复礼"说，主张通过"复礼"以"复性"，完全是以义理的面貌呈现于世。晚清时期，廖平提出"以礼平分今古"之说在前，皮锡瑞、刘师培赓续发扬于后，将礼学与今古文经学之辨相关联。由此可见，清代礼学在义理诠释方面也取得了丰硕的成果，不容小觑。

我在拙著《清代"三礼"诠释研究》中，从个案和专题的角度对清人的"三礼"诠释史做了较为全面的梳理。其中"个案研究"部分对清代"三礼"学的名家名著展开具体研究。该部分又分为四个单元，即"《周礼》部分""《仪礼》部分""《礼记》部分"和"三礼综论部分"。"专题研究"部分对清代"三礼"诠释普遍问题加以归纳和辨析，涉及清人于"三礼"作者及成书的认识、清人于"三礼"学文献之校勘、清人所绘"三礼"图、清人的《礼记·大学》诠释、清人的《礼记·中庸》诠释、清人的《周礼·考工记》诠释、清人的《仪礼·丧服》诠释以及清代政教与"三礼"之关系等[①]。由此可见，《清代"三礼"诠释研究》侧重于礼经学，在旨趣上是以考据为主。因此，本研究的重点不在清代的考据礼学方面，而是清代义理礼学方面。

本研究的目的和意义可从以下几个方面来看：

第一，清代礼学思想之研究，可以纠正一些人对清代学术的偏颇认识。

不少人习惯性地将中国学术史分为先秦子学、汉代经学、魏晋玄学、隋唐佛教和清代实学（或朴学）五个方面。从大体上看，这

---

① 可参见拙著《清代"三礼"诠释研究》，人民出版社 2021 年。

种分法是符合实际的，因为这种分法抓住了中国各个时期学术思想最重要和最有特色的内容。然而，这种分法的弊端，是很容易让人忽略各个时代其他的学术思想。这些学术思想在当时并不一定是以突破前代的面貌呈现于世，也并没有那么鲜明的时代特色，不过，其影响了当时社会的方方面面。以清代为例，人们一说清代学术，马上就会想到考据学，仿佛除此之外，清代别无其他学术[①]。实际上，清代不仅有考据学，还有明清之际的经典辨疑思潮、经世思潮，晚清的今文经学思想，以及伴随整个清代的理学思潮。即便是在考据学如日中天的乾嘉时代，也有戴震、章学诚、凌廷堪、程瑶田等人在义理学方面的卓越成就。也就是说，清代并不缺乏思想家，也不缺乏思想。相反，清代是思想家辈出的时代，这些思想家在当时的社会背景下对理学、今古文经学等进行继承或批判，从而构建起新的学术思想体系。义理礼学是清代学术的重要组成部分，对于清代义理礼学加以研究，可以纠正一些人以清代学术只有考据而无义理的偏颇认识。

第二，清代礼学思想之研究，可以丰富清代礼学研究的内容。

清代礼学有多个层面的内容，然而囿于清代学术的"特色"，不少人在从事清代礼学研究时，将重点放在了清代的考据礼学方面。比如今人已从考据学的角度对孙诒让《周礼正义》、胡培翚《仪礼正义》、孙希旦《礼记集解》等文献的版本、成书过程、训诂体式等有过系统的研究。不过，对于清代的义理礼学，学界的关注

[①] 比如梁启超说："乾嘉间之考证学，几乎独占学界势力，虽以素崇宋学之清室帝王，尚且从风而靡，其他更不必说了。……总而言之，乾嘉间考证学，可以说是清代三百年文化的结晶体，合全国人的力量所构成。"［（清）梁启超：《中国近三百年学术史》，商务印书馆2011年，第28页。］

程度不高，研究成果也不多。对于认识清代礼学的面貌来说，这显然是不利的。本研究的重点是清代的义理礼学，涉及清代礼学与理学的关系、礼学与经世思潮的关系、礼学与今古文之辨的关系等各个方面。即便是考察清代的礼书，也不会将重点放在版本、校勘、文字、训诂以及名物制度的考证方面，而是透过礼书文本的考察，以窥礼学家的诠释动机和思想体系。因此，本研究之目的是揭示清代礼学的深层蕴意。如果说清代考据礼学是"实"，那么清代义理礼学则是"虚"，借助于"虚""实"之研究，清代礼学的面貌便可较为全面地呈现出来。

第三，清代礼学思想之研究，对于今天的议礼制礼、移风易俗等皆有启发意义。

清代离我们不远，其治乱兴衰的经验教训对于今人来说是比较直接的。清代统治者在社会治理中对儒礼的推崇和应用，是清代社会控制的重要方式。而清人的礼学思想，则是清代社会控制最深层的内容。清代礼学思想折射出的是清人对于社会秩序整合的基本观念，这些观念对于清代社会秩序的规范起到了重要作用，并可以为今天的文化建设和社会秩序规范提供历史的鉴镜。

二、研究之现状

清代礼学思想的研究现状，可从以下几个方面来看：

第一，有些学者如林存阳、张寿安、张丽珠、蔡尚思、张仁善等人以专题的形式对清代的礼学思想做了研究。

有人对清初学者的礼学思想做了专门的探讨。林存阳《清初三礼学》一书对清初学者如孙奇逢、顾炎武、黄宗羲、王夫之、张尔岐、李光地、李光坡、方苞等人的礼学思想做了研究。该书还对清初礼学思想的演变过程、"以礼代理"到"礼学即理学"的演变过程等皆有梳理①。此外，刘永青《情礼之间——论明清之际的礼学转向》对明清之际礼学勃兴的原因做了揭示，该书抓住"情礼"问题来探讨明清之际礼学的转向，问题意识明确②。

台湾地区学者张寿安、张丽珠对乾嘉时期的礼学思想做了专门探讨。张寿安《十八世纪礼学考证的思想活力——礼教论争与礼秩省》一书分为五章，分别是"明清礼学转型与清代礼学之特色""'亲亲尊尊'二系并列的情理结构""'为人后'：清儒'君统'之独立""'叔嫂无服，叔嫂有服'？""'成妇？成妻？'：清儒论婚姻之成立"。张寿安此书是对"以礼代理"议题的深化研究，全书的主线紧扣两个思想议题：礼与理如何对话，情与理如何重构③。张丽珠《清代义理学新貌》对凌廷堪的礼治思想和乾嘉复礼思潮做了系统的研究。其认为乾嘉复礼思潮体现在尊荀与"隆礼"精神之强调、朱子"习礼"精神之继承与礼治思想之实现、礼法相涵的"礼学经世"精神；凌廷堪的从"理"到"礼"是礼治思想的落实；乾嘉时期从"考礼"到"习礼"是通经致用理想的实现④。张寿安和张丽珠关于清代礼学思想之研究，受到学界的广泛重视。周积明说："在这部著作（指《以礼代理——凌廷堪与清中叶儒学思想之转变》）以及与这一著作相关的其他论著中，寿安女士不仅通过对清中叶'以礼代理'思潮的系统清理，展示出儒学'在清代之

---

① 林存阳：《清初三礼学》，社会科学文献出版社 2002 年。
② 刘永青：《情礼之间——论明清之际的礼学转向》，人民出版社 2014 年。
③ 张寿安：《十八世纪礼学考证的思想活力——礼教论争与礼秩省》，北京大学出版社 2005 年。
④ 张丽珠：《清代义理学新貌》，台北里仁书局 1999 年。

新面貌与新发展形态',而且深入清代考证学的腹地,以敏锐的思维和绵密的论证,揭示出十八世纪礼学考证中所蕴藏的思想活力,从而对'有考证无义理''有考证无经世'的关于乾嘉考据学传统定论,作出了颠覆性的发言。"[1]周积明还说:"我对张丽珠女士的研究以及她为这一研究所付出的心血充满真诚的敬意,并企望'两张'(即张寿安与张丽珠)女士所提出的挑战性的课题,不仅能够引起海峡两岸研究清代学术史、思想史的学者们的高度关注,而且能在更多学者的参与下有更为深入的开拓。"[2]

有的学者从礼教的角度对清代的礼学思想做了研究。这方面的代表作是蔡尚思的《中国礼教思想史》。该书对中国历代礼教思想史做了全面的梳理,其中第三章有清代王夫之、颜元、李塨、袁枚、戴震、凌廷堪、焦循、洪亮吉、俞正燮等人礼教思想之研究[3]。囿于时代,作者对礼教所持的是批判态度。不过作者对于礼教人物及其基本观点的胪列,可以让读者对清代的礼教思想史有概览式的认识。

有的学者从现代法学的角度对清代礼法思想做了研究。张仁善《礼·法·社会——清代法律转型与社会变迁》一书从现代法学的角度,以清代礼法与清代社会结构、社会生活、社会阶层以及社会心态之间的关系为切入点,对清朝前期、中后期以及清末礼法与社会的互动情景做了立体描绘。其不仅再现了清代法律转型与社会变迁的关系,还为纵观传统中国礼法体制演变规律及近代嬗变特征提

---

[1] 周积明:《新的思考、新的视野——评张丽珠女士在乾嘉学术研究中的新贡献》,载《清代义理学新貌》卷首,台北里仁书局1999年,第2—3页。
[2] 周积明:《新的思考、新的视野——评张丽珠女士在乾嘉学术研究中的新贡献》,载《清代义理学新貌》卷首,台北里仁书局1999年,第16页。
[3] 蔡尚思:《中国礼教思想史》,香港中华书局1991年。

供了参考①。

第二，有些学者如张寿安、陈力祥、乔秀岩、吴飞等以个案的方式对清代的礼学思想做了研究。

以个案的方式对清代礼学家的思想进行研究，当以张寿安《以礼代理——凌廷堪与清中叶儒学思想之转变》一书为代表。该书以凌廷堪的礼学思想为讨论的中心，分为五个部分，分别是"凌廷堪礼学思想之产生背景与渊源""凌廷堪礼学思想之内容""凌廷堪与崇礼思想之蔚起""凌廷堪与礼、理争议之起""礼学思想之社会实践"。在本书中，张寿安重视凌氏礼学中的人性观、理礼关系、学礼复性、礼之实践与人伦秩序，大而至于情欲觉醒、礼制重建、礼教与人情冲突、经学史学之争等问题之探讨，并通过凌廷堪个案的研究，以见清中叶儒学思想的转变②。

此外，陈力祥《王船山礼学思想研究》从《船山全书》原著中获取完整的一手材料，通过整理爬梳，认为船山礼学思想一以贯之的主题是"依人建极"和"以人为依"。作者紧扣这一思想主题，遵循船山礼学思想由形上层面向形下层面过渡的基本理路，从礼之形上层面、礼之源流、礼之人生哲学价值与礼之政治哲学价值等层面为基本考察点，深入阐释了船山在一系列问题上的理论创新；作者通过论证，系统地阐释了船山礼学思想是由传统礼学思想中由人适应礼，转向礼适应人的礼学思想的"哥白尼式"革命③。

对于乾嘉时期经学家的礼学，今人有从义理的角度进行考察

---

① 张仁善：《礼·法·社会——清代法律转型与社会变迁》，商务印书馆2013年。
② 张寿安：《以礼代理——凌廷堪与清中叶儒学思想之转变》，河北教育出版社2001年。
③ 陈力祥：《王船山礼学思想研究》，巴蜀书社2008年。

者。比如吴飞《程瑶田礼学的心性学基础》一文对程瑶田著作中的"理与则""性、诚、敬""情与意""诚意"等概念范畴进行了探讨,也对"《论学小记》的结构与礼的问题"做了辨析①。

对于晚清孙诒让的礼学,学界的关注点往往是其在《周礼》考证方面取得的成就。不过近年来,有学者从思想史的角度对孙诒让的礼学做了探讨。乔秀岩《〈周礼正义〉的非经学性质》一文从经学思想的角度对孙氏《周礼正义》与黄氏《礼书通故》进行比较研究。其认为《礼书通故》是传统的经学著作,而《周礼正义》只在乎客观地整理总结历代的学说,与经学著作有本质的不同②。陈安金、孙邦金《论孙诒让的礼学研究与中西政治文化观》一文认为,从孙氏《周礼正义》到《周礼政要》,再到凭借《周礼》宣扬宪政,让人们看到了一个传统知识分子希望通过融合中西方文明来维护中国文化志业,以及面对西方文明的"日日新""又日新"的自觉维新精神③。

第三,有些学者如梁启超、钱穆、艾尔曼、陈祖武、陈来、姜广辉、许苏民、吴震等在他们的学术史、思想史著作中对清代的礼学思想有所涉及。

梁启超、钱穆所撰同名著作《中国近三百年学术史》在梳理清代学术史时,于清人的礼学思想皆有涉及。比如梁启超对清代孙诒让、杭世骏、孔广森、徐乾学等人的礼学和礼学思想有高屋建瓴的

---

① 吴飞:《程瑶田礼学的心性学基础》,《中州学刊》2020年第3期。
② [日]乔秀岩:《〈周礼正义〉的非经学性质》,载中国训诂学研究会主编:《孙诒让研究论文集》,百花洲文艺出版社2007年,第75—81页。
③ 陈安金、孙邦金:《论孙诒让的礼学研究与中西政治文化观》,《哲学研究》2012年第9期。

述评①。钱穆在评述清人之学术时，亦往往涉及清人的礼学思想，比如其认为颜元论学虽然彻头彻尾地重功利，而亦未尝忽视性道、事功交融互洽，而会其归于礼乐。钱穆从礼乐的角度切入颜元学术，对于深入认识颜元功利之学的本质，以及纠正学界于颜元功利之学的片面认识皆有积极意义②。此外，季蒙、程汉《清代思想史稿》对阮元等人的礼学思想有述评③。姜广辉主编的《中国经学思想史》（第四卷）对凌廷堪礼学思想形成的历史背景、凌廷堪礼学研究的方法和观点等都有探讨④。

虽然学术界于清代礼学思想的研究取得了一定成绩，但是通观整个清代礼学思想之研究，不足之处也颇为明显。

一是学界于清代礼学思想研究的广度不够。虽然张寿安、张丽珠、林存阳、刘永青等人的清代礼学思想研究打破了不少人对清代学术的偏见，但是相关研究多是局部的、个案的，比如张丽珠着眼于乾嘉时期、张寿安着眼于十八世纪就是如此。实际上，从清初的陈确、姚际恒、黄宗羲、顾炎武、王夫之、颜元、徐乾学，到清前中期的方苞、秦蕙田、戴震、程瑶田、凌廷堪、胡培翚，再到晚清的孙诒让、廖平、刘古愚、皮锡瑞、郭嵩焘、刘师培、康有为，他们的著作中皆蕴含着丰富的礼学思想。因此，以宏阔的学术视野对清代各个时期的礼学思想作全面的、专题的研究是很有必要的，只有这样才能全面呈现清代礼学。

二是学界于清代礼学思想研究的深度不尽人意。不少人一提

---

① （清）梁启超：《中国近三百年学术史》，商务印书馆2011年，第226—232页。
② 钱穆：《中国近三百年学术史》，商务印书馆1997年，第175—220页。
③ 季蒙、程汉：《清代思想史稿》，台北秀威资讯科技2011年，第39—53页。
④ 姜广辉：《中国经学思想史》第4卷，中国社会科学出版社2010年，第398—415页。

到清代，就觉得这是一个考经考史，重文字、音韵、训诂之学而缺乏思想的时代。事实上，清代承宋明理学之绪，出现了不少颇有成就的理学家，即便是考经考史，其背后也蕴含着参与主体丰富的哲学思考、人生体验、现实关怀和理想诉求。然而学界于清代学术研究的焦点仍然是以考据为主轴，伴之以学术史的梳理。学界不乏清代礼经（"三礼"及衍生文献）、礼制以及礼学事件（比如"三礼馆"，乾隆初年为雍正服丧的争议等）的研究，然而研究的视角以考据居多，而于礼经诠释的深层蕴意、礼学与清代思想史的互动关系等则着意甚少。这既不利于认识清代礼学的全貌，也不利于认识清代学术思想发展演变的脉络。

三是学界于清代礼学思想研究的方法还比较单一。目前学界于清代礼学思想的研究主要采用的是传统的文献研究法，而缺乏理论的指导。在学科分化的今天，每个学科已经有比较成熟的理论和研究方法，对于学术研究来说，方法和理论是十分重要的。从事中国传统学术的研究要有创见，一定要关注研究方法。从事清代礼学思想研究，既要有目录学、版本学、校勘学等文献学知识，还要有哲学、历史学、社会学、政治学等学科的理论和方法的指导，只有这样，才能深入分析错综复杂的清代礼学思想，研究也才会有突破。

三、研究之思路和方法

本研究试图通过交叉学科的方法，从清代礼学思想的角度切入清代学术研究，从一个特定的视角（礼学思想）呈现礼学与清代学术、思想、政治以及社会之间的互动关系。

清代前期、中期和后期的学术思想重点、内容和风格是不同的。清初的知识界，不少人反对空谈，主张实事求是；学人治经尚辨疑，善立新说。而到了乾嘉时期，考据学大盛，考据精深之作层出不穷。晚清的中国，危机四起，由常州庄氏发轫，经龚自珍、魏源等人的推波助澜，今文经学逐渐兴起。本书在对清代礼学思想进行考察时，重视将其放到清代社会和学风的大背景之下进行探讨。

清代礼学思想的研究可以分为两个层次，即个别经学家、思想家的礼学思想之研究，以及清代某个时期或整个清代礼学思想的共性研究。因此，从事清代礼学思想之研究，既要重视个别经学家、思想家的礼学思想个性之探讨，还要重视清代各个时期以及整个清代的礼学思想共性的归纳。举例来说，清前期王夫之、颜元等人比较重视礼乐，而陈确更关心礼俗；顾炎武重视从历史的角度考察历代礼俗，而颜元则通过人性的检讨来谈制礼作乐。由此可见，清初思想家们的礼学思想各有不同。因此，我们在从事研究时，首先需要看到各家各派礼学思想之个性。然而在清初经世学风的背景之下，陈确、顾炎武、王夫之、颜元的礼学思想还有其共性，比如他们都关注礼与移风易俗的关系，这就要求我们跳出各家各派礼学思想的个性研究，从整体上对清初学者的礼学思想进行归纳。清初的礼学思想研究是这样，清中期和晚期礼学思想的研究亦是如此。

最后，我们将本书采用的研究方法陈述于下：

首先，本书将哲学、历史学、社会学、政治学等学科的理论和方法结合在一起，形成多学科交叉的网状研究结构，从各个不同的角度对清代礼学思想的重要问题进行解析、比较和诠释。从不同的学科背景出发，研究者可以拥有不同的研究视角，从而对同一个问题形成不同的认识。而研究者将不同的意见进行综合，可以得出全面和科学的结论，这是本课题采用交叉学科研究法的原因所在。

其次，本书还将采用哲学、历史学、社会学、政治学等科学都普遍应用的文献研究法。清代礼学思想的研究主要有以下三个层面的内容：一是文本研究，即礼学文献的撰著、流传及版本等基本问题。二是通过文献的考证，采用文字学、训诂学等方法获取这些文本所记的制度和思想。三是文献所记制度、礼仪和制礼作乐主张背后的意义之揭示。礼学文献是礼学思想的重要载体，清代礼学思想之研究，首要任务是全面搜集古今学者的相关论著，并作认真的整理和爬梳。

再次，本书将采用哲学、历史学、社会学、政治学等学科都普遍应用的比较研究法。单一的研究方法往往把某种思想文化现象局限于一定的时空范围内，容易切断思想文化现象之间的联系，难以从整体出发揭示思想文化现象之间的同异关系。而比较研究法可以将不为人所注意的事件和人物联系与本质揭示出来。本书将清代不同时期、不同学者的礼学思想加以比较研究，以见清代各个时期礼学思想之异同。

复次，本书还将采用哲学、历史学、社会学、政治学等学科都普遍应用的归纳法。归纳法是由个别到一般、从特殊到普遍，从而总结出一些规律性的认识的研究方法。如何从浩富的清代礼学文献中找到规律性的认识，需要对各个流派及其文献作全面的考察，进而归纳其礼学思想的相同和相通之处。此外还要通过考察清代的礼书、礼制、礼俗、礼意，从而找到清代礼学思想与清代社会互动的规律。

第一章

明清之际的礼学思想

  明清之际的学术思想十分活跃,此时期学人辈出,著述宏富,格局宏大,思路开阔,思想深邃,影响十分深远。近现代以来,学者们于明清之际学风嬗变的论述已多。比如梁启超将清代学术史划分为四个时期,即启蒙期、全盛期、蜕分期和衰落期。其在论"启蒙期"时说:"其启蒙运动之代表人物,则顾炎武、胡渭、阎若璩也。其时正值晚明王学极盛而敝之后,学者习于'束书不观,游谈无根',理学家不能复系社会之信仰。炎武等乃起而矫之,大倡'舍经学无理学'之说,教学者脱宋儒羁勒,直接反求之于古经;而若璩辨伪经,唤起'求真'观念;渭攻'河洛',扫架空说之根据;于是清学之规模立焉。……其犹为旧学(理学)坚守残壁、效死勿去者,则有孙奇逢、李中孚、陆世仪等,而其学风已由明而渐返又宋。即诸新学家,其思想中,留宋人之痕迹犹不少。故此期之复古,可谓由明以复于宋,且渐复于汉、唐。"① 梁氏认为明清之际学风的转变是基于对阳明学的反叛,而在此过程中,程朱理学、考

---

  ① (清)梁启超:《清代学术概论》,人民出版社2008年,第3—4页。

据学也逐渐复兴。梁氏此说颇具有代表性，其后，论明清之际学风嬗变的学者如钱穆、侯外庐、何佑森等都没有脱离此思路[1]。今人于明清学风嬗变的研究趋于细密，有些学者如陈戍国、吴丽娱、邓声国、林存阳、刘永青等在从事明清礼学研究时，逐渐认识到明清学风的嬗变与礼学的复兴之间有密切的关系。然由于诸家关注的重点是礼学，而非礼学与学风之间的关系，因此相关论述比较简单[2]。值得一提的是，美国华裔学者周启荣的专著《清代儒家礼教主义的兴起——以伦理道德、儒学经典和宗族为切入点的考察》对17—19世纪前期儒家礼教思想的发展历程做了梳理；中国台湾地区学者张寿安的专著《十八世纪礼学考证的思想活力：礼教论争与礼秩重省》提出"明清礼学转型"一说，即从明代经礼学向清代家礼学转变[3]。这两本专著对于深化礼学与明清之际学风嬗变之间关系的研究颇有价值。然而周书将更多的注意力放在了明清之际社会史的探讨上，于该时期思想流派本身以及思想家的礼学思想的辨析则不够深入和有条理。张寿安提出的"明清礼学转型"虽然有新意，但是家礼学与经礼学本非同一层面的问题，将二者放在一起进行比较，实际上是"比之不类"[4]。有鉴于此，本章以明清之际学风的嬗变与礼

---

[1] 见钱穆：《中国思想史》，九州出版社2011年；侯外庐：《中国思想通史》第5卷，人民出版社1956年；何佑森：《清代学术思潮》，台大出版中心2009年。

[2] 见陈戍国：《中国礼制史》（元明清卷），湖南教育出版社2001年；吴丽娱：《礼与中国古代社会》（明清卷），中国社会科学出版社2016年；邓声国：《清代〈仪礼〉文献研究》，上海古籍出版社2006年；林存阳：《清初三礼学》，社会科学文献出版社2002年；刘永青：《情礼之间：论明清之际的礼学转向》，人民出版社2014年。

[3] 见周启荣：《清代儒家礼教主义的兴起——以伦理道德、儒学经典和宗族为切入点的考察》，天津人民出版社2017年；张寿安：《十八世纪礼学考证的思想活力：礼教论争与礼秩重省》，北京大学出版社2005年。

[4] 赵克生：《清代家礼书与家礼新变化》，《清史研究》2016年第3期。

学兴起之间的关系作为研究对象,以期通过此研究,揭示礼学在明清之际学风嬗变中所扮演的角色和起到的作用。

第一节 明清之际的世风学风与礼学的兴起

此所言"明清之际",时间范围相当于从明代嘉靖一直到清代乾隆朝之前,即16—18世纪前期。在此期间,中国社会出现了很大变化,比如晚明中央集权的松动、清兵入关、明清易代。此外,当时也出现了一些新的思想文化思潮,比如经世实学、辨疑学的兴起、理学的复兴等。在新的社会文化背景之下,礼学也呈现出新的面貌。

一、晚明世风与礼学的异军突起

明代中后期,中央集权统治出现松动,社会管控比较松懈。明朝政府降低了对江南赋税的征收,岁入由原来的三千万石降为二千二百余万石。在此背景下,民间经济得到快速发展,南方开始出现较大的市镇。而在这些市镇里,商品经济发达,雇佣与被雇佣的关系颇为流行。随着经济的发展,晚明的社会风气也在悄然发生变化。此所谓"变化",是相对于明代嘉靖以前而言。明代中前期,为了巩固统治,明政府倡导和组织了不少文化工程,比如《永乐大典》就是永乐年间官方组织编纂的百科全书式的文献集,参与此书编纂的朝臣文士、宿学老儒达两万余人。明成祖为此书撰序说:"昔者圣王之治天下也,尽开物成务之道,极裁成辅相之宜,修礼乐而明教化……朕嗣承鸿基,勔思缵述,尚惟有大混一之时,必有一统之制作，所以齐政治而同风俗。"①统治者主导的文化工程对于明代中前期的道德伦理、礼仪风尚的引导起到了重要作用。然而随着晚明商品经济的发展，功利主义和竞奢风气在社会上开始蔓延开来。几乎所有的明史研究者都认同晚明是一个"竞奢时代"，甚至有学者称晚明是"社会生活内容丰富、尊卑失序、欲海横流、变动剧烈的'天崩地解'时代"②。在晚明的方志、文集、笔记中，关于竞奢风气之描述随处可见。据吏部左侍郎顾元起（1565—1628）《客座赘语》记载，嘉靖前后的士人生活与以前已大有不同，"家中多畜少艾，穿着华丽，闭门居家赋诗作文与亲友共赏。每逢家中名花开放，便设宴请客，以古诗奇句、僻事奇人为酒令，嘲谑相错，追求风流雅兴，以自高其身"③。作为社会风气引领者的士大夫对自己的生活方式引以为傲时，社会风气便随他们而改变。以服饰为例，在明代中后期江南民众的社会生活中，"便服裹帽，惟取华丽，或娼优而僭拟帝后，或隶仆而上同职官，贵贱混淆，上下无别"；"南都（指南京）服饰，在庆、历前犹为朴谨：官戴忠静冠、士戴方巾而已。近年以来，殊形诡制，日异月新。于是士大夫所戴，其名甚夥，有汉巾、晋巾、唐巾、诸葛巾、纯阳巾、东坡巾、阳明巾、九华巾、玉台巾、逍遥巾、纱帽巾、华阳巾、四开巾、勇巾。"④在通州地区，"弘、德之间犹有淳本务实之风，士大夫家居多素练衣缁布冠，即诸生以文学名者，亦白袍青履游行市中，庶氓之家，则用羊肠葛及太仓本色布，此二物者，价廉而质素，故

---

① 《明太宗实录》卷七十三，台北"中研院"历史语言研究所1962年，第1018页。
② 张显清：《明代后期社会转型研究》，中国社会科学出版社2008年，第285页。
③ 商传：《走进晚明》，商务印书馆2014年，第262页。
④ （明）顾元起：《客座赘语》卷一，《续修四库全书》第1260册，第89—90页。

人人用之，其风俗俭薄如此。今者里中子弟谓罗绮不足珍，及求远方吴绸、宋锦、云缣、驼褐价高而美丽者以为衣，下逮袴袜，亦皆纯采。……向所谓羊肠葛、本色布者，久不鬻于市，以其无人服之也。至于驵会庸流、幺么贱品，亦带方头巾，莫知禁厉。其徘优隶卒、穷居负贩之徒，蹑云头履行道上者踵相接，而人不以为异"[1]。崇祯年间，郓城县"竞尚奢靡，齐民而士人之服，士人而大夫之宫。……胥隶之徒，亦以华侈相高，日用服食，拟于仕宦"[2]。这种追求物欲、竞逐奢华的风气弥漫当时整个社会。僭越礼制已成为时尚，以至于到了"人不以为异"的地步。甚至连统治阶层的上层人物也互相攀比，极尽奢靡。比如内阁首辅张居正（1525—1582）"性喜华楚，衣必鲜美耀目，膏泽脂香，早暮递进……一时化其习，多以侈饰相尚"[3]。上层人物尚且如此奢侈，世风民风便可想而知了。

除了竞奢以外，晚明还陋俗泛滥，"明代的各种陋习劣俗，伴随社会发展变化而呈现出时代与地域的多元化特征。迷信、嫖娼、妓女、流氓、地棍、无赖、丐帮、盗窃、争讼、健讼、械斗等丑恶现象，充斥于中原汉族地区和边陲少数民族地区，对明代的政治、经济、文化和社会生活的各个方面产生了深远影响"[4]。在各种恶习之中，赌博对晚明世风带来的负面影响尤其严重。顾炎武（1613—

---

[1] （明）林云程修，（明）沈明臣等纂：《（万历）通州志》卷三，《天一阁藏明代方志选刊》第10册，上海书店2014年影印本，第47页。

[2] （明）米大年修：《（崇祯）郓城县志》卷一，全国图书馆文献缩微复制中心2000年影印本，第60—61页。

[3] （明）沈德符：《野获编》卷十二，《续修四库全书》第1174册，第350页。

[4] 张显清：《明代后期社会转型研究》，中国社会科学出版社2008年，第333—334页。

1682）说："万历之末……士大夫无所用心，间有相从赌博者。至天启中，始行马吊之戏，而今之朝士，若江南、山东，几于无人不为，此有如韦昭所云'穷日尽明，继以脂烛。人事旷而不修，宾旅阙而不接'者。吁，可异也！"①当时人的笔记、方志对赌博恶习也多有记载，如浙江钱塘（今杭州），"风俗薄恶日甚一日，虽富贵子弟，皆习此风，小者金银珠玉，大者田地房屋，甚至于妻妾子女，皆以出注"②。赌博对晚明的社会风气、人伦教化和社会安定造成很大危害，这已经冲破道德伦理而触及社会控制的底线。

晚明统治者对江河日下的世风并非没有警觉，相反，朝廷、地方官为了扭转社会风气做了一系列的努力。比如明熹宗朱由校（1605—1627）以"近来士气浇陵，干犯法纪，屡禁不悛，深可痛恨，命重治之"③。万历时阳曲县知县周永春（1573—1639）组织人编撰《复古指南》，"取《仪礼》诸书互相参证，……自冠礼以至交际凡十款，明白简易，而又绘之以图，俾便观览也"④。河北蠡县知县李复初（生卒年不详）说："国家之治乱本于礼，风俗之美恶系于习，此致治之源，非俗吏之事也。"⑤他在蠡县推行"十禁"，意在敦风化俗，"尚安分守己、家身无违法之事者"⑥"尚教训子孙

---

① （清）顾炎武：《日知录》卷二十八，《顾炎武全集》第19册，上海古籍出版社2011年，第1096页。
② （明）田艺蘅：《留青日札》卷三，《续修四库全书》第1129册，第40页。
③ 《明神宗实录》卷四百六十一，台北"中研院"历史语言研究所1962年，第8693页。
④ （明）关廷访修，（明）张慎言纂：《（万历）太原府志》卷二十三，明万历刻本，第77页。
⑤ （明）李复初纂修：《（嘉靖）蠡县志》卷一，《天一阁藏明代方志选刊续编》第1册，上海书店2014年，第373页。
⑥ （明）李复初纂修：《（嘉靖）蠡县志》卷一，《天一阁藏明代方志选刊续编》第1册，上海书店2014年，第374页。

读书习礼、耻为粗豪鄙俗者"①。除此之外，宋代以来的《家礼》也受到晚明一些官员的重视。比如嘉靖、万历时，有些地方官对《家礼》进行损益，以便于为更多人接受②。而其中比较有代表性的，是一生经历了嘉靖、隆庆、万历三朝的吕坤（1536—1618）。吕坤在朝廷和地方为官二十三年，大力推行礼教。他所撰《四礼翼》对《家礼》做了补充和完善。吕坤说："四礼者何？人道之始终也。翼四礼者何？济四礼之所未备也。……百年之身，斯须之教，欲以约其积习之慢肆，而纳之绳检之中，俾其终身持循，偕之大道，甚难。是故教无所豫，斯须何有？……教以终身；君子之循礼也，循以终身。四礼者，特于人道始终之大节而隆重之，以示大经，以章人纪云尔。"③ "四礼"者，《家礼》据《仪礼》而定的冠、婚、丧、祭也。吕坤认为，不管是儿童还是成年人，不管是男还是女，都要懂礼执礼，礼需贯穿人的一生。他撰《小儿语》《续小儿语》以推广童蒙教育，撰《闺范》以树立妇女典范。这些书在明清两代被多次翻刻，是地方礼教的重要读本。

清初的一些士人在"亡国""亡天下"的遭遇中，对学术和世道人心做了反思。在他们看来，天下的兴亡在人心和学术。李二曲（1627—1705）说："天下之大本根，人心而已矣。天下之大肯綮，提醒天下之人心而已矣。是故天下之治乱，由人心之邪正；人心之

---

① （明）李复初纂修：《（嘉靖）蠡县志》卷一，《天一阁藏明代方志选刊续编》第1册，上海书店2014年，第374—375页。
② 赵克生：《修书、刻图与观礼：明代地方社会的家礼传播》，《中国史研究》2010年第1期。
③ （明）吕坤：《四礼翼序》，《四礼翼》卷首，《四库全书存目丛书》第115册，第80—81页。

邪正，由学术之晦明。"[1] 士人对当时的世道人心深表忧虑，他们普遍认为学术和人心变坏的原因是礼乐、礼俗的缺失，他们或批判当时人僭越违礼行为，或倡议以礼化俗，或身体力行地去推行礼乐教化。朱彝尊（1629—1709）说："呜呼！慎终追远之义辍而不讲，斯民德之日归于薄矣。"[2] 颜元（1635—1704）说："世俗内外之丧不辨，吊酹之仪不分，男女之礼互失，其所关系不浅。愚民既莫之知，士子亦习而不察，间有能觉其误者，又不敢任主礼变俗之名，仍因循而惮改。是使生者、死者，宁为警怖，宁为惭忸虚诈，宁为缺欠疏薄错乱，而不肯舍非以就是，不亦惑乎？"[3] 颜氏认为，出现问题既有"愚民"的无知、士子的无察，也有知其误者不敢"舍非以就是"。有些人甚至认为明朝的覆亡与世风的败坏有关，如顾炎武在论明朝万历末以来的世风时说："搢绅之士不知以礼饬躬，而声气及于宵人，诗字颁于舆皂，至于公卿上寿，宰执称儿。而神州陆沈，中原涂炭，夫有以致之矣。"[4] 本来是倡风气之先的士人，却沦为追名逐利之徒，"凡今之所以为学者，为利而已，科举是也。其进于此，而为文辞著书一切可传之事者，为名而已，有明三百年之文人是也。君子之为学也，非利己而已也，有明道淑人之心，有拨乱反正之事，知天下之势之何以流极而至于此，则思起而有以救之。"[5] 搢绅之士、读书人尚且沦落至此，可见世风沉沦之严重。顾

---

[1]（清）全祖望：《二曲先生窆石文》，《全祖望集汇校集注》上册，上海古籍出版社 2000 年，第 234 页。

[2]（清）朱彝尊：《读礼通考序》，秦蕙田：《读礼通考》卷首，文渊阁《四库全书》第 112 册，第 2 页。

[3]（清）颜元：《习斋记余》卷十，《颜元集》下册，中华书局 1987 年，第 574 页。

[4]（清）顾炎武：《日知录》卷十三，《顾炎武全集》第 18 册，上海古籍出版社 2011 年，第 539 页。

[5]（清）顾炎武：《与潘次耕札》，《顾炎武全集》第 21 册，上海古籍出版社 2011 年，第 230 页。

炎武感叹道："目击世趋，方知治乱之关，必在人心风俗，而所以转移人心、整顿风俗，则教化纲纪为不可阙矣。"① 社会治乱的关键在于人心和风俗，而礼教则是移风易俗的重要途径。

为正世风和人心，明清之际不少人希望发挥礼教的经世功能。一些人首先从学理的角度进行论证，比如颜元说："道莫切于礼，作圣之事也。"② 他以"动"为礼之真义所在③，"常动则筋骨竦，气脉舒；故曰'立于礼'，故曰'制舞而民不肿'。宋、元来儒者皆习静，今日正可言习动"④，动态的礼与宋元诸儒静态的道德体验形成鲜明的对比，"试思周旋跪拜之际，可容急躁乎！可容暴慢乎！礼陶乐淑，圣人所以化人之急躁暴慢，而调理其性情也；致中、致和，以位天地、育万物者，即在此。汉、宋误认圣人之学，群天下于读、讲、著作之中，历代遂以文字取士，而圣人之道已亡。再参以禅宗，遂扫地矣。吾辈与苍生，乌得蒙圣人之泽乎？"⑤ 礼必须通过礼器、仪式以及一系列周旋揖让的动态过程，才能对人的行为进行规范；读、讲、著作仅是纸上之事，虽有博考经籍，研精覃思，但是与践行无关，不合圣人之道。颜元对礼仪的意义和价值持

---

① （清）顾炎武：《与人书九》，《顾炎武全集》第21册，上海古籍出版社2011年，第141—142页。

② （清）李塨：《颜习斋先生年谱》卷下，《颜元集》下册，中华书局1987年，第788页。

③ 颜元讲事功，强调一个"实"字。其五十七岁南游洛中，"与诸儒辨道不在章句，学不在诵读，必如孔门博学约礼，实学之，实习之"。[（清）颜元：《习斋先生叙略》，《颜元集》下册，中华书局1987年，第619页。] 在颜元看来，唐、虞、周、孔时代学问的根本特点是"实"，学问是否"实"是区别孔孟之学与异端的标准。

④ （清）颜元：《颜习斋先生言行录》卷下，《颜元集》下册，中华书局1987年，第686页。

⑤ （清）颜元：《颜习斋先生言行录》卷下，《颜元集》下册，中华书局1987年，第693—694页。

肯定态度，即便是被人所诟病"徒具形式"的繁文缛节，他也多加辩护。朱主一问："用习礼等功，人必以为拏腔做势，如何？"颜元说："正是拏腔做势，何必避？甲胄自有不可犯之色，衰麻自有不可笑之容。拏得一段礼义腔，而敬在乎是矣；做得一番韶舞势，而和在乎是矣。后儒一扫腔势，而礼、乐之仪亡矣。"①礼的仪式、动作涵有"敬""和"之义，这是静态的读、讲、著书所不能获得的。颜元认为礼乐精神只能在践行中呈现出来，"书房习数，入市便差。则学而必习，习又必行，固也。今乃谓全不学习经世之事，但明得吾体，自然会经世，是人人皆'不勉而中'矣。且虽不勉之圣人，亦未有不学礼、乐而能之者。今试予生知圣人一管，断不能吹。况我辈为学术所误，写字、习数已不胜昏疲，何与于礼、乐乎？"②学与习不可分，行与习亦不可分，仅从经典注疏不能知道真正的礼乐，真正知礼乐是在具体的操练过程中才可获得，"学不徒读。……读一部《礼经》，不徒读，只实行'毋不敬'一句，便是读《礼经》"③。在颜氏看来，历代考释《礼经》者纠结于文字训诂，读也枉然，因为读书并不等于践行。

除了在理论上探讨礼的功能，当时不少人还躬行实践他们所推崇的礼学。这在明清之际学人的年谱、门弟子的记录中可略窥一二。比如据许楷《罔极录》载："陈乾初先生，先君子之受业师也。先生品行文章，推重一时，深痛世人惑于风水，暴棺不葬，著

---

① （清）颜元：《颜习斋先生言行录》卷下，《颜元集》下册，中华书局1987年，第665页。

② （清）颜元：《颜习斋先生言行录》卷下，《颜元集》下册，中华书局1987年，第685页。

③ （清）颜元：《颜习斋先生言行录》卷上，《颜元集》下册，中华书局1987年，第649页。

《葬论》《丧实论》诸篇，大声疾呼，责人速葬。其言激切诚恳，有裨世教。"[1]陈确（1604—1677）还积极投身于移风易俗活动之中，其五十岁那年，"九月二十九日，率子翼过桐乡。时考夫与邑中同志举葬亲社会于清风里，延先生主其事。十月朔，举葬社会。先生父子皆在会，明日归里。"[2]颜元也躬行实践礼学，其三十四岁时遭恩母大故，"遵文公《家礼》居丧，尺寸不敢违，毁几殆"[3]；青年时代到关外寻父未果，"念禁关难以旋榇，乃招魂题主而归。蠡令、博令亲临吊奠，先生为父税服，粥食，不菜果，不酒肉，独居朴室，不入内，不偶坐，不侣行，朝夕哭，朔月奠，哀至则哭，三月不怠，期悲哀，三年忧，泣血骨立，室前槐叶为之枯黄，丧复常，乃更荣"[4]；六十岁时主漳南书院教事，教以读讲作文应时之外，"习礼，习乐，习射，习书数"[5]。在日常生活中，颜元依礼立身，"每日清晨，必躬扫祠堂、宅院。神、亲前各一揖，出告、反面同。经宿再拜，旬日以后四拜，朔望、节令四拜。昏定、晨省，为亲取送溺器，捧盥、授巾、进膳必亲必敬，应对、承使必柔声下气。……非正勿言，非正勿行，非正勿思；有过，即于圣位前自罚跪伏罪。"[6]其弟子说："先生常仪功至老不解，病笃犹必衣冠，真'仁为己任，

---

[1] （清）吴骞辑，（清）陈敬璋订补：《陈乾初先生年谱》，《陈确集》下册，中华书局1987年，第841页。

[2] （清）吴骞辑，（清）陈敬璋订补：《陈乾初先生年谱》，《陈确集》下册，中华书局1987年，第845页。

[3] （清）颜元：《习斋先生叙略》，《颜元集》下册，中华书局1987年，第619页。

[4] （清）颜元：《习斋先生叙略》，《颜元集》下册，中华书局1987年，第619页。

[5] （清）颜元：《习斋先生叙略》，《颜元集》下册，中华书局1987年，第619页。

[6] （清）颜元：《颜习斋先生言行录》卷上，《颜元集》下册，中华书局1987年，第621页。

死而后已'者也！"①

学风与世风之间互相影响，世风极大地影响学风，而学风又反过来影响世风。通过以上论述，可知欲海横流、尊卑失序的世风，使得礼学进入明清之际学人的视阈，并受到高度重视。虽然学人们对世风有激烈的批判，但是他们并不是因此而陷入虚无，他们竖起礼教的大旗，希望由此扭转世风和安定人心。他们的努力，自有一番"与其诅咒黑暗，不如点燃灯火"之意。

二、对阳明学的批判与礼学求实精神的张扬

明代中后期，阳明心学向程朱理学发起挑战，并呈现出异常活跃的局面，程朱理学独尊的局面被打破。王阳明主张"致良知"，主张人不再是天理的被动体认者和实践者，人是包含了天理及一切社会生活的承载者；人的欲望、情感和行为是天理的自然展开，而非体认和顺天理的结果。在理学"道德命令"之下生活的人之自我意识被阳明学唤醒，因此，阳明学在明代中后期"门徒遍天下，流传逾百年，其教大行"②。如果说阳明提出的"致良知""知行合一"等心学命题和主张还有清晰而独立的学术脉络的话，到了阳明后学情况就发生了变化。阳明卒后，阳明学出现了分化，出现了江右、浙中、南中、楚中、北方、粤南等各地的王门，还有出自阳明门下的泰州学派，而其中影响最大的是泰州学派和浙中王门。在阳明后学那里，诸家师心自说、不务实际的学风开始蔓延。黄宗羲说："泰州之后，其人多能以赤手搏龙蛇，传至颜山农、何心隐一派，

―――――――
① （清）颜元：《颜习斋先生言行录》卷上，《颜元集》下册，中华书局1987年，第621页。

② （清）张廷玉等：《明史》卷二百八十二，中华书局1974年，第7222页。

遂复非名教之所能羁络矣。……诸公掀翻天地，前不见有古人，后不见有来者。释氏一棒一喝，当机横行，放下拄杖，便如愚人一般。"① 黄宗羲称泰州学派"掀翻天地"，"非名教之所能羁络"，指出阳明后学已堕入"异端"、空疏境地。意在正理学"支离"的阳明学，在明代中后期曾令很多人为之喝彩，然而人们渐渐发现，阳明及其后学在救理学之弊的同时有了空疏之失。全祖望认为阳明学"渐远渐失，遂有堕于狂禅而不返，无乃徒恃其虚空知觉，而寡躬行之定力耶？""是阳明之救弊，即其门人所以启弊者也"②。这种空疏之学远离社会现实，对于社会人心没有好处。顾炎武说："窃叹夫百余年以来之为学者，往往言心言性，而茫乎不得其解也。……今之君子则不然，聚宾客门人之学者数十百人，'譬诸草木，区以别矣'，而一皆与之言心言性。舍多学而识以求一贯之方，置四海之困穷不言，而终日讲危微精一之说，是必其道之高于夫子，而其门弟子之贤于子贡，祧东鲁而直接二帝之心传者也。我弗敢知也。……士而不先言耻，则为无本之人；非好古而多闻，则为空虚之学。以无本之人而讲空虚之学，吾见其日是从事于圣人而去之弥远也。"③ "言心言性"而"置四海之困穷不言"，以至于学问空疏而不切实际，阳明及其后学对于晚明学风所带来的不良影响亟须得到改变。

在批判阳明及其后学空疏、不务实际的同时，一些人希望通过名物制度之学从而实现对学风的扭转。明末清初的藏书家陆嘉淑

---

① （清）黄宗羲：《明儒学案》卷三十二，中华书局1985年，第703页。
② （清）全祖望：《槎湖书院记》，《全祖望集汇校集注》中册，上海古籍出版社2000年，第1058页。
③ （清）顾炎武：《与友人论学书》，《顾炎武全集》第21册，上海古籍出版社2011年，第92—93页。

(1620—1689)说:"名物器数之繁,莫备于经。考核形状制度,比类指象,探赜穷变,莫详于汉唐诸儒。盖虽草木禽鱼工人祝史所创述方名,经述所载列,无不竭智毕虑,尽其纤微曲折而后止。呜呼!名物器数,先王礼乐之本,而治天下之具之所托也。"①陆氏主张名物器数研究,提倡礼乐之学,道出了当时一大批学人的心声。在扭转学风的选择上,学人们不约而同地将目光投向了讲名物制度的礼学。中国数千年以来积累的传统文化的核心就是"礼","礼"是古人在日常生活中积累形成的规范,并借助制度的力量进一步确认和强化,意在维护社会秩序。在中国传统学术中,礼学与名物器数、典章制度息息相关②。明清之际,思想家们在批判阳明心学的同时提倡礼学,此可从以下两个层面来看。

第一,礼学与现实社会密切相关,对礼学的提倡和研究,可以改变玄谈之风而务经世致用之学③。

明清之际的不少思想家如王夫之、顾炎武、黄宗羲、颜元等都大力提倡礼学。王夫之(1619—1692)说:"夫礼之为教,至矣大矣,天地之所自位也,鬼神之所自绥也,仁义之以为体,孝弟之以为用者也,五伦之所经纬,人禽之所分辨,治乱之所司,贤不

---

① (清)朱彝尊:《经义考》卷二百五十一,中华书局1998年,第1268页。
② "礼"包括礼制、礼俗、礼教、礼论、礼法、礼学等多个层面,各个层面之间并非截然不同,而是互为基础而各有侧重。
③ 事实上,阳明学有积极入世的精神。阳明说:"我何尝教尔离了簿书讼狱,悬空去讲学?尔既有官司之事,便从官司的事上为学,才是真格物。……簿书讼狱之间,无非实学。若离了事物为学,却是著空。"[(明)王守仁:《传习录》下,《王阳明全集》卷三,上海古籍出版社2014年,第107—108页。]此外,阳明学派也有很多颇具才识的政治家。只不过阳明学在传播的过程中援禅证儒、大谈心性,特别是阳明学末流束书不观、师心自说,使得心学空虚之弊愈发明显。

肖之所裁者也。"① 礼之所以重要，是因为其与实务关联。比如《礼记·学记》篇，船山解题曰："此篇所言，皆亲师讲艺之事，而终之以务本，所以见古人为学，求之己者，但尽其下学之事，而理明行笃，则天德王道即此而上达焉。盖与《大学》至善知本之旨相为符合，而后世窃佛老之说以文其虚枵狂诞之恶者，亦鉴于此而可知其妄矣。"② 其认为《学记》所记皆是讲艺务本之事，这是明理笃行之正途，舍此而无以达天德王道。而其所谓"窃佛老之说以文其虚枵狂诞之恶者"，所指的正是阳明学。王夫之认为阳明心学阴袭释老，因此其在从事礼书诠释时常常不忘对心学大加鞭挞。比如他说："文者，礼之著见者也。会通于典礼，以服身而制心，所谓至简也。不博考于至著之文，而专有事于心，则虚寂恍惚以为简，叛道而之于邪矣。"③ "专有事于心"的心学不博考于文，不见礼，而尚佛老虚寂恍惚，故为离经叛道之说。又如《礼记·内则》"少事长，贱事贵，共帅时"，王夫之解释说："此章言事父母舅姑之常礼，备矣。仪物容貌之间，极乎至小而皆所性之德，体之而不遗，习于此则无不敬，安于敬则无不和，德涵于心而形于外，天理之节文皆仁之显也。不知道者视此为末，而别求不学不虑者以谓之'良知'，宜其终身而不见道之所藏也。"④《内则》于此所言乃事父母舅姑之仪节，所透显出的是儒家核心义理，而心学"良知"之说以仪节为末，而别求不学不虑者，属于蹈虚之说。

顾炎武治学的宗旨是"明学术，正人心，拨乱世，以兴太平

---

① （清）王夫之：《读通鉴论》，《船山全书》第 10 册，岳麓书社 2011 年，第 635 页。
② （清）王夫之：《礼记章句》，《船山全书》第 4 册，岳麓书社 2011 年，第 886 页。
③ （清）王夫之：《张子正蒙注》，《船山全书》第 4 册，岳麓书社 2011 年，第 178 页。
④ （清）王夫之：《礼记章句》，《船山全书》第 4 册，岳麓书社 2011 年，第 679 页。

之事"①，彭绍升（1740—1796）亦说炎武"论治综核名实，于礼教尤兢兢，谓风俗衰，廉耻之防溃，由无礼以维之，常欲以古制率天下"②。顾炎武推崇礼教、倡导移风易俗，正是他经世致用思想的重要内容。其将圣人之道归纳为"博学于文""行己有耻"八个字。他说："愚所谓圣人之道者如之何？曰'博学于文'，曰'行己有耻'。"③"博学于文"出自《论语》，与"约之以礼"前后为文。炎武将其作为自己的治学理念。刘宝楠说："'博文'者，《诗》《书》《礼》《乐》与凡古圣所传之遗籍是也。文所以载道，而以礼明之者也。礼即文之所著以行之者也。博学于文，则多闻多见，可以畜德，而于行礼验之。"④"文"是古圣所传的典籍，而典籍所传之道最重要的内容就是礼教。

顾炎武释"博学于文"曰："'君子博学于文'，自身而至于家国天下，制之为度数，发之为音容，莫非文也。品节斯，斯之谓礼。孔子曰：'伯母、叔母疏衰，踊不绝地。姑姊妹之大功，踊绝于地。如此者，由文矣哉，由文矣哉！'《记》曰：'三年之丧，人道之至文者也。'又曰：'礼减而进，以进为文。乐盈而反，以反为文。'《传》曰：'文明以止，人文也。观乎人文以化成天下。'"⑤顾氏于此所言"文"，主要是以丧服的原则为例，而归结为礼。他又

---

① （清）顾炎武：《初刻日知录自序》，《顾炎武全集》第21册，上海古籍出版社2011年，第76页。
② （清）彭绍升：《儒行述》，《顾炎武全集》第22册，上海古籍出版社2011年，第262页。
③ （清）顾炎武：《与友人论学书》，《顾炎武全集》第21册，上海古籍出版社2011年，第93页。
④ （清）刘宝楠：《论语正义》卷七，中华书局1990年，第243—244页。
⑤ （清）顾炎武：《日知录》卷七，《顾炎武全集》第18册，上海古籍出版社2011年，第308页。

说:"自一身以至于天下国家,皆学之事也;自子臣弟友以至出入往来、辞受、取与之间,皆有耻之事也。"[①] 此所说的"文",既包括文献典籍,也包括社会中具体的、实有的规则、规范和制度,而这一切皆与礼相关。他又说:"比在关中,略仿横渠、蓝田之意,以礼为教。夫子尝言:'博学于文,约之以礼。'而刘康公云:'民受天地之中以生,所谓命也。是以有动作礼义威仪之则,以定命也。'然则君子之为学,将以修身,将以立命,舍礼其何由哉?"[②] 礼是"文"最重要的内容,换言之,"博学于文"就是"博学于礼"。

王夫之、顾炎武的礼学研究正是他们学术价值观的集中体现。王、顾二人不是一般的书斋里的学者,他们对国家和民族的命运有强烈的忧患意识和责任感。为了民族的复兴和天下苍生的福祉,他们奔走四方,著书立说,可谓鞠躬尽瘁,死而后已。王夫之和顾炎武亲眼目睹了江山易主和明清之际社会的无序,他们将醇化礼俗当成明道救世的重要途径,这既丰富了他们经世学术的内容,也对于后世学风和士风产生了深远影响。由于生活在明末清初,二人能比前人更多地看到历代社会的治乱得失,所以他们在从事礼俗研究时能更多地从历史的角度展开,这也使得他们对历代礼俗得失的考察和辨析比前人更加全面和深刻。

第二,明清之际的学人反阳明学、提倡礼学,是希望学风由师心自说、向壁虚造转向重视考据、言必有征。

明清之际,不少学人认识到阳明后学的空疏之弊,他们主张

[①] (清)顾炎武:《与友人论学书》,《顾炎武全集》第21册,上海古籍出版社2011年,第93页。

[②] (清)顾炎武:《与毛锦衔》,《顾炎武全集》第21册,上海古籍出版社2011年,第205—206页。

通过治礼学以纠学风之不实。明清之际以治《仪礼》而卓然为一大家的张尔岐格外引人注目。自从唐代《五经正义》取《礼记》而舍《仪礼》之后,《仪礼》之学晦而不彰。宋明以来,天道性命之学兴起,《仪礼》学更趋没落。张尔岐言治《仪礼》的心路历程:"愚三十许时,以其周、孔手泽,慕而欲读之,读莫能通。旁无师友可以质问,偶于众中言及,或阻且笑。闻有朱子《经传通解》,无从得其传本。坊刻《考注》《解诂》之类,皆无所是正,且多谬误。……注文古质,而疏说又漫衍,皆不易了,读不数缮辄罢去。至庚戌岁,愚年五十九矣,勉读六阅月,乃克卒业焉。于是取经与注,章分之,定其句读。疏则节录其要,取足明注而止,或偶有一得,亦附于末,以便省览。"① 其《仪礼郑注句读》取《仪礼》经文和郑《注》,章分之,定其句读,并录贾《疏》可明郑《注》者。该书在《仪礼》学史上有深远影响,受到顾炎武等人的大力表彰。此外,尔岐所撰《仪礼监本正误》《仪礼石本误字》对清代《仪礼》学文献的校勘亦有开风气之先的意义。张氏《仪礼》学崇实黜虚,顺应了明末清初反王学末流之大势,成为清代考据学之先声。

顾炎武提倡礼学,他评价张尔岐的《仪礼》学:"熙宁中,王安石变乱旧制,始罢《仪礼》不立学官,而此经遂废。……赖有朱子正言力辨,欲修'三礼'之书,而卒不能胜夫空虚妙悟之学。……济阳张尔岐稷若笃志好学,不应科名,录《仪礼》郑氏注,而采贾氏、陈氏、吴氏之说,略以己意断之,名曰《仪礼郑注句读》。又参定监本脱误凡二百余字,并考石经之误五十余字,作《正误》二篇,附于其后,藏诸家塾。时方多故,无能板行之者。

---

① (清)张尔岐:《仪礼郑注句读序》,文渊阁《四库全书》第108册,第3页。

后之君子，因句读以辨其文，因文以识其义，因其义以通制作之原，则夫子所谓以承天之道而治人之情者，可以追三代之英，而辛有之叹，不发于伊川矣。如稷若者，其不为后世太平之先倡乎？"①顾氏认为尔岐的《仪礼》学对于纠阳明心学"空虚妙语"之弊颇有帮助，对于转变空疏学风也是十分必要。顾炎武重视《仪礼》学，其对《仪礼·丧服》篇给予了极大的关注。《日知录》卷五、卷六大部分内容皆言丧服，其中有丧期、丧服之考证，也有前人观点之辨析。比如在论《檀弓》时，顾氏对古代善说丧服者及著作加以罗列，并以监察御史胡纮与朱熹关于服丧的争议为例，认为"若曾子、子游之伦，亲受学于圣人，其于节文之变，辨之如此其详也"，对于时下的学者则加以批评，"今之学者，生于草野之中，丧礼坏乐崩之后，于古人之遗文，一切不为之讨究，而曰'礼吾知其敬而已，丧吾知其哀而已'，以空学而议朝章，以清谈而干王政，是尚不足以窥汉儒之里，而何以升孔子之堂哉！"②顾氏所言"空学""清谈"，针对的是明代以来的空疏学风。在顾氏看来，《丧服》学尚名物制度之考证正可纠空谈之习。清初以来，《丧服》学兴起，并逐渐成为清代经学研究中的重要内容，顾炎武的先导之功意义重大。与顾炎武有特殊关系的徐乾学编"博而有要，独过诸儒"的《读礼通考》时专言丧服、丧礼，可谓深得顾氏学问之精髓③。

在明清鼎革之际诸大家的提倡下，礼学逐渐兴起，其中一大表

---

① （清）顾炎武：《仪礼郑注句读序》，《顾炎武全集》第21册，上海古籍出版社2011年，第82页。

② （清）顾炎武：《日知录》卷六，《顾炎武全集》第18册，上海古籍出版社2011年，第271页。

③ 虽然徐乾学是亭林的外甥，然与亭林的关系并不密切，这既与亭林效忠明朝有关，也与徐乾学的人品有关。

征就是礼书文本的辨疑。这方面以万斯大(1633—1683)和毛奇龄(1623—1716)为代表。

《清史稿》言万斯大"根柢'三礼',以释'三传',较宋元以后空谈书法者殊"[1]。万氏的礼学著作宏富,《学礼质疑》《周官辨非》《仪礼商》《礼记偶笺》《庙寝图说》等皆是掷地有声之作。万氏治礼重视以经证经,比如在《仪礼商》中,其首取《仪礼》与《礼记》,次取《易》《书》《诗》《春秋》及《左传》《国语》《公羊传》《穀梁传》与《仪礼》《礼记》作比较分析。此外,万氏治礼务求新义,其《周官辨非》依天、地、春、夏、秋五官之序论辩《周礼》不可信者四十七条,涉及职官六十九种。其于《仪礼》经文和注疏之研究亦是如此。万氏治礼学时提倡以经证经、重视考据,对于后来乾嘉考据礼学的兴起颇有影响。

毛奇龄于礼经、礼制颇有研究。其《周礼问》对《周礼》的作者、成书年代等有细致的辨析。在此书中,毛氏重点对刘歆伪造《周礼》说做了批判。胡宏认为刘歆为新莽国师,其作《周礼》意在阿莽,"夫歆……所列序之书,假托《周官》之名,剿入私说,希合贼莽之所为耳。"[2] 毛氏以宋代学风为据质疑胡宏之说:"此皆宋人诬妄毁经习气,好作此等语。如诬《孝经》为刘炫伪作、诬《古文尚书》为梅赜伪作一类,此最误古学者。"[3] 毛氏认为,以《周礼》为刘歆伪作,与以《孝经》出自刘炫伪作、《古文尚书》出自梅赜伪作一样,皆是宋代疑经思潮的产物,不可信据。毛氏还从制度的角度以证《周礼》所记官制渊源有自。如有人认为三代时只有三卿

---

[1] 赵尔巽等:《清史稿》卷四百八十一,中华书局1977年,第13170页。
[2] (宋)胡宏:《极论周礼》,《胡宏集》,中华书局1987年,第259—260页。
[3] (清)毛奇龄:《周礼问》卷一,《续修四库全书》第78册,第383页。

而无六卿，故《周礼》六卿之说为伪。毛氏据《尚书·甘誓》《礼记·昏义》，认为先秦文献已有六卿之记载，《周礼》所记六卿正是三代官制之反映；有人认为《周礼》司徒一职与古司徒"敬敷五教"不合，因此《周礼》司徒职掌不是出自周公设计，也非三代之制。毛奇龄据《尚书·洪范》《诗·绵》《国语·周语》，认为司徒职土地之事古已有之。毛奇龄所撰《昏礼辨正》和《丧礼吾说篇》对《仪礼》《礼记》所记婚礼和丧礼做了考辨。毛氏治经有"争胜"的特点，然其重视以经证经、以史证经，即便"争胜"也是建立在考辨经籍之基础上。

阳明学之功是反程朱理学之"支离"，其流弊是谈玄说虚、不务实际。所谓"谈玄说虚"，是从治学的方法而言。阳明学因过分强调人的主体意识，从而使人们脱离对具体事物和文本的分析研究，陷入空疏境地。此所谓"不务实际"是从治学的方向而言，阳明学末流偏离社会的需要，合禅释之学说而空谈心性。而礼学向来被称为"实学"，此所谓"实"既有治学方法的，比如礼学重视名物制度的考证，也有治学方向的，比如礼学关乎世道人心。因此，明清之际的学人对阳明学进行批判时，礼学就成为他们有力的学术资源和思想武器。

三、清初理学复兴与礼学的研究和应用

元代延祐年间，元仁宗下令恢复科举考试，尊朱子《四书章句集注》为学术标准。从此以后，理学正式登上官方哲学的宝座，对元、明、清时期的政治、文化和社会生活产生了重要影响。宋、元、明、清时期的礼学发展亦深受理学的影响。从宽泛意义上来看，宋、元、明、清时期的礼学是在理学框架之下的文化现象。因此，考察明清之际的礼学与理学之关系，是揭示明清之际礼学兴起的又一关键所在。

在探讨此问题之前，有必要先对理学与礼学的关系作一交代。思辨性思想体系的建构与对现实社会的关照，是宋明理学的两大内容，二者缺一不可①。宋儒在构建抽象的天道性命思想体系时，又积极倡导对社会秩序起整合作用的礼教。比如北宋理学家张载，"其学尊礼贵德，乐天安命，……其家昏丧葬祭，率用先王之意，而傅以今礼。又论定井田、宅里、发敛、学校之法，皆欲条理成书，使可举而措诸事业"②。张载重视礼学，又躬行礼教，他通过《周礼》《仪礼》所记制度之诠释，从而经世致用。集理学之大成的朱熹所建构的理学体系亦有两个层面的内容，即既有各种概念范畴之界定、命题之演绎，也有体恤民生、移风易俗的现实关照。朱熹热衷于世道人心之维护，他为此倾注了毕生的心血。朱熹所编的《仪礼经传通解》《家礼》，以及为江西白鹿洞书院所制定的学规，皆体现了他对道德伦理建设、社会秩序维护方面的热情。在理学家的思想世界中，天道性命之学是理学的哲学根基，而礼学则是理学在现实社会中的体现和应用，理学的本体哲学与礼学的现实关照之间是体与用的关系，二者相互辉映，相得益彰。

明朝建立以后，太祖朱元璋确定以程朱理学为治国的指导思

---

① 余英时说："宋代理学有两项最突出的特点：一是建构了一个形而上的'理'的世界；二是发展了种种关于精神修养的理论和方法，指点人如何'成圣成贤'。这两点毫无疑问都属于'内圣'的领域，但深一层观察，这两条开拓'内圣'的道路，同是为了通过'治道'以导向人间秩序的重建。这是宋代儒学的主流所在，自古文运动一直贯通到朱熹时代。理学家必须预设此'理世界'，作为他们理想中的人间秩序的永恒而又超越的保证，否则他们重建秩序的要求便失去根据了。"见余英时：《宋明理学与政治文化》，吉林出版集团有限责任公司 2008 年，自序第 5 页。

② （元）脱脱：《宋史》卷四百二十七，中华书局 1977 年，第 12724 页。

想。在官方对理学的奖掖下,明初以来涌现出曹端、薛瑄、吴与弼等不少著名的理学家,在他们的努力下,明代理学获得了较大的发展。到永乐年间,胡广等人奉敕编纂《四书大全》《性理大全》,并颁布全国,理学的影响进一步扩大。与此同时,明代统治者重视礼教,比如在政教合一的政治体系之下,朱元璋强调各级官员都要肩负教化的责任,并将学校当成推广礼教的重要工具和场所。明成祖朱棣也大力提倡以礼化俗,在他的倡导下,洪武三年(1370)《大明集礼》修成,洪武十三年(1380)《教民榜文》颁行。然而晚明以来,受心学的冲击,程朱理学的信奉者越来越少,以至于"嘉、隆而后,笃信程朱,不迁异说者,无复几人矣"[1],"时天下言学者,不归王守仁,则归湛若水"[2]。阳明心学在正德、嘉靖几十年间传遍大江南北,受到很多人的信奉,盛极一时,大有压倒程朱理学之势。此外,晚明的竞奢浮靡之风,让很多人将高扬道德理想主义的程朱理学抛之脑后。阳明学的流行以及晚明浇薄的世风,使程朱理学走向衰微,而与理学关联的礼教亦晦而不彰。

不过任何事物的发展规律都是盛极必衰、物极必反,万历以来,由于阳明学的空疏之弊逐渐显现,一些学者逐渐意识到理学在维护社会秩序、重建道德伦理方面的功能,他们遂振臂呐喊,凸显理学的价值[3]。在此背景下,明清鼎革之际出现了"由王返朱"的学术思潮。而礼学在"由王返朱"思潮中起到了重要作用,这可从以下两个方面来看。

---

[1] (清)张廷玉:《明史》卷二百八十二,中华书局1974年,第7222页。
[2] (清)张廷玉:《明史》卷二百八十二,中华书局1974年,第7244页。
[3] 对于阳明学的批评,不仅有程朱阵营里的思想家,还有阳明学内部的人士。比如刘宗周在吸取理学"诚""主敬"等观点的基础上,从而形成了以"慎独"为宗旨的思想体系。

第一，明清之际，一些持理学立场的学人推崇礼学，并从理学的角度对礼学进行阐释，从而推动了明清之际礼学的兴起。

王夫之是十七世纪中国的伟大思想家，至于其治学的渊源和归宿，前人已多有揭示。《清史稿》说："夫之论学，以汉儒为门户，以宋五子为堂奥。"[1] 夫之学术重视考据，而以理学精微的义理为其旨趣。其子王敔说夫之是"希张横渠之正学"[2]，吴廷栋说夫之是"追踪横渠，而深契程朱心源"[3]，左宗植认为夫之"学派得横渠，故训翼郑孔"[4]，郭嵩焘说夫之"尤心契横渠张子之书"[5]。夫之学术与张载关学有极密切的关系，此已为学界之共识。其对礼的起源、礼有矫情复性等皆做了深入的阐述。

王夫之对礼的"秩序"渊源和本质做了揭示。他说："秩序，物皆有之而不能喻；人之良知良能，自知长长、尊尊、贤贤，因天而无所逆。其序之也亦无先设之定理，而序之自天在天者即为理。"[6] 人间伦理秩序的源头在"天""理"，而这种秩序的集中体现便是礼，"尊尊、贤贤之等杀，皆天理自然，达之而礼无不中矣"[7]，礼作为社会秩序，是广义自然秩序中的一部分。《礼记·礼器》：

---

[1] 赵尔巽等：《清史稿》卷四百八十，中华书局1977年，第13107页。
[2] （清）王敔：《大行府君行述》，《船山全书》第16册，岳麓书社2011年，第76页。
[3] （清）吴廷栋：《与方存之书》，《船山全书》第16册，岳麓书社2011年，第580页。
[4] （清）左宗植：《京师九日同人慈仁寺祭顾先生祠呈同集诸君子四首》，《船山全书》第16册，岳麓书社2011年，第575页。
[5] （清）郭嵩焘：《船山祠碑记》，《船山全书》第16册，岳麓书社2011年，第584页。
[6] （清）王夫之：《张子正蒙注》，《船山全书》第12册，岳麓书社2011年，第104页。
[7] （清）王夫之：《张子正蒙注》，《船山全书》第12册，岳麓书社2011年，第105页。

"礼释回增美质,……其在人也,如竹箭之有筠也,如松柏之有心也。"夫之解释说:"天下之物莫不有自然之秩叙以成材而利用,天之礼也。天以是生人而命之为性,则礼在性中而生乎人之心矣。"①夫之此所谓"天",指万事万物存在之依据。天下万物有序,这是属于天层面的"礼",即所谓"天之理";社会中的人为天所生,人分有了"天之理",因此与人相关的礼是本于天、根据于天。礼是天理的体现,合礼者是天理,不合礼者是人欲,"私意、私欲,先儒分作两项说。程子曰'非礼处便是私意',则与朱子'未能复礼,都把做人欲断定'之言,似相龃龉。以实求之,朱子说'欲'字极细、极严。程子说'意'字就发处立名,而要之所谓私意者,即人欲也"②。夫之在考察程朱之说异同的基础上,认为合礼者是公共之欲,与天理相符,不合礼者是私意之欲,与人欲合。他说:"三代之王者,率乎人心之实然,求其宜称以制为典礼,虽有损益,其致一尔,非出于三王之私意以为沿革,故天下乐用而不违。"③所谓"三王",指夏、商、周三代的君王④。三王制礼不是出于个人之私意,而是出于普遍认同的民意,私意是人欲,而民意是天理。夫之并不全然否定人欲,他说:"哀公虽喜于闻所未闻,而终以昏姻为男女之欲,而继嗣为其后起,不知人情之动即天地生物之理,袭

---

① (清)王夫之:《礼记章句》卷十,《船山全书》第4册,岳麓书社2011年,第580页。
② (清)王夫之:《读四书大全说》卷六,《船山全书》第6册,岳麓书社2011年,第770页。
③ (清)王夫之:《礼记章句》卷十,《船山全书》第4册,岳麓书社2011年,第600页。
④ "三王"指夏、商、周三代之君,不过文献的记载不一致。《穀梁传·隐公八年》范宁注认为"三王"是夏禹、商汤、周武王;《孟子·告子下》赵岐注认为"三王"是夏禹、商汤、周文王。

之则从欲而流,重之则生生之德即此而在。盖天理人欲,同行异情,顺天地之化,而礼之节文自然行乎其中,非人欲之必妄而终远乎天理,此君子之道所以大中至正而不远乎人也。"① 人欲与天理并非格格不入,只要礼之节文行乎其中,人欲中便有天理②。夫之于此所言的"人欲",是指人的感官和基本生存的欲望,这些欲望与私意之欲不同,伴随这些欲望而出现的礼恰恰与天理相合。程、朱其实并不否定人的基本的生存之欲,朱熹甚至认为人欲中含天理,"有个天理,便有个人欲。盖缘这个天理须有个安顿处,才安顿得不恰好,便有人欲出来"③。人欲就像热病,若不能遏止,任其滋蔓,"循之则其心私而且邪"④。对于天理与人欲的分别,程、朱主要是从欲望满足的度上来说,显得比较笼统,而夫之则从与礼是否相合的角度来看,标准就比较具体和明确。

王夫之认为礼与天理相关,亦与人情相系。他说:"礼为天理人情之极至,斯无可过,而循之以行,自无不及也。所以然者,礼之所自制,因乎夫人性情之交,本有此喜、怒、哀、乐大中适得之矩则而节文化具焉,圣人因而显之尔。则率是以行,自与所性之大中

---

① (清)王夫之:《礼记章句》卷二十七,《船山全书》第4册,岳麓书社2011年,第1185页。

② 船山认为理与气不对立,欲与理亦不对立,而是"合两者而互为体"的关系。他说:"天以其阴阳五行之气生人,理即寓焉而凝之为性。故有声色臭味以厚其生,有仁义礼智以正其德,莫非理之所宜。声色臭味,顺其道则与仁义礼智不相悖害,合两者而互为体也。"[(清)王夫之:《张子正蒙注》卷三,《船山全书》第12册,岳麓书社2011年,第121页。]在船山看来,没有无理之欲,也没有无欲之理,两者是合一的,谁也离不开谁。

③ (宋)黎靖德辑:《朱子语类》,《朱子全书》第14册,上海古籍出版社、安徽教育出版社2002年,第388页。

④ (宋)朱熹:《延和奏札二》,《朱子全书》第20册,上海古籍出版社、安徽教育出版社2002年,第639页。

合符，而奚过不及之有哉！"①夫之于此将天理、人情相提并论，天理的至上与人情的合乎中道，皆是礼产生的重要依据，圣人所做的不过是将天理与人情外化出来而已。夫之说："'礼'者，天理之节文、人事之仪则也。'和'者，从容不迫之意。盖礼之为体虽严，然皆出于自然之理，故其为用必从容而不迫，乃为可贵。"②夫之于此将"天理"与"人事"相对应，天理即超越于人和社会之上的终极存在，天理是人事之依据，而人事则是天理之体现。礼属于人事，其终极依据是天理。夫之于此还指出礼出于"自然之理"，此所谓"自然"当是自然而然之义，天理的自然、人情之自然都在其中，而这一切在现实中的直接体现就是礼。夫之于礼的起源及依据所做之探讨，别是对礼的形上依据之探寻，与张载、朱熹的思路十分接近。张载借助于《礼记·乐记》所云"礼也者，理之不可易者也"，"礼者，理也，须是学穷理，礼则所以行其义，知理则能制礼，然则礼出于理之后。"③认为礼就是理，知理才能制礼。朱熹亦说："这个典礼，自是天理之当然，欠他一毫不得，添他一毫不得。惟是圣人之心与天合一，故行出这礼，无一不与天合。"④张载、朱熹将礼升华到形上依据的高度来看待，认为礼与理一样，具有恒常意义。夫之将礼的依据归为"天理"，与张载、朱熹的思路颇为接近。

王夫之的礼学是有逻辑体系的，其于礼之形上依据有深入之

---

① （清）王夫之：《礼记章句》卷二十八，《船山全书》第4册，岳麓书社2011年，第1193页。
② （清）王夫之：《四书训义》卷五，《船山全书》第7册，岳麓书社2011年，第266页。
③ （宋）张载：《张子语录》，《张载集》，中华书局1978年，第326—327页。
④ （宋）黎靖德辑：《朱子语类》卷九十八，《朱子全书》第17册，上海古籍出版社、安徽教育出版社2002年，第2885页。

探讨，亦于礼的内容、功能有全面之论证。夫之礼学与先秦两汉儒学、宋明理学的渊源甚深，特别是与张载的礼学关系密切。他说"张子之学，以礼为鹄"①，此说可谓深得张载关学之精髓。受张载等人的影响，夫之对于礼学重视有加，且有创造性的发挥。钱穆说："船山论学，始终不脱人文进化之观点，遂以综会乎性天修为以为说，其旨断可见矣。曰'养其生理自然之文，而修饰之以成乎用'，可谓船山论学主旨。而曰'养其生理自然之文而修饰之以成乎用者，礼也'，推极于礼以为教，则横渠关学之遗意也。"②钱穆此说，将夫之礼学与张载学术之关系明确地表达了出来。当然，效法张载只是夫之礼学的一个方面。夫之学术博大渊深，其礼学所具有的会通各家的气象以及创造性的发挥，正是其学术博大气象的最好注脚。夫之礼学以其特有的思辨性与经世精神，从而成为清初礼学史上的一座高峰。

第二，清初的理学官僚对礼学的研究和推广，对于清代礼学的兴起起到了推动作用③。

明清之际，一些士人既有异族统治带来的"亡国"之恨，也有对于文化"覆灭"的忧虑。他们在著作中反复凸显礼的价值，因为礼是华夏文明最重要的象征。在此观念的驱使下，清初的一些士人拒绝与清廷合作。然而到了康熙年间，社会趋于平定，晚明遗老的影响力也大不如前，起而代之者已不是明代遗民，而是清代的臣民。出于功令的原因，这些在清代成长起来的士人对于理学的

---

① （清）王夫之：《张子正蒙注》卷二，《船山全书》第12册，岳麓书社2011年，第67页。
② 钱穆：《中国近三百年学术史》上册，商务印书馆1997年，第127—128页。
③ "理学官僚"在刘师培、梁启超等人的著作中带有贬义色彩。今特指宋代以来在修身、治家与仕宦等方面讲求理学并以理学指导实践的官员。

要义十分熟悉。而在理学的道德理想主义与事功之学的影响下，康熙朝出现了熊赐履（1635—1709）、李光地（1642—1718）、朱轼（1665—1736）、方苞（1668—1749）等为代表的理学官僚。今以方苞、朱轼为考察的重点，以见理学官僚在明清之际礼学复兴方面所起到的作用。

方苞是清代康、雍时期理学阵营中的重要人物，他说："仆少所交，多楚、越遗民，重文藻，喜事功，视宋儒为腐烂，用此年二十，目未尝涉宋儒书。及至京师，交言洁与吾兄，劝以讲索，始寓目焉。……二十年来，于先儒解经之书，自元以前所见者十七八。然后知生乎五子之前者，其穷理之学未有如五子者也；生乎五子之后者，推其绪而广之，乃稍有得焉。其背而驰者，皆妄凿墙垣而殖蓬蒿，乃学之蠹也。"[1] 他认为颜元、黄宗羲等人败坏学术，"夫学之废久矣，而自明之衰，则尤甚焉。某不足言也，浙以东，则黄君梨洲坏之；燕、赵间，则颜君习斋坏之。……二君以高名耆旧为之倡，立程、朱为鹄的，同心于破之，浮夸之士皆醉心焉。"[2] 方苞"论学一以宋儒为宗，说经之书，大抵推衍宋儒之学而多心得"[3]。

方苞于"三礼"用功颇深，其《周礼》方面的论著有《读周官》《周官辨》《周官集注》《周官析疑》《周官义疏》。其治《仪礼》也颇用力，相关论著有《读仪礼》《仪礼析疑》《丧礼或问》。苏惇

---

[1] （清）方苞：《再与刘拙修书》，《方苞集》上册，上海古籍出版社2008年，第174—175页。

[2] （清）方苞：《再与刘拙修书》，《方苞集》上册，上海古籍出版社2008年，第175页。

[3] （清）苏惇元：《方苞年谱》，《方苞集》下册，上海古籍出版社2008年，第890页。

元说方苞"治《仪礼》十易其稿"①,又说"先生(指方苞)以此经少苦难读,未经倍诵,恐不能比类以尽其义。……七十以后,晨兴,必端坐诵经文,设为身履其地,即其事,而求昔圣人所以制为此礼,设为此仪之意,虽卧病犹仰而思焉。有心得,乃稍稍笔记,十余年来已九治;犹自谓积疑未祛,乃十治,早夜勤劬,迄今始成"②,可见方苞于《仪礼》用功之深。方苞也勤于治《礼记》,相关论著有《礼记析疑》《辨明堂位》等。方苞的礼学深受包括朱熹在内的理学家的影响。他在致尹元孚的信中说:"管子曰:'任之重者莫如身,途之畏者莫如口,期而远者莫如年;以重任,行畏途,至远期,惟君子乃能矣。'古之以礼成其身者,类如此,而世尤近,事尤详,莫如朱子。长君果有志焉,一以朱子为师足矣。"③方苞以礼立身,以礼化俗,与朱子礼学的践履精神一脉相承。比如朱熹在《家礼》中主张设立祠堂,以此凝聚宗族人心,方苞也重视合宗收族,并有设计:"大功以上,同财同居,则共祀祖祢;异居皆祭于继祖嫡子之家。……共大宗者,岁一合食。共高祖者,再。共曾祖者,三。凡合食,必于宗祠。"④方苞特重宗祠,他告老还乡之后,在金陵城南择址建了方氏宗祠,并为宗祠准备了祭田两百亩。

方苞一生依礼修身和行事。年谱记载:"先生(指方苞)……为人敦厚,生平言动必准礼法;事父至孝,……事母尤孝,年四十

---

① (清)苏惇元:《方苞年谱》,《方苞集》下册,上海古籍出版社2008年,第890页。
② (清)苏惇元:《方苞年谱》,《方苞集》下册,上海古籍出版社2008年,第888页。
③ (清)方苞:《答尹元孚书》,《方苞集》上册,上海古籍出版社2008年,第163页。
④ (清)方苞:《己亥四月示道希兄弟》,《方苞集》下册,上海古籍出版社2008年,第478页。

余，宛转膝下如婴儿。……与兄百川弟椒涂相友爱，不忍违离。"①四十岁那年，"以母老疾，酌《礼经》筑室宅之西偏以奉事焉，而不入中门"②。六十三岁那年秋天，疾作，命诸子："如我殁，敛时须祖右臂。昔余弟椒涂疾革时，余因异疾，医者令出避野寺。弟卒，弗获视含敛，心常悔之，以此自罚也。"③"先生每遭期功丧，皆率子姓准古礼宿外寝。……居家有客至，必令子弟奉茶，侍立左右；或宴会，则行酒献肴，俾知长幼之节。"④方苞以礼行事，践行理学的道德理想主义，连直言桐城派未得程朱理学要领的章太炎也肯定方苞"孝友严整躬行足多矣"⑤。

朱轼是清代康、雍、乾三朝重臣，官至太子太傅、文华殿大学士，也曾任湖北潜江知县、陕西学政、浙江巡抚、吏部尚书、兵部尚书。其为官清正廉洁，颇具惠政，深得康熙、雍正、乾隆三帝所倚重，是清代政治史上有重大建树的显赫人物。朱轼出生于理学世家，其曾祖"潜心理学，发明天人性命之旨，著述甚富"⑥。其父虽非理学名家，然亦笃信理学。朱轼深受家学影响，他崇奉理学，对张载之学尤为推崇。他说："予自幼读《西铭》《正蒙》，然每一展

---

① （清）苏惇元：《方苞年谱》，《方苞集》下册，上海古籍出版社2008年，第888页。
② （清）苏惇元：《方苞年谱》，《方苞集》下册，上海古籍出版社2008年，第874页。
③ （清）苏惇元：《方苞年谱》，《方苞集》下册，上海古籍出版社2008年，第880页。
④ （清）苏惇元：《方苞年谱》，《方苞集》下册，上海古籍出版社2008年，第889页。
⑤ （清）章太炎：《检论》卷四，《章太炎全集》第1辑，上海人民出版社2017年，第484页。
⑥ （清）朱瀚编，（清）朱龄补编：《朱文端公年谱》，《儒藏·史部·儒林年谱》第37册，四川大学出版社2007年，第120页。

卷，恍如有会，既得读全书，益叹张子之学之纯，而其为功于圣道不少也。大抵言性言命，使人心玩之而如其所欲言者，必身体之而适得其力之能至者也。"① 朱轼认为张载理学并非玄远之学，而是旨在社会秩序的建构，而承载这种秩序建构功能的便是礼学。朱轼在家礼学方面颇有造诣，其《仪礼节略》《家仪》等书在借鉴、损益宋明以来家礼文献的基础之上，对古礼与时下礼俗的关系、社会治理的途径等皆有较深入的探讨。其在数十年的仕宦生涯中重视兴教化、厚风俗，对清代中前期的政治和文化产生了不小的影响。

作为极受康熙、雍正、乾隆三帝倚重的治国股肱之臣，不管是在出任地方官，还是在朝中任职，朱轼皆将正风俗作为自己的首要任务。朱轼对康熙《圣谕十六条》颇为看重，他说："我皇上泣罪为心，爰著圣谕十有六条，颁布中外，使大小臣工用以宣扬教化，言约而该，事切而实，真化民成俗之良规。"② 其任陕西学政时为《陕西通志》所写序言中反复强调醇化风俗的必要性，其在此序言提到"俗"和"风俗"达七次。在朱轼看来，正风俗的关键就是崇俭黜奢。在《仪礼节略》的婚礼部分，朱轼认为婚礼中的酒食宴饮、张灯结彩等会造成社会财富的巨大浪费，还会出现败坏风化的"奸徒"，"奢侈之流生祸耳，雁币之资，已非容易，况乃夸多斗靡酒食有费，供张有费，舆隶有费，结彩张灯有费，一妇人入门，中人之产荡矣。以是婺人终身不遂居室之愿，而奸徒之钻穴逾墙，曰不搂不得妻也，伤风败化，有自来矣。"③ 此外，婚礼过于看重财物，

---

① （清）朱轼：《张子全书序》，《朱文端公文集》卷一，《清代诗文集汇编》第214册，上海古籍出版社2010年，第466页。

② （清）朱轼：《上谕注解序》，《朱文端公文集》卷一，《清代诗文集汇编》第214册，上海古籍出版社2010年，第458页。

③ （清）朱轼：《仪礼节略》卷三，《四库全书存目丛书》第110册，第577页。

会导致狱讼纷繁,"致反目离异者,有因衾薄而怒其妇,致吞声而疾,非命而死者,狱讼繁兴,不可究诘。孰非风俗侈靡之故哉!戒之戒之,毋谓言之迂而无当也。"① 而社会财富的浪费、风气的败坏,从根本上来说是不守礼制所致,"花轿妆饰,动费多金,鼓乐旗帜,填巷塞衢,大非礼制。"② 不守礼会造成铺张浪费,从而徒增社会治理的成本,只有守礼才能有节制。朱轼重视正风俗,是对康熙、雍正崇俭黜奢治国方略的回应与贯彻。

与明清鼎革之际士人的经世致用不同,理学并不是方苞、朱轼等人批判的对象,而是其经世的前提。虽然方苞、朱轼等人在理学的学理上没有太大的建树,但是他们将理学这门学问当成不言而喻的信仰,而将信仰、学问与事功结合起来才是他们真正的诉求。方苞、朱轼等人敦礼厚俗之措意并非纠理学之空疏,而是阐扬张载、朱熹等为代表的宋明理学中的事功之学。作为极受最高统治者倚重的大臣,方苞、朱轼等人在敦礼化俗方面所做的努力既体现了十八世纪理学官僚在道德、学问、修身、治家与政治方面依次递进的人生规划,也体现了清初以来统治阶层在社会控制方式上所做的调整及取得的成效。

在中国历史上,明清之际是一个比较特别的时期。由于晚明商品经济的发展、明清鼎革所造成的社会和文化冲突,以及清初以来的文化政策,使得该时期学术思想呈现出异彩纷呈的局面。该时期思想家众多、学术视野宏阔。明中后期阳明学风行天下,程朱理学走向衰落,清初阳明学不彰,而程朱理学走向复兴,与之相应是对空疏学风的批判以及健实学风的兴起。而礼学是一条贯穿明清之

---

① (清)朱轼:《仪礼节略》卷三,《四库全书存目丛书》第110册,第577—578页。
② (清)朱轼:《仪礼节略》卷三,《四库全书存目丛书》第110册,第554页。

际学风嬗变的主线,其由晚明的不彰到清初的复兴,既是应当时世风转变需求的产物,也与当时心学、理学的消长密切相关。礼学之所以能在明清之际学风嬗变中起到重要作用,还与礼学本身的特点有关。"礼"是中国古代社会的表征和中国传统文化的核心,从先秦到清朝终结,礼一直是中国古代社会共同体所追求的理想社会的理论框架和价值标准。礼有众多的面向,其与仁、义、智相并列时是道德的范畴,而历代通过家庭、家族、学校、科举、社会等多种渠道,通过诗教、乐教、宣谕、训诫、律法等多种形式进行礼乐教化,培养君子人格,使民众生活道德伦理化,则是礼教的范畴。由此可见,礼是儒家"内圣外王"的重要载体,其不仅有道德层面的超越,也有现实层面的设计。因此,当面对晚明竞奢的社会风气和空疏学风,礼学无疑是维护时代人心和扭转学风最理想的思想文化资源。

明清之际的学人或以礼批判阳明后学的空疏学风,或阐述礼的经世功能,或在现实社会中以礼化俗、以俗合礼,也就是说他们关注的是礼意和礼教,而不是考据礼学。明清之际虽然有张尔岐、万斯大、毛奇龄等人的考据礼学,然而从总体上来看,这一时期的大多数学人既没有将注意力放在礼经的校勘和注释上,也没有将注意力放在礼物、礼器、礼制的考证上。到了清代中期,学人受到文化高压政策的影响而埋头于考据,惠栋、江永、沈彤、程瑶田、凌廷堪、胡培翚等一大批礼学家涌现,他们将明清之际的考据礼学发扬光大,礼书、礼物、礼制、礼例的考证和归纳成为这一时期礼学最重要的内容。考据礼学成为乾嘉考据学的重要组成部分,而对礼的意义的探寻以及以礼经世的取向则相对弱化了。清中期与清初礼学的这种差异,是清代学风嬗变的体现,这已经不在本文探讨的范围之内了。

第二节　明清之际思想家对儒礼的反思

明清之际的思想界十分活跃，出现了陈确、顾炎武、黄宗羲、王夫之、颜元等一大批思想家。他们既积极构建自己的思想体系，又有着悲天悯人的情怀。他们的思想体系并非空中楼阁，而是关乎社会秩序和风俗人心。礼学关乎社会人心，为明清之际的思想家们所关注。今以陈确、黄宗羲、顾炎武、王夫之、颜元、姚际恒等人对儒礼的反思或礼仪教化的实践为考察对象，以见在社会文化转型的明清之际，礼学所充当的角色和起到的作用。

一、陈确礼学的心性论基础和遗民情结[1]

陈确（1604—1677）是明清之际颇有影响的思想家。受其师刘宗周的影响，陈确以明"遗民"的身份立身行事。陈确学术影响最大者，莫过于其所撰《大学辨》。此书具有强烈的反传统色彩，受到学界的普遍重视，相关的研究成果较多[2]。然而通过考察陈确的著述以及相关资料，可知对礼仪和风俗的探讨也是陈确学术的重要组成部分。在礼学方面，陈确有家学渊源。他曾自述："吾祖端庄好礼，闺门修饬，与祖母每见必相揖如宾。"[3] 此外，陈确也精研古礼，

---

[1]　本部分的资料搜集和写作，得到西南财经大学马克思主义学院王敏老师的大力支持。
[2]　对陈确《大学辨》所作之研究，以台湾学者詹海云和大陆学者姜广辉为代表。可参见詹海云《陈乾初大学辨研究》，台北明文书局1986年；姜广辉《中国经学思想史》，中国社会科学出版社2010年，第48—65页。
[3]　（清）陈确：《先世遗事纪略》，《陈确集》下册，中华书局1979年，第529页。

并对现实中的礼俗重建做了很多探索。黄宗羲曾说:"乾初议礼尤精,从其心之所安者,变通古礼。而于凶礼,尤痛地理惑人,为天下异端之祸。"① 然而学界于陈确礼学并没有给予重视,相关研究也十分薄弱。有鉴于此,本书在全面考察陈确著述的基础上,结合相关的资料,对陈确礼学的心性论基础及遗民情结加以探讨,以期全面认识陈确的学术以及明清之际的学风。

(一) 礼与心性

陈确重视心性哲学之建构,而在前人基础上对儒家性善论的发挥,又是其心性论最重要的内容,正如钱穆所说:"乾初论学……发挥性善之旨,最多创见。"② 陈确的礼学思想就是建立在其性善论的基础之上。因此,考察陈确的心性论是认识其礼学的前提。

陈确试图以孔子"性近习远"说为依据构建自己的人性论。孔子说"性相近也,习相远也"(《论语·阳货》),人的天性接近,然而由于后天的"习"之不同,从而造成人与人之间的差异。至于相近的"性"是什么,孔子并没有明说。陈确又据孔子所言"我欲仁,斯仁至矣"(《论语·述而》),"有能一日用其力于仁矣乎?我未见力不足者"(《论语·里仁》),认为"人但知孟子之言性善,而不知孔子之言性善更有直捷痛快于孟子者,人第不察耳"③。人们普遍认为性善论源自孟子,然而在陈确看来,孔子才是性善论的提出者。据孔子之所言,可知"性善自是实理,毫无可疑"④。

对于宋儒朱熹的人性论,陈确表示反对。比如朱熹认为"性"

---

① (清)黄宗羲:《陈乾初先生墓志铭(二稿)》,《黄宗羲全集》第10册,浙江古籍出版社2012年,第367页。
② 钱穆:《中国近三百年学术史》上册,商务印书馆1997年,第42页。
③ (清)陈确:《瞽言·原教》,《陈确集》下册,中华书局1979年,第457页。
④ (清)陈确:《瞽言·原教》,《陈确集》下册,中华书局1979年,第456页。

"情""才"是不同的,"性者心之理,情者性之动,才便是那情之会恁地者。情与才绝相近,但情是遇物而发,路陌曲折恁地去底;才是那会如此底。"① "性"是根本,"情"是"性"的发出,而"才"是能力。陈确认为,分别"性""情""才"是枉然,因为推本言"性"曰"天命",推广言"性"曰"气""情""才","由性之流露而言谓之情,由性之运用而言谓之才,由性之充周而言谓之气,一而已矣"②;"性"不可见,却可见之于"气""情""才","气""情""才"为"性"的"流露""运用"和"充周"。从根本上来说,"天命"是"气""情""才"之依据。也就是说,"性"之依据为"天命","性"之显豁为"气""情""才"。陈确认为,"天命有善而无恶,故人性亦有善而无恶;人性有善而无恶,故气、情、才亦有善而无恶。"③ 陈确试图通过"天命"——"人性"("气""情""才")的统分模式,化解孟子性善论在逻辑上的矛盾④。

---

① (宋)黎靖德辑:《朱子语类》卷五,《朱子全书》第14册,上海古籍出版社、安徽教育出版社2010年,第233页。

② (清)陈确:《瞽言·气情才辨》,《陈确集》下册,中华书局1979年,第451—452页。

③ (清)陈确:《瞽言·气情才辨》,《陈确集》下册,中华书局1979年,第452页。

④ 孟子认为人之性涵仁、义、礼、知等道德的善端,而人之善端通过后天的修养和教化得到扩充,人可成君子。准确地说,孟子的人性论是一种"趋善论"(牟钟鉴:《荀学新论》,商务印书馆2021年,第61页)。孟子的人性论是中国古代人性论之主流,影响极大。孟子的人性论有一个逻辑上的问题,即人性既然趋善,那么现实中的恶是如何产生的?虽然孟子自己也做了解释,但是争议依然很多。后儒在孟子之基础上,对人性论做了新的论说。宋儒认为人有纯善的"天地之性"以及有善有恶的"气质之性",理学家们试图用这种二元的人性论来化解孟子人性论逻辑上的问题。明代心学家王阳明则主张心性不二、性气亦一,他说:"性善之端,须在气上始见得,若无气亦无可见矣。……若见得自性明白时,气即是性,性即是气,原无性气之可分也。"[(明)王守仁:《启问道通书》,《王阳明全集》第1册,上海古籍出版社2014年,第68—69页。] 刘宗周认为"气质之性"即"义理之性","理即气之理,断然不在气先,不在气外。知此,则知道心即人心之本心,义理之性即气质之本性。"[(明)刘宗周:《语类十二》,《刘宗周全集》第3册,上海古籍出版社2012年,第369页。] 由于理是气之理,所以只有气质之性,气质之性就是义理之性,是善而非恶。

在对孟子性善论与理学的心性论进行考察的基础上，陈确对性善论做了新的探索。陈确认为，认识性善论，关键在于理解《周易》"继善成性"一语。他说："继之，即须臾不离戒惧慎独之事；成之，即中和位育之能。"① "继"是"须臾不离"的过程，人性只有在过程中才能成全。陈确又说："今夫一草一木，谁不曰此天之所生，然滋培长养以全其性者，人之功也。庶民皆天之所生，然教养成就以全其性者，圣人之功也。非滋培长养能有加于草木之性，而非滋培长养，则草木之性不全。非教养成就能有加于生民之性，而非教养成就，则生民之性不全。"② 五谷、草木有生长的过程，在这个过程中，五谷、草木的本性才能逐渐完善。与此类似，人性本善，善性是人在成长的过程中逐渐完成的③。陈确认为，孟子言性善强调的是"工夫"，宋儒言性善强调的是"本体"。他说："孟子谆谆教人扩充，教人动、忍、存、养，教人强恕、强为善。如此类，不一言而足。犹之五谷，虽云美种，然不耕植，不耘耨，亦无以见其美。此孟子尽心知性之旨也。盖孟子言性必言工夫，而宋儒必欲先求本体，不知非工夫则本体何由见？"④ 至于宋儒所言本体意义的、一成不变的性并不存在，因为"践形即是复性，养气即是养性，尽心、尽才即是尽性，非有二也，又乌所睹性之本体者乎？

---

① （清）陈确：《瞽言·性解上》，《陈确集》下册，中华书局1979年，第447页。
② （清）陈确：《瞽言·性解下》，《陈确集》下册，中华书局1979年，第450页。
③ 与陈确同一时代的王夫之、颜元等人强调人性并非一成不变，而是日新日成。比如王夫之说："夫性者生理也，日生则日成也。……形日以养，气日以滋，理日以成，方生而受之，一日生而一日受之。受之者，有所自授，岂非天哉？故天日命于人，而人日受命于天。故曰性者生也，日生而日成之也。"[（清）王夫之：《尚书引义》卷三，《船山全书》第2册，岳麓书社2011年，第300页。]性并非生而完具、固定不变，而是在后天不断形成的。
④ （清）陈确：《瞽言·原教》，《陈确集》下册，中华书局1979年，第457页。

要识本体之性,便是蒲团上语,此宋儒之言,孔孟未之尝言也"①。人性是日生而日成的,因此"践形""养气""尽心""尽才"就是"复性"。也就是说,陈确认为人性非一成不变,而是一个动态的过程,而伴随这种动态过程的就是"工夫"的作用②。在此基础上,陈确实现了将人性论与人的后天教化、修养等工夫论相关联。

在此基础之上,陈确对"工夫"的内容做了辨析。在其看来,"工夫"最核心的内容是"慎习"。陈确据孔子"性相近也,习相远也",认为"习"是导致人与人之间产生差异的根本原因。他说:"圣人辨性习之殊,所以扶性也。盖相近者性也,相远者习也。虽相远之极,至于不移,而性固未始不相近也,焉可诬乎。……其所以有善有不善之相远者,习也,非性也,故习不可不慎也。习相远也,虽然,犹可移也。《书》称'圣罔念作狂,狂可念作圣',是也。善固可自矜,而不善固可自弃乎?"③"习"既可以使人向好,也可以使人堕落,因此,"习不可不慎也,'习相远'一语,子只欲人慎习,慎习则可以复性矣"④。人通过外在的"慎习"而实现"复性"。中唐李翱也讲"复性",然而其认为复性的途径是内求的"节情""矫情";陈确所言"慎习"以复性,强调的是外在的、践

---

① (清)陈确:《瞽言·气情才辨》,《陈确集》下册,中华书局1979年,第454页。
② 此说影响了黄宗羲。黄氏说:"盈天地皆心也,变化不测,不能不万殊。心无本体,工夫所至,即其本体。"[(清)黄宗羲:《明儒学案自序》,《黄宗羲全集》第7册,浙江古籍出版社2012年,第3页。]钱穆认为黄宗羲之说"受同时乾初之影响者甚深"(钱穆:《中国近三百年学术史》上册,商务印书馆1997年,第50页)。
③ (清)陈确:《瞽言·子曰性相近也二章》,《陈确集》下册,中华书局1979年,第458页。
④ (清)陈确:《瞽言·气禀清浊说》,《陈确集》下册,中华书局1979年,第455页。

履意义的修养工夫①。

为了强调"习"的践履意义,陈确还将"习"与阳明心学关联起来。阳明认为知行不可分离,知而不行,就非真知。受此影响,陈确认为仅识性善还不够,因为缺了行善,就不是真正地知道性善。他说:"孟子道性善,惟欲人为善。为善,则知性善矣;若不为善,虽知性善,何益?故阳明子欲合知行,以为知而不行,只是未知,此言正为道性善下鞭策也。若见善不迁,知过不改,虽悟知行合一,合益?"②基于此,陈确将"慎习""性善"与阳明心学的"知行合一"观关联起来。

总体上来说,陈确在学术上"详于人伦,略于天道;详于践履,略于讨论"③。即便如此,其在言人伦、践履时仍不忘哲学基础之探讨,而其心性论正是其言人伦和践履的基础。也就是说,陈确对人性所做的探讨,用意和落脚点并不在人性论的建构方面,而是为其人生论和社会思想提供理论依据。在对孟子性善论和宋儒心性论进行考察的基础上,陈确凸显了"慎习"和"知行合一"的践履意义,从而为其推崇礼教提供了心性论基础。在《补新妇谱》《俗误辨》《葬书》等著述中,陈确据礼经之记载,并结合时代的需要,对礼教的重要性和礼仪的实践都做了很多探讨,而这一切的逻辑起

---

① 从"习"的角度言复性的还有颜元。颜氏认为,人要不被引染,就得养善,而养善在"习","先王知人不习于性所本有之善,必习于性所本无之恶。故因人性之所必至,天道之所必然,而制为礼、乐、射、御、书、数,使人习其性之所本有;而性之所本无者,不得而引之、蔽之,不引蔽则自不习染,而人得免于恶矣。"[(清)颜元:《颜习斋先生言行录》卷上,《颜元集》下册,中华书局1987年,第634页。]"习"不是来改变人之善性,而是学习人本有之善性。

② (清)陈确:《瞽言·辱圣言》,《陈确集》下册,中华书局1979年,第458页。

③ (清)陈确:《瞽言·答朱康流书》,《陈确集》下册,中华书局1979年,第458页。

点正是其心性论。

（二）礼与遗民情结

在明清之际，传统的以"天下""国家"为优先认同单位的士人对于明清易代的社会现实表现出强烈的抗拒。以傅山、黄宗羲、顾炎武、王夫之、陈确、颜元等为代表的明"遗民"[①]，或参与抗清斗争，或隐逸不仕，或著书立说以批判现实。遗民的特定经历、身份和文化立场，使得他们的生命价值观和社会观具有极大的相似性。

与其师刘宗周一样，陈确也表现出很强的民族气节[②]。陈确隐居乡里二十年，足不出户，潜心著述。在其著述中，关于礼仪整饬的相关讨论占了很大篇幅。陈确如此重视礼仪之整饬，除了有其心性论的基础，还有其文化价值观使然。通过查阅陈确对同门祝渊之死的记载，我们便不难看出这一点。

祝渊是陈确的同门友，明亡以后，自缢殉国。关于祝渊之死，陈确的记载如下："先数日作《归诗》《归嘱》《归禁》，大概言'吾义必死，及痛革一切恶俗，丧葬悉遵《家礼》，以布素敛。'"[③] 祝渊在自缢前交代后事时，要求自己的葬礼遵从朱子《家礼》，并声明此举之目的在于"痛革一切恶俗"。祝渊亲眼目睹了晚明的世风，他"殉国"的目的之一，就是希望通过自己的死来唤醒人们要汲取"故国"的教训。在祝渊的意识中，这个"亡国"的教训就是礼

[①] 有人称"遗民"为"逸民"。关于二者之区别，可参见赵园：《明清之际士大夫研究：作为一种现象的遗民》，北京师范大学出版社2014年，第1—37页。

[②] 陈确的文化价值观念与其师刘宗周有密切的关系。刘宗周乃晚明大儒，曾为顺天府尹、工部侍郎、吏部侍郎、左都御史。南明弘光朝复官后，因与马士英、阮大铖不合而辞官归乡。清兵攻陷杭州的消息传到绍兴后，刘宗周恸哭绝食。在此期间，清贝勒博洛以礼来聘，刘宗周"书不启封"，绝食二十三天而亡。

[③] （清）陈确：《祝子开美传》，《陈确集》上册，中华书局1979年，第278页。

教缺失所导致的世风堕落。祝渊以自缢的方式结束自己的生命，然而在他的观念里，生命虽然结束了，但是文化的生命却可以通过遵循《家礼》得以存续。南宋朱熹在前人的基础上，结合社会实际，对冠、婚、丧、祭等关乎人们日常生活的礼仪做了新的整合，制定了简便易行的新的礼仪规范，这就是《家礼》。宋元以来，中国的社会治理和人们的立身行事无不与《家礼》相关。可以说，《家礼》是宋代以来中国礼教之核心，遵从《家礼》就是遵从华夏礼教，也就是维护儒家的价值观。对于关乎华夏衣冠之邦的礼仪，祝渊念兹在兹。在明遗民这里，这绝非个别现象。虽然"国家"已亡，但是只要恪守华夏之礼，文化意义上的江山就屹立不倒。

刘宗周和祝渊的"殉国"给陈确带来了极大的心理震动，他也曾思索自己是否追随师友，以"殉国"明志[1]。不过他最终选择了以隐居的方式存活于世。即便如此，陈确在情感上还是忠于明朝。他对同门祝渊之死的详实记载，不仅是为了纪念祝渊，还蕴含着自己对于文化意义上的"民族"和"国家"观念。对于清廷，陈确之心已死，对于华夏之礼，其满怀热情。祝渊对待华夏之礼的态度，也就是陈确的态度。在陈确的著述中，他花了大量篇幅讨论礼仪的重建。如其所撰《葬书》上下篇和《丧实议》《丧服妄议》《士祭议》等系列文章，图文并茂，对丧葬中的"深葬""族葬""葬师"等问题皆做了细致的探讨。陈确重视丧礼，其认为"葬死，大事也"[2]。

---

[1] 陈确说："乌呼！吾师死矣！同学祝渊亦以闰月初六死矣！……独确懦不能死，又不能编名行伍，为国家效分寸之劳；又丁口田庐，伪官所辖，输租纳税，不异顺民；愧师友而忝所生甚矣。师其以确为非人而麾之门墙外耶，岂怜确母老苟活，情亦有不得已者，姑未深绝之也。"见（清）陈确：《祭山阴刘先生文》，《陈确集》上册，中华书局1979年，第307页。

[2] （清）陈确：《葬书上》，《陈确集》下册，中华书局1979年，第476页。

丧礼之所以是大事，是因为丧礼关乎"人心"和"仁孝之道"。①而"仁孝"正是儒家士大夫所追求的核心要义。陈确通过著书立说和躬行礼教，对礼仪（特别是丧礼）进行规范，从而希望华夏之礼长存，确保文化意义上的江山屹立不倒。

有学者认为："陈确虽然以生存为'隐忍苟活'，但既要生存下去，就须找出生存的意义，以弥补不能死的缺憾。而它的意义就是经世与延续文化。"②明遗民延续文化，确实与其生死观有密切的关系。而明遗民所延续的文化，正是华夏之礼学。对于礼乐之现状，明遗民有很深的忧虑，比如颜元说："世俗内外之丧不辨，吊酹之仪不分，男女之礼互失，其所关系不浅。愚民既莫之知，士子亦习而不察，间有能觉其误者，又不敢任主礼变俗之名，仍因循而惮改。是使生者、死者，宁为警怖，宁为惭忸虚诈，宁为缺欠疏薄错乱，而不肯舍非以就是，不亦惑乎？"③因此，学人们格外强调礼乐的功能，如颜元说"道莫切于礼，作圣之事也"④。王夫之说"礼为天理人情之极至，斯无可过，而循之以行，自无不及也"⑤。顾炎武说："目击世趋，方知治乱之关，必在人心风俗，而所以转移人心、整顿风俗，则教化纲纪为不可阙矣。"⑥由此可见，对礼乐的社会价

---

① （清）陈确：《葬书上》，《陈确集》下册，中华书局1979年，第476页。
② 何冠彪：《生与死：明季士大夫的抉择》，联经出版事业股份有限公司1997年，第240页。
③ （清）颜元：《习斋记余》卷十，《颜元集》下册，中华书局1987年，第574页。
④ （清）李塨：《颜习斋先生年谱》卷下，《颜元集》下册，中华书局1987年，第788页。
⑤ （清）王夫之：《礼记章句》卷二十八，《船山全书》第4册，岳麓书社2011年，第1193页。
⑥ （清）顾炎武：《与人书九》，《顾炎武全集》第21册，上海古籍出版社2011年，第141—142页。

值的看重，正是包括陈确在内的明遗民共同关心的话题。他们借助于对礼乐的认同和研究，从而表达他们对代表华夏文化的"故国"的眷恋。

（三）礼仪整饬与践履

陈确热衷于礼仪的整饬，这可以从其议礼和实践两个方面来看。

历代学人于礼仪的整饬和礼制的建构，必然会涉及以"三礼"为核心的礼典之记载与现实社会议礼制礼活动之间关系的处理。陈确也是如此。首先，陈确认为现实社会的礼仪规范要参考礼经之记载。比如根据《仪礼·士昏礼》经文和注疏，可知古人的婚礼是在黄昏时分举行。不过由于各种原因，在黄昏时举行婚礼的规定并没有得到严格遵从。陈确据《仪礼》之记载，认为"不婚而日，非礼也"[1]。又如陈确据古礼，认为人死后应"三日而殡"，且要"露停于寝"，"凡古礼之宜恪遵如此"[2]，在此基础之上，陈确对其所处时代的久葬礼俗做了批判。对于人死的埋葬时间，陈确说："先王之制，士丧也，必逾月而葬，谓是丧之中庸焉耳。"[3] 此所谓"先王"之说出自《左传》。《左传·隐公元年》："天子七月而葬，同轨毕至；诸侯五月，同盟至；大夫三月，同位至；士逾月，外姻至。"此所谓"士逾月"，即士死后要满一个月，到第二个月才下葬。

此外，陈确认为礼仪要趋利避害，切合实用。他说："夫事未有有利而无害者，惟君子为能权利害之多寡轻重，而不蔽于一偏，斯已矣。故利一而害百，君子不趋其利；害一而利百，君子不辞

---

[1] （清）陈确：《俗误辨》，《陈确集》下册，中华书局1979年，第507页。
[2] （清）陈确：《俗误辨》，《陈确集》下册，中华书局1979年，第509页。
[3] （清）陈确：《葬书上》，《陈确集》下册，中华书局1979年，第476页。

其害。"① 对于礼仪来说，利大于弊则取之，弊大于利则废之。比如人死含殓，亲友所送之物如绵布米之类，"各随所有致之"②。此外，"送米即送饭意，饭多则易败，不若送米之有益于丧家"③，"虽布数尺，米数升，皆有实用，远胜纸锭之虚费耳"④。在陈确看来，吊丧时要考虑所赠之物是否实用。在《葬书》中，陈确对于人死如何埋葬的问题做了很多探讨。他主张"深葬"，因为"深葬之有水，此或未能辞之害也，而利故未可殚也"；"狐兔弗能穴也，蚁弗能垤也，盗弗能抇也，竹木之根弗能穿也，雨旸燥湿之气弗能侵而败也，岁月积久之无摊露也，虽有沧桑之变，或夷为平土，犁为污田，而泉下之骨尚无恙也"⑤。陈确认为，人死之后，埋葬得越深，越不易受外界的干扰。陈确还主张"族葬"，因为族葬可以使"骨肉完聚，死而有知，无怨离之鬼"，还"不费耕地"⑥。此外，对于活着的人来说，"分葬而祭，则费愈烦，礼愈渎。一父母也，有父墓，有母墓，又有继母、生母、庶母之墓；推而上之，祖父母、曾祖父母以往，无不皆然。每至寒食、十月朔，子姓奔走十数日犹未得止。族葬则数世之墓一朝而毕祭，不渎不烦。"⑦ 族葬便于亲人进行祭祀，也不至于劳民伤财。陈确反对举办隆重的葬礼和修筑花费甚巨的高大坟墓，他说："广堃高圹，如山如陵，郁然松楸，被阡越陌，观则美矣，于死者曾有分毫之益否乎？非惟无益，且有大损。圹宽必

---

① （清）陈确：《葬书下》，《陈确集》下册，中华书局1979年，第494页。
② （清）陈确：《俗误辨》，《陈确集》下册，中华书局1979年，第509页。
③ （清）陈确：《俗误辨》，《陈确集》下册，中华书局1979年，第509页。
④ （清）陈确：《俗误辨》，《陈确集》下册，中华书局1979年，第509页。
⑤ （清）陈确：《葬书下》，《陈确集》下册，中华书局1979年，第494页。
⑥ （清）陈确：《葬书下》，《陈确集》下册，中华书局1979年，第490页。
⑦ （清）陈确：《葬书下》，《陈确集》下册，中华书局1979年，第490页。

蓄水，高则易倾，多植竹木则根株盘结，穿圹及棺，无所不至，人第习非而不察耳。"① 高大的坟茔花费巨大，对于死者并没有好处；花费少，深埋之，既可安死者之魄，也可安人子之心。也就是说，丧葬花费并非越多越好，对生者和死者有益才是最重要的。

陈确在议礼时，强调礼仪要与人情相合。他以三年之丧为例说："今儒者所为三年丧，吾知之矣。书之简，曰孤哀子而已矣，曰制而已矣，曰泣血稽颡而已矣，而言笑则晏晏也。睹其外貌，则儽然衰冠而已矣，而内皆纤缟也。饮食则厌酒肉也，寝处则安房帷也；夫且觍然宴会而不知耻也，预人闲事，匍匐公庭而不知其非也。有三年之丧，而曾无缌、小功之实，而犹欲非且笑天下之人，可乎哉！"② 三年之丧，服丧者应在生活的各个方面严格要求自己，然而在现实中，有服三年之丧者并不按要求服丧。陈确认为时人为母服丧名实不符，他说："故古之期母而三年父也，非薄于母也，父在则礼然也。况乎非适母而生母也！然礼虽杀也，而情弥笃矣。今而不然：礼弥隆也，而情则薄矣。故古人之于亲也，似薄而实厚；今人之于亲也，似厚而实薄。古人之丧亲也，擗踊哭泣而已，今则盛集僧尼伶优以悦里耳。夫僧尼伶优之为费，非不繁多也，然而未若擗踊哭泣之至也。"③ 古人为母服丧，情与礼相称，而时人服母丧，时间虽长，而亲情疏薄。陈确认为，今人行礼只是求名，而无其实。他感慨道："种种薄俗，自谓能胜古人，而已不如古人远甚。吾故欲吁今世之士之稍知道理者，凡事皆求其实，毋徒骛其

---

① （清）陈确：《葬书下》，《陈确集》下册，中华书局1979年，第496—497页。
② （清）陈确：《丧实议》，《陈确集》上册，中华书局1979年，第176—177页。
③ （清）陈确：《丧实议》，《陈确集》上册，中华书局1979年，第178页。

名,而况终天之痛乎哉!"① 因此,时下之礼只可谓之"薄俗"。

陈确还对礼与俗的关系做了探讨。其主张俗要与礼相合,"非礼之礼,最愚俗所易惑,故肫肫致戒"②。在他看来,礼优先于俗,礼是俗的根据,当俗与礼不合时,就应从礼而不从俗。他以嫁女礼俗为例进行说明。陈确认为,时下的嫁女之俗与礼不合,"余怪世之嫁女者不从礼而从俗,竭父母之膏血以奉之,犹若未足,至于女德则略而弗讲;非惟弗讲而已,反教之升木焉。嫁虽靡乎,饰铅刀以宝玉,亦失其本矣。"③ 在当时的嫁女风俗中,人们过分看重财货、装饰,而忽视了最重要的女德。不仅如此,当时的婚俗还有金钱交易之嫌,比如"衡量丰薄,如市贾然"④,"士庶之家,钗钗用金,饰以珠玉"⑤,这些婚俗掺杂了太多金钱的因素,所以"皆非礼也"⑥。

与顾炎武等人一样,陈确对佛教、道教和葬师等都持批判态度。在传统的丧葬礼俗中,不少仪式都是源自佛教和道教。此外,民间的葬礼延请葬师以择下葬的日期、下葬的地点。对此,陈确在《葬书》中皆做了批判。他说:"今天下异端之为害多矣:葬师为甚,佛次之,老又次之。"⑦ 葬师言丧葬关乎活着的人之祸福,陈确驳曰:"起于葬师之欲贿也。彼知人子哀亲之心必不胜其避祸邀福之心也,而夸其辞以动之,则重贿立至,不虞夫愚夫愚妇之终惑其说而不悟也。非惟愚夫妇为然也,贤知之士皆终惑之而不悟也。"⑧ 在

---

① (清)陈确:《丧实议》,《陈确集》上册,中华书局1979年,第178页。
② (清)陈确:《丛桂堂家约》,《陈确集》下册,中华书局1979年,第517页。
③ (清)陈确:《补新妇谱》,《陈确集》下册,中华书局1979年,第518页。
④ (清)陈确:《俗误辨》,《陈确集》下册,中华书局1979年,第506页。
⑤ (清)陈确:《俗误辨》,《陈确集》下册,中华书局1979年,第506页。
⑥ (清)陈确:《俗误辨》,《陈确集》下册,中华书局1979年,第506页。
⑦ (清)陈确:《葬书下》,《陈确集》下册,中华书局1979年,第489页。
⑧ (清)陈确:《葬书上》,《陈确集》下册,中华书局1979年,第481页。

陈确看来，葬师抓住了人子的哀亲之心，根本目的并非为人子，而是自己获利。因此，陈确在家约里要求家人"不信葬师，不拘年月日时"①。

除了从理论的层面议礼外，陈确还躬行礼教。他积极投身于移风易俗活动之中。在其五十岁那年的九月二十九日，"率子翼过桐乡，时考夫与邑中同志举葬亲社会于清风里，延先生主其事。十月朔，举葬社会。先生父子皆在会，明日归里。"②据《杨园先生年谱》记载，在这场集会活动中，"悬孟夫子像于中堂，考钟伐鼓，行《士相见礼》，讲学、读法，成礼而退。宾为乌程凌渝安克贞、德清唐灏儒、沈上襄中阶、海宁陈乾初、嘉兴徐敬可诸人。"③由此可见，对于民间移风易俗活动，陈确抱有热情，并积极参与。此外，陈确还践行其所倡导的"族葬"。陈元龙《乾初先生传》记载："先生晚年，搆地十亩有奇，营葬考妣，奉其兄雁序以祔，而己亦置生圹焉。令支下子孙艰难于觅地者，皆可祔入。"④

通过对陈确议礼和践行礼教相关材料的分析，可知陈确的礼学具有很强的经世倾向。陈确的这种倾向是明遗民普遍的心理。明遗民并非书斋里的学者，他们关注社会，有着很强的经世精神。不过明遗民在言经世时的侧重点又不尽一致。比如顾炎武的经世思想主要体现在政治思想领域，他的《天下郡国利病书》通过辑录兵防、

---

① （清）陈确：《丛桂堂家约》，《陈确集》下册，中华书局 1979 年，第 516 页。
② （清）吴骞辑，（清）陈敬璋订补：《陈乾初先生年谱》，《陈确集》下册，中华书局 1987 年，第 845 页。
③ （清）吴骞辑，（清）陈敬璋订补：《陈乾初先生年谱》，《陈确集》下册，中华书局 1987 年，第 846 页。
④ （清）吴骞辑，（清）陈敬璋订补：《陈乾初先生年谱》，《陈确集》下册，中华书局 1987 年，第 856 页。

赋税、水利等内容，以究郡国之利病。颜元的经世思想则主要体现在教育领域，他主张学术思想当以"有用"为根本原则，一切学问只有"有用"于世才能拯救时弊；他反对读书静坐，认为真正的知识应该来源于"习行"。陈确经世思想则主要体现在礼仪的规范和应用方面。他既从理论的角度对葬礼等加以探讨，又躬行礼教，将丧仪视为正人心风俗的机会，从而借此"振行久废之礼，提撕既死之心"①。

在中国古代，明清之际是一个比较特殊的时期，该时期出现了一大批伟大的思想家，他们的学术和思想对于清初以来的思想界产生了极为深远的影响。以礼学为例，张尔岐所撰《仪礼郑注句读》对于清代礼学的研究影响深远，是清代礼经学之先声。然而在明清之际，像张尔岐那样专门意义的礼学家并不多。顾炎武、王夫之、黄宗羲、颜元、陈确等人对礼学都比较熟悉，然而他们的学术却不限于礼学。他们对礼经、礼制、礼仪研究的着眼点，意在为当时的移风易俗贡献力量。也正是因为如此，才使得明清之际的礼学与清代乾嘉时期的礼学有很大的不同。总体上来说，明清之际礼学的思想性、思辨性色彩比较强，乾嘉时期礼学的考据色彩比较浓。

陈确是一个思想家，其礼学的重点不是文献学意义上的礼经、礼制、名物之考证，而是礼的哲学基础的建构、礼仪的整饬和应用。因此，要全面深入认识陈确的礼学，必须要从其思想体系的角度去考察。通过以上论述，可知陈确的礼学有哲学基础，其在前人的基础上所重新构建的性善论，是其礼教的根据。此外，陈确对儒礼的表彰和推崇，是其作为明遗民对延续华夏文化所做的努力。陈

---

① （清）陈确：《答查石丈书》，《陈确集》上册，中华书局1979年，第78页。

确的礼学所具有的践履精神,是中国传统礼学经世致用精神之体现,也是明清之际学风之使然。

二、黄宗羲礼学的遗民情结和实证精神

黄宗羲(1610—1695)有"中国思想启蒙之父"之誉,其学术规模恢伟、意趣闳大,影响十分深远。黄宗羲的弟子全祖望曾说:"公以濂、洛之统,综会诸家,横渠之礼教,康节之数学,东莱之文献,艮斋、止斋之经制,水心之文章,莫不旁推交通,连珠合璧。"[①] 全祖望所谓"横渠之礼教",是指北宋张载推崇《周礼》所记井田制以期缓和北宋中期的土地兼并问题,推崇《仪礼》和《礼记》所记宗法制以凝聚宗亲、维护儒家伦理。黄宗羲继承了张载重礼的学术取向,并将礼学作为其学术思想的重要组成部分。因此,研究黄宗羲的礼学思想,对于认识黄氏学术思想以及明清之际的学风等皆有十分重要的意义[②]。

(一)经世与实证的理论基础

黄宗羲的哲学思想是建立在对宋明理学进行批判继承的基础上的。虽然宋明理学并不排拒人伦日用和道德践履,但是由于其在理论建构方面格外强调"天理"和"心"的本体意义,以至于其在流传过程中"略工夫而谈本体"[③]。以阳明心学为例,阳明以"良知"

[①] (清)全祖望:《梨洲先生神道碑文》,《黄宗羲全集》第12册,浙江古籍出版社2012年,第8页。

[②] 今人于黄宗羲礼学之研究,具有代表性的是林存阳的《清初三礼学》(社会科学文献出版社2002年)第三章"经学诸大师的三礼学研究"第二节"黄宗羲与万氏兄弟的三礼学"部分。在此节中,林氏对黄宗羲和万氏兄弟的"三礼"学作了介绍,至于黄宗羲礼学的哲学基础、经世倾向以及遗民情怀等则没有涉及。

[③] (清)李颙:《二曲集》,中华书局1996年,第532页。

为本体，以"致良知"为工夫，"良知"人人具有，各个自足，"致良知"就是将"良知"扩充、推及到客体的事物。"致良知"看似已将"本体"与"工夫"结合起来，看似合一，而实则有分。

对于宋明理学重本体而轻工夫的取向，黄宗羲予以纠偏，他说："盈天地皆心也，变化不测，不能不万殊。心无本体，工夫所至即其本体。……夫先儒之语录，人人不同，只是印我之心体变动不居。若执定成局，终是受用不得。此无他，修德而后可讲学。"① "工夫所至即本体"，是视"工夫"与"本体"为一体。在黄宗羲看来，超越的、静止的"心"并非本体，只有当"心"与工夫关联起来，"心"才是本体。他说："心不可见，见之于事。"② "无工夫而言本体，只是想像卜度而已，非真本体也。"③ 也就是说，"心"本体是动态的、过程的、践履的。正如有的学者所言："在心学系统中，良知赋有本体的意义，致良知则表现为后天的工夫。……但在黄宗羲看来，工夫的展开并不表现为本体的实现，本体即形成并体现于工夫过程，离开工夫别无本体。"④ 在阳明心学中，本体相对于工夫来说具有逻辑上的先在性，而黄宗羲强调本体在逻辑上并不优先于工夫，本体即工夫，工夫与本体是一体的，没有工夫就无所谓本体。

黄宗羲对王阳明的"致良知"做了新的诠释。他说："先生致

---

① （清）黄宗羲：《明儒学案自序》，《黄宗羲全集》第7册，浙江古籍出版社2012年，第3页。
② （清）黄宗羲：《孟子师说》卷二，《黄宗羲全集》第1册，浙江古籍出版社2012年，第62页。
③ （清）黄宗羲：《明儒学案》卷六十，《黄宗羲全集》第8册，浙江古籍出版社2012年，第843页。
④ 杨国荣：《本体与工夫：从王阳明到黄宗羲》，《浙江学刊》2000年第5期。

之于事物,'致'字即是'行'字,以救空空穷理,只在知上讨个分晓之非。乃后之学者测度想像,求见本体,只是在知识上立家当,以为良知。"① 黄氏认为"致良知"的"致"字即"行"字,意在强调人伦日用、道德践履的重要性,人伦日用、道德践履与"致良知"是一体而不可分的。

在方法论方面,黄宗羲主张"会众合一"。他说:"士生千载之下,不能会众以合一,山谷而之川,川以达于海,犹可谓之穷经乎?"② 在中国经学史上,学者们在不少名物制度的考证上聚讼纷纭,莫衷一是。在黄宗羲看来,若不通过大量的文献爬梳从而对经学问题加以解决,则不可谓之"穷经"。黄氏于此所言"会众",就是大量地搜集材料,所谓"合一",就是在考证和分析的基础之上从而得出可靠的结论。黄宗羲在为其爱徒万斯大所撰的墓志铭中说:"充宗生逢丧乱,不为科举之学,湛思诸经。以为非通诸经,不能通一经;非悟传注之失,则不能通经;非以经释经,则亦无由悟传注之失。"③ 又说:"何谓通诸经以通一经? 经文错互,有此略而彼详者,有此同而彼异者,因详以求其略,因异以求其同,学者所当致思者也。……充宗会通各经,证坠缉缺,聚讼之议,焕然冰泮。"④ "会通各经""以经证经"实际上是万氏对黄氏"会众合一"治学方法的继承和发扬。宋元以来,经学理学化,经学本身所具有

---

① (清)黄宗羲:《明儒学案》卷十,《黄宗羲全集》第7册,浙江古籍出版社2012年,第197页。
② (清)黄宗羲:《万充宗墓志铭》,《黄宗羲全集》第10册,浙江古籍出版社2012年,第417页。
③ (清)黄宗羲:《万充宗墓志铭》,《黄宗羲全集》第10册,浙江古籍出版社2012年,第417页。
④ (清)黄宗羲:《万充宗墓志铭》,《黄宗羲全集》第10册,浙江古籍出版社2012年,第417页。

的考证精神为天道性命之学所取代。黄宗羲强调经、注、疏在经学研究中的重要作用，并主张"以经解经"，就是要改变义理化的经学为实证的经学。需要指出的是，黄宗羲认为文字训诂和典章制度的考证是经学之基础，不过，通过文本进而探求人的安身立命之本的义理也是必要的。他说："今之言心学者，则无事乎读书穷理；言理学者，其所读之书不过经生之章句，其所穷之理不过字义之从违。……天崩地解，落然无与吾事。"[①]黄宗羲认为读书要立意高远，"穷经"是必要的，然而"穷经"的终极目的并不是明经书章句之义、字义之违，而是要与"吾事"相关。其所谓"吾事"，就是儒家的"内圣外王"之事。

在"工夫所至即本体"的本体论和工夫论以及"会众合一"的方法论指导下，黄宗羲的学术呈现出经世致用和重视实证两个面向。全祖望说："自明中叶以后，讲学之风已为极敝，高谈性命，直入禅障，束书不观，其稍平者则为学究，皆无根之徒耳。先生始谓学必原本于经术，而后不为蹈虚；必证明于史籍，而后足以应务。元元本本，可据可依。"[②]经世致用和重视实证是黄宗羲学术的两大取向，而黄宗羲的礼学正是这两大取向的最集中体现。也就是说，黄宗羲的伦理观和社会思想的背后，有哲学基础作为支撑。其对本体与工夫关系的探讨以及对"会众合一"方法论的重视，为其经世致用、经学实证提供了理论基础。

---

① （清）黄宗羲：《留别海昌同学序》，《黄宗羲全集》第10册，浙江古籍出版社2012年，第645—646页。
② （清）全祖望：《甬上证人书院记》，《鲒埼亭集外编》卷十六，《续修四库全书》第1429册，第616页。

(二) 礼的践履与遗民情结

在中国古代,当新政权取代旧政权之后,总会有一批前朝的遗民以不合作的姿态面对新政权,以此来坚守自己的节操。清朝取代明朝以后,也出现了一大批明遗民,他们中的一些人拒绝为清廷效力。黄宗羲以明遗民的身份自居,他说:"遗民者,天地之元气也。然士各有分,朝不坐,宴不与,士之分亦止于不仕而已。"① 黄宗羲拒绝与清廷合作,他一生忠肝义胆、铁骨铮铮。当清兵入关之后的铁蹄蹂躏大江南北之时,黄氏四处活动,积极抗清,甚至弃家抛室,追随流亡的鲁王政权。看到抗清无望之后,他转而著书立说、讲学甬上。鉴于黄宗羲的名望,清廷曾多次征召,然而黄宗羲以各种理由拒而不应。黄宗羲以明遗民的身份对待清廷,与他的儒家士人的价值追求并不矛盾。从他对于儒礼的理解和践履,我们可以看到其体现的正是儒家的核心义理。

按清代礼制,每年的正月十五和十月初一,各地都要举行乡饮酒礼,以期醇化风俗、有益教化。在一般情况下,受邀参加乡饮酒礼的宾均为当地身家清白、齿德俱尊的耆老乡绅,其中致仕官员被称为大宾,年高有德者被称作僎宾。康熙二十八年(1689),绍兴知府李铎有意请黄宗羲担任乡饮酒礼的大宾。在《与李郡侯辞乡饮酒大宾书》和《再与李郡侯书》两封书信中,黄宗羲婉言谢绝了李铎的邀请。黄宗羲说自己"秋间一病,去死无几,以是龙钟潦倒,行止须人。苟入宾筵,使观者笑其郎当"②,然而乡饮酒之礼"所以

---

① (清)黄宗羲:《谢时符先生墓志铭》,《黄宗羲全集》第10册,浙江古籍出版社2012年,第422页。
② (清)黄宗羲:《与李郡侯辞乡饮酒大宾书》,《黄宗羲全集》第10册,浙江古籍出版社2012年,第215页。

观德，故必使进趋中度，升降揖拜，竟日无倦，而后礼明乐和，众乃大悦"①。除了自己的身体原因，黄宗羲还说："羲蒙圣天子特旨，召入史馆。庶人之义，召之役则往役，笔墨之事亦役也。羲时以老病坚辞不行，圣天子怜而许之。今之乡饮酒，亦奉诏以行者也。假若应命而赴，召之役，则避其劳而不往，召之为宾，则贪其养而饮食衎衎，是为不忠。"② 其所谓"蒙圣天子特旨，召入史馆"，是指康熙十九年（1680）修《明史》，监修总裁徐元文会同大理评事李清道共同提请朝廷征聘黄宗羲修史，却被黄宗羲以"母既耄期，己已老病"为由推辞。既然过去以老病辞修史之劳，那么今虽老病却贪乡饮酒宴而赴，岂不是对上不忠？

黄宗羲拒绝充任乡饮酒礼大宾的邀请，并不是其否定或轻视乡饮酒礼本身的意义和价值，而是出于他的政治意愿。作为明遗民，黄宗羲"朝不坐，宴不与"③，他婉拒李铎的邀请，所践行的正是自己一生不仕新朝的政治意愿。

乡饮酒礼是先秦时期中国先民出于社会控制的需要而探索出来的移风易俗举措，其意义和价值在《礼记》等文献中有充分的论述。《礼记·乡饮酒义》曰："乡饮酒之礼……所以明养老也。民知尊长养老，而后乃能入孝弟。民入孝弟，出尊长养老，而后成教，成教而后国可安也。"《礼记·射义》曰："乡饮酒之礼者，所以明长幼之序也。"尽管乡饮酒礼的形式不一，但是其兴贤崇德、

---

① （清）黄宗羲：《与李郡侯辞乡饮酒大宾书》，《黄宗羲全集》第10册，浙江古籍出版社2012年，第215页。
② （清）黄宗羲：《与李郡侯辞乡饮酒大宾书》，《黄宗羲全集》第10册，浙江古籍出版社2012年，第215页。
③ （清）黄宗羲：《谢时符先生墓志铭》，《黄宗羲全集》第10册，浙江古籍出版社2012年，第422页。

尊长养老、长幼有序的功能是一样的。①黄宗羲对乡饮酒礼本身的功能和价值是清楚的。一方面，乡饮酒礼有益个人修养。黄宗羲说："所以观德，故必使进趋中度，升降揖拜，竟日无倦，而后礼明乐和，众乃大悦。"②另一方面，乡饮酒礼是"王道"的体现，黄宗羲说："乡饮酒，朝廷之礼乐，于斯而寓。得其人则见王道之易易，失其人则如近日之具文，徒为识者所笑。"③对于如此重要的礼仪活动，作为儒家士人的黄宗羲本应积极参与才是，然而他以避免误会作为托词，婉拒了出任大宾的邀请。在黄宗羲看来，乡饮酒礼是"朝廷之礼乐"，也就是说，此礼仪活动是受清廷主导。从儒家士人的角度来看，礼乐之事责无旁贷；然而从不仕新朝的明遗民的角度来说，婉拒清廷的邀请则是实现自己政治意愿和保留民族气节的最好方式。

黄宗羲晚年对儒礼的态度，还可以从其为自己建生圹以及对自己葬礼祭礼的要求中略窥一二。

康熙二十七年（1688）冬，七十九岁的黄宗羲在其父忠端公（黄尊素）的墓旁自营生圹，中置石床，不用棺椁。又撰《梨洲末命》和《葬制或问》，要求后人在其死后，"即于次日之早，用棕棚抬至圹中；一被一褥，不得增益；棕棚抽出，安放石床。圹中须令香气充满，不可用纸块钱串一毫入之；随掩圹门，莫令香气出外。

---

① 唐代贾公彦据行礼的主体和内容，将乡饮酒礼分为四类：一是三年大比，诸侯之乡大夫饮国中贤者；二是党正饮酒；三是州长于春秋习射于州序，射前饮酒；四是乡大夫以宾礼宴饮国中贤者。
② （清）黄宗羲：《与李郡侯辞乡饮酒大宾书》，《黄宗羲全集》第10册，浙江古籍出版社2012年，第215页。
③ （清）黄宗羲：《与李郡侯辞乡饮酒大宾书》，《黄宗羲全集》第10册，浙江古籍出版社2012年，第214页。

墓前随宜分为阶级、拜坛。其下小田，分作三池，种荷花。春秋祭扫，培土要紧，切不可一两担循故事而已。"① 至于祭祀，黄宗羲也做了交代："其祭品：干肉一盘、鱼腊一盘、果子两色、麻餈一盘、馒首一盘。上坟须择天气晴明，第一不可杀羊。天雨变为堂祭，此流俗无礼之至也。凡世俗所行折斋、做七，一概扫除。来吊者五分以至一两并纸烛，尽行却之。相厚之至，能于坟上植梅五株，则稽首谢之。"② 只用石床，不用棺椁，死后立即掩埋，这些做法皆与传统礼仪相去甚远。有人对此不解，黄宗羲释曰："何为其不可也！余览《西京杂记》，所发之塚，多不用棺，石床之上，藉以云母。赵岐敕其子曰：'吾死之日，墓中聚沙为床，布簟，白衣，散发，其上覆以单被，即日便下，下讫便掩。'陈希夷令门人凿张超谷，置尸其中，人入视，其颅骨重于常人，尚有异香。古之人行此者多矣。"③ 后人对黄宗羲如此要求的动机多有揣测，如全祖望说："公自以身遭国家之变，期于速朽，而不欲显言其故也。"④ 全氏是从明遗民的心理角度来探讨黄宗羲于葬礼祭礼安排之用意。对此，今人有不同的看法，如有学者指出："黄宗羲对自己身后事的这般处置，不只是反对丧事的铺张与奢华，而是从思想家的思维逻辑上又先择了一个敢于同千年不变的传统礼义与丧葬制度进行大胆挑战的课题，并试图以自身丧事为实例，对如何突破传统，异于世俗作最后一次令人惊

---

① （清）黄宗羲：《梨洲末命》，《黄宗羲全集》第1册，浙江古籍出版社2012年，第191页。
② （清）黄宗羲：《梨洲末命》，《黄宗羲全集》第1册，浙江古籍出版社2012年，第191页。
③ （清）黄宗羲：《葬制或问》，《黄宗羲全集》第1册，浙江古籍出版社2012年，第189页。
④ （清）全祖望：《梨洲先生神道碑》，《黄宗羲全集》第12册，浙江古籍出版社2012年，第10页。

目的回答。"① 我们认为，对于黄宗羲于身后丧祭之礼的安排，需要结合其生平经历和思想的转变来看，方能有合理的解释。

晚年的黄氏内心世界十分复杂。一方面，清朝已经建立多年，顺治、康熙以来的统治日趋稳固，对于儒学和礼教，清廷也大力提倡。在此背景下，黄宗羲的内心逐渐平和，他顺应时变，不再以严格的"华夷之辨"来看待满清统治，也不阻止友人和亲人参与清廷事务。另一方面，他仍以明遗民自居，不为清廷的征召所动。在其八十岁时，康熙皇帝亲传谕旨，召黄宗羲入京，其依然不为所动。由此可见，即便过去几十年了，"亡国之恨"仍一直萦绕在其心头。黄宗羲以简单而又独特的葬礼来安顿自己人生最后的旅程，是其明遗民情怀的集中体现。

黄宗羲之师刘宗周曾仕明朝，明亡以后，刘氏绝食而亡。对于刘宗周宁死不屈的气节，黄宗羲感触甚深。为了抗清，黄氏曾奔走四方，然而他并没有战死沙场，而是活到八十多岁。对此，黄氏认为自己愧对师友之死。因此，在面对将要到来的死亡之时，黄宗羲拒绝以传统的繁文缛节来安置自己，而是选择以"石床""一被一褥"来掩埋自己。全祖望认为黄宗羲的丧礼安排有"速朽"之意，可谓看到了其师心底最隐微的情感。黄氏以"速朽"的方式安排自己的葬礼，体现的正是一些明遗民一以贯之的对待死亡的态度。

黄宗羲对自己葬祭之礼的安排，还与他的文化价值取向有关。清初顺、康以来，统治者意识到文化建设对于社会控制的作用，他们以程朱理学为官方哲学，并以朱子《家礼》作为社会移风易俗的重要依据。康熙年间，朱子《家礼》受到朝野上下的高度重视，

---

① 徐定宝：《黄宗羲评传》，南京大学出版社 2002 年，第 136 页。

《家礼》的精神渗透进当时制礼活动各个方面。不过，由于大量的佛、道元素渗透其间，丧祭之礼已非《家礼》原貌。已厕之于儒林的黄宗羲并没有选择以当时夹杂《家礼》和佛道元素的丧祭礼来安排自己的后事，其中的一大原因就是避免"流俗无礼"。黄宗羲看到了当时的丧祭礼并非纯粹的儒礼，与其恪守变质的儒礼，还不如特立独行以实现自己所愿。对于自己的骇俗之举，黄宗羲引赵岐《孟子注》等加以解释，其意在告诉人们，自己于丧祭礼的安排体现的正是儒家之义。当然，黄氏于丧祭礼的安排确实与儒家传统意义上礼仪之道不甚相合，不过，从黄氏所做的安排中，透显出的是一个极具创见的思想家不合流俗、针砭时弊的精神。

从以上所列黄宗羲晚年与仪礼相关的两大事件中，可知在同时面对礼和遗民身份时，遗民身份是黄氏优先考虑的。其在恪守自己明遗民身份的前提下对仪礼的设计和做出的选择，体现的正是儒家所强调的"忠孝节义"。在黄宗羲的观念里，作为姿态和动作的礼仪，其背后的意义和价值取向才是最根本的，只有在儒家立场和价值取向基础之上的仪式和姿态，才是儒家士人所应倡导和践履的。反之，若仪式和姿态不能体现儒家的核心义理，那么这样的仪式和姿态即便有儒家之名，也没有儒家之实。因此，从遗民的角度对黄宗羲进行分析，就不难理解其晚年"反常"的礼仪设计以及拒绝出任乡饮酒礼大宾的初衷。

（三）古礼研究的示范意义

礼是中国传统文化的重要呈现形式，因此从事礼学研究的重要性自不待言。然而礼学研究涉及的名物制度繁多，历代学人见仁见智，争议不断。正如黄宗羲所说："礼经之大者，为郊社、禘祫、丧服、宗法、官制，言人人殊，莫知适从。"①黄氏重视礼学，其礼学方面的代表作有《深衣考》以及其与万氏兄弟的通信。黄氏于古礼的研究对明清之际的学风产生了一定的影响，这主要体现在以下几个方面：

首先，黄宗羲在深衣形制研究方面所体现的实证精神对于清代考据学的兴起有示范效应。

深衣是一种历史悠久的传统服饰，在《礼记》等文献中有记载。其使用范围广，影响深远。《文献通考》记载："按三代时，衣服之制，其可考见者，虽不一，然除冕服之外，唯玄端、深衣二者，其用最广。玄端则自天子至士皆可服之，深衣则自天子至庶人皆可服之。"②作为汉民族最具有代表性的服饰，深衣为历代学者所重视。汉代郑玄，唐代孔颖达，宋代朱熹，元代吴澄，明清之际的黄宗羲，清代江永、任大椿等人皆于深衣形制有深入的研究。不过由于文献记载语焉不详，以至于历代学人于深衣形制聚讼纷纭，莫衷一是。

在深衣形制研究方面，黄宗羲可谓承上启下的关键人物。其所撰《深衣考》在广泛考察郑玄注、孔颖达疏以及朱熹、吴澄、朱右、黄润玉、王廷相等人图说的基础上，对深衣形制做了细致的考察，得出了许多新见，影响十分深远。尽管有人认为黄氏《深衣考》"变乱旧诂""多所乖谬"，然而黄氏重视深衣形制以及相关研究产生的影响却不可忽视。

黄宗羲《深衣考》主要价值并不在于其对深衣形制本身的考

---

① （清）黄宗羲：《万充宗墓志铭》，《黄宗羲全集》第10册，浙江古籍出版社2012年，第417页。

② （元）马端临：《文献通考》一百一，文渊阁《四库全书》第612册，第604页。

证，而是其在深衣形制研究中的考证方法和尚博精神对于清代学术所产生的示范效应。明代中期，学术界出现了一批倡导古学、重视考据的学者，梅鷟、杨慎、胡应麟等皆是这方面的代表人物。不过由于当时阳明学风靡天下，考据学并没有成为学界的主流。到明清之际，社会的剧烈变动使得当时的大批士人重新思考学术与社会风气的关系。在他们看来，理学的空疏无用是明朝覆亡的重要原因，正如颜元所说，当时的士人是"无事袖手谈心性，临危一死报君王"①。于是学界掀起了一股批判宋明理学的思潮。而这一批判的主要思路，就是反对宋明理学重形上思辨而忽视实证的学术取向。在对宋明理学的批判思潮中，出现了黄宗羲、顾炎武、王夫之、胡渭、阎若璩等代表人物。虽然黄宗羲在形上学方面不乏建树，但是他对考据和实证的重视，却是其学术最重要的特征。黄宗羲引经据典、绘制礼图，对深衣形制所做的考辨，是明清之际考据学的重要组成部分。由于黄宗羲的重要学术地位和影响力，他的考据之学对明清之际由虚转实的学风产生了不小影响。

黄宗羲对深衣形制之研究，上承宋明以来的经学家，下启雍乾之际的江永以及乾嘉时期的任大椿和黄以周。江永在从事深衣研究时虽不明言受黄宗羲的影响，然而从宋明到清代的深衣研究中，黄宗羲又是没有办法避开的。江永说："续衽钩边之文，郑氏本不误，而疏家皇氏、熊氏、孔氏皆不能细绎郑说，遂失其制度。后儒承讹袭舛，以臆为之，考辩愈详，而误愈甚。"②关于此"续衽钩边"，黄宗羲说："续衽者，衣与裳相连属之也。郑氏曰：'凡衽者，或杀

---

① （清）颜元：《存学编》卷一，《颜元集》上册，中华书局1987年，第51页。
② （清）江永：《深衣考误》，《清经解》第2册，上海书店1988年，第234页。

而上，或杀而下，是以小要取名焉。'……郑氏谓'不殊裳前后'，是钩边也。而以之解续衽，误矣。"① 由此可见，江永所言"后儒"，黄宗羲也当在其中。江永是乾嘉考据学之先导，其在黄宗羲影响下对深衣所做的考辨，对于乾嘉考据学的兴起无疑起到了推动作用。乾嘉学人黄以周在撰《礼书通故》时，对黄宗羲的深衣考辨也颇为重视，并时有褒奖。如《礼记·玉藻》："朝玄端，夕深衣。深衣三袪，缝齐倍要，衽当旁，袂可以回肘。长、中继掩尺。"此"长、中继掩尺"，郑玄云："谓其为长衣、中衣，则继袂掩一尺，若今褎矣。"黄宗羲认为："继为䌷之误。"并解释说："古者，布幅二尺二寸，除二寸为杀缝，止剩二尺，故身材背缝，左右各二尺，外接袂幅二尺二寸，通计四尺二寸。所以袂之长、中，䌷掩臂之尺，若长衣、中衣之制，岂宜浑入深衣？故知郑说非也。"② 对此，黄以周表示赞同，他说："《玉藻》此文与《深衣》同。'袂可以回肘'言其广，即《深衣篇》'袼之高下可以运肘'也。'长中䌷掩尺'言其长，即《深衣篇》'袂之长短，反诎之及肘'也。二篇记袂广长文皆相连，义亦相近。黄说甚是。"③ 由此可见，如果要我们追溯清代乾嘉考据学兴起的渊源，那么明清之际黄宗羲对于深衣形制的考辨当是不可忽略的。

其次，黄宗羲教导万氏兄弟从事礼学研究，对于清初礼学的复兴起到了推动作用。

万斯大（1633—1683）字充宗，别字褐夫，因患足疾而自号

---

① （清）黄宗羲：《深衣考》，《黄宗羲全集》第1册，浙江古籍出版社2012年，第168—169页。

② （清）黄宗羲：《深衣考》，《黄宗羲全集》第1册，浙江古籍出版社2012年，第176页。

③ （清）黄以周：《礼书通故》卷三，中华书局2007年，第164页。

跛翁，万泰第六子；万斯同（1638—1702）字季野，号石园，门生私谥贞文先生，万泰第八子。万氏兄弟是浙江鄞县（今宁波市鄞州区）人，皆受业于黄宗羲。万氏兄弟曾与郑梁、陈赤衷等人组成"策论之会"，相互质疑辩难。后来，策论之会改为证人之会。在黄宗羲的影响下，证人之会改为讲经会。李文胤记载："黄先生教人必先通经。……尝曰：'人不通经，则立身不能为君子；不通经，则立言不能为大家。'于是充宗兄弟，与里中诸贤共立为讲五经之集。"① 黄宗羲还特别强调经典研究的重要性，他说："士生千载之下，不能会众以合一，山谷而之川，川以达于海，犹可谓之穷经乎？"② 黄宗羲认为，前人于经典的研究并不深入，因此他主张以"穷经"的精神去研究礼经。

万斯大的礼学著作丰富，有《学礼质疑》《周官辨非》《仪礼商》《礼记偶笺》《庙寝图说》等传世。《清史稿》言万斯大"根柢'三礼'，以释'三传'，较宋元以后空谈书法者殊"③。万斯大治经学务求新义，其于《仪礼》经文和注疏之考察亦是如此。四库馆臣评价万斯大的《仪礼商》说："斯大学本淹通，用思尤锐，其合处往往发前人所未发，卷末附《答应嗣寅书》，辨治朝无堂，尤为精核。弃所短而取所长，亦深有助于考证也。"④ 万斯大的礼学受黄宗羲的影响甚深，他曾说："客秋，黄先生传尊指，授某《仪礼图》，俾之句读，且令发明。嘻！先生岂以某有所知乎？"⑤ 由此可见，万

---

① （清）李文胤：《送万充宗授经西陵序》，《杲堂诗文集》，浙江古籍出版社1988年，第448页。
② （清）黄宗羲：《万充宗墓志铭》，《黄宗羲全集》第10册，浙江古籍出版社2012年，第417页。
③ 赵尔巽等：《清史稿》卷四百八十一，中华书局1977年，第13170页。
④ （清）永瑢等：《四库全书总目》卷二十，中华书局1965年，第163页。
⑤ （清）万斯大：《与陈令升书》，文渊阁《四库全书》第108册，第285页。

斯大重视《仪礼》以及所做的相关研究，与黄宗羲的教导是分不开的。万斯大"馆于武林，慨然以穷经自任"①，"甲寅后，专读'三礼'"②。其在从事礼经考证时特别重视以经解经。据万斯大《学礼质疑》自序，可知其学礼以来，心有所疑，则取其大者条而说之，而质之其师黄宗羲。斯大问："学礼有疑，求之注疏而不得，求之唐宋以来诸儒而又不得。以经说《礼》，其可乎？"③黄宗羲表示首肯。万斯大在治礼时善于比较分析，其首先将戴《记》诸篇进行比较，次取《仪礼》与戴《记》进行比较，再取《易》《书》《诗》《公羊传》《穀梁传》《左传》《国语》与《仪礼》《礼记》进行比较。这种会通群经以释礼经的做法，正是对黄宗羲经学思想和研究方法的承继。万斯大治《仪礼》，特别重视以经解经。如释《仪礼·士丧礼》时，其特别重视将《士丧礼》所记丧礼仪节与《礼记》的相关记载进行比较分析。《士丧礼》有设明衣裳仪节，《礼记·檀弓》有设饰仪节，斯大曰："设明衣裳，《檀弓》所谓设饰也。先时尸裸体，惟帐敛衾，至此始有饰，故曰设饰。曾子曰：'尸未设饰，故帷堂。'"④斯大将《仪礼·士丧礼》与《礼记·檀弓》之记载加以比较，认为《士丧礼》设明衣即《檀弓》设饰。

受黄宗羲的影响，万斯同对于经学也颇为重视。他说："凡儒者读书，必有先后，当先经而后史，先经史而后文集。……经者，文

---

① （清）郑梁：《跛翁传》，《经学五书》附录，华东师范大学出版社2012年，第433页。
② （清）万经：《先考充宗府君行状》，《经学五书》附录，华东师范大学出版社2012年，第445页。
③ （清）万斯大：《学礼质疑序》，《学礼质疑》卷首，《清经解》第1册，上海书店1988年，第313页。
④ （清）万斯大：《仪礼商》，文渊阁《四库全书》第108册，第276页。

之源也。……群经宜读矣,而诸家之经解何不可读也?……若于经但守学官之传注,而不晓诸家为何语,……由君子之善学者观之,与未尝读书者何异?"① 万斯同在学礼时,遇到问题时经常向黄宗羲请教。今可见黄宗羲文集中的《答万季野丧礼杂问》《再答万季野丧礼杂问》,就是万斯同与黄宗羲讨论丧服制度的内容。此外,关于历代争论不休的礼学问题,万斯同也多向黄宗羲请教。如礼家认为天子、诸侯有左右房,大夫、士有东房西室,而无西房。对此,礼家聚讼纷纭,莫衷一是。陈祥道根据《乡饮酒礼》"脯醢自左房"、《乡射礼》"笾豆出自东房",认为言左以有右,言东以有西,则大夫、士之房室,与天子诸侯同。黄宗羲驳曰:"此不足以破郑说。所谓左房者,安知其非对右室而言也?所谓东房者,安知其非对西室而言也?如《士冠礼》:'冠者筵西拜受觯,宾东面答拜。'注:'筵西拜,南面拜也。宾还答拜于西序之位。'此时筵在室户西当庪之处,无西房,则西序与筵相近,故容答拜。有西房则西序在西房之尽,其去筵也远矣。"② 以上是黄宗羲对万斯同所提出的问题所做的答复。黄宗羲不同意陈祥道等人之说,其认为大夫士为东房西室。虽然黄氏之说为一家之言,但是其引经据典对于历代礼家学说所做之回应,对于推动明清之际的礼学研究无疑具有示范意义③。

① (清)万斯同:《与钱汉臣书》,《石园文集》卷七,《续修四库全书》第 1415 册,第 511 页。
② (清)黄宗羲:《答万季野丧礼杂问》,《黄宗羲全集》第 10 册,浙江古籍出版社 2012 年,第 197—198 页。
③ 万斯大认为:"余于乡饮酒谓大夫士若无右房,则宾坐西北,已逼西序,不容众宾之席以为必有西房。兹于《聘礼》'还玉,宾升自西阶,受圭,退负右房而立',则明言有右房矣。"[(清)万斯大:《仪礼商》卷一,文渊阁《四库全书》第 108 册,第 267 页。] 万斯大于此并不盲目信从其师之说。相反,其以文献为依据而揆诸礼意,从而得出不同见解。万斯大在礼经名物制度的考证方面的理性精神,正是受黄宗羲的学术创新精神的影响。除万斯大外,清代学人胡培翚、黄以周等人皆对"大夫士有无西房"的问题作了考论。

礼学素来被认为是"实学",原因是礼学重视经世致用和名物制度考证。名物制度考证是礼学研究的灵魂,为历代礼学家所看重。然而自宋明以来,由于理学重视心性义理,所以重实证的礼学湮没不彰,即便此间也有元代敖继公,明代吴澄、郝敬等人的礼学著作传世,然而精深考据之作并不多见。在明清之际批判理学的学术背景下,礼学以其实证的学术取向受到当时学者的重视。王夫之《礼记章句》、顾炎武《九经误字》的"三礼"部分、张尔岐的《仪礼郑注句读》等皆以重视名物制度的考证而成为明清之际重要的礼学研究成果。特别是张尔岐《仪礼郑注句读》,"立言皆有原本"[1],成为礼学史上划时代之作。黄宗羲也重视礼学,然而在黄氏规模宏大的学术体系中,礼学只是其中的一部分。即便如此,黄氏对于礼学的提倡以及对于万氏兄弟在礼学方面的教导,对于清初礼学的复兴可谓功不可没。

再次,黄宗羲的礼学研究与其经世致用的学术取向是一致的。

明清之际的思想家们批判宋明理学的理由,除了理学所导致的学术空疏之弊,还有理学导致的学术与社会的脱节。如顾炎武说:"刘、石乱华,本于清谈之流祸,人人知之。孰知今日之清谈,有甚于前代者。昔之清谈谈老庄,今之清谈谈孔孟。……不习六艺之文,不考百王之典,不综当代之务,举夫子论学论政之大端,一切不问,而曰'一贯',曰'无言',以明心见性之空言,代修己治人之实学。股肱惰而万事荒,爪牙亡而四国乱。神州荡覆,宗社丘墟。"[2] 顾

---

[1] (清)顾炎武:《答汪苕文》,《顾炎武全集》第21册,上海古籍出版社2011年,第249页。

[2] (清)顾炎武:《日知录》,《顾炎武全集》第18册,上海古籍出版社2011年,第307—308页。

氏视明代心学之弊等同于魏晋清谈之流祸，这是明清之际的学人孙奇逢、陈确、颜元、黄宗羲、王夫之等人共同的观点。

黄宗羲认为礼与社会治理、公序良俗密切相关，他说："六经皆载道之书，而礼其节目也。当时举一礼必有一仪，要皆官司所传，历世所行，人人得而知之，非圣人所独行者。大而类禋巡狩，皆为实治；小而进退揖让，皆为实行也。"[①]"六经"所言皆圣人之道，而圣人之道在现实社会最直接的呈现就是儒礼；远古时期，礼不独为圣人所行，人人知礼行礼，礼仪繁多，而其核心精神在践履。黄宗羲看到了礼是儒家文化中与"实行"最重要的内容，因此，在重视经世致用的黄宗羲学术中，礼学是不可或缺的重要内容。

黄宗羲的礼学有内在的逻辑关系。首先，其"工夫所至即本体"的本体论和工夫论，以及"会众合一"的方法论，是其礼学的哲学根据和理论基础。其次，黄宗羲晚年拒绝出任乡饮酒礼大宾的邀请以及对于身后丧祭礼的安排，皆与其明遗民的身份和情怀密切相关。再次，黄宗羲对于礼学的重视以及对万氏兄弟于礼学研究方面的指点，对于明清之际征实之学的兴起以及礼学的复兴皆起到了推动作用。作为"新时代学风一先驱"[②]，黄宗羲不像清代乾嘉时期的礼学家如凌廷堪、胡培翚等人那样皓首以穷一经，甚至他的深衣考证还受到四库馆臣的讥评，不过由于他在学术思想方面的崇高地位和声望，以至于他在信札中对礼制不成体系的论述以及乾嘉学人认为并不专精的深衣考证，在学术影响力方面远远超过了明清之际不少专门的礼学著述。因此，我们今天对黄宗羲礼学的梳理，不应

---

① （清）黄宗羲：《学礼质疑序》，《黄宗羲全集》第10册，浙江古籍出版社2012年，第24页。
② 钱穆：《中国近三百年学术史》上册，商务印书馆1997年，第31页。

该停留在礼学研究惯常关注的名物制度层面,而应该在黄氏学术思想、人生阅历的整体框架以及明清之际社会文化的宏大背景之下来进行考察,惟其如此,才能真正廓清黄氏礼学的学术价值。

三、顾炎武的礼俗观及其对清代学术的影响

顾炎武(1613—1682)是明末清初著名的思想家、经学家、地理学家,因其故居旁有亭林湖,学者尊称亭林先生。他与黄宗羲、王夫之并称明末清初"三大儒"。顾炎武在很多领域都有精深的造诣,对清代学术产生了广泛而深远的影响。其治学的宗旨是"明学术,正人心,拨乱世,以兴太平之事"[1]。学界高度重视顾炎武经世致用思想的研究,相关论著不少,然而对于顾炎武经世致用具体内容的研究则显得比较薄弱[2]。顾炎武的门人潘耒言其师"叹礼教之衰迟,伤风俗之颓败,则古称先,规切时弊,尤为深切著明"[3],清人彭绍升亦说顾炎武"论治综核名实,于礼教尤兢兢,谓风俗衰,廉耻之防溃,由无礼以维之,常欲以古制率天下"[4]。顾炎武推崇礼教、倡导良善美俗,这是他经世致用思想的重要内容。研究顾炎武的礼俗观,对于认识顾炎武的学术具有十分重要的意义,对于辨析清代

---

[1] (清)顾炎武:《初刻日知录自序》,《顾炎武全集》第21册,上海古籍出版社2012年,第76页。

[2] 关于亭林学术的研究,最具有代表性的是梁任公和钱宾四的同名著作《中国近三百年学术史》。梁任公书的第六部分"清代经学之建设"和钱宾四书的第四章"顾亭林"对亭林的经世致用思想皆有高屋建瓴的论述。今日之学界,赵俪生、陈祖武、许苏民、魏长宝等诸位先生对亭林的经世致用思想亦多有发掘。

[3] (清)潘耒:《日知录序》,《顾炎武全集》第18册,上海古籍出版社2012年,第12页。

[4] (清)彭绍升:《儒行述》,《顾炎武全集》第22册,上海古籍出版社2012年,第262页。

学术源流亦有参考价值[①]。

(一) 礼与圣人之道

顾炎武将圣人之道归纳为"博学于文""行己有耻"八个字。他说:"愚所谓圣人之道者如之何?曰'博学于文',曰'行己有耻'。"[②]"博学于文"出自《论语》,与"约之以礼"前后为文。顾炎武将其作为自己的治学理念。刘宝楠认为,"'博文'者,《诗》《书》《礼》《乐》与凡古圣所传之遗籍是也。文所以载道,而以礼明之者也。礼即文之所著以行之者也。博学于文,则多闻多见,可以畜德,而于行礼验之"[③]。"文"是古圣所传的典籍,而典籍所传之道最直接的体现就是儒家所推崇的礼教。

顾炎武释"博学于文"曰:"'君子博学于文',自身而至于家国天下,制之为度数,发之为音容,莫非文也。品节斯,斯之谓礼。孔子曰:'伯母、叔母疏衰,踊不绝地。姑姊妹之大功,踊绝于地。如此者,由文矣哉,由文矣哉!'《记》曰:'三年之丧,人道之至文者也。'又曰:'礼减而进,以进为文。乐盈而反,以反为

[①] 礼与俗的关系,自古以来就受到人们关注,大体来说,二者既有密切的关系,也有很大的不同。礼与俗虽然承担不同的社会功能,但是很多时候是你中有我、我中有你的关系。《周礼·地官·土均》"礼俗、丧纪、祭祀,皆以地媺恶为轻重之",郑《注》:"礼俗,邦国都鄙民之所行先王旧礼也。君子行礼不求变俗,随其土地厚薄为之制丰省之节耳。""礼俗"合称,说明古人早就意识到二者所具有的密不可分的关系。礼与俗也有差异:礼具有普遍性,俗则具有地域性;礼的产生与政治统治有关,与精英阶层对俗的反思和提炼有关,因此礼不限于满足一时一地的人的需要,而是在广阔的地域上有着广泛的影响;俗是指民间或基层的文化,与地理环境有密切的关系,不同的地域、气候之下生活的人群往往会形成不同的习俗。

[②] (清)顾炎武:《与友人论学书》,《顾炎武全集》第 21 册,上海古籍出版社 2012 年,第 93 页。

[③] (清)刘宝楠:《论语正义》卷七,中华书局 1990 年,第 243—244 页。

文.'《传》曰:'文明以止,人文也。观乎人文以化成天下。'"①顾炎武于此言"文",主要是以丧服的原则为例,而归结为礼。他又说:"自一身以至于天下国家,皆学之事也;自子臣弟友以至出入往来、辞受、取与之间,皆有耻之事也。"②此所说的"文",既包括文献典籍,也包括社会中具体的、实有的规则、规范和制度,而这一切皆与礼相关。顾炎武说:"比在关中,略仿横渠、蓝田之意,以礼为教。夫子尝言:'博学于文,约之以礼。'而刘康公云:'民受天地之中以生,所谓命也。是以有动作礼义威仪之则,以定命也。'然则君子之为学,将以修身,将以立命,舍礼其何由哉?"③礼是"文"最重要的内容,换言之,"博学于文"就是"博学于礼"。

顾炎武是"博学于文"的一生。他的代表作《日知录》《天下郡国利病书》就是建立在广泛涉猎典籍基础之上而写成的。潘耒说:"此《日知录》……凡经义、史学、官方、吏治、财赋、典礼、舆地、艺文之属,一一疏通其源流。"④从《日知录》可见顾炎武所言范围极广,内容极博,而他经世致用的关注点是风俗礼教。此书不但于各个时代的礼俗皆有考察和辨析,而且还对移风易俗、敦从礼教等提出了具体的措施。

"行己有耻"也是出自《论语》,原文是:"子曰:'行己有耻,使于四方,不辱君命,可谓士矣。'"邢昺《疏》:"此答士之高行

---

① (清)顾炎武:《日知录》卷七,《顾炎武全集》第18册,上海古籍出版社2012年,第308页。
② (清)顾炎武:《与友人论学书》,《顾炎武全集》第21册,上海古籍出版社2012年,第93页。
③ (清)顾炎武:《与毛锦衔》,《顾炎武全集》第21册,上海古籍出版社2012年,第205—206页。
④ (清)潘耒:《日知录序》,《顾炎武全集》第18册,上海古籍出版社2012年,第12页。

也。言行己之道，若有不善，耻而不为。"① 刘宝楠曰："'行己有耻'者，皇《疏》云：'言自行己身，恒有可耻之事，故不为也。'《曾子制言上》：'夫行也者，行礼之谓也。'……皆言士所耻之事也。'不辱君命'者，君命已出，使当守礼达辞，不使君命见凌辱也。"② 在《论语》的语境下，所谓"行己有耻"，指士人应有高行善言以及高度的自律，而知礼守礼是保障。因此，"行己有耻"是从自我道德意识而言，即人要自觉遵守礼仪规范，不合礼之事不可去做。梁启超认为，顾炎武所言"行己有耻"是谈"做人的方法"③，这个判断是不错的。顾炎武认为做人要有廉耻，"耻之于人大矣。不耻恶衣恶食，而耻匹夫匹妇之不被其泽，故曰：'万物皆备于我矣，反身而诚。'呜呼！士而不先言耻，则为无本之人"④。"行己有耻"，就是不能随波逐流、趋炎附势，反之，就会悖礼犯义，"人之不廉而至于悖礼犯义，其原皆生于无耻也。故士大夫之无耻，是谓国耻。吾观三代以下，世道衰微，弃礼义，捐廉耻，非一朝一夕之故"⑤。人悖礼犯义的根本原因，就是无廉耻之心。如果读书人无耻，那就是国耻。在顾炎武看来，即使是治军之道也要讲廉耻，"古人治军之道，未有不本于廉耻者。……太公对武王：'将有三胜'，一曰'礼将'，二曰'力将'，三曰'止欲将'。故礼者所以班朝治军，而《兔罝》之武夫皆本于文王后妃之化，岂有淫刍荛、窃牛

---

① （清）阮元校刻：《十三经注疏》下册，中华书局1980年，第2508页。
② （清）刘宝楠：《论语正义》卷十六，中华书局1990年，第538—539页。
③ （清）梁启超：《中国近三百年学术史》，商务印书馆2011年，第73页。
④ （清）顾炎武：《与友人论学书》，《顾炎武全集》第21册，上海古籍出版社2012年，第93页。
⑤ （清）顾炎武：《日知录》卷十三，《顾炎武全集》第18册，上海古籍出版社2012年，第537页。

马,而为暴于百姓者哉!"① 行军打仗是气力谋略之事,尽管如此,也要有礼有节,遂有"礼将"一说。行军打仗如此,一般的社会行为岂不是更需要礼义廉耻?

顾炎武强调士人要有廉耻,是基于他对自己所处时代士风的观察,可谓有感而发。晚明以来,士风堕落,不少士人丧失理想,道德沦丧。满清入关以后,士人队伍出现了分化,部分人见风使舵,随波逐流。在《日知录》的礼俗部分,顾炎武以大量的篇幅讨论与士"行己有耻"相关的内容,"名教""流品""重厚""耿介""乡原""俭约"等,皆是关乎人的道德修养和节操志气。比如"耿介",顾炎武说:"同乎流俗,合乎污世,则不可与入尧舜之道矣。"②"'非礼勿视,非礼勿听,非礼勿言,非礼勿动',是则谓之耿介,反是谓之昌披。夫道若大路,然尧、桀之分,必在乎此。"③又如"流品",顾炎武说:"晋、宋以来,尤重流品,故虽蕞尔一方,而犹能立国。……自万历季年,搢绅之士不知以礼饬躬,而声气及于宵人,诗字颁于舆皂。至于公卿上寿,宰执称儿,而神州陆沈,中原涂炭,夫有以致之矣。"④凡是与人的修养、气节相关的,无不涉及廉耻,而在传统儒家的观念里,言廉耻必言礼义。

顾炎武"性情极厚、守礼极严"⑤,他以"行己有耻"立身。康

---

① (清)顾炎武:《日知录》卷十三,《顾炎武全集》第18册,上海古籍出版社2012年,第538页。
② (清)顾炎武:《日知录》卷十三,《顾炎武全集》第18册,上海古籍出版社2012年,第541页。
③ (清)顾炎武:《日知录》卷十三,《顾炎武全集》第18册,上海古籍出版社2012年,第541页。
④ (清)顾炎武:《日知录》卷十三,《顾炎武全集》第18册,上海古籍出版社2012年,第538—539页。
⑤ (清)梁启超:《中国近三百年学术史》,商务印书馆2011年,第70页。

熙十七年（1678）开博学鸿儒科，征举海内名儒，同邑叶方蔼想举荐顾炎武，顾炎武三次致书叶氏，以表达自己绝意与清廷合作。第二年修《明史》，叶氏又欲招之，顾炎武回复说："先妣未嫁过门，养姑抱嗣，为吴中第一奇节。蒙朝廷旌表，国亡绝粒，以女子而蹈首阳之烈。临终遗命，有'无仕异代'之言，载于志状。故人人可出，而炎武必不可出矣。《记》曰：'将贻父母令名，必果；将贻父母羞辱，必不果。'七十老翁何所求？正欠一死！若必相逼，则以身殉之矣！"[①]顾炎武人格之崇峻、方严由此得见，而这样的人格，与他所言的礼义廉耻正好相印证。

（二）礼俗与社会治乱

明朝末年，政治腐败，李自成、张献忠等人领导的农民起义，以及满清的入关，导致社会失序，江山易主。社会的剧烈变化，对亲历的明朝遗民造成巨大的心灵震撼。他们都在思考一个问题，那就是"故国"为何倾覆。带着这样的问题，他们积极探讨"亡国""亡天下"的教训，希望找到经邦济世的良方。经过深沉的思索，他们发现明朝的灭亡并非一朝一夕之故，而是社会风尚和人心出了问题。当时的士人应㧑谦叹道："今日唯正人心，而维世教，庶不负所生耳。"[②]朱彝尊也说："呜呼！慎终追远之义辍而不讲，斯民德之日归于薄矣。"[③]士人反思明清之际的社会风气和人心，成为当时非常普遍的现象。

---

① （清）顾炎武：《与叶讱菴书》，《顾炎武全集》第21册，上海古籍出版社2012年，第105页。
② （清）全祖望：《应潜斋先生神道碑》，《全祖望集汇校集注》上册，上海古籍出版社2000年，第239页。
③ （清）朱彝尊：《读礼通考序》，《读礼通考》卷首，文渊阁《四库全书》第112册，第2页。

顾炎武认为，世道人心是社会有序的基础。他说："有人伦，然后有风俗；有风俗，然后有政事；有政事，然后有国家。"[1] 讲人伦、美风俗，这是善政的前提，而善政关系国家的治乱。明朝的灭亡，归根结底是由于道德沦丧和人心堕落。

顾炎武所说"亡国""亡天下"的那段名言，影响十分深远，而其中所包涵的就是他对风俗和人心的认识。顾炎武的原话是："有亡国，有亡天下。亡国与亡天下奚辨？曰：易姓改号，谓之亡国；仁义充塞，而至于率兽食人，人将相食，谓之亡天下。……是故知保天下，然后知保其国。保国者，其君其臣肉食者谋之；保天下者，匹夫之贱与有责焉耳矣。"[2] "亡国"与"亡天下"是有区别的：改朝换代，江山易主，这仅是亡国；而道德沦丧，寡廉鲜耻，弱肉强食，这是亡天下。亡国是政权的覆灭，是政治层面的，而亡天下是道德沦丧和人心不古，是文化层面的。在顾炎武的意识里，天下需要有文化来维系，而文化最重要的内容就是风俗和人心。保全天下比保全一国更难，因为保国只是统治者为之，而保天下是天下所有人都要去面对的。社会中的每一个人，都与礼俗和人心直接相关，因为人心人人皆有，礼俗在任何社会中皆不可少。顾炎武以文化作为国家和民族根基性的存在，这种观念是十分深刻的，这就是他在《日知录》中高度重视考察历代风俗人心的原因所在。

在《日知录》中，顾炎武花了不少篇幅对历代礼俗加以考察。其中，他对魏晋、北宋以及明代的礼俗人心有较多的辨析和批判。

---

[1] （清）顾炎武：《华阴王氏宗祠记》，《顾炎武全集》第21册，上海古籍出版社2012年，第167页。
[2] （清）顾炎武：《日知录》卷十三，《顾炎武全集》第18册，上海古籍出版社2012年，第527页。

魏晋时期，在特定的政治氛围和社会风气下，不少士人崇尚老庄，追求玄远。他们在嵇康"越名教而任自然，非汤武而薄周孔"的口号下纵情诗酒，放浪形骸。对于魏晋礼俗，顾炎武大加鞭挞："魏明帝殂，少帝即位，改元正始，凡九年。……三国鼎立，至此垂三十年，一时名士风流，盛于雒下。乃其弃经典而尚老、庄，蔑礼法而崇放达，视其主之颠危若路人然，即此诸贤为之倡也。自此以后，竞相祖述。……然而《晋书·儒林传序》云：'摒阙里之典经，习正始之余论，指礼法为流俗，目纵诞以清高。'此则虚名虽被于时流，笃论未忘乎学者。是以讲明六艺，郑、王为集汉之终；演说老、庄，王、何为开晋之始。以至国亡于上，教沦于下，羌胡互僭，君臣屡易，非林下诸贤之咎而谁咎哉！"[①] 玄学家看似清高，理论看似玄妙，实际上，他们蔑弃礼法，对道德和礼俗造成很大伤害，贻害无穷，以至于有"五胡乱华"，政权频繁更迭。

在考察宋代礼俗时，顾炎武对王安石变法给予了特别关注。为了缓解北宋中期土地兼并以及冗兵冗员等问题，宋神宗起用王安石推行变法，而由于各种原因，变法以失败告终。宋代以来，关于王安石变法的评价褒贬不一，褒之者认为安石变法虽然失败，但是对于缓和北宋的社会矛盾还是起了一定作用。贬之者则认为安石不守祖宗之法，从而导致北宋的覆灭。顾炎武认为安石变法为害甚巨，他说："后之人但言其农田水利、青苗、保甲诸法为百姓害，而不知其移人心、变士习为朝廷之害。其害于百姓者，可以一旦而更，而其害于朝廷者，历数十百年，滔滔之势，一往而不可反矣。"[②] 顾

---

① （清）顾炎武：《日知录》卷十三，《顾炎武全集》第 18 册，上海古籍出版社 2012 年，第 526 页。

② （清）顾炎武：《日知录》卷十三，《顾炎武全集》第 18 册，上海古籍出版社 2012 年，第 528 页。

炎武认为,变法失败带来的更大问题,是人心和士习的堕落。值得注意的是,顾炎武与安石都讲经世致用,然而顾炎武对于安石变法颇不以为然。究其原因,是因为安石变法以功利为先,以世道人心为后。当然,顾炎武之前已有人如此看待。苏轼曾上书批评安石变法:"夫国家之所以存亡者,在道德之深浅,不在乎强与弱。历数之所以长短者,在风俗之厚薄,不在乎富与贫。"[1] 顾炎武引用苏轼这段文字,并评论说:"当时论新法者多矣,未有若此之深切者。"[2] 维护世道人心、淳化风俗是顾炎武经世致用的应有之义,也是他的经济、政治主张的前提。安石变法虽然是以经典诠释为依据,然而经典诠释只是为了使他的变法主张合法化,而于儒家经典所强调的道德原则,安石则少及之[3]。顾炎武的经世致用,道德原则既是前提,也是贯穿始终的灵魂,这也使得他的经世致用思想区别于有法家色彩的王安石思想[4]。

顾炎武对于明朝灭亡原因的探讨,多是从礼俗的角度展开。对于明朝万历末以来的社会风气,顾炎武说:"搢绅之士不知以礼饬躬,而声气及于宵人,诗字颁于舆皂,至于公卿上寿,宰执称儿。

---

[1] (宋)苏轼:《上神宗皇帝书》,《苏轼文集》第2册,中华书局1986年,第737页。

[2] (清)顾炎武:《日知录》卷十三,《顾炎武全集》第18册,上海古籍出版社2012年,第529页。

[3] 亭林学术与南宋永嘉的经世之学也有差异。全祖望说:"予观宋乾、淳诸老以经世自命者,莫如薛艮斋,而王道夫、倪石林继之,叶水心尤精悍,然当南北分裂,闻而得之者多于见,若陈同甫,则皆欺人无实之大言,故永嘉、永康之学,皆未甚粹。未有若先生之探原竟委,言言可以见之施行,又一禀于王道,而不少参以功利之说者也。"(清)全祖望:《顾亭林先生年谱》,《顾炎武全集》第22册,上海古籍出版社2012年,第101页。

[4] 邓广铭先生认为王安石是法家,虽然此说还可商榷,但是王安石有法家色彩的确是不容否定的。可参见邓广铭:《王安石——北宋时期杰出的法家》,《北京大学学报》1974年第3期。

而神州陆沈，中原涂炭，夫有以致之矣。"① 本来是倡风气之先的士人，却沦为追名逐利之徒。顾炎武说："凡今之所以为学者，为利而已，科举是也。其进于此，而为文辞著书一切可传之事者，为名而已，有明三百年之文人是也。君子之为学也，非利己而已也，有明道淑人之心，有拨乱反正之事，知天下之势之何以流极而至于此，则思起而有以救之。"② 缙绅之士和读书人都沦落如此，可见当时社会礼俗沉沦之严重。顾炎武感叹道："目击世趋，方知治乱之关，必在人心风俗，而所以转移人心、整顿风俗，则教化纲纪为不可阙矣。"③ 社会治乱的关键，在于人心和风俗，而教化纲纪，是整顿风俗的重要途径。

顾炎武还对历代以来的丧葬弊俗做了辨析和批判。比如他认为墓祭和庐墓不合先王之道。他在遍考历代典籍的基础上指出："故陵之崇，庙之杀也；礼之渎，敬之衰也。"④ "汉以来乃有父母终而庐墓者，不知其置神主何地，其奉之墓次与？是野祭之也，其空置之祠堂与？是视其体魄反过其神也。而惷者以此悖先王之礼，伪者以此博孝子之名，至于今而此风犹未已也。且孝如曾子，未尝庐墓。孔子封防既反，而弟子后至。古人岂有庐墓之事哉！"⑤ 顾炎武还反

---

① （清）顾炎武：《日知录》卷十三，《顾炎武全集》第18册，上海古籍出版社2012年，第539页。
② （清）顾炎武：《与潘次耕札》，《顾炎武全集》第21册，上海古籍出版社2012年，第230页。
③ （清）顾炎武：《与人书九》，《顾炎武全集》第21册，上海古籍出版社2012年，第141—142页。
④ （清）顾炎武：《日知录》卷十五，《顾炎武全集》第18册，上海古籍出版社2012年，第599页。
⑤ （清）顾炎武：《日知录》卷十五，《顾炎武全集》第18册，上海古籍出版社2012年，第601页。

对火葬,他以范同、黄震等人反对火葬为是,并补充说:"呜呼!古人于服器之微,犹不敢投之于火,故于重也埋之,于杖也断而弃之,况敢焚及于尸柩乎?荼毗之教,始于沙门,塞外之风,被于华夏。辛有之适伊川,其亦预见之矣。为国以礼,后王其念之哉!宋以礼教立国,而不能革火葬之俗,于其亡也,乃有杨琏真伽之事。"① 以今观之,顾炎武对墓祭、庐墓和火葬的批判虽显过时,然其良苦之用心则可佩服。

顾炎武对光武帝时期的礼俗给予了较高的评价。他说:"光武躬行俭约,以化臣下。讲论经义,常至夜分。一时功臣如邓禹,'有子十三人,各使守一艺,闺门修整,可为世法'。贵戚如樊重,'三世共财,子孙朝夕礼敬,常若公家'。以故东汉之世,虽人才之俶傥不及西京,而士风家法,似有过于前代。"② 光武倡导俭约之风,重视经典的教化意义,使得东汉的社会风气为之一振。顾炎武对北宋初年的风俗也有积极评价,他说:"人君御物之方,莫大乎抑浮止竞。宋自仁宗在位四十余年,虽所用或非其人,而风俗醇厚,好尚端方,论世之士谓之君子道长。"③ 北宋仁宗抑浮止竞,所以北宋初年的风俗醇厚而不浮靡。

顾炎武十分重视礼的教化作用,他说:"礼者,本于人心之节文,以谓自治治人之具,是以孔子之圣,犹问礼于老聃,而其与弟子答问之言,虽节目之微无不备悉。……周公之所以为治,孔子

---

① (清)顾炎武:《日知录》卷十五,《顾炎武全集》第18册,上海古籍出版社2012年,第620页。
② (清)顾炎武:《日知录》卷十三,《顾炎武全集》第18册,上海古籍出版社2012年,第525页。
③ (清)顾炎武:《日知录》卷十三,《顾炎武全集》第18册,上海古籍出版社2012年,第528页。

之所以为教，舍礼其何以焉？"① 礼是圣人周公、孔子所倡导的致治之道，也是历代维护社会秩序最重要的工具。在《日知录》等著作中，顾炎武对丧服等古礼传统给予了极大重视，"三代圣王教化之事，其仅存于今日者，惟服制而已"②。

不过，作为博古通今而又极具现实感的思想家，顾炎武并没有将自己禁锢在纯粹的道德理想主义的藩篱之内，他还据历代的社会治理经验和当时的社会现实，认为法治也是维护社会秩序不可或缺的手段。在《除贪》一文中，顾炎武列举历代反贪实例，并归纳除贪的经验教训：

> 汉时赃罪被劾，或死狱中，或道自杀。唐时赃吏，多于朝堂决杀，其特宥者乃长流岭南。……贪以败官，《夏书》训之必杀。三代之王，罔不由此道者矣。
>
> 盖自永乐时，赃吏谪令戍边，宣德中，改为运砖纳米赎罪，浸至于宽，而不复究前朝之法也。呜呼，法不立，诛不必，而欲为吏者之毋贪，不可得也。
>
> 有庸吏之贪，有才吏之贪。……今之贪纵者，大抵皆才吏也，苟使之惕于法而以正用其才，未必非治世之能臣也。③

对于贪赃枉法者，汉唐皆以严刑峻法待之，顾炎武表示赞同；

---

① （清）顾炎武：《仪礼郑注句读序》，《顾炎武全集》第21册，上海古籍出版社2012年，第81—82页。
② （清）顾炎武：《日知录》卷十五，《顾炎武全集》第18册，上海古籍出版社2012年，第627页。
③ （清）顾炎武：《日知录》卷十三，《顾炎武全集》第18册，上海古籍出版社2012年，第544—546页。

而对于明代宣德以后宽宥脏吏的做法,顾炎武表示反对。

为了惩戒贪赃枉法者,顾炎武甚至主张"禁锢奸臣子孙"。他说:"唐太宗诏禁锢宇文化及、司马德戡、裴虔通等子孙,不令齿叙。……明太祖有天下,诏宋末蒲寿庚、黄万石子孙不得仕宦。饕餮之象周鼎,梼杌之名楚书,古人盖有之矣。窃谓宜令按察司各择其地之奸臣一二人,王法之所未加,或加而未尽者,刻其名于狱门之石,以为世戒,而禁其后人入仕。九刑不忘,百世难改,亦先王'树之风声'之意乎?"① 顾炎武据唐太宗、明太祖禁锢奸臣子孙的做法,认为此做法可以起到警戒世人的作用,对于贪赃枉法者尤有震慑意义。

顾炎武认为,法令不行可致亡国。他对殷纣之所以亡的原因做了揭示:"自古国家承平日久,法制废弛,而上之令不能行于下,未有不亡者也。纣以不仁而亡天下,人人知之。吾谓不尽然。纣之为君,沈湎于酒,而逞一时之威,至于刳孕斫胫,盖齐文宣之比耳。商之衰也久矣,一变而《盘庚》之书,则卿大夫不从君令;再变而《微子》之书,则小民不畏国法;至于'攘窃神祇之牺牲,用以容,将食无灾',可谓民玩其上,而威刑不立者矣。"② 一般人认为商的覆亡是由于商纣的不仁所致,这是从道德层面对商代灭亡的原因所做的探讨。顾炎武并不这样看,他认为商的灭亡主要是由于"法制废弛""上之令不能行于下"。顾炎武于此所强调的,是具有强制规范性的法令在"承平日久"的社会中的重要作用。

---

① (清)顾炎武:《日知录》卷十三,《顾炎武全集》第18册,上海古籍出版社2012年,第548—549页。

② (清)顾炎武:《日知录》卷二,《顾炎武全集》第18册,上海古籍出版社2012年,第102页。

顾炎武认为需要平衡礼俗与法令的关系，若一味依靠法令，则会带来严重后果。他说："使枚乘、相如而习今日之经义，则必不能发其文章；使管仲、孙武而读今日之科条，则必不能运其权略。故法令者，败坏人材之具。以防奸宄而得之者什三；以沮豪杰而失之者常什七矣。"①"自万历以上，法令繁而辅之以教化，故其治犹为小康。万历以后，法令存而教化亡，于是机变日增，而材能日减。"②"汉人以名为治，故人材盛。今人以法为治，故人材衰。"③只依靠法令，教化不兴，人心不古，社会就会沦为无序。

有学者指出："'治乱之关，必在人心风俗'的历史盛衰思想，是顾炎武通过对历史的总结，首先是亲眼目睹了明代的灭亡而得出的结论。这一认识，固然有其局限性，但我们应该看到他提出这一命题的历史背景。明末，专制政权进一步加强，宦官势力膨胀，苛刑峻法繁多，学者空讲性理，造成社会风气的败坏。在这种情况下，提出重礼治、教化、转移人心风俗，无疑是顺乎时代需要的。"④此从社会背景的角度对顾炎武礼俗主张的评论是很中肯的。清初统治者在社会趋于稳定之后所采取的一系列文化政策，从逻辑上来说，正是对顾炎武礼俗观的继承和发扬。

---

① （清）顾炎武：《日知录》卷九，《顾炎武全集》第18册，上海古籍出版社2012年，第383页。
② （清）顾炎武：《日知录》卷九，《顾炎武全集》第18册，上海古籍出版社2012年，第383页。
③ （清）顾炎武：《日知录》卷十三，《顾炎武全集》第18册，上海古籍出版社2012年，第535页。
④ 周文玖：《顾炎武的历史盛衰思想》，载《顾炎武研究文集》，上海人民出版社2014年，第78—79页。

(三) 古礼研究与清代学术

面对佛老的挑战，中唐以来的儒家学者受佛老心性学的启发，构建起言天道性命的理学和心学思想体系，儒学由此而重新焕发生机。特别是明代阳明心学的出现和迅速传播，直接改变了明代中叶以后思想界的格局。然而就如任何事物盛极必衰的道理一样，阳明心学的弊端在明代后期逐渐显露，不少人束书不观，师心自说，口口声声说是儒家，而实际上滑向了明心见性的禅宗。

顾炎武强调儒礼的重要性，是基于他对明代以来学风的认知。他说："窃叹夫百余年以来之为学者，往往言心言性，而茫乎不得其解也。命与仁，夫子之所罕言也；性与天道，子贡之所未得闻也。……今之君子则不然，聚宾客门人之学者数十百人，'譬诸草木，区以别矣'，而一皆与之言心言性。舍多学而识以求一贯之方，置四海之困穷不言，而终日讲危微精一之说。是必其道之高于夫子，而其门弟子之贤于子贡，祧东鲁而直接二帝之心传者也。"[①] "《孟子》一书，言心言性亦谆谆矣，乃至万章、公孙丑、陈代、陈臻、周霄、彭更之所问，与孟子之所答者，常在乎出处、去就、辞受、取与之间。……是故性也，命也，天也，夫子之所罕言，而今之君子之所恒言也；出处、去就、辞受、取与之辨，孔子、孟子之所恒言，而今之君子所罕言也。"[②] 受宋明理学尤其是阳明心学的影响，学人们竞相言心性之学，束书不观，学风虚浮。顾炎武认为，孔孟所言并非心性、天道等虚浮之言，而是关乎生活伦

---

① （清）顾炎武：《与友人论学书》，《顾炎武全集》第 21 册，上海古籍出版社 2012 年，第 92 页。
② （清）顾炎武：《与友人论学书》，《顾炎武全集》第 21 册，上海古籍出版社 2012 年，第 93 页。

常之事。顾炎武凸显礼的价值，就是希望将缥缈不实的学问拉回人间，以实实在在、具有可操作性的礼的研究来改变虚浮学风。

因此，顾炎武对其挚友张尔岐的《仪礼》学评价很高。他说："熙宁中，王安石变乱旧制，始罢《仪礼》不立学官，而此经遂废，此新法之为经害者一也。南渡已后，二陆起于金溪，其说以德性为宗，学者便其简易，群然趋之，而于制度文为一切鄙为末事。赖有朱子正言力辨，欲修'三礼'之书，而卒不能胜夫空虚妙悟之学。……沿至于今，有坐皋比，称讲师，门徒数百，自拟濂、洛，而终身未读此经一遍者。若天下之书皆出于国子监所颁，以为定本，而此经误文最多，或至脱一简一句，非唐石本之尚存于关中，则后儒无由以得之矣。济阳张尔岐稷若笃志好学，不应科名，录《仪礼》郑氏注，而采贾氏、陈氏、吴氏之说，略以己意断之，名曰《仪礼郑注句读》。又参定监本脱误凡二百余字，并考石经之误五十余字，作《正误》二篇，附于其后，藏诸家塾。时方多故，无能板行之者。后之君子，因句读以辨其文，因文以识其义，因其义以通制作之原，则夫子所谓以承天之道而治人之情者，可以追三代之英，而辛有之叹，不发于伊川矣。如稷若者，其不为后世太平之先倡乎？"[①]唐代编纂《五经正义》时，已弃《仪礼》而存《礼记》。到了北宋王安石变法，《仪礼》不被立于学官。南宋朱熹重视《仪礼》，编《仪礼经传通解》，未成而卒，后由其女婿黄榦和弟子杨复续修而成。《仪礼》之学，从唐代开始已完全无法与《周礼》《礼记》之学相提并论，以至于《仪礼》在传抄过程中谬误百

---

① （清）顾炎武：《仪礼郑注句读序》，《顾炎武全集》第21册，上海古籍出版社2012年，第82页。

出。然《仪礼》所记名物制度是中国历代议礼制礼之源，关乎伦常和教化，而且《仪礼》学重视名物制度之考证，不尚空说义理，与宋明理学之旨趣颇为不同。顾炎武认为，张尔岐的《仪礼》学对于纠宋明理学"空虚妙语"之弊颇有助益，对于转变空疏学风也十分必要。《仪礼》的研究，正符合顾炎武所持"博学于文"的学术原则，与那些"以无本之人，而讲空虚之学"有着天渊之别。

顾炎武重视《仪礼》学，特别是对《仪礼·丧服》篇给予了极大的重视。《日知录》卷五、卷六大部分内容言丧服。观其内容，可知有丧期、丧服之考证，有前人观点之辨析。比如在读《檀弓》时，顾炎武对于古代善说丧服的诸大儒及著作加以罗列，并以宋孝宗崩，宁宗嗣服，已服期年丧，监察御史胡纮与朱熹关于服丧的争议为例，认为"若曾子、子游之伦，亲受学于圣人，其于节文之变，辨之如此其详也"，而对于时下的学者则加以批评："今之学者，生于草野之中，丧礼坏乐崩之后，于古人之遗文，一切不为之讨究，而曰'礼吾知其敬而已，丧吾知其哀而已'，以空学而议朝章，以清谈而干王政，是尚不足以窥汉儒之里，而何以升孔子之堂哉！"[①]《丧服》研究尚名物制度之考证，可纠空谈之习。清初以来，丧服学兴起，并逐渐成为清代经学研究中十分重要的内容，此无不受顾炎武学术之影响。与顾炎武关系不甚密切的徐乾学[②]，在所编"博而有要，独过诸儒"的《读礼通考》中专言丧服、丧礼，可谓深得顾炎武学问之精髓。不过需要注意的是，虽然顾炎武的《丧

---

① （清）顾炎武：《日知录》卷六，《顾炎武全集》第18册，上海古籍出版社2012年，第271页。

② 虽然徐乾学是亭林的外甥，然与亭林的关系并不密切，这既与亭林效忠明朝有关，也与徐乾学的人品有关。可参见来新夏：《顾炎武与徐乾学》，《光明日报》2003年12月9日。

服》研究考据色彩甚浓,然而其立意与纯粹的考据之学全然不同。在丧服的考证中,顾炎武有对现实世道人心的深切关怀,比如他对明代袭唐代为舅姑服三年之丧的做法表示反对,因为这是"过于古人"[①]之举,以至于"日月虽多,而哀戚之情不至焉,则不如古人远矣"[②]。顾炎武的丧服研究,经世致用的意味甚厚。而到了乾嘉时期,程瑶田、崔述等人的丧服研究基本上是围绕义例、名物、制度开展,丧服研究完全变成了一门与社会关系不大的学问,顾炎武所开创的经世致用学风也就隐而不显了。

在中国古代,礼学是非常专门的学问,其有多个层面的内容,"三礼"本经、历代礼制以及与社会生活相关的礼俗,皆是礼学的内容。从事礼学研究的主体,大都是有着悲悯情怀的儒家士人,郑玄、孔颖达、贾公彦、张载、朱熹都是精通礼学的学问家,同时也是兼济天下的大儒。比如汉代郑玄的礼学主要是"三礼"经文的注释,然而郑玄的注释并非仅是冰冷的文字训诂,而是在从事文字训诂时带着济世的情怀和使命。宋代张载在礼学方面有很高造诣,他也是带着经世济民的情怀去从事礼学的研究和推广。顾炎武的礼俗研究,正是他的学术价值观的集中体现,他说自己的学问"意在拨乱涤污,法古用夏,启多闻于来学,待一治于后王"[③]。顾炎武不是一般的书斋里的学者,他关心国家和民族的命运。为了民族的复兴和天下苍生的福祉,他奔走四方,著书立说,可谓鞠躬尽瘁,死

---

① (清)顾炎武:《日知录》卷五,《顾炎武全集》第18册,上海古籍出版社2012年,第243页。
② (清)顾炎武:《日知录》卷五,《顾炎武全集》第18册,上海古籍出版社2012年,第243页。
③ (清)顾炎武:《与杨雪臣书》,《顾炎武全集》第21册,上海古籍出版社2012年,第203页。

而后已。顾炎武亲眼目睹了明清之际江山的易主和社会的无序,他将醇化礼俗当成明道救世的重要途径,这既丰富了其经世学术的内容,也对后世学风和士风产生了深远影响。由于生活在明末清初,顾炎武能比前人更多地看到历代社会的治乱得失,在从事礼俗研究时能更多地从历史的角度展开,使得他对历代礼俗得失的考察和辨析比前人更加全面和深刻。

四、王夫之礼学的思辨精神和经世取向

王夫之(1619—1692)是十七世纪中国的伟大思想家,他不仅对宋明理学有深刻的批判,也有新的理论建树。至于船山治学的渊源和归宿,前人已多有揭示和归纳。《清史稿》说:"夫之论学,以汉儒为门户,以宋五子为堂奥。"[1] 船山学术重视考据,而以理学精微的义理为其旨趣。船山之子王敔说船山是"希张横渠之正学"[2],吴廷栋说船山是"追踪横渠,而深契程朱心源"[3],左宗植认为船山"学派得横渠,故训翼郑孔"[4],郭嵩焘说船山"尤心契横渠张子之书"[5]。船山学术与张载关学有极为密切的关系,此已为学界之共识。然而学界在从事船山学术与张载关学关系之辨析时,只是将重点放在了二人的哲学概念和命题上,而于二人学术中的一个重要内

---

[1] 赵尔巽等:《清史稿》卷四百八十,中华书局1977年,第13107页。
[2] (清)王敔:《大行府君行述》,《船山全书》第16册,岳麓书社2011年,第76页。
[3] (清)吴廷栋:《与方存之书》,《船山全书》第16册,岳麓书社2011年,第580页。
[4] (清)左宗植:《京师九日同人慈仁寺祭顾先生祠呈同集诸君子四首》,《船山全书》第16册,岳麓书社2011年,第575页。
[5] (清)郭嵩焘:《船山祠碑记》,《船山全书》第16册,岳麓书社2011年,第584页。

容——礼学的探讨着力甚少[1]。实际上,船山的礼学不仅与张载学术关系很密切,而且与先秦两汉儒家、宋明理学的关系也颇近。下面我们以船山礼学为考察对象,通过探讨,以窥船山礼学的特色以及其与先秦两汉儒学、宋明理学的关系。

(一)礼的起源及依据

关于礼的起源,古今学人见仁见智。在众多的观点中,圣王制礼说是比较有代表性的。大、小戴《礼记》认为礼为"先王""圣人""圣王"的制作,如《礼记·礼运》云:"昔者先王未有宫室,冬则居营窟,夏则居橧巢。……后圣有作,然后修火之利,范金,合土,以为台榭、宫室、牖户。"《荀子·礼论》:"礼起于何也?曰:人生而有欲,欲而不得,则不能无求;求而无度量分界,则不能不争;争则乱,乱则穷。先王恶其乱也,故制礼义以分之,以养人之欲,给人之求。""先王""后圣""圣王""圣人"并非确指某人,而是中华文化的符号,是远古智慧的象征、道德的典范、事功显赫者。从这些称谓,可以看到圣人制礼说所表达的人的价值诉求和社会文化理想。

圣王制礼说影响十分深远,历代不少人皆持是说。王船山论礼

---

[1] 学界于王船山学术之研究论著颇丰,比如嵇文甫《王船山学术论丛》(生活·读书·新知三联书店1962年)、萧萐父、许苏民《王夫之评传》(南京大学出版社2002年)、陈来《诠释与重建——王船山的哲学精神》(北京大学出版社2013年)、肖建原《"三教合一"之心:王夫之佛道思想研究》(北京师范大学出版社2016年)、周兵《王夫之四书学思想研究》(科学出版社2018年)皆是船山学术研究之力作,专论船山学术的文章更是数不胜数。不过学界于船山礼学的研究则显得比较薄弱。就笔者所见,学界于船山礼学之系统研究只有陈力祥的《王船山礼学思想研究》(巴蜀书社2008年)。该书虽于船山礼学已有较全面之研究,然于船山礼学与先秦两汉儒学、宋明理学的关系之辨析则显得不够深入;此外,该书对于船山礼学与船山的人禽夷夏之辨、辟佛老之间关系的本质之认知,尚值得继续探讨。

也不例外，他说："夫先王之制丧礼，亦唯是惟恐其心之有悔而为尽之耳；故必诚也，必信也，皆以此而致之也。"① "先王制礼，因革损益，应天以顺人而无所让也。"② 与前人一样，船山所言的"先王"既指道德和智慧的至上，也指能制作的有位之人。船山言圣王制礼，是崇古尊圣的古典学风之体现，亦是他的儒家文化本位主义之彰显。今人凭借经验和求诸事理，可知礼的制定并非一朝一夕之功，而是古人在漫长的岁月中通过实践归纳出来的。因此，从理性的角度来看，先王制礼说并非一定符合历史实际。然而历代儒家多持此说，意在凸显礼的神圣性。具有很强的理性批判精神的船山仍然秉承先王制礼说，让我们看到他的理性主义精神背后，是他深沉的文化信仰，即他对儒家文化价值的认同和弘扬。

王船山的圣人制礼说，最值得关注的是他对礼的"秩序"的渊源和本质的揭示。他说："秩序，物皆有之而不能喻；人之良知良能，自知长长、尊尊、贤贤，因天而无所逆。其序之也亦无先设之定理，而序之自天在天者即为理。"③ 人间伦理秩序的源头在"天""理"，而这种秩序的集中体现便是礼，"尊尊、贤贤之等杀，皆天理自然，达之而礼无不中矣。"④ 礼作为社会秩序，是广义自然秩序中的一部分，《礼记·礼器》："礼释回增美质，……其在人也，如竹箭之有筠也，如松柏之有心也。"船山解释说："天下之物

---

① （清）王夫之：《四书训义》卷七，《船山全书》第7册，岳麓书社2011年，第322页。
② （清）王夫之：《礼记章句》卷十，《船山全书》第4册，岳麓书社2011年，第584页。
③ （清）王夫之：《张子正蒙注》卷三，《船山全书》第12册，岳麓书社2011年，第104页。
④ （清）王夫之：《张子正蒙注》卷三，《船山全书》第12册，岳麓书社2011年，第105页。

莫不有自然之秩叙以成材而利用，天之礼也。天以是生人而命之为性，则礼在性中而生乎人之心矣。"① 船山此所谓"天"，当指万事万物存在之依据。天下万物有序，这是属于天层面的"礼"，即所谓"天之理"；社会中的人为天所生，人分有了"天之理"，因此与人相关的礼是本于天、根据于天。

礼是天理的体现，合礼者是天理，不合礼者是人欲。船山说："私意、私欲，先儒分作两项说。程子曰'非礼处便是私意'，则与朱子'未能复礼，都把做人欲断定'之言，似相龃龉。以实求之，朱子说'欲'字极细、极严。程子说'意'字就发处立名，而要之所谓私意者，即人欲也。"② 船山在考察程朱之说异同的基础上，认为合礼者是公共之欲，与天理相符，不合礼者是私意之欲，与人欲合。他说："三代之王者，率乎人心之实然，求其宜称以制为典礼，虽有损益，其致一尔，非出于三王之私意以为沿革，故天下乐用而不违。"③ 所谓"三王"，指夏、商、周三代的君王④。三王制礼不是出于个人之私意，而是出于普遍认同的民意，私意是人欲，而民意是天理。船山并不全然否定人欲，他说："哀公虽喜于闻所未闻，而终以昏姻为男女之欲，而继嗣为其后起，不知人情之动即天地生物之理，亵之则从欲而流，重之则生生之德即此而在。盖天理

---

① （清）王夫之：《礼记章句》卷十，《船山全书》第4册，岳麓书社2011年，第580页。
② （清）王夫之：《读四书大全说》卷六，《船山全书》第6册，岳麓书社2011年，第770页。
③ （清）王夫之：《礼记章句》卷十，《船山全书》第4册，岳麓书社2011年，第600页。
④ "三王"指夏、商、周三代之君，不过文献的记载不一致。《穀梁传·隐公八年》范宁注认为"三王"是夏禹、商汤、周武王；《孟子·告子下》赵岐注认为"三王"是夏禹、商汤、周文王。

人欲，同行异情，顺天地之化，而礼之节文自然行乎其中，非人欲之必妄而终远乎天理，此君子之道所以大中至正而不远乎人也。"① 人欲与天理并非格格不入，只要礼之节文行乎其中，人欲中便有天理②。船山于此所言的"人欲"，是指人的感官和基本生存的欲望，这些欲望与私意之欲不同，伴随这些欲望而出现的礼恰恰与天理相合。程、朱其实并不否定人的基本的生存之欲，朱熹甚至认为人欲中含天理，"有个天理，便有个人欲。盖缘这个天理须有个安顿处，才安顿得不恰好，便有人欲出来"③。人欲就像热病，若不能遏止，任其滋蔓，"循之则其心私而且邪"④。对于天理与人欲的分别，程、朱主要是从欲望满足的度上来说，显得比较笼统，而船山则从与礼是否相合的角度来认识，标准就比较具体和明确。

船山认为礼与天理相关，亦与人情相系。他说："礼为天理人情之极至，斯无可过，而循之以行，自无不及也。所以然者，礼之所自制，因乎夫人性情之交，本有此喜、怒、哀、乐大中适得之矩则而节文化具焉，圣人因而显之尔。则率是以行，自与所性之大中合符，而奚过不及之有哉！"⑤ 船山于此将天理、人情相提并论，天

---

① （清）王夫之：《礼记章句》卷二十七，《船山全书》第4册，岳麓书社2011年，第1185页。
② 船山认为理与气不对立，欲与理亦不对立，而是"合两者而互为体"的关系。他说："天以其阴阳五行之气生人，理即寓焉而凝之为性。故有声色臭味以厚其生，有仁义礼智以正其德，莫非理之所宜。声色臭味，顺其道则与仁义礼智不相悖害，合两者而互为体也。"[（清）王夫之：《张子正蒙注》卷三，《船山全书》第12册，岳麓书社2011年，第121页。] 在船山看来，没有无理之欲，也没有无欲之理，两者是合一的，谁也离不开谁。
③ （宋）黎靖德辑：《朱子语类》卷十三，《朱子全书》第14册，上海古籍出版社、安徽教育出版社2002年，第388页。
④ （宋）朱熹：《延和奏札二》，《朱子全书》第20册，上海古籍出版社、安徽教育出版社2002年，第639页。
⑤ （清）王夫之：《礼记章句》卷二十八，《船山全书》第4册，岳麓书社2011年，第1193页。

理的至上与人情的合乎中道,皆是礼产生的重要依据,圣人所做的不过是将天理与人情外化出来而已。船山说:"'礼'者,天理之节文、人事之仪则也。'和'者,从容不迫之意。盖礼之为体虽严,然皆出于自然之理,故其为用必从容而不迫,乃为可贵。"① 船山于此将"天理"与"人事"相对应,天理即超越于人和社会之上的终极存在,天理是人事之依据,而人事则是天理之体现。礼属于人事,其终极依据是天理。船山于此还指出礼出于"自然之理",此所谓"自然"是自然而然之义,天理的自然、人情之自然都在其中,而这一切在现实中的直接体现就是礼。

船山还认为礼由心生。在《礼记·聘义》的解题部分,船山认为《礼记》有二十三篇发明推广《仪礼》之意,而《仪礼》中的《士相见礼》《公食大夫礼》《觐礼》三篇,《礼记》中无对应的释义篇目。船山解释说:"三篇无义,则或记者之所未逮,抑或有而后复亡之,要以礼由义立而义于礼成,则不特此三篇之可以类推,而凡天子、诸侯五礼之亡佚者,无不可以其理通焉。故曰:礼非由天降,非由地出,而生于人心,尽其心几于复礼,则天则无不可见矣。后有圣人者起而建极锡民,以远人于禽狄,虽百世可知也。"② 礼并非由天地所出,而是生于人心。此所谓"天地",并非本体意义上的,而是自然实体意义上的;此所谓人心,与孟子道德意义上的心很接近,此心涵摄道德义理,因人心有义,礼由义立,故"尽其心"可等同于复礼。船山强调人心对于制礼的重要意义,他

---

① (清)王夫之:《四书训义》卷五,《船山全书》第 7 册,岳麓书社 2011 年,第 266 页。
② (清)王夫之:《礼记章句》卷四十七,《船山全书》第 4 册,岳麓书社 2011 年,第 1547 页。

说："夫子曰人心有真爱真敬之诚，而以施于亲疏上下之交。……夫真爱真敬者，人心恻怛自动之生理，则仁是矣。故礼乐皆仁之所生，而以昭著其中心之仁者也。仁以行礼，则礼以应其厚薄等差之情，而币玉衣裳皆效节于动止之际。"①这是说礼由仁而生，是仁的表现。船山又说："礼者因人心之敬，而节文具焉，乃备夫仪文物采之各得其宜，以达其敬。以其敬行其礼，唯无所不用其慎，而后礼非虚设也。"②这里讲礼的节文有敬的精神，只有以敬行礼，礼才得以慎行，不致成为虚设。船山认为礼与人心所涵和、仁、敬有密切的关系，和、仁、敬是作为秩序的礼的根据，而礼是和、仁、敬的外化，只有通过"求""昭著"等办法，礼才能实现其现实价值。船山于此所言可谓"存养"工夫，其渊源则可追溯到孟子③。孟子将礼与仁并列，与孟子之说不同的是，船山格外强调礼的价值，他以和、仁、敬为礼的前提或内涵，礼则是和、仁、敬的体现④。

船山于礼的起源及依据所做之探讨，受到了先秦孟子、宋明理学和心学的影响，特别是对礼的形上依据之探寻，与张载、朱熹的思路十分接近。张载借助于《礼记·乐记》所云"礼也者，理之不可易者也"，"礼者，理也，须是学穷理，礼则所以行其义，知理则能制礼，然则礼出于理之后。"⑤认为礼就是理，知理才能制礼。朱

---

① （清）王夫之：《四书训义》卷七，《船山全书》第7册，岳麓书社2011年，第320页。
② （清）王夫之：《四书训义》卷七，《船山全书》第7册，岳麓书社2011年，第338页。
③ 陈来认为："'存养'与'省察'是船山主张的两大基本工夫。'存养'即脱胎于《孟子》的'存其心养其性'。"（陈来：《诠释与重建——王船山的哲学精神》，北京大学出版社2013年，第242页。）
④ 将"礼"独立于"仁""义""智""信"之外并不始于船山，宋代李觏就有此论。
⑤ （宋）张载：《张子语录》，《张载集》，中华书局1978年，第326—327页。

熹亦说:"这个典礼,自是天理之当然,欠他一毫不得,添他一毫不得。惟是圣人之心与天合一,故行出这礼,无一不与天合。"① 张载、朱熹将礼升华到形上依据的高度来看待,认为礼与理一样,具有恒常意义。船山将礼的依据归为"天理",与张载、朱熹的思路颇为接近。船山对礼的依据的探讨还受到心学的影响,比如其礼由心生的观点可谓阴袭孟子,而与宋明时期的心学颇为接近②。

(二)礼与矫情复性

关于性与情的关系,古人皆多有讨论。宋代以前,人们多以性是一元的、先天的、纯善的,而情倾向于恶。理学兴起以后,关于性、情的认识渐趋多元和思辨。理学家中,北宋张载对于性的探讨颇有特色,影响深远。张载认为人有天地之性和气质之性,天地之性是完满的、纯善的,气质之性分有天地之性,故气质之性有善有不善。张载主张"变化气质",从而复归天地之性,"为学大益,在自能变化气质,不尔卒无所发明,不得见圣人之奥。故学者先须变化气质"③。张载认为礼的教化最能变化气质,因此其特别强调礼的意义。《宋史》说张载"尊礼贵德,乐天安命。……其家昏丧葬祭,

---

① (宋)黎靖德辑:《朱子语类》卷九十八,《朱子全书》第17册,上海古籍出版社、安徽教育出版社2002年,第2885页。
② 关于船山学术与心学的关系,学术界尚有争议。嵇文甫认为:"船山虽然强烈反对王学,但是他批评朱学的地方,我们总发现出他还是受王学的影响不少。"(嵇文甫:《王船山学术论丛》,生活·读书·新知三联书店1962年,第39页。)陈来则认为:"说船山受东林的由王返朱影响,以及从王学中也吸取了若干思想观念,是对的,但笼统说受王学影响不少,是不太妥当的。"(陈来:《诠释与重建——王船山的哲学精神》,北京大学出版社2013年,第7页。)萧萐父曰:"王夫之哲学……在运思取向上,大体坚持由体发用,由本向末,由一趋多,由虚返实,与程朱背驰,反接近于陆王。"(萧萐父、许苏民:《王夫之评传》,南京大学出版社2002年,第87页。)虽然诸家对于船山受心学影响程度的认识不尽一致,然皆承认船山受到了心学的影响。
③ (宋)张载:《经学理窟·义理》,《张载集》,中华书局1978年,第274页。

率用先王之意，而傅以今礼"①，足见张载对礼的重视。

王船山受张载人性论的影响很大。比如船山认为人既有先天之性，又有后天之性，此提法与张载所说的"天地之性""气质之性"颇为类似。仁、义、礼、智等道德是人的先天之性，"夫天之生物，其化不息，初生之顷，非无所命也。何以知其有所命？无所命，则仁、义、礼、智无其根也。"②在后天实践中逐渐生成和完善的是后天之性，"夫性者，生理也，日生则日成也；则夫天命者，岂但初生之顷命之哉！……是人之自幼讫老，无一日而非此以生者也，而可不谓之性哉？"③人与禽兽的根本区别，"其本在性"④。人之性中有仁、义、礼、智等道德属性，禽兽则无，"先天之动，亦有得位，有不得位者，化之无心而莫齐也。然得位，则秀以灵而为人矣；不得位，则禽兽草木，有性无性之类蕃矣。既为人焉，固无不得位而善者也。"⑤先天之动的过程是自然而然的，而其中"得位"的就成为人，"不得位"的就成为禽兽。此所谓"得位"与"不得位"，意思是与儒家的伦理道德是否相合。

关于恶的产生，船山认为与"情"有关。"惟性生情，情以显性"⑥，"喜、怒、哀、乐之发，情也。情者，性之绪也"⑦，性是

---

① （元）脱脱：《宋史》卷四百二十七，中华书局1985年，第12724页。
② （清）王夫之：《尚书引义》卷三，《船山全书》第2册，岳麓书社2011年，第299—300页。
③ （清）王夫之：《尚书引义》卷三，《船山全书》第2册，岳麓书社2011年，第300页。
④ （清）王夫之：《读四书大全说》卷十，《船山全书》第6册，岳麓书社2011年，第1074页。
⑤ （清）王夫之：《读四书大全说》卷八，《船山全书》第6册，岳麓书社2011年，第965页。
⑥ （清）王夫之：《读四书大全说》卷二，《船山全书》第6册，岳麓书社2011年，第475页。
⑦ （清）王夫之：《礼记章句》卷十九，《船山全书》第4册，岳麓书社2011年，第891页。

情的源头，而情是性的衍生。船山还从道心与人心的角度来看性与情的关系，"性，道心也；情，人心也。恻隐、羞恶、辞让、是非，道心也；喜、怒、哀、乐，人心也"①。道心与天理相联，而人心与人欲相系。船山对张载、朱熹的"心统性情"论做了新的阐释："'恻隐、羞恶、辞让、是非'，情也。'仁、义、礼、智'，性也。'心'，统性情者也。……因其情之发，而性之本然可得而见，犹有物在中而绪见于外也。"②性之本然中有情，性因情之发而得以彰显；情中涵有性，"于恻隐而有其喜，有恻隐而有其怒，于恻隐而有其哀，于恻隐而有其乐。羞恶、恭敬、是非之交有四情也。于喜而有其恻隐，于喜而有其羞恶，于喜而有其恭敬，于喜而有其是非，喜、怒、哀、乐之交有四端也。故曰互藏其宅。"③船山主张性情互藏，二者并非全然矛盾④。不过，从船山学说的逻辑来看，相对于情，性更为根本，因此，当情与性不相合时，情便表现出恶，"其能使为不善者，罪不在情而何在哉！"⑤而实现情与性相合，最

---

① （清）王夫之：《读四书大全说》卷八，《船山全书》第6册，岳麓书社2011年，第966页。
② （清）王夫之：《四书训义》卷二十七，《船山全书》第8册，岳麓书社2011年，第215页。
③ （清）王夫之：《尚书引义》卷一，《船山全书》第2册，岳麓书社2011年，第262页。
④ 关于张载的"心统性情"说，由于文献记载不详，所以很难确知其内涵。不过，朱熹对张载的"心统性情"略有提及，并在张载、张栻等人的基础上有系统的论述。蔡方鹿认为，朱熹"心统性情"有两层含义：一是心兼性情，二是心主宰性情。笔者也对朱熹"心统性情"的渊源、内涵和意义作了研究。可参见蔡方鹿：《宋明理学心性论》，巴蜀书社1997年，第142—150页；潘斌：《宋代〈礼记〉学研究》，吉林人民出版社2011年，第515—527页。
⑤ （清）王夫之：《读四书大全说》卷十，《船山全书》第6册，岳麓书社2011年，第1068页。

好的办法就是"因情而制礼"①。

船山提出因情而制礼,是强调礼对于矫情复性的重要意义,他说:"礼之所生,情之所自裁也。情无不尽,而有不尽也。直前则多悔,制情则不可以常,知礼酌乎其中而得其宜,然后其所立者不迁。不知礼,则过焉而不知俯就之安,不及而不知企及之正也,物且乱之,而己且失之矣。"②"凡人皆有独致其情而不忍之处,先王所以制礼而为之折衷;情所不及,必企及之,情所过者,必俯就也。"③情可能过或不及,而礼则可矫正情的过或不及,使其合符中道。而在现实中实现以礼矫情复性,最重要的就是礼治。船山说:"欲恶藏于心而善恶隐,人情亦至变矣。乃先王齐之以礼,既不拂人之情,而于饮食男女之事,使各获其应得,其于死亡贫苦之故,又有以体恤而矜全之;至于非所欲而欲,非所恶而恶,则虽饰情以希求而终不可得,则变诈不售,而人皆显白其情以归于大同矣。此先王所以治人之情,不待刑罚,而天下国家自正也。"④先王以礼节制规范人的各种欲望,既不轻忽人的正常欲求,也不放纵人的过分欲求,而是使欲符合中道。

与历代儒家学人一样,船山奉行德治主义,故主张矫情复性以礼为主,刑罚惩戒为辅。船山极力主张为政以德,"愚谓政者为治之具,刑者辅治之法,德、礼则所以出治之本,而德又礼之本也。

---

① (清)王夫之:《四书训义》卷三十四,《船山全书》第8册,岳麓书社2011年,第633页。

② (清)王夫之:《四书训义》卷二十四,《船山全书》第7册,岳麓书社2011年,第999页。

③ (清)王夫之:《礼记章句》卷三,《船山全书》第4册,岳麓书社2011年,第153页。

④ (清)王夫之:《礼记章句》卷九,《船山全书》第4册,岳麓书社2011年,第560页。

此其相为终始，虽不可以偏废，然政、刑能使民远罪而已，德、礼之效，则有以使民日迁善而不自知。故治民者不可徒恃其末，又当深探其本也。"①"夫子曰：有国者不能不以国事使民也，而所患者民之难使也。上疑而下愈忌，上严而下愈玩，则有诱之不可，惩之不胜者矣。是法有所不行，威有所难制也。"②船山指出，德、礼为治之本，民有道德自觉是最重要的，而刑罚出于强制，仅是德治之配合，乃不得已而为之。船山认为礼对于治国治家尤其重要，"修之于躬，而非礼则不安；布之为治，而非礼则不尚。言法言，行法行，明其教，崇其术，则礼行于上而达于下。一家之中有尊卑，一事之为有次序，上制令而下从令，天经地义，确不可移，而民心定矣，何使之之难哉！故礼者，齐民之要道，非一切政刑之所可及也。"③施政以礼为序，立身行事以礼为尚，社会就容易治理。船山批判尚法治而忽略礼治者，"奈何今之言治者，竟以政刑为尚，而置德礼于不讲。"④以政刑为末，而崇德尚礼，这既是船山的文化价值的诉求，也是他的社会理想。

船山还对礼的核心内容做了说明。在其看来，儒家维护道德伦理和政治制度的"三纲五常"就是礼的核心内容，他说："'三纲'谓君为臣纲，父为子纲，夫为妻纲。'五常'谓仁、义、礼、智、信。……三纲五常，礼之大体，三代相继，皆因之而不能变。其所

---

① （清）王夫之：《四书训义》卷六，《船山全书》第 7 册，岳麓书社 2011 年，第 280 页。
② （清）王夫之：《四书训义》卷十八，《船山全书》第 7 册，岳麓书社 2011 年，第 818 页。
③ （清）王夫之：《四书训义》卷十八，《船山全书》第 7 册，岳麓书社 2011 年，第 818—819 页。
④ （清）王夫之：《四书训义》卷六，《船山全书》第 7 册，岳麓书社 2011 年，第 281 页。

损益，不过文章制度小过不及之间，而其已然之迹，今皆可见。"[1]船山甚至将"三纲五常"推到"常道"的高度，"有万世不可易之常道焉。上明之，下行之，则治；不然则乱。乱极则有开一代之治者出焉，必复前王之所修明者，而以反人心于大正，而可承大统而为一世。其道必因，其所因之道曰礼。三纲之相统也，五常之相安也。人之所以为人也，所必因也。"[2]船山熟读经史，对历代治乱可谓了然于胸，他认为开一代之治者一定是因万世不变的常道——礼，而礼的核心内容是"三纲五常"。"三纲"、"五常"这两个词出自西汉董仲舒的《春秋繁露》，而将这两个词连用始于朱熹。所谓"三纲"，就是君为臣纲、父为子纲、夫为妻纲；所谓"五常"，就是仁、义、礼、智、信。"三纲五常"尽管有其负面影响，不过对于维护中国古代的社会秩序、规范人伦也有其积极意义。礼是"五常"的范畴之一，而船山将礼从"五常"中抽离出来，并视其为"三纲五常"之大体，可见船山在继承传统儒家纲常伦理思想的同时，也做了新的发挥。

　　先秦以来，孟子、荀子以及理学家在言政治哲学时，多以性情论为基础。特别当他们阐述礼治主张时，必先对性情有充分而系统的论证，从而使得他们的政治哲学建立在对人的属性的基本判定上。船山崇尚礼治，而其礼治主张的背后，是他对性情的认知。船山提出矫情复性的主张，并在政治哲学层面对礼的核心内容做了说明，其思路是有渊源可寻的。船山的人情论既可追溯到孟子、荀

---

[1] （清）王夫之：《四书训义》卷六，《船山全书》第7册，岳麓书社2011年，第313页。

[2] （清）王夫之：《四书训义》卷六，《船山全书》第7册，岳麓书社2011年，第314页。

子，又可看到张载、朱熹思想的影子。船山所设定的性二元论，是对孟子性善论和荀子化性起伪思想的综合，又受到张载、朱熹"天地之性"和"气质之性"的启发。只不过在新的历史条件下，船山的思想也有新的内涵。一方面，船山持守他的儒家道德本位主义，特别是对传统的纲常礼治的推崇，使得他的思想有较传统保守的一面；另一方面，作为极具创见的思想家，船山言性情并非仅是前人性情论的翻版，他对后天实践与性的关系之论述格外引人注目。钱穆说："船山论性最精之诣，在以日生日新之化言，故不主其初生，而期其日成。"[1] 萧萐父认为王船山的"继善成性"说是继承了李贽的"德性日新"说，并认为此"继"与人性在后天的形成和发展中的作用有关，即充分发挥人的实践的能动性[2]。

（三）礼与人禽夷夏之辨及辟佛老

夷夏之辨是王船山礼学十分重要的内容。船山的夷夏之辨与人禽之别密切相关。他继承孟子以来的人禽之辨，强调人的尊严和价值。船山认为人乃"天地之心"[3]，人与动物有着本质的区别。对于孟子所说"人之异于禽兽者几希"中的"几希"二字，船山认为是"严词，亦大词也"[4]。人与禽兽的不同在于人有伦理道德，"明伦、察物、居仁、由义，四者禽兽之所不得与。壁立万仞，止争一线"[5]。船山认为，伦理道德的外化便是人有"文"，"文去而质不足

---

[1] 钱穆：《中国近三百年学术史》上册，商务印书馆1997年，第109页。
[2] 萧萐父、许苏民：《王夫之评传》，南京大学出版社2002年，第327页。
[3] （清）王夫之：《周易外传》卷二，《船山全书》第1册，岳麓书社2011年，第885页。
[4] （清）王夫之：《读四书大全说》卷九，《船山全书》第6册，岳麓书社2011年，第1025页。
[5] （清）王夫之：《俟解》，《船山全书》第12册，岳麓书社2011年，第478—479页。

以留，且将食非其食，衣非其衣，食异而血气改，衣异而形仪殊，又返于太昊以前，而蔑不兽矣。"① 此所云"文"就是礼仪、服章。在船山看来，人与禽兽的区别，就是人有彰显秩序的礼仪和服章，动物则没有。

在船山的礼学思想体系中，夷夏之辨、人禽之别就是礼治有无的区别。船山借助于《礼记·郊特牲》所云"无别无义，禽兽之道"，认为"礼者，禽兽之所本无，不待言也。'禽兽之道'者，谓夷狄知有母而不知谁为其父，虽得天下，立法治民与禽兽同"②。船山于此既言夷狄，又言禽兽。在他看来，能得天下者，若不以礼治天下，就难免禽兽之道。船山斥春秋时期的吴、楚、秦为夷狄，原因是这些诸侯国弃绝仁义、不事礼治。

夷与夏的区别表面上是生活方式，而根本上是文化③。夷狄过着射生饮血的生活，"彼自安其逐水草，习射猎，忘君臣，略昏宦，驰突无恒之素"④，而华夏则"有城郭之可守，墟市之可利，田土之可耕，赋税之可纳，婚姻仕进之可荣"⑤。在"逐水草""习射猎"的生活习俗之下是"忘君臣""略昏宦"的失序和野蛮；而在"城郭之可守""墟市之可利""田土之可耕"的生活方式之下是"赋税之可

---

① （清）王夫之：《思问录外篇》，《船山全书》第12册，岳麓书社2011年，第467页。
② （清）王夫之：《礼记章句》卷十一，《船山全书》第4册，岳麓书社2011年，第657页。
③ 张学智认为，船山对夷夏的分别既有文化上的，也有地域上的。参见张学智：《王夫之〈春秋〉学中的华夷之辨》，《中国文化研究》2005年夏之卷。
④ （清）王夫之：《读通鉴论》卷二十八，《船山全书》第10册，岳麓书社2011年，第1095—1096页。
⑤ （清）王夫之：《读通鉴论》卷二十八，《船山全书》第10册，岳麓书社2011年，第1096页。

纳""婚姻仕进之可荣"的有序和文明。由此可见,船山对夷与夏的辨析,是从生活方式的异同入手,而归本于文化之差异。

船山认为,华夏有礼仪之大、服章之美,而夷狄则无。他在《礼记·玉藻》解题中说:"世降礼坏,夷狄之习日移,而三代之法服几无可传焉。有王者起,修明章服以为典礼之本,亦尚于此考而知之,非小补也。……人之所以为人而别于禽兽者,上下之等,君臣之分,男女之嫌,君子野人之辨,章服焉而已矣;否则,君臣混处,男女杂秽,而君子之治野人也,抑无以建威而生其恭。……衣裳者,乾坤之法象,人道之纲纪。寒而毛,暑而裸,于人亦便安矣,而君子甚恶其便安者,唯其裂法象而乾坤且以毁也。习于禽狄,便而安焉,乃以疑先王之法服繁重侈博,寒不足温而暑不足清,则人道之仅存者澌灭滨尽,而不亦悲乎!"[1]透过《玉藻》所记载的服制和礼器,船山认为《玉藻》之意在于辨人禽。而船山于此所言及的君臣男女之伦、章服礼器等内容,皆属于礼的范畴。

船山的夷夏之辨,与他的儒家文化价值取向息息相关。在船山的眼里,夷与夏的区别就是是否有礼。船山说:"辨夷夏人禽之维者,礼也。楚以僭王夷,吴以被发文身夷。……所恶于夷者,无君臣父子之伦也。以大伦故而别夷夏,不以夷故而废大伦。"[2]夷与夏、人与禽之别,是否有礼就是标志,作为维护君臣父子之伦的礼最能体现儒家的社会秩序观念,是华夏才有的,而不是"僭王""被发文身"的夷狄所能有。

---

[1] (清)王夫之:《礼记章句》卷十三,《船山全书》第4册,岳麓书社2011年,第723页。
[2] (清)王夫之:《春秋家说》卷下,《船山全书》第5册,岳麓书社2011年,第333—334页。

在明清之际的社会文化背景下，船山的夷夏之辨与他的特殊境遇不无关系。清廷入主汉地以后，实行武力镇压及民族奴役政策，陆续颁布了圈地令、严禁逃人令、剃发令和易服令。汉地重视衣冠服饰，面对清廷弱化汉族民族意识之举，不少汉地人起来反抗，因此清初的民族矛盾十分尖锐。船山亲眼看到了汉民族被屠杀和掠夺的现实，他积极参加抗清斗争，然以失败而告终。对于清廷的入主中原，船山的忧虑和抗争并非江山易主，而是华夏文化传统的存续问题。船山反清复明之举的背后，有着深刻的文化主体意识。船山凸显"夷夏之辨"，正是他的文化诉求和社会理想之表达①。

船山从礼学的角度彰显文化主体意识，还体现在他对佛老的态度方面。船山说："夫礼之为教，至矣大矣，天地之所自位也，鬼神之所自绥也，仁义之以为体，孝弟之以为用者也，五伦之所经纬，人禽之所分辨，治乱之所司，贤不肖之所裁者也；舍此而道无所丽矣。故夷狄蔑之，盗贼恶之，佛老弃之，其节可惧也。"②船山将佛老与夷狄、盗贼并提，原因是佛老与夷狄、盗贼都不事礼教。船山经常借经典的诠释以辟佛老，比如《礼记·学记》篇，船山解题："此篇所言，皆亲师讲艺之事，而终之以务本，所以见古人为学，求之己者，但尽其下学之事，而理明行笃，则天德王道即此而上达焉。盖与《大学》至善知本之旨相为符合，而后世窃佛老之说以文其虚枵狂诞之恶者，亦鉴于此而可知其妄矣。"③他认为，《学

---

① 关于船山的夷夏之辨，今人已有研究，可参见张学智《王夫之〈春秋〉学中的华夷之辨》(《中国文化研究》2005年夏之卷)、金珍根《关于王夫之"夷夏之辨"的研究——以其宗旨与目的所体现的现代价值及普遍意义为中心》(《船山学刊》2016年第3期)。
② （清）王夫之：《读通鉴论》卷十七，岳麓书社2011年，第635页。
③ （清）王夫之：《礼记章句》卷十八，《船山全书》第4册，岳麓书社2011年，第886页。

记》所记之内容皆是讲艺务本之事,此是明理笃行之正途,舍此而无以达天德王道。又如《礼记·郊特牲》:"齐之玄也,以阴幽思也,故君子三日齐,必见其所祭者。"船山解释说:"所谓'优然','肃然''忾然',若闻其声,若见其容也。盖古之君子,其祭也,以仁事天,以孝事亲。天者人所自生,祖者己所自出,气之所受,理自通焉,故若闻若见,诚至而不爽,非能于气类之不亲者强求而辄见之也。……其黠者又以释氏唯心之说为之文致,违天理,荡人心,以引天下于怪妄。"① 人在祭祀中的反应是"诚至而不爽",并非像有的人那样据佛老而陷入怪妄和蹈虚。

船山认为以陆王为代表的心学阴袭释老,因此在从事礼书之诠释时,他常常不忘对心学大加鞭挞。比如他说:"文者,礼之著见者也。会通于典礼,以服身而制心,所谓至简也。不博考于至著之文,而专有事于心,则虚寂恍惚以为简,叛道而之于邪矣。"② "专有事于心"的心学不博考于文,不见礼,而尚佛老虚寂恍惚,故为离经叛道之说。又如《礼记·内则》"少事长,贱事贵,共帅时",船山解释说:"此章言事父母舅姑之常礼,备矣。仪物容貌之间,极乎至小而皆所性之德,体之而不遗,习于此则无不敬,安于敬则无不和,德涵于心而形于外,天理之节文皆仁之显也。不知道者视此为末,而别求不学不虑者以谓之'良知',宜其终身而不见道之所藏也。"③《内则》于此所言乃事父母舅姑之仪节,所透显出的是儒家

---

① (清)王夫之:《礼记章句》卷十一,《船山全书》第4册,岳麓书社2011年,第667—668页。
② (清)王夫之:《张子正蒙注》卷四,《船山全书》第12册,岳麓书社2011年,第178页。
③ (清)王夫之:《礼记章句》卷十二,《船山全书》第4册,岳麓书社2011年,第679页。

核心义理，而心学"良知"之说以仪节为末，而别求不学不虑者，为蹈虚之举。

批判佛老是中唐以来新儒学家的共同态度，而在诸家之中，张载从哲学的高度回应佛老的挑战。张载辟佛老的一个重要途径就是礼学之弘扬[①]。船山亦承张载之立场，对佛老大力批判。关于船山承张载辟佛老的原因，嵇文甫曾曰："船山宗旨在彻底排除佛老，辟陆王为其近于佛老，修正程朱亦因其有些地方还沾染佛老。只有横渠'无丝毫沾染'，所以认为圣学正宗。"[②] 船山辟佛老亦是在礼学的框架下开展的。实际上，从张载、二程、朱熹到船山，诸家在辟佛老的过程中皆格外强调礼的价值，而此做法并非偶然。在儒家伦理中，礼是通过器物、姿态、仪式从而彰显义理，表达秩序观念和社会理想。礼不乏义理，然而礼的义理必须通过器物、姿态和仪式方能得以彰显。此外，礼学经典的研究与其他经典研究也有差异，礼学经典的诠释侧重于名物制度的考证，即便有义理的阐发，也需要建立在坚实的考证基础之上，否则有蹈虚之嫌。自古以来，人们视礼学为实学，原因就在此。在理学家的眼里，天道性命思想体系的建构是必要的，因为这样才可以为人间秩序的设计找到终极依据，然而理学家抽象理论体系的落脚点却是人间秩序的设计，而这种秩序就是儒家所强调的礼。此外，通过具有可操作的礼的实践，正可以破除佛老虚寂之说。因此，从张载、朱熹到王船山，理学家们援礼以辟佛老就非偶然之事了。

根据以上所做之论述，可知船山礼学是有逻辑体系的，其于礼

[①] 潘斌：《张载礼学思想探论》，《社会科学研究》2015 年第 6 期。
[②] 嵇文甫：《王船山学术论丛》，生活·读书·新知三联书店 1962 年，第 116 页。

之形上依据有深入之探讨,亦于礼的内容、功能有全面之论证。船山礼学与先秦两汉儒学、宋明理学的渊源甚深,特别是与张载的礼学关系密切。他说"张子之学,以礼为鹄"①,此说可谓深得张载关学之精髓。受张载等人的影响,船山对于礼学重视有加,且有创造性的发挥。钱穆说:"船山论学,始终不脱人文进化之观点,遂以综会乎性天修为以为说,其旨断可见矣。曰'养其生理自然之文,而修饰之以成乎用',可谓船山论学主旨。而曰'养其生理自然之文而修饰之以成乎用者,礼也',推极于礼以为教,则横渠关学之遗意也。"②钱穆此说,将船山礼学与张载学术之关系明确地表达了出来。当然,效法张载只是船山礼学的一个方面,而根据以上之论述,可知船山礼学熔铸了古典礼学思想之精华。船山学术博大渊深,其礼学所具有的会通各家的气象以及创造性的发挥,正是船山学术博大气象的最好注脚。船山礼学以其特有的思辨性与经世精神,从而成为中国礼学史上的一座高峰。在他之后,清代的考据礼学虽然取得了辉煌的成就,然而在礼学的哲学阐释方面,鲜有能出其右者。

五、颜元礼学的人性论基础和实用精神

颜元(1635—1704)是明末清初重要的思想家,他所创立的学派叫颜李学派。梁启超在评论颜李学派时说:"有清一代学术,……其间有人焉,举朱陆汉宋诸派所凭藉者一切摧陷廓清之,

---

① (清)王夫之:《张子正蒙注》卷二,《船山全书》第12册,岳麓书社2011年,第67页。
② 钱穆:《中国近三百年学术史》上册,商务印书馆1997年,第127—128页。

对于二千年来思想界，为极猛烈极诚挚的大革命运动。"①颜元在猛烈抨击宋明理学家"穷理居敬""静坐冥想"主张的同时，还提倡"实学""习行""致用"，试图以"农""兵""礼乐"来济世救民。学术界对于颜元思想的研究，主要关注点在他对宋明理学的批判方面，而于他的学术体系之建构的研究则着力不够。特别是对于他的礼学的研究，论文寥寥，这对于全面把握颜元的思想是不利的②。颜元高度重视礼学，他说："道莫切于礼，作圣之事也。"③他在对宋明理学的批判以及自己思想体系的建构过程中，皆于礼乐有颇多论述。下面我们以颜元的礼乐思想为研究对象，以见其礼乐思想的内涵以及其在礼乐践行方面所做的努力。

（一）礼乐与人性

颜元强调为学从切实处下手，主张实事、实行。明末清初，宋明理学虽然受到广泛的质疑，然而其影响依然很大，即便像颜元这样抨击理学的思想家，也很难绕开理学的思想内容和思维模式。颜元提倡实事实行的一大体现，就是他对制礼作乐的青睐，而这个主张的背后是其对人性的检讨。钱穆先生说："欲求习斋讲礼乐之精意，则不可不及于其性善、性恶之辨。"④在《存性编》中，颜元以孟子的性善论为基础，以荀子、宋儒的人性论为参考，从而建构起自己的人性论。

《中庸》言"天命之为性，率性之为道，修道之为教"，宋儒

---

① （清）梁启超：《中国近三百年学术史》，商务印书馆2011年，第132页。
② 钱穆先生曾对颜元的礼乐思想略作探讨，然由于著述体例所限，似未能深入。参见钱穆《中国近三百年学术史》上册，商务印书馆1997年，第190—198页。
③ （清）李塨：《颜习斋先生年谱》卷下，《颜元集》下册，中华书局1987年，第788页。
④ 钱穆：《中国近三百年学术史》上册，商务印书馆1997年，第193页。

张载注释:"由太虚,有天之名;由气化,有道之名;合虚与气,有性之名;合性与知觉,有心之名。"① 太虚之气聚而为气,气聚为人,人性根源于太虚。由于气扩展而来的状态不一,人所禀受的气也不相同,或得之清,或得之浊,于是就产生了完美无缺的"天地之性",以及有缺陷的"气质之性"。此说为程朱继承和发展。在程朱的观念里,天地之性与本体世界的天理相合,而气质之性与现象世界的人欲相合。整体来看,宋儒分天地之性与气质之性,且以天地之性纯善,气质之性为恶。此说受到颜元的极力反对,他说:"窃谓宋儒皆未得孟子性善宗旨。"② 颜元认为理与气不应以善与恶来界定,"若谓气恶,则理亦恶,若谓理善,则气亦善。盖气即理之气,理即气之理,乌得谓理纯一善而气质偏有恶哉!"③ 气即理之气,理即气之理,既然二者可以互涵,那么理善气恶之说就不能成立。在此基础上,颜元否认宋儒以气质之性为恶。他以水作比喻,"程子云:'清浊虽不同,然不可以浊者不为水。'此非正以善恶虽不同,然不可以恶者不为性乎?非正以恶为气质之性乎?请问,浊是水之气质否?吾恐澄澈渊湛者,水之气质,其浊之者,乃杂入水性本无之土,正犹吾言性之有引蔽习染也。其浊之有远近多少,正犹引蔽习染之有轻重浅深也。若谓浊是水之气质,则浊水有气质,清水无气质矣,如之何其可也!"④ 清是水的本来样态,泥土混入水中,水因此而变浊,而这并不影响水的本质的清;善是人的本性,不过由于外在各种因素的影响,遂有恶的产生,然而这并不影响人

---

① (宋)卫湜:《礼记集说》卷一百二十三,文渊阁《四库全书》第120册,第8页。
② (清)颜元:《存性编》卷二,《颜元集》上册,中华书局1987年,第19页。
③ (清)颜元:《存性编》卷一,《颜元集》上册,中华书局1987年,第1页。
④ (清)颜元:《存性编》卷二,《颜元集》上册,中华书局1987年,第19页。

性本善。

颜元推崇孟子的性善论,"中浑然一性善也。……不惟圣贤与道为一,虽常人率性,亦皆如此,更无恶之可言,故孟子曰'性善'。"① 与孟子一样,颜元也是以伦理道德为人性的基本内容,而伦理道德中的仁、义、礼、智之分,以及恻隐、羞恶、辞让、是非之别,是由于有"情""才"的作用,"发者情也,能发而见于事者才也;则非情、才无以见性,非气质无所为情、才,即无所为性。是情非他,即性之见也;才非他,即性之能也;气质非他,即性、情、才之气质也。一理而异其名也"。② 也就是说,性是人所固有的,其必须通过"情""才"方能得以实现,而贯通于"性""情""才"的,就是"气质"。如果说"情""才"是性得以实现的能力,那么"气质"就是这种能力的大小强弱。按此逻辑可知,既然人性本善,那么"气质"亦善,"情""才"亦不恶,在颜元看来,"情""才""气质"皆与理相合。

颜元从正面对礼与性善的关系做了辨析。他据《大学》"明明德",《尚书》赞尧,首曰"钦明",舜曰"浚哲",文曰"克明",《中庸》曰"尊德性",说:"既尊且明,则无所不照。譬之居高肆望,指挥大众,当恻隐者即恻隐,当羞恶者即羞恶,仁不足以恃者即以义济之,义不足以恃者即以仁济之。或用三德并济一德,或行一德兼成四德,当视即视,当听即听,不当即否。使气质皆如其天则之正,一切邪色淫声自不得引蔽,又何习于恶、染于恶之足患乎!是吾性以尊明而得其中正也。"③ 人性自有的仁义、"三德"、

---

① (清)颜元:《存性编》卷二,《颜元集》上册,中华书局1987年,第27—28页。
② (清)颜元:《存性编》卷二,《颜元集》上册,中华书局1987年,第27页。
③ (清)颜元:《存性编》卷一,《颜元集》上册,中华书局1987年,第2页。

"四德"相互作为,从而使人不受一切邪色淫声的影响,视听皆无不当。因此,"六行乃吾性设施,六艺乃吾性材具,九容乃吾性发现,九德乃吾性成就;制礼作乐,燮理阴阳,裁成天地,乃吾性舒张,万物咸若,地乎天成,太和宇宙,乃吾性结果。故谓变化气质为养性之效则可,如德润身,睟面盎背,施于四体之类是也;谓变化气质之恶以复性则不可"[1]。在孟子的思想中,仁、义、礼、智是人善性的内容,不过具体层面的礼乐并没有被纳入人性。与孟子人性论不同的是,颜元将"六行""六艺""九容""九德"全部纳入人性的范畴,比如"六行"是性的设施,"六艺"是性的材具,制礼作乐则是人性的外化和结果。颜元强调制礼作乐并不是恢复人的善性,因为人性本善,并不需要恢复;制礼作乐的功能是养性,而非复性。

孟子认为,人善性的泯灭是由于外部环境导致的,因此他主张通过尽心知性,从而保持人固有的善性。至于恶的产生,颜元也做了探讨,他说:"然则恶何以生也?则如衣之著尘触污,人见其失本色而厌观也,命之曰污衣,其实乃外染所成。有成衣即被污者,有久而后污者,有染一二分污者,有三四分以至什百全污不可知其本色者;仅只须烦挪涤浣以去其染著之尘污已耳,而乃谓洗去其襟裾也,岂理也哉!是则不特成衣不可谓之污,虽极垢敝亦不可谓衣本有污。"[2] 衣服本身与尘污截然不同,衣服蒙尘触污,是衣服之外的尘污所致,而与衣服的本色无关。只要将衣服上的尘污洗去,衣服就可回归本色。此比喻的意思是,人的本性是善,恶也是存在

---

[1] (清)颜元:《存性编》卷一,《颜元集》上册,中华书局1987年,第2页。
[2] (清)颜元:《存性编》卷一,《颜元集》上册,中华书局1987年,第3—4页。

的，不过人身上的恶并不是出于人性的变坏，而是出于环境的影响，就像衣服受尘污的影响一样，衣服本身并没有变化，而是蒙尘染污而已。

颜元用"引蔽""习染"言恶产生的根源。他说："误始恶，不误不恶也；引蔽始误，不引蔽不误也；习染始终误，不习染不终误也。"① 颜元强调"误"是恶产生的根源，有误才有外物的引蔽，有外物的引蔽才有习染终误。其以仁为例予以说明。性之未发则仁，既发则恻隐顺其自然而出，于是就出现了等差的爱，不过，"气质偏驳者易流，见妻子可爱，反以爱父母者爱之，父母反不爱焉。……至于爱不获宜而为不义，爱无节文而为无礼，爱昏其明而为不智，皆一误为之也，固非仁之罪也，亦岂恻隐之罪哉？"② 爱本无错，然由于误爱，就出现了违背伦理之事。而"误"的根源在于人的气质出了问题，"人之自幼而恶，是本身气质偏驳，易于引蔽习染，人与有责也"③。

在颜元看来，人要不被引染，就得养善，而养善在于"习"，他说："学人不实用养性之功，皆因不理会夫子两'习'字之义，'学而时习'之习，是教人习善也；'习相远也'之习，是戒人习恶也。先王知人不习于性所本有之善，必习于性所本无之恶。故因人性之所必至，天道之所必然，而制为礼、乐、射、御、书、数，使人习其性之所本有；而性之所本无者，不得而引之、蔽之，不引蔽则自不习染，而人得免于恶矣。"④ 习的作用并不是改变人之善性，

---

① （清）颜元：《存性编》卷二，《颜元集》上册，中华书局1987年，第30页。
② （清）颜元：《存性编》卷二，《颜元集》上册，中华书局1987年，第30页。
③ （清）颜元：《存性编》卷一，《颜元集》上册，中华书局1987年，第11页。
④ （清）颜元：《颜习斋先生言行录》卷上，《颜元集》下册，中华书局1987年，第634页。

而是习人所本有的善性；礼乐的功能就是使人习本有的善性，从而实现养善的目的。颜元还认为，《大学》所言"明明德"就是强调习善。《大学》对"明德"的解释很平实，既指内在的德性，也指显于行动的德行。郑玄说"明明德，显明其至德也"，显然也是言伦理道德。朱熹则认为："明，明之也。明德者，人之所得乎天，虚明不昧，以具众理而应万事者也。但为气禀所拘，人欲所蔽，则有时而昏；然其本体之明，则有未尝息者，故学者当因其所发而遂明之，以复其初也。"① 朱熹将《大学》的"明德"与孟子的"良知良能"关联起来，以"性"释"明德"。颜元认为"明明德"与礼乐相关，"存养省察，磨砺乎《诗》《书》之中，涵养乎礼乐之场，周、孔教人之成法固在此也。自治以此，治人即以此。使天下相习于善，而预远其引蔽习染，所谓'以人治人'也。"② 礼乐可以使天下相习于善，从而避免引蔽习染。颜元又说："《大学》明德之道，无时不可学，无日不可时习。如时时敬其心，即孔子所谓'齐'，习礼于心也；时时提撕警觉，莫令昏蔽，即孔子所谓'明'，亦习礼于心也。每日正其衣冠，洁净整齐，非法服不服，即孔子所谓'盛服'，习礼于身也；至'目容端'，习礼于视也；'口容止'，'声容静'，习礼于言也，至于'手容恭'，'立容德'，习礼于持行也。凡'九容'、'曲礼'，无非习礼于身也。礼真斯须不可去者！"③ 明德与心性无关，而是与"习礼"有关，人的心、身、言、行，习礼皆不可缺，这就是《大学》"明德"之道，时时可学。

---

① （宋）卫湜：《礼记集说》卷一百四十九，文渊阁《四库全书》第120册，第572页。

② （清）颜元：《存性编》卷二，《颜元集》上册，中华书局1987年，第30—31页。

③ （清）颜元：《颜习斋先生言行录》卷下，《颜元集》下册，中华书局1987年，第673页。

颜元认为习礼的重要功能是使人改变气质的偏驳，从而避免非礼现象的发生。

从以上的论述，可知颜元的人性论受到了孟子、荀子人性论的双重影响。孟子主性善，道德伦理的有无是人与禽兽的根本区别，而人的修养方式是扩充先天本有的善性；荀子主性恶，认为人本来完备的本能中没有道德伦理，只有通过后天的教化方能成功，而礼乐是教化的重要途径。颜元认为道德伦理是人性的基本内容，这与孟子的性善论十分接近，他将一切的恶皆归诸于外界"引蔽习染"，虽然与孟子的性善论不尽一致，然其性善的立场上却十分坚定。正因为如此，张岱年先生称颜元的人性论是"一个极端的性善论"[①]。在修养方式上，颜元强调外在的制礼作乐的教化意义，偏离了孟子的"尽心""知性"，从而滑向了荀子学说。尽管颜元一再强调制礼作乐的功能并不是变化气质之恶，也并非复性之善，然而透过其论述，可知他主张的修养仍是通过外在的努力从而实现人的道德伦理的提升。实际上，颜元的性善论有其逻辑上的问题，张岱年先生说："习斋此种将一切恶归于引蔽习染的说法，也是难通的。其意认为如对象适当则发而为善，如对象不适当乃受其引蔽，于是有恶。实则如天性纯善，必能不受引蔽；既有受引蔽之可能，其可径谓本性全善？且认为不适当的对象之刺激为引，而不认适当的对象之刺激为引；同是刺激反应之关系，善则认为由于内，恶则认为由于外，亦是不妥当的。"[②] 平心而论，宋儒关于天地之性与气质之性的分别，对于从哲学的角度解决恶的根源是有意义；颜元对宋儒人

---

① 张岱年：《中国哲学大纲》，中国社会科学出版社 1982 年，第 226 页。
② 张岱年：《中国哲学大纲》，中国社会科学出版社 1982 年，第 228 页。

性二元论的否定，是基于他坚定地批判宋儒学术的立场。他希望实现对孟子人性论的回归，"程、张诸儒气质之性愈分析，孔、孟之性旨愈晦蒙矣。"①"猛思孟子性善、才情皆可为善之论，诚可以建天地，质鬼神，考前王，俟百世，而诸儒不能及也。"②为此，颜元在《存性编》中还绘了七幅图，"以申明孟子本意"③。然而在事实上，颜元并没有申明孟子的"原意"，而是在坚持性善论的基础上，揉进了荀子礼乐教化思想，尽管颜元一再辩解礼乐教化本身就是性善的应有之义，然而荀子学说的影子仍然依稀可见。

（二）礼乐与"实学""实习"

颜元论学重事功，强调一个"实"字。他五十七岁南游洛中，"与诸儒辨道不在章句，学不在诵读，必如孔门博学约礼，实学之，实习之"④。在颜元看来，唐、虞、周、孔时代学问的根本特点是"实"，"唐、虞之世，学治俱在六府、三事，外六府、三事而别有学术，便是异端。周、孔之时，学治只有个三物，外三物而别有学术，便是外道。"⑤学问是否"实"，是区别孔孟之学与异端的标准。

颜元所说的"实"学，内容之一是行动和事功。他批判汉宋诸儒，认为他们未能得孔学之真谛，原因有两点：

首先，汉宋诸儒主要是在文字上面下工夫，而忽略了践行和事功。宋儒言道统，他们既以此否定汉唐的章句之学，又以此应对佛老的挑战。颜元认为宋儒没能接续儒家的道统，而是遁入了佛老，

---

① （清）颜元：《存性编》卷二，《颜元集》上册，中华书局1987年，第20页。
② （清）颜元：《存性编》卷二，《颜元集》上册，中华书局1987年，第20页。
③ （清）颜元：《存性编》卷二，《颜元集》上册，中华书局1987年，第20页。
④ （清）颜元：《习斋先生叙略》，《颜元集》下册，中华书局1987年，第619页。
⑤ （清）颜元：《颜习斋先生言行录》卷下，《颜元集》下册，中华书局1987年，第685页。

"《论》《孟》之终，皆历叙帝王道统，正明孔、孟所传是尧、舜、三代之道，恐后世之学，失其真宗，妄乱道统也。"[1] "后世乃有全废'三事''三物'之道，专以心头之静敬，纸上之浮文，冒认道统，尸祝孔、孟之侧者，可异也哉！"[2] 在颜元看来，宋儒着眼于道德和读书，而忽略事功，已滑向了佛老的窠臼。

颜元认为，人们往往将读书与践行割裂，读书多，而未必能行，读书无异于白读，"读书无他道，只须在'行'字著力。"[3] 鉴于此，颜元认为仅事读书无益于学问，"学求实得，要性情自慊，则心逸而日休；学求名美，便打点他人，则心劳而日拙。此关不透，虽自负读书穷理，用功数十年，其实谓之一步未进。"[4] "人身之宝，莫重于聪慧，莫大于气质，而乃不以其聪慧明物察伦，惟于玩文索解中虚耗之；不以其气质学行习艺，惟于读、讲、作、写旷闲之，天下之学人，逾三十而不昏惑衰备者鲜矣，则何以成人纪！"[5] 读书的问题在于虚耗精力，脱离实际。汉儒讲文字训诂，而宋儒热衷于义理，虽然学术路径有异，但是皆是从文本而及其他。颜元对此做严厉批判，他说："后人为汉儒所诬，从章句上用功；为释氏所惑，从念头上课性；此所以纸上之学问，易见博洽，心头之觉悟，易见

---

[1] （清）颜元：《颜习斋先生言行录》卷上，《颜元集》下册，中华书局1987年，第642页。
[2] （清）颜元：《颜习斋先生言行录》卷上，《颜元集》下册，中华书局1987年，第642页。
[3] （清）颜元：《颜习斋先生言行录》卷上，《颜元集》下册，中华书局1987年，第623页。
[4] （清）颜元：《颜习斋先生言行录》卷上，《颜元集》下册，中华书局1987年，第633页。
[5] （清）颜元：《颜习斋先生言行录》卷上，《颜元集》下册，中华书局1987年，第636页。

了彻，得一贯之道者接迹，而道亡学丧，通二千年成一欺局矣。"①颜元对朱熹评价甚低，"千余年来，率天下入故纸堆中，耗尽身心气力，作弱人、病人、无用人者，皆晦庵为之"②。颜元认为只事书本徒费人的聪明才智，培养出来的是"无用"之人，相反，走出书本，身体力行，才能有益学问、有益身心。

其次，理学家涵养方法中的"敬"，与佛老空寂之学无异。理学家注重内心涵养，希望以敬养心，并以内省改过。理学家所言"主敬"就是"主静"，周敦颐说："苟非此心寂然无欲而静，则又何以酬酢事物之变，而一天下之动哉！"③朱熹说："须是静坐，方能收敛。"④颜元对此颇为不满，他说："静坐是身心俱不动之谓，空之别名也。习恭是吾儒整修九容工夫，愧不能如尧之允，舜之温，孔之安，故习之。习恭与静坐，天渊之分也。"⑤颜元强调"动"的意义："三皇、五帝、三王、周、孔，皆教天下以动之圣人也，皆以动造成世道之圣人也。五霸之假，正假其动也，汉、唐袭其动之一二，以造其世也。晋、宋之苟安，佛之空，老之无，周、程、朱、邵之静坐，徒事口笔，总之皆不动也。而人才尽矣，圣道亡矣，乾坤降矣。"⑥对于汉唐事功赫赫的君相大儒，宋儒以霸王道杂之相讥，而颜元却赞许有加，其中的原因，就是颜元提倡践履，而

---

① （清）颜元：《颜习斋先生言行录》卷上，《颜元集》下册，中华书局1987年，第633页。
② （清）颜元：《朱子语类评》，《颜元集》上册，中华书局1987年，第251页。
③ （宋）周敦颐：《太极图说》，《周敦颐集》卷一，中华书局2009年，第7页。
④ （宋）黎靖德辑：《朱子语类》卷十二，《朱子全书》第14册，上海古籍出版社、安徽教育出版社2010年，第379页。
⑤ （清）颜元：《颜习斋先生言行录》卷下，《颜元集》下册，中华书局1987年，第665—666页。
⑥ （清）颜元：《颜习斋先生言行录》卷下，《颜元集》下册，中华书局1987年，第669页。

鄙弃静态的境界体验。

颜元特别重视礼乐在社会秩序建构、道德提升方面的作用,其中重要的原因就是礼乐与其"实学""实行"主张相关。颜元以"动"为礼之真义所在,他说:"常动则筋骨竦,气脉舒;故曰'立于礼',故曰'制舞而民不肿'。宋、元来儒者皆习静,今日正可言习动。"[1] 动态的礼乐与宋元诸儒静态的道德体验形成鲜明的对比,"试思周旋跪拜之际,可容急躁乎!可容暴慢乎!礼陶乐淑,圣人所以化人之急躁暴慢,而调理其性情也;致中、致和,以位天地、育万物者,即在此。汉、宋误认圣人之学,群天下于读、讲、著作之中,历代遂以文字取士,而圣人之道已亡。再参以禅宗,遂扫地矣。吾辈与苍生,乌得蒙圣人之泽乎?"[2] 礼乐有文字记载,不过其必须通过礼器、仪式以及一系列周旋揖让的动态过程,才能对人的行为加以匡正,对社会秩序加以整合;读、讲、著作仅是纸上之事,虽有博考经籍,研精覃思,但是与践行无关,不合圣人之道。颜元对礼的仪式的意义和价值持肯定态度。即便是被人所诟病的徒具形式的繁文缛节,他也多加辩护。朱主一问:"用习礼等功,人必以为拏腔做势,如何?"颜元说:"正是拏腔做势,何必避?甲胄自有不可犯之色,衰麻自有不可笑之容。拏得一段礼义腔,而敬在乎是矣;做得一番韶舞势,而和在乎是矣。后儒一扫腔势,而礼乐之仪亡矣。"[3] 颜氏认为,礼的仪式、动作中有"敬""和",这是

---

[1] (清)颜元:《颜习斋先生言行录》卷下,《颜元集》下册,中华书局1987年,第686页。

[2] (清)颜元:《颜习斋先生言行录》卷下,《颜元集》下册,中华书局1987年,第693—694页。

[3] (清)颜元:《颜习斋先生言行录》卷下,《颜元集》下册,中华书局1987年,第665页。

在静态的读、讲、著书中所不能获得的。

历代以来，礼学多被视为名物典制之学，礼学家所从事的就是章句训诂之学。颜元则重视礼乐精神，并强调礼乐精神只能在践行中呈现出来。王法乾说"静中养得明，自会临事顺应"，颜元回应说："书房习数，入市便差。则学而必习，习又必行，固也。今乃谓全不学习经世之事，但明得吾体，自然会经世，是人人皆'不勉而中'矣。且虽不勉之圣人，亦未有不学礼、乐而能之者。今试予生知圣人一管，断不能吹。况我辈为学术所误，写字、习数已不胜昏疲，何与于礼、乐乎？"[1]颜元认为，学与习不能分，行与习亦不能分，仅从经典注疏不能知道真正的礼乐，关于礼乐的真知是在践行过程中才可获得，"学不徒读。……读一部《礼经》，不徒读，只实行'毋不敬'一句，便是读《礼经》"[2]。历代考释《礼经》者纠结于文字训诂，读亦无用，因为读书为虚，而践行为实。

颜元所说的"实"学，内容之二是有"事物"。他认为有"事物"是儒家区别于佛老的根本，他说："思周公、孔子当逆知后世离事物以为道，舍事物以为学，故德行、艺统名之曰'三物'，明乎艺固事物之功，德行亦在事物上修德制行，悬空当不得他，名目混不得。《大学》'三纲领'、'八条目'何等大？何等繁？而总归下手处，乃曰'在格物'。谓之'物'，则空寂光莹固混不得，即书本、经文亦当不得；谓之'格'，则必犯手搏弄，不惟静、敬、顿悟等混不得，即读、作、讲解都当不得。如此真切，如此堤防，犹

---

[1] （清）颜元：《颜习斋先生言行录》卷下，《颜元集》下册，中华书局1987年，第685页。

[2] （清）颜元：《颜习斋先生言行录》卷上，《颜元集》下册，中华书局1987年，第649页。

有佛、仙离物之道，汉、宋舍物之学，乾坤何不幸也！"①《大学》的"格物"，程颐认为"格犹穷也，物犹理也，犹曰穷其理而已也"②。程朱以"格"为研索，即物而穷理。颜氏认为"格物"并不是通过静、敬等修养方式静态地得到所谓的"天理"，而是"犯手搏弄"；此"物"，指具体实在的"事物"，连书本、经文都不算。由此可见，颜氏在从事"格物"的诠释时，试图通过具体的"物"和动态的"格"，以证佛老和宋明理学是无用之学，而他自己所提倡的才是圣人之道。

颜元经常将孔孟之学与后儒之学相对照，他曾作如下描绘："孔子之道，如宗庙、朝廷，宫殿巍峨，百庑千廊，礼容、乐器，官寮政绩，荡荡济济，贤其座庑，三千人其各得闲舍也，最下亦垣门、沼榭、花柳之属。故吾尝云得其徒众之末，亦师事之，为其实也。后儒之学，则如心中结一宗庙朝廷景况，纸上绘一宗庙、朝廷，图画方寸操存，尽足自娱；读、讲、著述，尽足快口舌，悦耳目；故每自状如镜花、水月，惜无实也。"③在颜元的笔下，后儒与孔孟形成了鲜明的对比。他所描绘的孔孟画面是非常丰富的，人、物齐备，真实而富有生气；所描绘的后儒画面则没有人、物，一切都是想象的、虚幻的。在孔孟的画面中，礼容、礼器、宗庙、朝廷、宫殿齐备，内容丰富。颜元强调礼"物"的重要性，以之作为他的"实学""实习"的重要内容。

---

① （清）颜元：《颜习斋先生言行录》卷上，《颜元集》下册，中华书局1987年，第652页。

② （宋）程颢、程颐：《河南程氏遗书》卷二十五，《二程集》，中华书局1981年，第316页。

③ （清）颜元：《颜习斋先生言行录》卷下，《颜元集》下册，中华书局1987年，第665页。

明末清初的思想界，不少人在坚守儒家价值立场的基础上，对汉宋诸儒的学术多有省思，并力辟佛老。颜元既批判汉宋诸儒，又辟佛老。钱穆先生说："以言夫近三百年学术思想之大师，习斋要为巨擘矣。岂仅于三百年！上之为宋、元、明，其言心性义理，习斋既一壁推倒；下之为有清一代，其言训诂考据，习斋亦一壁推倒。"① 在批判的过程中，颜元高举儒家礼乐旗帜，并以此作为孔孟的有用之学，以别于"异端无用"之学②。颜元推崇践行和事功，对于宋明以来重义理的学术风气带来的弊端无疑有积极意义，特别是对于王学末流的空疏有纠偏之功。不过，颜元重行动和事功，似乎并没有完全跳出前人既有的思维模式。他反对读书，因为读书无益于践行，这与阳明学的观念颇为一致。阳明反对程朱通过格物致知以至于践履，而是主张"知行合一"，真知就有德行，有德行一定就是真知，知不能行，就非真知。颜元一再强调践行是最根本的，也是最重要的，至于读书则是不重要的，甚至是有害的。在颜元的意识中，儒家道德伦理的践行才是真学问，而历代学人对经典的研究和诠释则是无用之学。在此我们似乎看到了阳明的"知行合一"③。不过相对于阳明来说，颜元对于实行功效的强调更加彻底，他排拒的不但是与践履无甚关系的思辨活动，也否定与道德修养有关的著述研读，这就使颜元的礼乐思想出现了逻辑上的矛盾。礼乐对于人具有感化和规范功能，其周旋揖让就是这些功能最直接的体

---

① 钱穆：《中国近三百年学术史》上册，商务印书馆1997年，第198页。
② 兵、农也是颜元大力提倡的"有用"之学。
③ 颜元说："阳明近禅处尤多。"[（清）颜元：《存人编》卷二，《颜元集》上册，中华书局1987年，第136页。]可见其对阳明是持批判态度的。不过颜元的学说又与阳明颇有近似处，钱穆先生明确地指出了这一点，他说："习斋种种持论，更似颇有近阳明者。"见钱穆：《中国近三百年学术史》上册，商务印书馆1997年，第204页。

现，不过，这些形式和姿态一定是在礼乐精神和价值的支配之下才会出现，否则就有"礼云礼云，玉帛云乎哉，乐云乐云，钟鼓云乎哉"之叹了。而这种精神和价值的获取途径，是颜元所不曾重视的，甚至为他所否定，这就是他的礼乐学说逻辑问题的症结所在。

（三）礼的制作及践履

颜元对前人的制礼作乐提出了批评。比如《仪礼·少牢馈食礼》有"大夫祭礼也，束帛依神"之说，司马光《书仪》以束帛依神为魂帛，是对于古代凿木为重的做法的变通。颜元认为，此做法与《仪礼》的记载不合，"夫礼既属之大夫，则非大夫不可用矣；既谓之大夫无主者，则有主不可用矣"[1]。由于古今行礼的主体发生了变化，因此《仪礼》记载的大夫之礼已不适用于今天。此外，颜元认为魂帛不合情理，"据今之魂帛，数尺之绢，既非生时所服，又非他日庙中神之所依，物与神无情，神断不之依；且无缘用之，既题主又埋之，俱繁冗多事而鲜意味。余窃谓，遗衣服者，吾亲气体之所属，精神之所恋也；木主者，厚此祠堂之所奉，吾亲之神，百年所凭也；宜纯用古礼，初终即以经服新洁衣裳各一，连属而置尸上，遂令匠造主。……古人所谓'凿木为重'，又谓'以遗衣置灵座'，用心命意，想当如此。其理最精，非后人所能及也。"[2] 魂帛与死者无关，生者无感，而遗衣服则能激发生者对死者的眷恋之情；木主代表死者神的凭依之物，比魂帛更有意义。

历代不少人或引经据典而制礼作乐，或根据现实社会的需要而对古礼加以损益。对于后世的制礼作乐，颜元以变通的态度看待

---

[1] （清）颜元:《习斋记余》卷十,《颜元集》下册，中华书局1987年，第577页。
[2] （清）颜元:《习斋记余》卷十,《颜元集》下册，中华书局1987年，第577页。

之。不过，颜元认为变通是有前提的，这个前提就是制礼作乐要符合礼意。前人制礼中存在的问题，是对圣人之意的误解。颜元认为礼是圣人所作，是圣人之意的体现。而圣人制礼一定是在考虑尽礼意的同时又不会让人陷入困顿的局面。如《礼记·丧大祭》所云"朝一溢米，夕一溢米，食之无算"，以至于"疏食、水饮"，皆言"食之无算"。颜元认为，此是言居丧者不能像一般人那样按顿吃饭，即便是有人劝吃，也只能是早晚不过二溢米，这种规定，意在让人尽孝子之情；不过后来的制礼者将"食之无算"四字去掉，从而让人误以为孝子一食不能尽溢，朝后又不敢食，即便是有人劝也拘于礼而不敢食，一定要等到暮时才食。颜元感叹道："余则身受其害，乃知删书定礼，诚非圣人不能，非圣人亦不可也。经大儒之手而犹疏略若此，其可轻言纂修乎！"[1]

对于礼乐的现状，颜元很不满意，且深怀忧虑。他说："世俗内外之丧不辨，吊酹之仪不分，男女之礼互失，其所关系不浅。愚民既莫之知，士子亦习而不察，间有能觉其误者，又不敢任主礼变俗之名，仍因循而惮改。是使生者、死者，宁为惊怖，宁为惭忸虚诈，宁为缺欠疏薄错乱，而不肯舍非以就是，不亦惑乎？"[2] 社会秩序需要礼仪来加以规范，然而世俗的礼仪存在的问题甚多，难以担此大任，甚至还会带来负面影响。出现问题的原因，既有愚民的无知、士子的无察，也有知其误者不敢舍非以就是。

颜元认为，礼仪是否可取，皆以是否符合礼意为判断标准。在颜元生活的时代，斩衰、齐衰的冠皆用纸糊，他自己也曾如此制

---

[1] （清）颜元：《习斋记余》卷十，《颜元集》下册，中华书局1987年，第574页。
[2] （清）颜元：《习斋记余》卷十，《颜元集》下册，中华书局1987年，第574页。

作。不过他发现及葬之时，若遇雨雪，纸糊的衰冠易坏，"思麻冠为期年首服，历时非暂，虽不遇雨，岂可以纸材为乎？"① 于是他以布作为基本材料，布的外边仍衣以纸，加绖其上。此外，当时的衰冠前有蔽目的布棉，两旁也有塞耳的布棉，经典对此并无记载。颜元对此却颇为认同，他说："愚按，吉冠何须养聪？周制则有之矣。人子居忧有以蔽目，示不忍观色也；有以塞耳，示不乐闻声也。此礼最佳，且无贵贱皆行之不疑，安知非近代明王义起而加之乎？或史氏失记，礼家失考，未可以其无稽，而遽诋其误也，吾从众矣。"② 蔽目、塞耳的布棉最能体现居丧者的悲痛心情，这样的做法虽然在经典中没有记载，但是与人情相合。又如据礼经之记载，斩衰、齐衰用麻布，带用葛。颜元说："盖古者无今棉布，麻葛为家常易得之物，今则麻葛为庶民御暑之服，贫家鲜得，好礼者乃反市麻葛以遵古式，多见其胶柱鼓瑟也，贫士实苦之。愚直用极粗棉布，衰冠皆然。……然卒哭犹葛其带，恐贫民无力，亦未必能辨数尺之葛；不若直用粗棉带，实去礼文，而得礼意，未审高明者以为何如？"③ 古代无棉布，居父母之丧时用麻布和葛，如今棉布易得，麻葛以稀为贵，颜元遂主张居丧时可以棉布代替麻布和葛。

颜元身体力行地践行他所提倡的礼乐思想。三十四岁那年，其遭恩母大故，"遵文公《家礼》居丧，尺寸不敢违，毁几殆"④。青年时代，颜元到关外寻父未果，"念禁关难以旋榇，乃招魂题主而归。蠡令、博令亲临吊奠，先生为父税服，粥食，不菜果，不酒肉，独

---

① （清）颜元：《习斋记余》卷十，《颜元集》下册，中华书局1987年，第568页。
② （清）颜元：《习斋记余》卷十，《颜元集》下册，中华书局1987年，第568页。
③ （清）颜元：《习斋记余》卷十，《颜元集》下册，中华书局1987年，第569页。
④ （清）颜元：《习斋先生叙略》，《颜元集》下册，中华书局1987年，第619页。

居朴室,不入内,不偶坐,不侣行,朝夕哭,朔月奠,哀至则哭,三月不怠,期悲哀,三年忧,泣血骨立,室前槐叶为之枯黄,丧复常,乃更荣"[1]。六十岁时,颜元主漳南书院教事,在教以读讲作文应时之外,他还"习礼,习乐,习射,习书数"[2]。在日常生活中,颜元依礼立身,"每日清晨,必躬扫祠堂、宅院。神、亲前各一揖,出告、反面同。经宿再拜,旬日以后四拜,朔望、节令四拜。昏定、晨省,为亲取送溺器,捧盥、授巾、进膳必亲必敬,应对、承使必柔声下气。……非正勿言,非正勿行,非正勿思;有过,即于圣位前自罚跪伏罪。"[3]其弟子也说:"先生常仪功至老不解,病笃犹必衣冠,真'仁为己任,死而后已'者也!"[4]

颜元的礼学思想和实践,是他一贯重视践履的学术精神的体现。在他的心中,圣人道德事功全备,礼经之意就是圣人之意的体现。因此,在对后人制礼作乐进行评价时,颜元常以经典记载以及是否符合"礼意"为取舍标准。对于同时代制礼作乐的评价,颜元有着强烈的变通和实用精神,他认为制礼的功能除了敬祖睦族、明伦辨序,还要与时代的需要相符合,甚至还要考虑行礼中器物的获得是否方便、人的正常生活是否受到影响等因素。历代以来,儒家提倡礼乐之教,就是希望通过道德教化从而实现人的道德自觉和社会的有序。颜元对制礼作乐的评论和建议,儒家的道德理想蕴含其中,有着明显的崇圣意识,在他强调礼的应用时,实用主义的色

---

[1] (清)颜元:《习斋先生叙略》,《颜元集》下册,中华书局1987年,第619页。
[2] (清)颜元:《习斋先生叙略》,《颜元集》下册,中华书局1987年,第619页。
[3] (清)颜元:《颜习斋先生言行录》卷上,《颜元集》下册,中华书局1987年,第621页。
[4] (清)颜元:《颜习斋先生言行录》卷上,《颜元集》下册,中华书局1987年,第621页。

彩也十分明显，理想主义与现实关照在他的礼学思想中得以结合起来。至于颜元个人层面的礼学实践，说明他的"实行""实习"并不是停留在观念层面，而是融入了他的生活。

六、姚际恒礼学的辨疑精神及影响

在清初学界，姚际恒（1647—约1715）极具个性。不过在整个清代，姚氏可谓默默无闻，他的经学并没有引起人们的重视，其所创制的《九经通论》也亡佚过半。民国时期，姚氏的经学进入胡适、顾颉刚、钱玄同等人的视野，对近代疑古思潮产生了不可低估的影响。近年来，姚氏的经学再一次进入学人们的视野，相关的研究成果逐渐多起来[①]。我们拟在前人研究的基础上，以姚氏的礼经学为考察对象，以窥姚氏的经学观及其在经学史上的意义[②]。

（一）文士解经

在中国古代，经学家与文学家并无严格的区分，经学和文学成就在一个人的身上往往皆有体现。比如宋代欧阳修、明代杨慎、清代方苞等人既是文学家，又是经学家。不过，侧重于经学的人重视文字训诂、名物制度的考证，他们多究心于文本原义，即便有义理的阐发，也是以充分的文本研究为前提；侧重于文学的人主张有感而发，强调性灵和情感，文本原义的探讨则被放在次要地位。

---

① 林庆彰先生辑佚、点校姚际恒的著作，编成《姚际恒著作集》六册，由台北"中研院"中国文哲研究所筹备处于1994年出版。林庆彰、蒋秋华还搜集姚际恒的研究成果，编成《姚际恒研究论集》上、中、下三册，由台北"中研院"中国文哲研究所筹备处于1996年出版、2001年再版。

② 姚际恒四十岁以后开始治经，所撰《九经通论》中包括《周礼》《仪礼》和《礼记》。陈祖武先生点校《仪礼通论》，由中国社会科学出版社于1998年出版。《周礼通论》《礼记通论》已佚。杭世骏《续礼记集说》征引了《礼记通论》的不少内容，藉杭氏之书，可见姚氏《礼记通论》之大概。

在清初学术界，既有"经师的经解"，又有"文士的经论"，前者有阎若璩、胡渭等，后者有祝允明、何良俊、钱谦益、尤侗等。[1] 姚际恒是属于后者。据《武林道古录》记载，姚氏"少折节读书，泛滥百氏，既而尽弃词章之学，专事于经"[2]。姚氏在四十岁以前泛滥百氏，重视词章之学，四十岁以后则重经学。有学者指出："由文学到经学，文学精神常因此跟着深入经学领域，随章发表自家的灵性倾吐，姚际恒晚年的学术特质即是前期的基础影响到后来的领域。"[3] 姚氏的礼学就是"文士的经论"，与郑玄、贾公彦、孔颖达等经师的解经风格判然有别。这从他的《仪礼》诠释路径便可以看出来。

姚际恒格外重视《仪礼》的语言组织方式和行文风格。他认为《仪礼》的语言组织是别具一格的，"《仪礼》自为一书，首位完善，犹为今中之古也。又其为文，外若质实排叙，而其中线索穿插，最为巧密，章句字法，一一皆备，旨趣隽永，令人寻绎无尽。非深心学古，而得古文之妙者，未易知此。"[4] "《仪礼》之文，自成一家，为前古后今之所无。排缵周密，毫忽不漏，字句最简，时以一字二字赅括多义，几于惜墨如金，而工妙正露于此。"[5] "巧密""周密""惜墨如金"，说的就是语言组织方式，"一一皆备"说

---

[1] 蔡长林：《论姚际恒的学术风格》，《姚际恒研究论集》上册，台北"中研院"文哲研究所筹备处2001年，第207—235页。
[2] 徐世昌：《清儒学案》第2册，人民出版社2010年，第1020页。
[3] 林登昱：《清学的绝笔与民初的启蒙——小论姚际恒学术风格》，《姚际恒研究论集》上册，台北"中研院"文哲研究所筹备处2001年，第142页。
[4] （清）姚际恒：《仪礼论旨》，《仪礼通论》卷首，中国社会科学出版社1998年，第8页。
[5] （清）姚际恒：《仪礼论旨》，《仪礼通论》卷首，中国社会科学出版社1998年，第11页。

的是章句字法,"隽永"则说的是写作风格。

姚际恒对《仪礼》的经文多有褒奖之词。《仪礼》的文字简奥、整齐,是"惜墨如金""工妙";名物记载繁多,是"别一天地"。对于视《仪礼》为畏途者,姚氏别有一番看法,他说:"谛观其文,在作者当日,亦自有意求工,所谓惨淡经营者。第其不顾世眼处甚多,古人文品之高,正在乎此。千余年以来,亦竟无人赏识,埋没苦心,此亦宇宙一大阙陷事。然于是书,则固无损,譬如空谷幽兰,初不以无人而不芳也。"[1]"读《左传》,如入帝都,宫阙富丽,百物具备。读《仪礼》,如入洞天,峭壁奇峰,金光瑶草,别一天地。读《仪礼》,使人之乎者也竟无所用,诚古今奇绝之作。"[2]姚氏以文士之笔,形容《仪礼》的内容和语言组织方式是"空谷幽兰""奇绝之作",可见其对《仪礼》评价之高。

不少人认为《仪礼》详于器数,而略于义理;《礼记》详于义理,而略于器数。姚氏认为《仪礼》不乏义理,他说:"器数亦从义理而生,苟非义理,器数焉行?苟非器数,义理焉托?义理譬之规矩,器数则其方圆也。故愚于是书,多就器数中论其义理。"[3]《仪礼》所载名物制度的背后,隐含的是作者的旨趣。

在《仪礼通论》一书中,关于《仪礼》语言组织方式和行文风格的内容处处皆是,兹举数例:

《仪礼·士昏礼·记》:"征纳,执皮摄之,内文,兼执足,左

---

[1] (清)姚际恒:《仪礼论旨》,《仪礼通论》卷首,中国社会科学出版社1998年,第12页。

[2] (清)姚际恒:《仪礼论旨》,《仪礼通论》卷首,中国社会科学出版社1998年,第12—13页。

[3] (清)姚际恒:《仪礼论旨》,《仪礼通论》卷首,中国社会科学出版社1998年,第7页。

首。随入,西上,叁分庭一在南。宾致命,释外足,见文。"姚氏说:"上内文在兼执足上,下外文在释外足下,句法既参错,而一时情事并到。传神之笔。"①

《仪礼·大射仪》"公射"一节,姚氏说:"自公将射,至公即席,言公射事者凡七段。公既发之前,言臣侍公射事者凡十二段。后又逐段以次收结。如此郑重言之者,盖尊卑分悬,君礼本应优异,且当时诸侯益复尊贵骄蹇,固宜有然也。其文层层铺叙,章法极密,而零星缀述,描摹所及,尽态极妍,洵入神之笔,且以示异于《乡射》,则又变化出新,不待言矣。"②

《仪礼·公食大夫礼·记》:"上大夫蒲筵,加萑席。其纯,皆如下大夫纯。卿摈由下。上赞,下大夫也。"姚氏说:"二义以一顺一倒出之,极平常语,遂觉古奥之甚。由下句,无'赞'字,上赞句,无'由'字,彼此互见。下大夫无'摈'字,即蒙上'摈'字,减之又减,真是惜墨如金。"③

类似的表述在《仪礼通论》中还有很多。姚氏形容《仪礼》的文字是"传神之笔""入神之笔""尽态极妍""惜墨如金",是从行文风格而言;其认为《仪礼》"句法参错""层层铺叙""章法极密""彼此互见",是从语言组织形式而言。

汉代郑玄、唐代贾公彦、宋代张淳、明代郝敬等人在治《仪礼》时,关注的主要是文字训诂和名物制度的考证,对于《仪礼》的写作风格和语言组织方式只是偶有涉及。姚际恒在从事《仪礼》诠释时走了一条与前人不同的道路,他声称《九经通论》"不为训

---

① (清)姚际恒:《仪礼通论》卷二,中国社会科学出版社1998年,第68页。
② (清)姚际恒:《仪礼通论》卷七,中国社会科学出版社1998年,第244页。
③ (清)姚际恒:《仪礼通论》卷九,中国社会科学出版社1998年,第335页。

诂"①,"诚不欲伦于俗儒之墨守训诂已也"②。他以纯事训诂者为"俗儒",即不知《仪礼》真义的人。姚氏在考察名物礼制的同时,将其很大一部分精力放在了《仪礼》的语言组织方式和写作风格的探讨上,他认为这样有助于认识《仪礼》的精义。晚清礼学家曹元弼在其《礼经学》的"经文例"部分,也对《仪礼》的行文风格和语言组织方式有所探讨。曹氏说:"凡经文仪节极繁密处,礼意尤精。"③"凡经文立言皆有法度。"④不过,曹氏关注的是《仪礼》的礼例,而姚氏好发议论,主观色彩更浓。

(二)"三礼"之辨疑

姚际恒对于古书多持怀疑态度,他说:"真伪莫辨,而尚可谓之读书乎!是必取而明辨之,此读书第一义也。"⑤对于"三礼",他既疑经,也疑历代的注释。比如传统观点认为《仪礼》的成书较早,最迟不过春秋,姚氏则认为"《仪礼》是春秋以后儒者所作"⑥。姚氏的《礼记通论》已佚,然从留传下来的部分内容,可知其于《礼记》的很多内容都有辨疑。

姚氏认为《礼记》中的很多单篇与佛老义理相通,因此他认为这些单篇并非出自圣贤。比如对于宋明理学家所推崇的《中庸》,

---

① (清)姚际恒:《仪礼论旨》,《仪礼通论》卷首,中国社会科学出版社1998年,第14页。
② (清)姚际恒:《仪礼通论序》,《仪礼通论》卷首,中国社会科学出版社1998年,第4页。
③ (清)曹元弼:《礼经学》卷一,《续修四库全书》第94册,第569页。
④ (清)曹元弼:《礼经学》卷一,《续修四库全书》第94册,第571页。
⑤ (清)姚际恒:《古今伪书考原序》,顾实:《重考古今伪书考》卷首,大东书局1928年,第4页。
⑥ (清)姚际恒:《仪礼论旨》,《仪礼通论》卷首,中国社会科学出版社1998年,第10页。

姚氏可谓竭尽批判之能事。他将《中庸》称之为"伪《中庸》",之所以为"伪",原因之一是《中庸》所言义理太过高妙而不平易近人。姚氏说:"圣人教人,举而近之;伪《中庸》教人,推而远之。举而近之者,只在日用应事接物上,如孝弟忠信以及视听言动之类是也;推而远之者,只在幽独自处静观参悟上,如以不睹不闻起以无声无臭终是也。"[1] 圣人教人只在日用事物,《中庸》则务求高远,而不近人事。若学者依《中庸》而行,"则学圣人千难万难,茫无畔岸,人人畏惧退缩,而不敢前"[2]。

对于宋明理学家所推崇的《大学》,姚际恒也持否定态度。他说:"前一篇全杂后世禅学,其用字义,更有牵强失理处及鹘突处。"[3] 佛教在东汉才传入中国,而《大学》在此之前就有了。对此,姚氏说:"予谓其与佛理同,不必佛入中国也。"[4] 姚氏强调《大学》的义理与佛理同,比如《大学》"所谓修身在正其心者,身有所忿懥,则不得其正。……此谓修身在正其心",姚氏说:"忿懥,怒也;好乐,喜乐也;忧患,哀也。喜、怒、哀、乐,人不能无,若谓有之,心便不得其正,此释氏教人除烦恼、绝恐怖、去恶欲,离断七情,心空性空之学,非吾儒正道也。"[5] 姚氏认为《大学》还杂道家之说,如《大学》所引《康诰》"君子无所不用其极",姚氏说:"'极'字,老庄用之,圣人所不道。老子曰'复归于无极',庄子曰'在太极之先而不为老'。"[6]

---

[1] (清)杭世骏:《续礼记集说》卷八十六,《续修四库全书》第102册,第508页。
[2] (清)杭世骏:《续礼记集说》卷八十六,《续修四库全书》第102册,第508页。
[3] (清)杭世骏:《续礼记集说》卷九十七,《续修四库全书》第102册,第702页。
[4] (清)杭世骏:《续礼记集说》卷九十七,《续修四库全书》第102册,第702页。
[5] (清)杭世骏:《续礼记集说》卷九十七,《续修四库全书》第102册,第713页。
[6] (清)杭世骏:《续礼记集说》卷九十七,《续修四库全书》第102册,第712页。

姚氏认为《乐记》也杂有佛老之说，他说："《乐记》一篇，乃汉武帝时河间献王与诸生取《文子》《荀子》《吕览》诸书凑集而成，其言多驳杂不纯，大概扬之过高，反失其实，求之过远，反昧其用。只缘当时墨子非乐，故荀子诸子竭力抬高以矫其失。窃恐先王制作之旨，初未尝然，而圣贤之言中正平实，亦不如是之过于高远也。"①"孔子曰'礼云礼云，玉帛云乎哉；乐云乐云，钟鼓云乎哉'，盖谓礼乐本乎人心而外藉玉帛钟鼓以行之，若全藉玉帛钟鼓以为礼乐，失礼乐之义矣。故用云云及乎哉！文法以唤醒世人，犹之言人而不仁如礼乐何之意，非别有广大精微神奇要眇之旨也。"②"圣贤之言礼乐……无非从生民日用伦常上见，所以皆切实可行。秦汉诸儒不悟圣人礼云乐云之意，乃疑别有隐而未发者，于是推论及于极天蟠地、贯四时、同日月、理星辰、象风雨、行阴阳、通鬼神、穷高远、测深厚，以至草木茂、羽毛胎卵育，靡不竭尽形容，思以示其广大深微，神奇要眇，而孰知迂阔，鲜质义，离圣贤之中道已大远哉！"③姚氏认为，《乐记》"扬之过高""广大精微神奇要眇"，内容过于高妙玄远，与儒家重视日用伦常的取向不同。

姚氏对《礼运》也持怀疑态度，他推测道："此周秦间子书，老庄之徒所撰。《礼运》乃其书中之篇名也，后儒寡识，第以篇名言礼，故采之。后来二氏多窃其旨，而号为吾儒者亦与焉，诚恐惑世乱道之书也。"④其将《礼运》归为老庄之书，原因是《礼运》中的

---

① （清）杭世骏：《续礼记集说》卷六十八，《续修四库全书》第102册，第225—226页。
② （清）杭世骏：《续礼记集说》卷六十八，《续修四库全书》第102册，第226页。
③ （清）杭世骏：《续礼记集说》卷六十八，《续修四库全书》第102册，第226页。
④ （清）杭世骏：《续礼记集说》卷三十九，《续修四库全书》第101册，第614页。

不少内容与道家思想相通。比如《礼运》"故圣人耐以天下为一家，以中国为一人"，姚氏说："博施济众，尧舜犹病此吾儒之旨也。以天下为一家，中国为一人，此老子之旨，而流为墨子之兼爱也。"①

姚际恒不仅疑经，还疑历代的注释。不管是汉注，还是唐疏，抑或宋明解义，其一概持怀疑态度。他说："尝谓经之有解，经之不幸也。曷为乎不幸？以人皆知有经解，而不知有经也。曷咎乎经解？以其解之致误，而经因以晦，经晦而经因以亡也。其一为汉儒之经解焉，其一为宋儒之经解焉，其一为明初诸儒墨守排纂宋儒一家之经解而著为令焉。"②姚氏认为，辨明前人解义之误是有必要的。比如对于郑玄的"三礼"注释，姚氏持异议者不在少数。《仪礼·乡饮酒礼》："明日，宾服乡服以拜赐，主人如宾服以拜辱。"姚氏说："观乡饮酒礼成之明日，仅如是而已，则此篇但著饮酒之礼甚明。郑引《周礼·乡大夫职》'厥明，乡老及乡大夫群吏，献贤能之书于王'，诬妄甚矣。"③关于《仪礼·乡饮酒礼》，郑玄援引《周礼·州长》"春秋以礼会民，而射于州序"，谓此"主人"就是州长；不过这样就与"乡"字不合，郑玄又用《大司徒》"五州为乡"之说，谓"谓之乡者，州、乡之属"。姚氏认为郑玄此说"曲折牵纽"，"不胜辨也"④。

不过，对于元代敖继公、明代郝敬的《仪礼》解义，姚际恒则颇为推崇。姚氏认为"敖氏读《仪礼》精细如此，可谓千古无两"⑤，"郝仲舆《节解》，训释详明，为《仪礼》第一书，亦其《九

---

① （清）杭世骏：《续礼记集说》卷四十，《续修四库全书》第101册，第638页。
② （清）杭世骏：《续礼记集说》卷八十三，《续修四库全书》第101册，第455页。
③ （清）姚际恒：《仪礼通论》卷四，中国社会科学出版社1998年，第114页。
④ （清）姚际恒：《仪礼通论》卷五，中国社会科学出版社1998年，第121页。
⑤ （清）姚际恒：《仪礼通论》卷九，中国社会科学出版社1998年，第326页。

经解》中第一书也，优于《仪礼》注疏多矣"①。因此，姚际恒《仪礼通论》一书征引敖继公和郝敬的注释最多。从清初到乾隆年间，敖氏的《仪礼》学颇受重视，这种风气在胡培翚撰《仪礼正义》时仍有体现。姚氏对敖氏经解的推崇，是受时代学风的影响。虽然敖继公的《仪礼集说》和郝敬《仪礼节解》在经学史上有一定影响力，但是这两本书并非上乘之作。敖氏《仪礼集说》博采唐宋经说，立论多以经为据，然"未免南宋末年务诋汉儒之余习"②。郝敬《仪礼节解》"粗率自用，好为臆断"③。到褚寅亮撰《仪礼管见》时，褚氏力陈敖氏之失。王鸣盛、钱大昕、凌曙等人皆申褚氏而驳敖氏。姚氏对敖氏和郝氏《仪礼》经解的大量征引，体现了其经学观的两个极端：疑，当信也要疑；信，当疑也要信。

（三）礼经辨疑之影响

姚际恒的礼学是其经学的一部分。因此，要对姚氏的礼学进行评价，必须将其礼学放到其经学的背景下来看，甚至要放到整个清代学术思想史的背景下来看。

姚际恒礼学的最大特点是辨疑，其不仅于"三礼"本经多有质疑，还对汉唐以来诸儒的注释多加否定。姚氏对于礼经及注释的怀疑，与清初的学风密切相关。清初疑古辨伪之风盛行，陈确、阎若璩、胡渭、毛奇龄、万斯大、姚际恒等是这个时期辨伪学风中的中坚人物，他们重新审视经典，大胆怀疑。姚际恒与毛奇龄、阎若璩等人皆有交游。据记载："时潜丘力辨晚出《古文》之伪，先生持

---

① （清）姚际恒：《仪礼论旨》，《仪礼通论》卷首，中国社会科学出版社1998年，第14页。
② （清）永瑢等：《四库全书总目》卷二十，中华书局1965年，第161页。
③ （清）永瑢等：《四库全书总目》卷二十三，中华书局1965年，第189页。

论多不谋而合。潜丘撰《古文尚书疏证》,屡引其说以自坚。"① 毛氏睨睥一世,挟博纵辩,务欲胜人,阎氏则以证《古文尚书》之伪而闻名学界。他们互相切磋、启发和借鉴,以至于姚氏、毛氏、阎氏等人的观点难免相似。四库馆臣说:"际恒生于国朝初,多从诸耆宿游,故往往剽其绪论。其说经也,如辟图书之伪则本之黄宗羲,辟《古文尚书》之伪则本之阎若璩,辟《周礼》之伪则本之万斯同,论小学之为书数则本之毛奇龄,而持论弥加恣肆。至祖欧阳修、赵汝楳之说,以周易十翼为伪书,则尤横矣。其论学也,谓周、张、程、朱皆出于禅,亦本同时颜元之论。至谓程朱之学不息,孔孟之道不著,则益悍矣。"② 后世不少人认为四库馆臣的这段话有偏见、不公允③。事实上,东汉何休就认为《周礼》为"六国阴谋之书",唐代就有人疑梅赜所献《古文尚书》为伪,后经宋代吴棫、明代梅鷟的考辨,《古文尚书》为伪的质疑之声更大。姚际恒的一些辨疑内容与清初诸大儒类似,甚至雷同,并非姚氏剽窃他人的经说,而是他们互相启发的结果。对于清初辨疑学风的形成,姚际恒起到了推波助澜的作用。正如林庆彰所说:"姚氏不但是清初考辨群经学者之一,且如就《古文尚书》《周礼》之考辨来说,姚氏皆居于相当关键的地位。我们不能说,如果没有姚氏,当时的考辨之风也熟络不起来,但可以肯定的是,姚氏推动了当时考辨伪经

---

① 徐世昌:《清儒学案》第 2 册,人民出版社 2010 年,第 1020 页。
② (清)永瑢等:《四库全书总目》卷一百二十九,中华书局 1965 年,第 1109 页。
③ 参见〔日〕村山吉广著,林庆彰译:《姚际恒论》,《姚际恒研究论集》上册,台北"中研院"文哲研究所筹备处 2001 年,第 86 页;林登昱:《清学的绝笔与民初的启蒙——小论姚际恒学术风格》,《姚际恒研究论集》上册,台北"中研院"文哲研究所筹备处 2001 年,第 157 页。

的风气。"① 姚氏于"三礼"及注释的辨疑,是其群经辨伪学的重要组成部分。

清初学界,虽然批判宋明理学之声不绝于耳,但是程朱理学还是处于支配地位,影响极大。顺、康年间,社会上层仍以程朱理学为最重要的文化资源,当时还出现了一批理学名儒名臣;民间对于朱子礼学的认可度也很高,各地风俗深受朱子《家礼》的影响。姚际恒反宋明理学,他的质疑和批判可谓釜底抽薪,十分彻底,这从他对《礼记》的态度可以看出来。比如被宋明理学家奉为理论宝典的《大学》《中庸》和《乐记》,姚氏完全持否定态度。他认为《大学》《中庸》《乐记》篇中内容多与佛老相通,前人对这三篇的解释也受到了佛老的影响。姚氏说:"周茂叔受学于东林禅师,东林授以《中庸》,与言《中庸》之旨,一理中发为万事,末复合为一理。茂叔受之,以授程正叔,正叔尝言之,今章句载于篇端者是也。于是程门游杨之徒多为《中庸》解,朱仲晦相承,以为章句,乃复抵其师说为淫于佛老,孰知其说殆有甚于游杨之徒者哉?"② 作为理学的基本文献和重要的理论来源,《中庸》在宋代以来的影响力不言而喻。姚氏则认为,从周敦颐到程朱,《中庸》就被佛理化。也就是说,宋儒的《中庸》诠释并非儒家义理,而是佛理。姚氏此说与陈确、颜元等清初学人的观点如出一辙。他们皆视理学家的《大学》《中庸》解义为佛理,并以此从根本上瓦解宋明理学。在清初学界,常见的做法是由王返朱或调和朱、王。而姚际恒、陈确、颜

---

① 林庆彰:《姚际恒及其在近代学术史上的地位》,《姚际恒研究论集》上册,台北"中研院"文哲研究所筹备处2001年,第124页。
② (清)杭世骏:《续礼记集说》卷八十六,《续修四库全书》第101册,第507—508页。

元等人在恢复孔孟之道的口号下，主张彻底批判宋明理学。他们认为，真正的孔孟之道体现在日用人伦之间，而不是玄远的高论。实际上，宋明理学并非完全没有孔孟义理之真，姚氏等人对宋明理学的批判走向了极端，而没有引起太多的共鸣。

姚际恒对于包括"三礼"在内的群经的辨疑，在清代并没有引起太大反响，原因主要有以下三点：一是清代汉学家认为姚氏的辨疑缺乏考据，因此考据学家看不上姚氏的经解；二是姚氏对于宋明理学持批判态度，因此清代理学家也不喜姚氏的经解；三是姚氏对儒家经典多持怀疑态度，因此建立在对经典尊崇基础之上的今文学家也排斥姚氏的经解。

近代以来，受胡适提倡"整理国故"的影响，顾颉刚、钱玄同等人以大胆疑古的精神研究古代典籍，姚际恒《古今伪书考》等书遂受到了古史辨派的格外关注，成了近代疑古精神的重要来源，这在胡适与顾颉刚讨论姚氏著作的书信中可以看到[①]。

平心而论，姚际恒于"三礼"辨疑的很多观点并非确论，甚至有疑古过勇之嫌。姚氏立论急，不少观点过于大胆。比如其认为《大学》《中庸》《乐记》与佛理相通，且认为理学家的诠释杂有佛教义理，结论显然武断。实际上，宋明理学是在参考佛老之学的基础上，对汉唐儒学所做的重塑。宋明理学在思想体系的建构上受到了佛老思想形式的影响，在本质却是反佛老。因此，《大学》《中庸》《乐记》被理学家诠释和应用的时候，在心性论方面未免有佛老的一些元素，然而在核心义理和价值取向上与佛老有本质的不

---

① 胡适与顾颉刚曾在书信中讨论姚际恒的著作，这些书信被收入《姚际恒研究论集》上册，台北"中研院"文哲研究所筹备处2001年，第3—17页。

同。因此，姚际恒将《大学》《中庸》《乐记》的思想以及理学家的诠释等同于佛老义理，显然是武断的。

从中国经学的传统来说，治经要讲家法。经学家们认为，只有在特定学术语境之下，才能对经典有同情之理解，否则只能流于表面而难得真义。从史学的角度来看，经学家法之说是不成立的，因为经学的语境带有价值和立场。家法之下的研究受主观价值和立场的影响，不能得历史之真。姚际恒的对包括"三礼"在内的经典的研究不讲经学家法。他以文士的身份从事经典解读，对于千余年来礼学研究积累起来的规律性认识一概弃之不用。比如对于"礼是郑学"这一礼学研究中不得不重视的问题，姚氏似乎置若罔闻。姚氏治礼经不守经学家法，这为乾嘉学派所不齿。不过，姚氏不顾经学家法，大胆议论，也可以纠正人们对经学一味的"迷信"，这也是在近代传统经学瓦解的背景下，姚氏的经学获得胡适、顾颉刚等人重视的原因所在。

第二章

清代的礼学与理学

广义的"理学"包括程朱理学和陆王心学,狭义的"理学"则指程朱理学。本章的"理学"是从狭义的角度而言,即程朱理学。宋代理宗后期,程朱理学被确定为官方的统治思想,元代延祐年间又被纳入科举考试,地位更加显赫。理学对元、明、清时期的政治、教育、文化、社会、风俗等产生了极为深远的影响。而作为儒学最核心内容的礼学也在理学的统摄之下呈现出与汉唐时期不同的面貌。理学是儒学的新形态,而礼学又是儒学最核心的内容,因此,辨析礼学与理学的关系,是宋代以来礼学和理学研究的重要内容。

第一节 清廷对礼学和理学的态度

清代延续元代和明代的文化政策,对程朱理学大加褒扬,并继续以之作为整个社会的指导思想。此外,清代统治者还对礼教大力提倡,大加弘扬。清代帝王如康熙、乾隆等人都崇奉理学,同时也扶持礼学。

在清代帝王中,康熙和乾隆对待理学的态度是颇有代表性的。

康熙深受程朱理学的影响，他曾自述："朕自五龄即知读书，八岁践祚，辄以《学》《庸》训诂询之左右，求得大意而后愉快。日所读者必使字字成诵，从来不肯自欺。及四子之书既已通贯，乃读《尚书》，于典谟训诰之中，体会古帝王孜孜求治之意，期见之施行。"①康熙服膺朱子学，他说："自汉以来，儒者世出，将圣人经书多般讲解，愈解而愈难解矣。至宋时，朱子辈注"四书""五经"，发出一定不易之理，故便于后人。朱子辈有功于圣人经书者，可谓大矣。"②又说："惟宋儒朱子注释群经，阐发道理，凡所著作及编纂之书皆明白精确，归于大中至正，经今五百余年，学者无敢疵议。"③康熙推崇朱子学，以至于后人认为"圣祖以朱子之学倡天下"④。

乾隆皇帝重视理学，除了受其祖父康熙的影响，还与其师福敏、朱轼、蔡世远等人的教育相关。福敏推崇程朱，教读有方，深受乾隆的敬重；蔡世远是理学家张伯行、李光地的门生，其协助李光地所编的《性理精义》是乾隆帝学习的课本；朱轼历经康、雍、乾三朝，推崇程朱学说，深为乾隆帝倚重。乾隆认为理学对于社会控制有重要意义，他说："夫治统原于道统，学不正则道不明。有宋周、程、张、朱子，于天人性命大本大原之所在，与夫用功节目之详，得孔孟之心传，而于理欲、公私、义利之界，辨之至明。循之则为君子，悖之则为小人。为国家者，由之则治，失之则乱。实有裨于化民成俗、修己治人之要，所谓入圣之阶梯，求道之途辙

---

① 中国第一历史档案馆整理：《康熙起居注》第 2 册，中华书局 1984 年，第 1249 页。
② 《圣祖仁皇帝庭训格言》，文渊阁《四库全书》第 717 册，第 656 页。
③ 《圣祖仁皇帝实录》卷二百四十九，《清实录》第 6 册，中华书局 1985 年，第 466 页。
④ 赵尔巽等：《清史稿》卷二百九十，中华书局 1977 年，第 10282 页。

也。"①乾隆认为"治统"源于"道统",而其所谓"道统",就是周、程、张、朱等人所传的"圣人之道"。

康熙、乾隆等人对理学的推崇,主要是从统治的角度来看的。作为帝王,他们考虑更多的是以何种学说作为当时社会的主流意识,从而为君臣百姓提供指导思想,而作为元、明以来官方意识形态的程朱理学自然就成为了他们的选择。康熙、乾隆等清代帝王在理学思想方面并没有多大建树,他们所重视的主要是理学的统治功能。他们在将理学作为国家意识形态的前提之下,又将礼学的弘扬作为统治的重要策略,因此我们就不难理解以康熙、乾隆为代表的清代帝王在推崇程朱理学的同时又汲汲于礼书编纂、礼仪践履的原因。

不少清代理学名臣也提倡礼学,他们或从事"三礼"之训释,或从事礼教之规范。他们所做的努力,对于清代的政治和社会风气产生了深远的影响。

清代官方对于理学的推崇,催生出一批信奉理学的大臣。清初的李光地,清代中前期的朱轼、方苞,以及晚清的曾国藩,既是清廷的大臣,又信奉理学,重视礼教。我们于此以李光地、朱轼、方苞和曾国藩为例,以见清代理学名臣如何处理礼学与理学的关系。

李光地、朱轼、方苞和曾国藩等人有一个共同的身份,即清朝重臣。李光地为康熙九年进士,由翰林院编修累官至直隶巡抚、吏部尚书、文渊阁大学士,深得康熙皇帝的崇信;朱轼历经康、雍、乾三朝,官至太子太傅、文华殿大学士、吏部尚书、兵部尚书,为乾隆帝所倚重;方苞也历经康、雍、乾三朝,累官翰林院侍讲学

---

① 《高宗纯皇帝实录》卷一百二十八,《清实录》第10册,中华书局1985年,第876页。

士、内阁学士兼礼部侍郎，乾隆时再入南书房，任礼部右侍郎、经史馆总裁等职；曾国藩是晚清"四大名臣"之一，曾任两江总督、直隶总督。李、朱、方、曾四人都崇奉程朱理学。比如李光地在康熙的旨意下编纂了《性理精义》《朱子全书》《周易折中》，旨在宣扬程朱理学。李光地服膺朱子学，他说："朱子恰是孔子家法。"[①]"朱子正是孔子传派，其于经书躬行心得矣，而解说处，却字字依文顺义，不少走作，才无弊。"[②]清人唐鉴说李光地"谭经讲学，一以朱子为宗。其所以学朱子者，曰诚，曰志敬，曰知行"[③]。方苞是清代康、雍时期理学阵营中的重要人物，他曾自述为学经历："仆少所交，多楚、越遗民，重文藻，喜事功，视宋儒为腐烂，用此年二十，目未尝涉宋儒书。及至京师，交言洁与吾兄，劝以讲索，始寓目焉。……二十年来，于先儒解经之书，自元以前所见者十七八。然后知生乎五子之前者，其穷理之学未有如五子者也；生乎五子之后者，推其绪而广之，乃稍有得焉。其背而驰者，皆妄凿墙垣而殖蓬蒿，乃学之蠹也。"[④]其"论学一以宋儒为宗，说经之书，大抵推衍宋儒之学而多心得"[⑤]。曾国藩"一宗宋儒"[⑥]，其《顺性命之理论》《君子慎独论》都是阐述理学思想的专论。李、朱、方、曾等人都推崇程朱理学，是清代典型的理学官僚。

---

① （清）李光地：《榕村语录·榕村续语录》，中华书局1995年，第332页。
② （清）李光地：《榕村语录·榕村续语录》，中华书局1995年，第333页。
③ （清）唐鉴：《清学案小识》，商务印书馆1935年，第168页。
④ （清）方苞：《再与刘拙修书》，《方苞集》上册，上海古籍出版社2008年，第174—175页。
⑤ （清）苏惇元：《方苞年谱》，《方苞集》下册，上海古籍出版社2008年，第890页。
⑥ （清）曾国藩：《复夏教授》，《郭嵩焘全集》第26册，岳麓书社2018年，第335页。

作为理学名臣的李光地、朱轼、方苞和曾国藩等人在理学的学理上并没有多大建树,他们对于理学的阐释、褒扬和推崇,多是道德践履层面的。他们重视理学的"工夫论",在学术上强调"实"。比如李光地说:"吾学大纲有三:一曰存实心,二曰明实理,三曰行实事。高中宪、刘蕺山,都是明季学问,不佛不儒。……故惟圣人之道谓之中庸,过此即为隐怪。此是实理,此是实心,此是事实。即浅即深,即粗即精,无大无小,无内无外。"① 理学视域之下的"实",主要是以朱子为代表的理学家所极力推崇的礼学和礼教。

理学名臣认为礼学与理学是相通的。李光地说:"《仪礼》虽亦圣作,但在仪节上讲,何尝不是道德性命所发见。"② "道德性命"是理学的层面的内容,而《仪礼》所载的具体仪节是"道德性命"之体现。李光地又说:"'时习'只是讲习之事,然并知行在其中者。古人学校四术:礼、乐、诗、书。诗、书,便用歌咏诵读,玩索道理;礼、乐,则已有许多切身之事,如礼之威仪,乐之节奏。斯须不庄不敬,如礼何?斯须不和不乐,如乐何?故程子'时复思绎',上蔡'坐尸立斋'之义,朱子兼取之。"③ 言下之意,倡导礼乐与理学家的修养论是息息相通的。方苞也认为"礼""理"相通,礼是"天理"的现实呈现。他说:"先王制礼,所以宰制万物,役使群众者,皆出于天理之自然,而非人力所强设也。"④ "周公之纯乎天理可见矣。盖天理不可以为伪,且以昭万世之人纪。"⑤ 天理纯粹、至大且公,依乎天理所制的礼具有恒常价值。由于理学官僚们认为

---

① (清)李光地:《榕村语录・榕村续语录》,中华书局1995年,第409—410页。
② (清)李光地:《榕村语录・榕村续语录》,中华书局1995年,第2页。
③ (清)李光地:《榕村语录・榕村续语录》,中华书局1995年,第20页。
④ (清)方苞:《书礼书序后》,《方苞集》上册,上海古籍出版社2008年,第40页。
⑤ (清)方苞:《周公论》,《方苞集》上册,上海古籍出版社2008年,第65页。

礼学与理学密切关联，所以他们在宦游四方、政务繁忙之际，从来不忘礼学的研究和礼教的推广。

在《榕村语录》《榕村续语录》中，我们可以看到李光地关于礼经、礼学的论述，其中不少论述还颇为精到。比如关于《周礼》的作者，古今学人见仁见智，观点不一。李光地不同意《周礼》"刘歆伪造"说，他说："胡五峰以《周礼》为刘歆伪作，说太宰岂有管米盐醯酱之事之理。不知男女饮食，自外言之，即治国平天下之要；自内言之，即格物致知、诚意正心、修身齐家之要。日用间更有何事？"[1]李光地于此对"刘歆伪造说"的质疑可谓有理有据。其还对《礼记》中的不少单篇有细致的考察，比如关于《王制》，李光地说："《王制》一篇，先儒谓多举历代之典，盖不尽周制也。然其本末次第，井有条贯，则非苟然编次者。盖首言封建、井田、爵禄之制，乃王道之本也。次言巡狩、朝觐、班锡、田猎之制，王者所以治诸侯也。次及冢宰、司空、司徒、乐正、司马、司寇、市官之职，而以告成受质终焉；王者所以理庶官也。然后及于养老、恤穷之典，使天下无不得其所者，则又所以逮万民也。"[2]李光地于此对《王制》内容的归纳十分全面、条理清晰，若不是对《王制》有较深入的研究，断不可能出此言。在对待古礼的态度上，李光地是与时俱进的。如关于冠、婚、丧、祭诸礼，李光地说："诸事自当法古，然亦必顺民情，因时势而行之方好。如今倘要复缁布之冠，岂非无谓？若于一顶帽分别贵贱，使奴仆贱流一出门，人便知为何等人，虽衣锦绣无用，且觉其不称，自必废然而止矣。"[3]李氏

---

[1] （清）李光地：《榕村语录·榕村续语录》，中华书局1995年，第244页。
[2] （清）李光地：《榕村语录·榕村续语录》，中华书局1995年，第615页。
[3] （清）李光地：《榕村语录·榕村续语录》，中华书局1995年，第485页。

认为行礼要"顺民情""因时势",这种变通、顺势的态度无疑是有远见的。

方苞也精于礼学。其"为学宗程、朱,尤究心《春秋》、'三礼',笃于伦纪。既家居,建宗祠,定祭礼,设义田"①。其礼学论著有《周官集注》《周官析疑》《周官辩》《考工记析疑》《仪礼析疑》《礼记析疑》《丧礼或问》等。这些论著涉及"三礼"文字训诂、名物制度考证、礼意的阐发等各个方面的内容。方苞还以礼立身行事、推行礼教。年谱记载:"先生(指方苞)……为人敦厚,生平言动必准礼法;事父至孝,……事母尤孝,年四十余,宛转膝下如婴儿。……与兄百川弟椒涂相友爱,不忍违离。""先生每遭期功丧,皆率子姓准古礼宿外寝。……居家有客至,必令子弟奉茶,侍立左右;或宴会,则行酒献肴,俾知长幼之节。"②

朱轼也精于礼学,重视推行礼教。其所撰《仪礼节略》以朱子《家礼》为纲,而"折衷聚讼,以求适合,则必以十七篇为正鹄"③。此书征引前人礼说丰富,对于冠、婚、丧、祭诸礼中有争议的内容多有辨正。正如雍正年间李卫所说:"《仪礼节略》……大旨本于朱子,旁采历朝,兼稽近代,凡于礼有发明者,荟萃极博,审择极精,其中仪文之详晰,器数之综核,证据之明确,论议之微渺,靡弗归于至当,可以见之躬行,是真足以集先儒之成,而合于时为大旨矣。"④

---

① 赵尔巽等:《清史稿》卷二百九十,中华书局1977年,第10272页。
② (清)苏惇元:《方苞年谱》,《方苞集》下册,上海古籍出版社2008年,第889页。
③ (清)朱轼:《仪礼节略凡例》,《仪礼节略》卷首,《四库全书存目丛书》第110册,第484页。
④ (清)李卫:《仪礼节略序》,《仪礼节略》卷首,《四库全书存目丛书》第110册,第482页。

曾国藩在礼经学方面没有深入研究，他的贡献主要是在礼教的推广方面。曾国藩的一生多是南北宦游、戎马倥偬，其所说的"礼"，并非经学家所关注的名物礼制，而是与个人修养和社会治理结合起来的礼教。正如曾氏所言："今日而言治术，则莫若综核名实；今日而言学术，则莫若取笃实践履之士。"[1] 其效法顾炎武，倡导礼教，躬行实践。由此可见，在以程朱理学为官方哲学的背景之下，不管是清代帝王，还是理学名臣，皆重视礼学和礼教。

清代是中国古典学术思想百川归海之时，流派众多，纷繁复杂。而理学作为当时重要的思想文化派别，既为清代统治者所提倡，也为不少民间学者所推崇。不过，与宋代理学的创新意识和博大精深的体系相比，清代理学家（包括帝王、理学名臣和民间理学家）在理学的学理方面并没有太多创见，他们更在意的是将理学当成一种思想资源，并应用于社会治理方面。正如钱穆所说："于是理学道统，遂与朝廷之刀具鼎镬更施迭使，以为压束社会之利器。"[2] 钱穆于此所云乃顺、康、雍时期之理学，其实，雍正之后理学之情形也大致如此。在强调践履和应用的时代背景下，理学言天道性命的一面被忽略了，而其经世致用的一面则得以彰显。清代帝王及理学官僚将礼学和礼教作为社会治理的重要方式而加以提倡，礼学遂出现大兴的局面。理学是清代的意识形态，而礼学和礼教则是理学在社会运作层面的具体呈现。

清廷对理学和礼学的提倡，影响到了官方和民间的学术思想的互动。在清廷内部，出现了李光地、方苞、朱轼、曾国藩等重视礼

---

[1] （清）曾国藩：《复贺长龄》，《曾国藩全集》第22册，岳麓书社2012年，第5页。
[2] 钱穆：《〈清儒学案〉序》，《中国学术思想史论丛》（八），安徽教育出版社2004年，第357—359页。

学、礼教的理学名臣；在民间，出现了江永、惠栋等信奉程朱理学而又重视礼经研究的经学家。由于礼经学重视名物制度的考证，加之康、乾以来的文网日密，遂让不少人埋头于考据，礼学的实证研究遂显，理学的义理探求渐晦。即便是在受理学影响甚深的清代徽州，乾嘉时期礼学大盛，风头已压倒理学。江永之后，徽州出现了戴震、程瑶田、金榜、凌廷堪、胡培翚等一大批精通礼学的经学家，虽然他们的文化底色有程朱理学，但是他们多是以考据学的代表而著称于世。民间礼学的兴起，可以说是清代考据学的重要表征。乾隆统治的中后期，考据学已经成为整个社会的学术风尚，而统治者的文化倾向也由此而发生变化。从乾隆二十一年起，乾隆帝一改过去尊朱子学的论调，开始对朱子的经解提出质疑[1]。而从乾隆时期的四库馆臣对考据学的推崇以及对宋学的批评中，也可以看到乾隆帝对待理学态度的转变。可以说，礼学的兴起在一定程度上影响了乾隆帝的文化倾向和兴趣。当然，出于意识形态的需要，清廷自始至终都是以理学为官方哲学，以礼经的考证为代表的考据学虽然兴盛一时，然而随着晚清时局的变化，在理学复兴的浪潮之下，礼学又显得晦而不彰了。

第二节 清代理学官僚的礼学思想

宋代理学家不仅有精微的心性之学，而且在礼学方面颇有建树。比如北宋理学家张载既对理学的核心概念有论说，又重视《周礼》《礼记》的研究。不仅如此，张载还在家乡郿县推行《周礼》

---

[1] 可参见李帆：《清代理学史》中卷，广东教育出版社2007年，第15—17页。

所记载的井田制，希望以此来缓解北宋中期土地兼并所带来的严重社会矛盾。南宋朱熹既是理学的集大成者，又是颇有造诣的礼学家。他的《仪礼经传通解》以《仪礼》为纲、以《礼记》为传，对礼经的内容做了重新编排。其所撰《家礼》是一本士庶人通用的礼书，是元、明、清时期民间礼仪制作的蓝本。由此可见，在理学家那里，礼学与理学并不矛盾，而是一体之两面。理学言天道性命，是从哲学的层面论证道德伦理存在的依据；而礼学、礼教是理学现实意义的呈现。理学是形上的、抽象的，而礼学则是社会的、具体的，二者互相依存。清代学者赓续宋元以来的理学传统，并在新的历史条件下进行融会贯通，从而将宋元明时期理学转变为清代理学。礼学在清代也呈现出与宋元明时期不同的形态。本节拟通过对清代中前期的方苞、朱轼和晚清时期的曾国藩、郭嵩焘的礼学和理学观进行辨析，以见清代理学官僚对礼学和礼教的态度和应用情况[1]。需要指出的是，方苞、朱轼、曾国藩、郭嵩焘具有双重身份，他们一方面是清廷官僚，另一方面又是理学名家。我们在本章的第一节已从宏观的角度对他们的礼学与理学观略有考察，本节则在前面研究的基础上，对方、朱、曾、郭等人的礼学与理学观作更加系统和深入地探讨。

一、方苞对礼经的态度及其礼教思想

由于方苞是清代桐城派初祖，所以今人在从事方苞学术研究时往往将焦点放在他的文学上，而甚少涉及方苞学术的其他方面。

---

[1] "理学官僚"在刘师培、梁启超等人的著作中带有贬义色彩。今特指宋代以来在修身、治家与仕宦等方面讲求理学并以理学指导实践的官员。

实际上，方苞在经学、理学方面也颇有造诣①。全祖望说："古今宿儒有经术者，或未必兼文章；有文章者，或未必本经术；所以申、毛、服、郑之于迁、固，各有沟浍。唯是经术、文章之兼固难，而其用之足为斯世斯民之重，则难之尤难者。前侍郎桐城方公，庶几不愧于此。"②方苞"为学宗程、朱，尤究心《春秋》、'三礼'，笃于伦纪。既家居，建宗祠，定祭礼，设义田"③。他于礼学方面的论著颇多，涉及"三礼"文本的诠释、礼与理关系的辨析。此外，方苞还以礼立身行事、推行教化。研究方苞的礼学，对于认识方苞学术的全貌有着十分重要的意义，对于认识清代经学与理学的关系也颇有参考价值。

（一）礼、礼书与理、天理的关系

清朝建立以后，统治者强化了理学的作用，形成尊崇理学的局面。然而清代中前期学界对理学的态度不一，推崇与批判者皆不乏其人。熊赐履、李光地、方苞等人推崇理学，而黄宗羲、陈确、颜元、李塨等人则批判理学。方苞是清代康、雍时期理学阵营中的重要人物，他说："仆少所交，多楚、越遗民，重文藻，喜事功，视宋儒为腐烂，用此年二十，目未尝涉宋儒书。及至京师，交言洁与吾兄，劝以讲索，始寓目焉。……二十年来，于先儒解经之书，自元以前所见者十七八。然后知生乎五子之前者，其穷理之学未有

---

① 方苞二十四岁入京结识了万斯同。万斯同告诫方苞："子于古文，信有得矣。然愿子勿溺也！唐、宋号为文家者八人，其于道粗有明者，韩愈氏而止耳；其余则资学者以爱玩而已，于世非果有益也。"方苞于是"辍古文之学而求经义"。[（清）方苞：《万季野墓表》，《方苞集》上册，上海古籍出版社2008年，第332页。]

② （清）全祖望：《前侍郎桐城方公神道碑铭》，《鲒埼亭集》卷十七，《续修四库全书》第1429册，第98页。

③ 赵尔巽等：《清史稿》卷二百九十，中华书局1977年，第10272页。

如五子者也；生乎五子之后者，推其绪而广之，乃稍有得焉。其背而驰者，皆妄凿墙垣而殖蓬蒿，乃学之蠹也。"[1]他认为颜元、黄宗羲等人败坏学术，"夫学之废久矣，而自明之衰，则尤甚焉。某不足言也，浙以东，则黄君梨洲坏之；燕、赵间，则颜君习斋坏之。……二君以高名耆旧为之倡，立程、朱为鹄的，同心于破之，浮夸之士皆醉心焉。"[2]方苞"论学一以宋儒为宗，说经之书，大抵推衍宋儒之学而多心得"[3]。方苞对礼的起源、功能之阐述，与他的理学思想和立场密切相关。

方苞认为礼为圣人所作，"先王制礼，所以宰制万物，役使群众者"[4]，《周礼》"乃周公夜以继日穷思而后得之者"[5]。至于圣人制礼的根据，方苞也做了说明："盖三代之礼，缘情依性，故能经纬人道，规矩无所不贯。上自宫寝、郊庙、朝廷之礼，既有以正君身，统百官；下逮黎庶、宫室、车服、饮食、嫁娶、丧祭，各授以节，而适其宜；所以宰制万物，役使群众，而人力无所庸者，此也。"[6]方苞认为先王制礼的依据之一是人情。此说并非新见，如《礼记·礼运》"何谓人情？喜、怒、哀、惧、爱、恶、欲，七者弗学而能"；"故礼义也者……所以达天道、顺人情之大宝也"。方苞

---

[1] （清）方苞：《再与刘拙修书》，《方苞集》上册，上海古籍出版社2008年，第174—175页。
[2] （清）方苞：《再与刘拙修书》，《方苞集》上册，上海古籍出版社2008年，第175页。
[3] （清）苏惇元：《方苞年谱》，《方苞集》下册，上海古籍出版社2008年，第890页。
[4] （清）方苞：《书礼书序后》，《方苞集》上册，上海古籍出版社2008年，第40页。
[5] （清）方苞：《周官集注序》，《方苞集》上册，上海古籍出版社2008年，第83页。
[6] （清）方苞：《又书礼书序后》，《方苞集》上册，上海古籍出版社2008年，第41页。

此说，与《礼记》所言礼顺人情如出一辙。

方苞还认为礼的缘起与节制人的欲望有关。他说："礼之失自春秋始，极于战国；至秦有天下，遂杂采六国之仪，而尽废三代之礼。盖将极情纵欲，凡势力之所能逞则恣焉，而深恶夫古礼之大为之防也。"① 春秋之后"极情纵欲"，以至于三代之礼废。在方苞的意识中，礼为圣人"缘情依性"所制，"缘情依性"并非放纵情欲，而是节制情欲。荀子说："礼起于何也？曰：人生而有欲，欲而不得，则不能无求；求而无度量分界，则不能不争；争则乱，乱则穷。先王恶其乱也，故制礼义以分之，以养人之欲、给人之求。"方苞于礼缘起之说，实际上是糅合《礼记》与《荀子》关于礼的起源的观点，即顺乎性情与节制性情，二者统于礼，而这一切是由圣人完成的。

方苞还对礼的终极依据做了探寻。《周易》言"形而上者谓之道，形而下者谓之器"，道为抽象的本体，而器为具体的现象，道是器的根据，器是道的摹本。这种世界观和思维模式为宋明理学所承袭和光大，理学家认为"理""天理"是万事万物的本体，而万事万物则是"理""天理"的摹本。张载根据《礼记·仲尼燕居》"礼也者，理也"和《礼记·乐记》"礼也者，理之不可易者也"，对礼与理的关系做了辨析。他说："礼者，理也，须是学穷理，礼则所以行其义，知理则能制礼，然则礼出于理之后。"② 礼出于理，理为礼之依据。张载的解读是理学化的，其所谓的理，与《礼记》所言事理的理已有根本不同。朱熹也对礼与理的关系做了

---

① （清）方苞：《又书礼书序后》，《方苞集》上册，上海古籍出版社2008年，第41页。

② （宋）张载：《张子语录》，《张载集》，中华书局1978年，第326—327页。

辨析。他说："所以礼谓之'天理之节文'者，盖天下皆有当然之理。今复礼，便是天理。但此理无形无影，故作此礼文，画出一个天理与人看，教有规矩可以凭据，故谓之'天理之节文'，有君臣，便有事君底节文；有父子，便有事父底节文；夫妇长幼朋友，莫不皆然，其实皆天理也。"[1] 天理是万事万物存在的依据，礼是天理的节文。朱熹将礼与天理对照起来论述，意在凸显礼存在的合理性和神圣性。

受张载、朱熹等人的影响，方苞也对本体与现象的关系加以辨析。他说："圣人知天地之理，而识其所以别者，故能从有以至于未有，而得细于气微于声者，所谓神也。有者，器数之既形也；未有者，器数之未形也。声气辨于既有器数之后，而神存于未有器数之先；故从有以至未有，然后可以探声气之本而得其神也。"[2] 乐律的器数属于现象世界，而乐律之神则属于形上本体世界，乐律之神是乐律之器数的依据，乐律之器数则是乐曲之神的体现。方苞在此虽然是论乐律，但从中可见其试图分辨属于本体的"无"与现象的"有"。

方苞认为，礼为圣人所制，其功能是顺人情和节制情欲，不过这是形下层面的，礼的形上依据是理、天理。他说："先王制礼，所以宰制万物，役使群众者，皆出于天理之自然，而非人力所强设也。"[3]"周公之纯乎天理可见矣。盖天理不可以为伪，且以昭万世之人纪。"[4]"圣人之法，所以循天理而达之也。圣人之经，所以传天心

---

[1] （宋）黎靖德辑：《朱子语类》卷四十二，《朱子全书》第15册，上海古籍出版社、安徽教育出版社2010年，第1494页。
[2] （清）方苞：《诂律书一则》，《方苞集》上册，上海古籍出版社2008年，第45页。
[3] （清）方苞：《书礼书序后》，《方苞集》上册，上海古籍出版社2008年，第40页。
[4] （清）方苞：《周公论》，《方苞集》上册，上海古籍出版社2008年，第65页。

而播之也。"① 圣人周公制礼是以天理为依据，而非仅凭人之主观意图随意为之；天理纯粹、至大且公，依乎天理所制的礼具有恒常价值。不过，不同时代的礼有损益因革，即使是同一时代，礼也因地域而有所不同。方苞解释道："先王制礼，有迹若相违而理归于一者，以物之则各异，而所以为则者，无不同也。"② 从显性的角度来看，先王所制的礼内容繁多，且有差异，不过从根本上来说，先王所制的礼是相同的，即皆与"理"相合。"理""则"是从本体意义来说的，而非具体的事理或原则。

对于礼书的撰作，方苞也从本体的角度来加以探讨。在他看来，礼书是圣人顺乎天理而制作的。比如《周礼》，方苞说："凡人心所同者，即天理也。然此理之在身心者，反之而皆同；至其伏藏于事物，则有圣人之所知，而贤者弗能见者矣。昔周公思兼三王，以施四代之政，盖有日夜以思，而苦其难合者。以公之圣而得之如此其艰，则宜非中智所及也。故《周官》晚出，群儒多疑其伪；至宋程、张二子及朱子继兴，然后知是书非圣人不能作。盖惟三子之心，几乎与公一，故能究知是书之精蕴，而得其运用天理之实也。"③ 天理是万事万物的本体，主体的人以及客体的万物分有了天理；人心之所同者是天理，此是易知的，事物之所同，不是一般人所能见的。方苞认为，《周礼》出自周公，与天理为一；不过该书晚出，其所蕴含的精意——"理""天理"就不是一般人所能见的，所以后儒多有疑义。张载、朱熹等人认为《周礼》在大体上属

---

① （清）方苞：《周官辨伪二》，《方苞集》上册，上海古籍出版社2008年，第21页。
② （清）方苞：《书考定仪礼丧服后》，《方苞集》上册，上海古籍出版社2008年，第24页。
③ （清）方苞：《周官辨序》，《方苞集》下册，上海古籍出版社2008年，第599页。

于圣人周公所作,不过他们并没有将该书直接与天理齐等。在理学家的意识中,圣人的道德事功就是天理的体现,比如朱熹认为"圣人万善皆备,有一毫之失,此不足为圣人。……故大舜无一毫厘不是,此所以为圣人,不然,又安足谓之舜哉。"[1] 方苞将礼、礼书与"理""天理"相提并论,实际上是对宋代以来理学家的礼学观的继承和发扬。

(二)崇圣与辨疑

礼学的核心文献是"三礼"。这三本书所记的名物、制度、礼意是礼学的核心内容,也是历代官方议礼制礼的重要依据,受到历代朝野上下的极大重视。方苞于"三礼"用功颇深,其《周礼》方面的论著有《读周官》《周官辨》《周官集注》《周官析疑》《周官义疏》。其治《仪礼》也颇用力,相关论著有《读仪礼》《仪礼析疑》《丧礼或问》。苏惇元说方苞"治《仪礼》十易其稿"[2],又说"先生(指方苞)以此经少苦难读,未经倍诵,恐不能比类以尽其义。……七十以后,晨兴,必端坐诵经文,设为身履其地,即其事,而求昔圣人所以制为此礼,设为此仪之意,虽卧病犹仰而思焉。有心得,乃稍稍笔记,十余年来已九治;犹自谓积疑未祛,乃十治,早夜勤劬,迄今始成"[3],由此可见方苞于《仪礼》用功之深。方苞也勤于治《礼记》,相关论著有《礼记析疑》《辨明堂位》等。

方苞的"三礼"诠释涉及文字训诂、名物制度考证、礼意的阐

---

[1] (宋)黎靖德辑:《朱子语类》卷十三,《朱子全书》第14册,上海古籍出版社、安徽教育出版社2010年,第398页。

[2] (清)苏惇元:《方苞年谱》,《方苞集》下册,上海古籍出版社2008年,第890页。

[3] (清)苏惇元:《方苞年谱》,《方苞集》下册,上海古籍出版社2008年,第888页。

发以及"三礼"成书问题等多个方面。透过这些诠释内容，可知方苞既有崇圣意识，亦有很强的辨疑精神。

方苞对于"三礼"的作者和成书问题皆有考证。对于《周礼》一书，他从整体上给予肯定，"公之'兼三王以施四事'者，具在是书"①。"三王致治之迹，其规模可见者，独有是书。世变虽殊，其经纶天下之大体，卒不可易也"②。方氏认为《周礼》职官布局周密，"其于人事之始终，百物之聚散，思之至精，而不疑于所行，然后以礼、乐、兵、刑、食货之政，散布六官，而联为一体"③；"其笔之于书也，或一事而诸职，各载其一节以互相备，或举下以该上，或因彼以见此。其设官分职之精意，半寓于空曲交会之中，而为文字所不载。迫而求之，诚有茫然不见其端绪者，及久而相说以解，然后知其首尾皆备而脉络自相灌输，故叹其遍布而周密也。"④《周礼》各职官所司之事散于六官，看似分散，实则联为一体。方苞认为，《周礼》不但职官布局精密，而且内容可与《中庸》"尽人物之性以赞天地之化育"相印证，"盖惟公达于人事之始终，故所以教之、养之、任之、治之之道，无不尽也。惟公明于万物之分数，故所以生之、取之、聚之、散之之道，无不尽也。运天下犹一身，视四海如奥阼，非圣人而能为此乎？"⑤《周礼》体现的是周公达人事之始终、明万物之分数，若非圣人，断不能成之。

由于王莽改制和王安石变法皆以《周礼》为依据，而两者皆以失败告终，所以不少人将变革的失败归罪于《周礼》。方苞认为，

---

① （清）方苞：《周官集注序》，《方苞集》上册，上海古籍出版社2008年，第83页。
② （清）方苞：《读周官》，《方苞集》上册，上海古籍出版社2008年，第17页。
③ （清）方苞：《周官集注序》，《方苞集》上册，上海古籍出版社2008年，第83页。
④ （清）方苞：《周官集注序》，《方苞集》上册，上海古籍出版社2008年，第83页。
⑤ （清）方苞：《读周官》，《方苞集》上册，上海古籍出版社2008年，第16页。

前人疑《周礼》或"道听涂说",或"未尝一用其心",或"粗用其心,而未能究乎事理之实者也"①。他对前人驳疑《周礼》的原因做了探寻:"自汉何休,宋欧阳修、胡宏皆疑为伪作。盖休耳熟于新莽之乱,而修与宏近见夫熙宁之弊,故疑是书晚出,本非圣人之法,而不足以经世也。"②方苞认为,何休近新莽改制,欧阳修、胡宏近熙宁变法,何、欧阳、胡等人与变革、变法的时代相去不远,遂以《周礼》不足以经世。与何休、欧阳修、胡宏等人的看法不同,方苞为《周礼》辩护,他说:"莽之事不足论矣,熙宁君臣所附会以为新法者,察其本谋,盖用为富强之术,以视公之依乎天理以尽人物之性者,其根源较然异矣。"③方苞认为,安石藉《周礼》变法是富国强兵之术,周公作《周礼》则是依乎天理以尽人物之性,因此安石所行与《周礼》意蕴相悖,后人不应将安石以《周礼》推行变法的思想与《周礼》本身的思想混为一谈。

方苞与朱熹等人的《周礼》观是十分接近的。朱熹认为《周礼》纲领出自周公,具体内容则是由他人完成,"《周礼》一书好看,广大精密,周家法度在里,但未敢令学者看"④。"《周礼》一书,也是做得来缜密,真个盛水不漏"⑤。朱熹还对《周礼》具体内容的归属问题做了辨析,他认为"《周礼》只疑有行未尽处。看来《周礼》规模皆是周公做,但其言语是他人做"⑥。方苞在《周官集

---

① (清)方苞:《周官辨伪一》,《方苞集》上册,上海古籍出版社2008年,第17页。
② (清)方苞:《读周官》,《方苞集》上册,上海古籍出版社2008年,第16页。
③ (清)方苞:《读周官》,《方苞集》上册,上海古籍出版社2008年,第16页。
④ (宋)黎靖德辑:《朱子语类》卷八十六,《朱子全书》第17册,上海古籍出版社、安徽教育出版社2010年点校本,第2912页。
⑤ (宋)黎靖德辑:《朱子语类》卷八十六,《朱子全书》第17册,上海古籍出版社、安徽教育出版社2010年点校本,第2912页。
⑥ (宋)黎靖德辑:《朱子语类》卷八十六,《朱子全书》第17册,上海古籍出版社、安徽教育出版社2010年点校本,第2911—2912页。

注》的"总说"部分征引孟子、张载、二程、朱熹、张栻等人的观点,以明《周礼》是周公之书。其中征引朱熹之说多达九则,由此可见方苞对朱熹观点是十分重视的。

方苞对于"三礼"的成书、成篇多有疑义。他往往是在前人的基础上,提出新的见解。比如他认为《礼记·文王世子》有刘歆增窜之文,增窜的目的是媚新莽篡汉。《文王世子》开篇记武王为世子之礼、下之事上之法,方苞说:"其称武王养疾,亦为莽而设也。莽侍王凤,疾不解衣带连月,其孤贫时,以孝母著闻,则一饭亦一饭,再饭亦再饭,必莽之饰行(莽革汉命亦三夜不御寝、三日不御食)。故增窜此记,以见莽天性合道,凡事皆与古圣同符。以义裁之,武王必无是也。父母有疾,当时已之,饥饱而饭,每减焉,或偶辍一饭,亦顺其自然。必以父母之一饭、再饭为准,是伪也。设旬月不入勺饮,子亦如之,可乎?"[1]《文王世子》所记武王事文王之礼,王莽曾有相似的经历,方苞由此推测武王事文王的记载属于刘歆伪窜。

方苞对于"三礼"的经、注、疏也有疑义。即使是认为出自圣人的《周礼》,方苞也认为其"决不可信者实有数事焉"[2]。比如《周礼·媒氏》"仲春之月大会男女,奔者不禁",方氏认为此文出自刘歆增窜,他说:"盖莽之法:私铸者伍坐。没入为官奴婢,传诣钟官者,以十万数;至则易其夫妇,民人骇痛。故歆增窜《媒氏》之文,以示《周官》之法官会男女而听其相奔;则以罪没而易其夫妇,犹未为已甚也。"[3]方氏认为《媒氏》此之记载不合于圣人之法、圣人之经,"呜呼!圣人之法,所以循天理而达之也;圣人

---

[1] (清)方苞:《礼记析疑》卷九,文渊阁《四库全书》第128册,第86页。
[2] (清)方苞:《周官辨伪一》,《方苞集》上册,上海古籍出版社2008年,第17页。
[3] (清)方苞:《周官辨伪二》,《方苞集》上册,上海古籍出版社2008年,第20—21页。

之经，所以传天心而播之也；乃为悖理逆天之语所混淆，至于二千余年而不可辨，则欲诚万世之罪人也。"①对于郑玄、贾公彦和敖继公等人的《仪礼》解义，方苞也有质疑。比如《仪礼·士冠礼》："卒筮，书卦，执以示主人。"郑玄《注》："书卦者，筮人以方写所得之卦。"郑玄认为"书卦"者是筮人。方苞驳曰："书卦，即卦者书之也。以紧承上文卦者在左。又《特牲》《少牢》有明文，故不复言卦者书卦耳。至此始言书卦，则上文所卦者，谓刻识阴阳、老少之木，而非以木画地，明矣。"②方苞认为"书卦者"是卦者，而非筮人。方苞不但疑前人解义，还疑经文。如《仪礼·士冠礼》"侧酌醴"，方苞云："凡尊必有玄酒，惟冠独陈醴，故云侧。凡酌未有使人助者，不宜言侧，盖传写误衍。"③方氏认为"侧"字衍，理由是独自酌醴不宜言"侧"。

在"三礼"诠释史上，疑经、注、疏者自古有之。在辨疑精神很强的宋代，质疑"三礼"经文注疏是很常见的事，即便是在"疏不破注""注不驳经"的汉唐，对前人的解义仍不乏质疑之声。因此，方苞之辨疑并非新现象。他继承了经典诠释传统，通过笺注和议论的形式对"三礼"的经、注、疏或肯定，或质疑，至于其肯定或质疑是否是真义，那是见仁见智的事。需要注意的是，方苞辨疑的本质是崇圣，即便是疑"三礼"的经、注、疏，其根本目的还是崇圣，他说："夫儒者之学，所以深摈异端，非贵其说之同也。学不明，则性命之理不顺。"④"摈异端"之目的是明"性命之学"，此

---

① （清）方苞：《周官辨伪二》，《方苞集》上册，上海古籍出版社2008年，第21页。
② （清）方苞：《仪礼析疑》卷一，文渊阁《四库全书》第109册，第5页。
③ （清）方苞：《仪礼析疑》卷一，文渊阁《四库全书》第109册，第10页。
④ （清）方苞：《再与刘拙修书》，《方苞集》上册，上海古籍出版社2008年，第175页。

所谓"性命之学",即方苞所推崇的程朱理学。

方苞于"三礼"经文注疏的辨析也有创见。在他之前,刘歆认为《周礼》是周公所作,而胡安国、胡宏认为《周礼》是刘歆伪作,朱熹认为《周礼》的纲要出自周公,具体内容出自他人。还有一些学者认为《周礼》既非周公所作,又非刘歆伪作。如毛奇龄认为《周礼》出自战国;万斯大将《周礼》与"五经"、《论语》、《孟子》相比较,以证《周礼》非周公之书。方苞在综合前人观点的基础上,认为《周礼》出自周公,此书总体上可信。对于完全否定《周礼》者,方苞予以批驳。此外,方苞认为《周礼》有刘歆增窜的内容。其辨《周礼》之真伪,既"揆之于理""验之于人心",又看内容是否合于"圣人之法""圣人之经"①。当然,方苞的观点并非确论,还有不少值得商榷者②。方苞之后,对《周礼》作者和成书问题的探讨从未停止。晚清康有为认为《周礼》出自刘歆伪造,刘氏是以周公之学抑孔子之学,从而助莽改制;刘师培撰《汉代古文学辨诬》,力证《周礼》出自周公。方苞于《周礼》成书问题所做的探讨,有承先启后的意义③。

---

① (清)方苞:《周官辨伪二》,《方苞集》下册,上海古籍出版社2008年,第21页。

② 方苞于《周礼》之诠释亦有值得商榷者。四库馆臣曰:"苞别著《周官辨》十篇,指《周官》之文为刘歆窜改,以媚王莽。证以《汉书》莽传事迹,历指某节某句为歆所增,言之凿凿,如目睹其笔削者,自以为学力既深,鉴别真伪,发千古之所未言。"[(清)永瑢等:《四库全书总目》卷十九,中华书局1965年,第156页。]在文渊阁《四库全书》中,馆臣于"发千古之所未言"之后,又云"而究不免于臆断"。

③ 刘师培曰:"自东汉何休治《公羊》,虑《周官》之说与之相异也,遂以《周官》为六国阴谋之书。及于宋代,道学之儒以王荆公行《周礼》而流弊也,遂并集矢于《周礼》。至于近代,方苞以《周礼》多刘歆所窜,毛西河亦以《周礼》为周末之书,谓孔子引经,与《春秋》诸大夫及诸子百家引经并无一字及此书。"[(清)刘师培:《汉代古文学辨诬》,《刘申叔遗书》下册,凤凰出版社1997年,第1389页。]

(三)立身与教化

宋代张载、二程、朱熹等人不仅积极构建理学思想体系,还积极从事礼学研究和推行礼教。张载晚年曾在家乡郿县推行《周礼》所记井田制,还"兴学校,成礼俗,救灾恤患,敦本抑末"①。张载此举意在重建伦理、收复人心。在他的努力下,"关中学者,用礼渐成俗"②。朱熹也主张理学不能脱离现实,"所以礼谓之'天理之节文'者,盖天下皆有当然之理。……有君臣,便有事君底节文;有父子,便有事父底节文;夫妇长幼朋友,莫不皆然,其实皆天理也。"③朱熹认为,礼的实践就是天理在现实中的体现。他撰《家礼》,就是试图将礼学应用于社会治理④。

方苞的礼学受朱熹等人的影响甚深。方氏在致尹元孚的信中说:"管子曰:'任之重者莫如身,途之畏者莫如口,期而远者莫如年;以重任,行畏途,至远期,惟君子乃能矣。'古之以礼成其身者,类如此,而世尤近,事尤详,莫如朱子。长君果有志焉,一以朱子为师足矣。"⑤方苞以礼立身,以礼化俗,与朱子礼学的践履精神一脉相承。比如朱熹在《家礼》中主张设立祠堂,以此凝聚宗族人心,方苞也重视合宗收族,并有设计:"大功以上,同财同居,

---

① (宋)吕大临:《横渠先生行状》,《张载集》附录,中华书局1978年,第384页。
② (宋)程颢、程颐:《河南程氏遗书》卷十,《二程集》上册,中华书局1981年,第114页。
③ (宋)黎靖德辑:《朱子语类》卷四十二,《朱子全书》第15册,上海古籍出版社、安徽教育出版社2010年,第1494页。
④ 钱穆在《朱子新学案》中认为《家礼》不伪。此后,陈来《朱子〈家礼〉真伪考议》、束景南《朱子〈家礼〉真伪辨》、蔡方鹿《朱熹经学与中国经学》亦认为《家礼》不伪。《家礼》为朱子所作,在当今学界已是主流观点。
⑤ (清)方苞:《答尹元孚书》,《方苞集》上册,上海古籍出版社2008年,第163页。

则共祀祖祢；异居皆祭于继祖嫡子之家。……共大宗者，岁一合食。共高祖者，再。共曾祖者，三。凡合食，必于宗祠。"①方苞特重宗祠，他告老还乡之后，在金陵城南择址建了方氏宗祠，并为宗祠准备了祭田两百亩。

方苞年少时就有醇化礼俗的想法，他说："昔程子尝叹天下君臣、父子、兄弟、夫妇不尽其分者之多，而余观《诗》《书》所称以及《周官》《戴记》所陈述，每思古者教化备而礼俗型，无贫富贵贱，男女少长各得其分而性命之情安。当其时甿庶之家法，后世士大夫有不能守者矣。因欲为文，著所见于先生父子间者以示乡人，而未就也。"②方苞还看到自上而下醇化礼俗的必要性，他说："所以养君德，施政教，正俗化，莫急于礼，而礼非天子不能行。礼之兴，然后君德可成，而百官得其宜，万事得其序，和仁信义得其质，宗庙朝廷得其秩，室家乡里得其情。礼之废，则君臣、父子、夫妇、长幼，恩薄道苦，序失行恶，其乱百出，而不可禁御。"③

方苞积极参与朝廷议礼。清世宗去世以后，继位的清高宗弘历欲行"三年之丧"，在政治上掀起轩然大波。据《丧服》，可知"三年之丧"对应的关系是子女为父母、父为嫡长子、臣为君。"三年之丧"在丧服制度中有着十分重要的地位，影响十分深远④。由于"三年之丧"不仅关涉伦理，还牵涉政治，所以朝野上下对此皆

---

① （清）方苞：《己亥四月示道希兄弟》，《方苞集》下册，上海古籍出版社2008年，第478页。
② （清）方苞：《万季野墓表》，《方苞集》上册，上海古籍出版社2008年，第331页。
③ （清）方苞：《读经解》，《方苞集》上册，上海古籍出版社2008年，第33页。
④ 关于"三年之丧"的起源和演变，丁鼎先生曾有详尽的介绍。参见丁鼎：《〈仪礼·丧服〉考论》，社会科学文献出版社2003年，第22—52页。

不敢轻忽，不过涉及具体问题，朝臣们的争议很大。清世宗去世以后，清高宗弘历下诏，命群臣详稽典礼。礼部尚书魏廷珍遂请方苞草具仪法，方氏说："先圣遗文，散见《周官》《仪礼》《戴记》及七十子所传述者，犹未尽泯。"他详考"三礼"经传，参互相证，择其可存古义而又可施之于今者九则。方苞还说："伏望立中制节，定为本朝国恤之经；俾四海臣民，惟皇之极，观感率由，自饬厥性，永永年代，守为典法。"①经过廷议，总理事务大臣宣布："谨拟百日内，上服缟素，百日外，请发，易素服。诣几筵前，仍服缟素。诣皇太后宫，及御门，莅官，听政，咸素服，冠缀缨纬。升殿受朝，不宣表，不作乐，咸用吉服。"②以百日为限，百日内"服缟素"，百日外"请发""易素服"，这些安排都与方苞的建议分不开。

方苞一生依礼修身和行事。年谱记载："先生（指方苞）……为人敦厚，生平言动必准礼法；事父至孝，……事母尤孝，年四十余，宛转膝下如婴儿。……与兄百川弟椒涂相友爱，不忍违离。"③四十岁那年，"以母老疾，酌《礼经》筑室宅之西偏以奉事焉，而不入中门"④。六十三岁那年秋天，疾作，命诸子："如我殁，敛时须袒右臂。昔余弟椒涂疾革时，余因异疾，医者令出避野寺。弟卒，弗获视含敛，心常悔之，以此自罚也。"⑤"先生每遭期功丧，皆

---

① （清）方苞：《丧礼议》，《方苞集》下册，上海古籍出版社2008年，第584页。
② 《高宗纯皇帝实录》卷二，《清实录》第9册，中华书局1985年，第180页。
③ （清）苏惇元：《方苞年谱》，《方苞集》下册，上海古籍出版社2008年，第888页。
④ （清）苏惇元：《方苞年谱》，《方苞集》下册，上海古籍出版社2008年，第874页。
⑤ （清）苏惇元：《方苞年谱》，《方苞集》下册，上海古籍出版社2008年，第880页。

率子姓准古礼宿外寝。……居家有客至,必令子弟奉茶,侍立左右;或宴会,则行酒献肴,俾知长幼之节。"[1]方苞以礼行事,践行理学的道德理想主义,连直言桐城派未得程朱理学要领的章太炎也肯定方苞"孝友严整躬行足多矣"[2]。

方苞服膺程朱理学,他一生恪守理学所提倡的道德伦理,这一切主要体现在他对礼的提倡和践行上。通观方苞的文集和经学著作,可知他并没有程朱那样博大精深的思想体系和精微义理。方苞是理学家,这主要是从信仰的角度来说,他与李光地、朱轼等人一样,没有将太多的注意力和精力放在理学体系的建构上,而是通过礼学将其理学的经世取向彰显出来。通过考察方苞礼学,可纠学界一些人对于理学家的偏见。长期以来,不少人认为理学是形上思辨之学,而不务实际。然而不管程朱,还是陆王,他们都极重事功,他们的学术不仅有思辨,还讲求经世致用。理学作为儒学的一种形态,其对于儒学最核心的内容——礼学是高度重视的。方苞礼学的经世致用精神,正是对中国儒学价值取向的继承和弘扬。

二、朱轼的礼教思想与实践

朱轼(1665—1736)是清代康、雍、乾三朝重臣,官至太子太傅、文华殿大学士,也曾任湖北潜江知县、陕西学政、浙江巡抚、吏部尚书、兵部尚书。其为官清正廉洁,颇具惠政,深得康熙、雍正、乾隆三帝所倚重,是清代政治史上有重大建树的显赫人物。朱

---

[1] (清)苏惇元:《方苞年谱》,《方苞集》下册,上海古籍出版社2008年,第889页。
[2] (清)章太炎:《检论》卷四,《章太炎全集》第一辑,上海人民出版社2017年,第484页。

轼在家礼学方面也颇有造诣，其《仪礼节略》《家仪》等书在借鉴、损益宋明家礼学的基础上，对礼学、礼教做了较为深入的探讨。其在数十年的仕宦生涯中兴教化、厚风俗，对清代中前期的政治和文化产生了一定影响。因此，研究朱轼的礼俗观及礼教实践，对于认识清代中前期理学官僚的礼学、礼教思想以及清代中前期的政治史和学术史皆有参考价值。然而朱轼礼学和礼教的研究并没有引起学界重视，相关成果不多①。鉴于此，本部分以朱轼的礼俗观及礼教实践为研究对象，以窥十八世纪理学官僚在学问与事功方面的状况，以及对清代政治、教化和学术等方面所产生的影响。

（一）以礼教回应当时的文化政策

明清更迭给社会带来巨大动荡的同时，也造成以清贵族为代表的满文化与汉文化之间的剧烈冲突。入主中原以后，出于巩固统治的需要，清廷逐渐改变与汉文化对抗的思路，在文化政策上开始重视经学和程朱理学。顺治说："帝王敷治，文教是先，臣子致君，经术为本。……今天下渐定，朕将兴文教，崇经术，以开太平。"②从顺治开始，崇儒重道作为一项基本的文化政策被确定下来。到了康熙时期，程朱理学成为官方哲学，正礼俗、兴教化成为统治者实行社会控制的重要方式。康熙九年（1670）颁布了《圣谕十六条》，内容涉及政治、经济、文化等各个方面，其中"尚节俭以惜

---

① 邓声国所撰《朱轼〈仪礼〉研究探微》（《知与行》2017年第4期）从文献学的角度对朱轼的《仪礼节略》作了考察。此外，赵克生、安娜《清代家礼书与家礼新变化》（《清史研究》2016年第3期）着眼于宏观考察清代的家礼书和家礼，其在对清代家礼文献进行分类时于朱轼的家礼学略有涉及。马子木《十八世纪礼学官僚的论学与事功》（《历史研究》2019年第3期）从十八世纪"理学官僚"的视角对朱轼移风易俗的作为有所涉及。

② 《世祖章皇帝圣训》卷五，文渊阁《四库全书》第411册，第134页。

财用""明礼让以厚风俗"等条目与文化建设和社会风俗相关。统治者认为社会风气与人们的经济生活密切相关,不管是为政者还是普通百姓都要勤俭节约,不违礼制,才能形成恭敬礼让、风清气正的社会风貌[1]。此后,崇俭黜奢成为康熙、雍正时期社会治理的重要途径和目标。清廷在对官员进行考核时,旨在崇俭黜奢的礼俗整顿成为一项重要的指标。康熙说:"居官以正俗为先。"雍正说:"理国之道贵储才有素,首先以厚风俗为要务,风俗既端,斯趋向有方,而人材蔚起。"[2]在提倡正风俗的社会控制理念下,清代出现了像朱轼这样力倡崇俭黜奢、重视礼教的理学名臣。

作为极受康熙、雍正、乾隆三帝倚重的治国股肱之臣,不管是出任地方官,还是在朝中任职,朱轼皆将正风俗作为自己的首要任务。朱轼对康熙《圣谕十六条》颇为看重,他说:"我皇上泣罪为心,爰著圣谕十有六条,颁布中外,使大小臣王用以宣扬教化,言约而该,事切而实,真化民成俗之良规。"[3]朱轼任陕西学政时,在《陕西通志》序言中反复强调醇化风俗的必要性,其在序言中提到"俗"和"风俗"达七次。在朱轼看来,正风俗的关键就是崇俭黜奢。在《仪礼节略》的婚礼部分,朱轼认为婚礼中的酒食宴饮、张

---

[1] 康熙九年(1670),熊赐履上奏:"礼者,圣王所以节性防淫,而维系人心于不坠也。……观今日风俗,其奢侈凌越,至有不可殚述者,一裘而费中人之产,一宴而靡中岁之粮,舆隶披贵介之衣,倡优拟命妇之饰。习为固然,争相雄长,而无有起而议其非者。……盖奢则必贪,而廉耻丧矣。奢则必僭,而名分荡矣。奢则必骄,奢则必竞,而礼让衰,节文乱矣。呜呼!此饥之本,寒之源,而盗贼、讼狱、水旱、灾荒之所由起也。"[(清)夏力恕等编:《湖广通志》卷九十四,文渊阁《四库全书》第534册,第460页。]

[2] 《世宗宪皇帝圣训》卷十三,文渊阁《四库全书》第412册,第193页。

[3] (清)朱轼:《上谕注解序》,《朱文端公文集》卷一,《清代诗文集汇编》第214册,上海古籍出版社2010年,第458页。

灯结彩等会造成社会财富的巨大浪费，还会出现败坏风化的"奸徒"，"奢侈之流生祸耳，雁币之资，已非容易，况乃夸多斗靡酒食有费，供张有费，舆隶有费，结彩张灯有费，一妇人入门，中人之产荡矣。以是婺人终身不遂居室之愿，而奸徒之钻穴逾墙，曰不搂不得妻也，伤风败化，有自来矣。"① 此外，若婚礼过于看重财物，就会导致狱讼纷繁，"致反目离异者，有因奁薄而怒其妇，致吞声而疾，非命而死者，狱讼繁兴，不可究诘。孰非风俗侈靡之故哉！戒之戒之，毋谓言之迂而无当也。"② 而社会财富的浪费、风气的败坏，从根本上来说是不守礼制所致，"花轿妆饰，动费多金，鼓乐旗帜，填巷塞衢，大非礼制。"③ 不守礼制，就会造成铺张浪费，从而徒增社会治理的成本。朱轼重视正风俗，是对康熙、雍正崇俭黜奢治国方略的回应与贯彻。

朱轼对正礼俗的重视，还与他个人的文化价值取向相关。朱轼出生于理学世家，其曾祖"潜心理学，发明天人性命之旨，著述甚富"④。其父虽非理学名家，然亦笃信理学。朱轼深受家学影响，他崇奉理学，对张载之学尤为推崇。其曰："予自幼读《西铭》《正蒙》，然每一展卷，恍如有会，既得读全书，益叹张子之学之纯，而其为功于圣道不少也。大抵言性言命，使人心玩之而如其所欲言者，必身体之而适得其力之能至者也。"⑤ 张载在阐发理学思想的同时还以礼

---

① （清）朱轼：《仪礼节略》卷三，《四库全书存目丛书》第110册，第577页。
② （清）朱轼：《仪礼节略》卷三，《四库全书存目丛书》第110册，第577—578页。
③ （清）朱轼：《仪礼节略》卷三，《四库全书存目丛书》第110册，第554页。
④ （清）朱瀚编，（清）朱玲补编：《朱文端公年谱》，《儒藏·史部·儒林年谱》第37册，四川大学出版社2007年，第120页。
⑤ （清）朱轼：《张子全书序》，《朱文端公文集》卷一，《清代诗文集汇编》第214册，上海古籍出版社2010年，第466页。

为教,以礼化俗。[1]朱轼又说:"不言理而言礼,理虚而礼实也。儒道宗旨,就世间纲纪伦物上着脚,故由礼入最为切要,即约礼复礼的传也。吾思礼者,天秩天序也,本诸性而无不足,发于情而不容自已,尧、舜、禹、汤、文、武之所以垂教立极,举天下智愚、贤不肖之人共游于荡平正直,而会极归极者,礼而已矣。自春秋战国杂霸之学兴,而礼坏,至秦而大坏,然不过废而不行已耳。"[2]由于张载将理学与礼学相统一,从而避免了其学术的蹈虚,"张子有见于此,凡所谓修身立教者,一言一动,莫不以礼为准,为之徒者,亦恪守其师训,而孜孜不倦,礼教明而幻渺虚无之说息矣"[3]。朱轼又说:"学张子之学而实践其事者,斯不愧读张子之书而洞晰其理。"[4]此所谓"实践其事",是指张载在以礼化俗方面的实践。

朱轼对朱子礼学也颇为推崇。作为理学的集大成者,朱子既有理学思想体系的建构,也有礼学、礼教的研究。其所编《仪礼经传通解》将散诸群籍之礼加以辨析和整合,成为礼学史上的重要文献;其所撰《家礼》,是为士庶人制定的礼仪蓝本。朱子将理学与礼学结合起来,从而实现理学与经世的合一。朱轼所撰《仪礼节略》是"以朱子《家礼》为纲"[5],冠、婚、丧、祭诸礼皆备。此外,朱轼还推崇朱子礼教。在《仪礼节略·学义》部分,朱轼对朱子的

---

[1] 潘斌:《张载礼学思想探论》,《社会科学研究》2015年第6期。
[2] (清)朱轼:《张子全书序》,《朱文端公文集》卷一,《清代诗文集汇编》第214册,上海古籍出版社2010年,第466页。
[3] (清)朱轼:《张子全书序》,《朱文端公文集》卷一,《清代诗文集汇编》第214册,上海古籍出版社2010年,第467页。
[4] (清)朱轼:《张子全书序》,《朱文端公文集》卷一,《清代诗文集汇编》第214册,上海古籍出版社2010年,第467页。
[5] (清)朱轼:《仪礼节略凡例》,《仪礼节略》卷首,《四库全书存目丛书》第110册,第484页。

《童蒙须知》《朱子语类》《白鹿书院揭示》《朱子训子从学帖》中的内容多有征引。

朱轼秉承理学家的道德信条,对历史上蔑弃礼教者大加鞭挞。比如对于魏晋"越名教而任自然""非汤武而薄周孔"的"放达"之士,朱轼的批判可谓不遗余力。在《仪礼节略》的"士相见礼"部分,朱轼在考察人与人之间交接的原则时说:"晋人放荡,礼法之外,有闻所闻而来,见所见而去者,有乘兴而来,兴尽而返者,是皆先王之罪人也夫。"[①]"吾尝谓阴司果有地狱,其必何晏、王弼辈居之。盖自旷达之说起,一时轻薄之徒争相趋效,而学士大夫又美之以文章风雅之目,而淑慎尔仪之君子反诋为鄙吝,盖至是而酒之中于人心风俗甚矣。狱讼繁兴,犹其后焉者与。"[②]朱轼认为,魏晋士人蔑弃儒礼,与儒家的文化价值取向相悖离。其通过对历史上的不良现象进行批判,从而为时下敦礼化俗找到合理的依据。

(二)对古今礼俗的批判与采择

与清代中前期的熊赐履、李光地、方苞等理学名臣一样,朱轼也是集官宦和学者于一身。他对于"三礼"所记礼仪制度有深入的研究,对于历代礼书也有全面的考察。其所撰《仪礼节略》以朱子《家礼》为纲,而"折衷聚讼,以求适合,则必以十七篇为正鹄"[③]。《仪礼节略》征引前人礼说丰富,对于冠、婚、丧、祭等有争议的内容多有辨正。正如雍正年间李卫说:"《仪礼节略》……大旨本于朱子,旁采历朝,兼稽近代,凡于礼有发明者,荟萃极博,审择

---

① (清)朱轼:《仪礼节略》卷五,《四库全书存目丛书》第110册,第601页。
② (清)朱轼:《仪礼节略》卷六,《四库全书存目丛书》第110册,第625页。
③ (清)朱轼:《仪礼节略凡例》,《仪礼节略》卷首,《四库全书存目丛书》第110册,第484页。

极精，其中仪文之详晰，器数之综核，证据之明确，论议之微渺，靡弗归于至当，可以见之躬行，是真足以集先儒之成，而合于时为大旨矣。"[1] 此外，在朱轼的文集中，也有不少讨论古今礼俗的文字。朱轼对古今礼俗的批判或采择，可从以下几个方面来看。

第一，朱轼既认可古礼的价值，又不迷信盲从。他根据时下的境况，对古礼中的名物、仪节、制度加以变通和改造，从而实现古为今用。

朱轼"力崇古道"[2]，推崇传统礼学。虽然时移世易，但是古礼仍是教化的重要资源。如向国家举荐、推选能人贤士的乡饮酒礼在古代颇为流行，然而到了明清时期，此礼在推行的过程中出现了各种问题。据《清史稿》记载，顺治初年令京府暨直省府、州、县，每年以孟春望日、孟冬朔日行乡饮酒礼于学宫。不过有些地方难以选择德高望重的"乡先生"，或以乡饮酒礼为渔利之甘饵，弊端丛生，行礼之初衷不复存在。朱轼并没有否定乡饮酒礼的价值，而是认为此礼的推行有益于移风易俗。他说："今乡饮酒礼，非复宾兴之旧，然尊贤尚齿，所以教仁让、兴礼乐，使民观感发奋，而化其浇薄凌竞之习，非细故也。"[3] 至于"乡先生"，可以变通访得，"十室之邑，必有忠信，郡邑有司，苟能虚怀延访，实力奉行，但得谨愿无过之人而礼之，亦足以鼓励末俗，且使观乎揖让周旋之仪，而晓然于洁敬尊让之义，孝弟之心悠生矣。"[4] "乡先生"虽然难得，但

---

[1] （清）李卫:《仪礼节略序》,《仪礼节略》卷首,《四库全书存目丛书》第110册，第482页。

[2] （清）朱轼:《仪礼节略凡例》,《仪礼节略》卷首,《四库全书存目丛书》第110册，第484页。

[3] （清）朱轼:《仪礼节略》卷六,《四库全书存目丛书》第110册，第609页。

[4] （清）朱轼:《仪礼节略》卷六,《四库全书存目丛书》第110册，第609页。

是"忠信""无过"并不乏人;地方通过行乡饮酒礼,可以让人们明尊让、孝悌之义。

《礼记·礼运》说:"故礼也者,义之实也。"时过境迁,仪节、礼物、礼器可能会发生变化,礼意却依然存在。后世不少人在制礼的过程中重视彰显礼意,而于仪节、礼物、礼器等则多加变通。比如《仪礼·士昏礼》中的纳采之原义是使者以男名纳之女氏,使采择可否,纳采用雁;而纳征的"征"是"成"之义,纳征即订婚。然而在民间,纳采、纳征多是合在一起,而无严格区分。鉴于此,明代丘濬撰《家礼仪节》时,将纳采与纳征合而为一。对于丘濬此举,朱轼说:"邱氏增礼物礼书,是纳征矣,夫何采之有?然风俗相沿已久,于义无碍,姑从之。"[1] 丘濬将纳征与纳采合而为一,此做法虽然与《仪礼》之记载有差异,但是鉴于民间早已如此,且不妨礼之大义,所以纳征、纳采合而为一,实为与时俱进。此外,《仪礼》所记纳采、纳征环节中,女方有复杂的醴宾仪节,意在感谢男方使者。然而在民间,女方并不醴宾,而是向男方赠笾履、文房四宝及袍帽。关于此,朱轼说:"世俗女家亦答礼物,于义似协,纳采答笾履之类,绺币答文房四宝及袍帽皆可。"[2] "于义无碍""于义似协"之"义"就是礼意,换言之,就是使社会尊卑有等、长幼有序、夫妇有义的儒家伦理。

宫室是古礼的重要元素,然而时过境迁,古今宫室异制。比如古代祀先祖于庙,庙乃神圣之域。《仪礼》为了彰显冠婚之礼的重要性,将冠婚的一些仪节安排在庙内举行。然而汉代以后,供

---

[1] (清)朱轼:《仪礼节略》卷三,《四库全书存目丛书》第110册,第549页。
[2] (清)朱轼:《仪礼节略》卷三,《四库全书存目丛书》第110册,第551页。

祀先祖的庙与原始的神社相混，家庙逐渐消失。因此，汉代以后若全依《仪礼》，则无处可行冠婚之礼。到了南宋，朱子《家礼》以祠堂承担了家庙的功能。朱轼在探讨冠礼时，认为"今人家有祠堂者，当于祠堂行之"①，也就是说，在祠堂行冠礼亦可得礼意。又如《仪礼·士丧礼》有"死于嫡室"之记载，即所谓"寿终正寝"。此说与古人的居室之制相关。古人有正寝和燕寝，燕寝是平常居住的地方，正寝是正性情的地方，人必须死在正寝。古有"嫡室"，今则无之。朱轼说："今士人所居，不必皆有堂寝，但卒于所居之室，所寝之床，亦属无碍。"②今之居室未必都有堂寝，因此卒于"所居之室""所寝之床"，也可得"死于嫡室"之意。

朱轼认为古礼并非尽善，有些内容根本不可行。比如被郑玄等人奉为"周公摄政太平之书"③的《仪礼》，为历代制礼者所崇奉，很少有人怀疑，即便是司马光、朱熹在面对《仪礼》难行于时下的礼仪时，也是避而不谈，而不是直接否定。与司马光、朱熹不同的是，朱轼对《仪礼》"有违情理"的仪节直接加以否定。比如据《仪礼·士丧礼》，可知人初死时有"属纩以俟绝气"，即人在临终前，亲人要用丝絮放在其口鼻上，看其是否还有气息。朱轼认为"此最无谓"，因为"人死气绝，无难辨者，何必属纩？况一息犹存，养者方冀其生，疾者岂自信必死？今属纩以俟气绝，是早逆其死也，疾者痛心，养者何忍？"④朱轼认为，属纩仪节不合人情。又如《仪礼·士丧礼》有"楔齿""缀足"仪节，即用角柶插在死者

---

① （清）朱轼：《仪礼节略》卷一，《四库全书存目丛书》第110册，第489页。
② （清）朱轼：《仪礼节略》卷七，《四库全书存目丛书》第110册，第630页。
③ （清）阮元校刻：《十三经注疏》上册，中华书局1980年，第945页。
④ （清）朱轼：《仪礼节略》卷七，《四库全书存目丛书》第110册，第631页。

上下齿之间，把口撑开，以便饭含。朱轼驳曰："楔齿用角柶，为将饭含，恐死者口闭也。窃谓饭含之礼固不可废，然以角柶楔死者之口，使不得合，人子之心，其何以安？况沐浴而饭含，口未即闭也，至缀足用燕几灶甃，其谬尤甚。"① 朱轼认为，"楔齿""缀足"仪节与人情不合。

第二，朱轼通过对时下礼俗进行批判，从而移风易俗。其批判主要是从以下几个角度展开。

首先是据经典之记载以证时下有些礼俗之"谬"。比如朱轼认为婚丧之礼皆不能用乐，依据是经典中有婚丧之礼不用乐之记载。他说："《礼》云'昏礼不用乐，幽阴之义也'，又曰'娶妇之家，三日不举乐，思嗣亲也'，古无昏礼用乐之事。"② 此所谓"《礼》"是《礼记》。有人以《诗·关雎》"琴瑟友之，钟鼓乐之"为据，认为婚礼可用乐。朱轼说："曰'琴瑟友之，钟鼓乐之'，盖宫人得贤后妃，极言其欣喜欢乐之情，非真考钟伐鼓、弹琴鼓瑟也。"③ 又如《礼记·丧大记》有"九月之丧不食肉饮酒，不与人乐之""五月三月之丧比葬食肉饮酒，不与人乐之"等记载，朱轼据《丧大祭》，认为"期功之服且然，而况三年之丧乎？"④ 因此他反对守丧者食肉饮酒。

其次是揆诸人情以证时下部分礼俗不可行。比如同样是关于婚

---

① （清）朱轼：《仪礼节略》卷七，《四库全书存目丛书》第 110 册，第 632 页。
② （清）朱轼：《昏礼不乐不贺论》，《朱文端公文集》卷二，《清代诗文集汇编》第 214 册，上海古籍出版社 2010 年，第 489 页。
③ （清）朱轼：《昏礼不乐不贺论》，《朱文端公文集》卷二，《清代诗文集汇编》第 214 册，上海古籍出版社 2010 年，第 489 页。
④ （清）朱轼：《居丧不作乐论》，《朱文端公文集》卷二，《清代诗文集汇编》第 214 册，上海古籍出版社 2010 年，第 494 页。

礼是否用乐，朱轼曰："男女婚姻为嗣续也，父母具在，犹之可耳，若孤子当室，追思父母之心，愿为有家，自吾初生已然，而今妇入，而亲不逮矣。承筐馈食、醴妇飨妇之仪何等郑重，而止博庙中之一报，言念及此，悲且不胜，何有于乐与贺乎？而况子有家而父母老，虽一堂欢庆，而人子之心能无惧乎？"①婚礼中，悲不自胜有之，忧惧者有之，因此不宜用乐。又如对于民间丧礼用乐的现象，朱轼说："人即不肖，未有不痛其亲之死者，作乐以自娱，天下必无此禽兽不如之子。若以宴乐吊宾，不知宾之来吊，哀乎？乐乎？子于是日哭则不歌，礼吊日不乐，况当吊时乎？"②乐令人愉悦，而丧礼悲怆，因此丧礼不可用乐。

再次是以儒家的价值和立场批判礼仪中的佛道元素。丧家作佛事，称为亡者荐拔，使升天堂，免于地狱之苦，这在民间十分流行。朱轼撰《作佛事》一文，认为"佛事之断断不可作者"③。其在此文中提出九条理由以明丧祭之家不可作佛事。观朱轼所论，可知其批判的依据主要是儒家的价值和立场。比如他说："吾不知修佛事者将废殓、殡、虞、祔、练、祥之奠祭乎？假而不废，而酒、醴、脯、醢、牲牢之陈设，佛事所禁，又安敢违而用之？即亲朋之致祭者，亦必不敢以酒、醴、牲牢献，是使其亲不血食也。忍乎？不忍乎？"④作佛事以至于祭礼不全，而其所谓祭礼，皆是《仪礼》

---

① （清）朱轼：《昏礼不乐不贺论》，《朱文端公文集》卷二，《清代诗文集汇编》第214册，上海古籍出版社2010年，第489—490页。
② （清）朱轼：《居丧不作乐论》，《朱文端公文集》卷二，《清代诗文集汇编》第214册，上海古籍出版社2010年，第494页。
③ （清）朱轼：《作佛事》，《朱文端公文集》卷三，《清代诗文集汇编》第214册，上海古籍出版社2010年，第541页。
④ （清）朱轼：《作佛事》，《朱文端公文集》卷三，《清代诗文集汇编》第214册，上海古籍出版社2010年，第541页。

所记、儒者所行之礼。

综上所述，可知朱轼是以变通的眼光看待古今礼俗，其认为有益于时下的礼俗则取之，无益于时下的礼俗则去之。有益于时下的礼俗，即使是朱子等人所否定的，其也采纳之；无益于时下的礼俗，即使是《仪礼》所记载的，其也摒弃之。正如李卫所说："高安朱先生……是真足以集先儒之成，而合于时为大旨矣。夫民风简略，多缘于无文，民俗侈靡，多始于无节，而节文之准，非有深达典礼者为之，观其会通，鲜能斟酌尽善，而协其宜。诚如是书，酌古准今，不泥于成迹，不徇于流俗。"[1] 四库馆臣也说："《仪礼节略》……意盖欲权衡于古今之间，故于今礼多所纠正，于古礼亦多所变通。"[2] 不过，朱轼对于有益于时下的礼俗之界定，其标准是模糊的。从四库馆臣的评论中，我们还可以看到朱轼"变通"的另一面。馆臣说："然如士相见、乡饮酒二篇，朱子以为不可行，盖通儒明晰事势之言。轼事事遵朱子，惟此条所见与朱子相左，必欲复之。然其说迄不可行，则终以朱子为是也。"[3] 朱子认为士相见礼、乡饮酒礼已不合时宜，因此《家礼》对此二礼置之不论。朱轼则大力提倡士相见礼和乡饮酒礼，可谓反朱子之道而行。四库馆臣认为朱子乃"通儒明晰事势之言"，实际上是对朱轼的间接批评。同是江西人的江永在撰《昏礼从宜》时受到了朱轼的影响。江永说："三王异世不相袭礼，况去三王之世逾远，服饰器用、起居动作、往来交际，事事非古之俗，岂可以古人之礼律今人之情乎？"[4]

---

[1] （清）李卫：《仪礼节略序》，《仪礼节略》卷首，《四库全书存目丛书》第110册，第482页。
[2] （清）永瑢等：《四库全书总目》卷二十五，中华书局1965年，第205页。
[3] （清）永瑢等：《四库全书总目》卷二十五，中华书局1965年，第205页。
[4] （清）江永：《昏礼从宜》，曾亦编：《儒学与古典学评论》，上海人民出版社2013年，第379页。

此变通精神与朱轼可谓如出一辙。江永对朱轼的《仪礼节略》多有征引，《昏礼从宜》中"朱文端公曰"字样随处可见。与江永相比，朱轼在对待礼俗方面"好古"的倾向更重一些。比如朱轼据经典之记载，认为婚礼不可用乐，江永则说："然则不用乐与用乐，古人以嗣亲之日为可伤，今人嗣亲之日为可喜，亦各有义存焉。文端公以为人心陷溺已甚，欲举东晋之迂论以律后世之人情，固矣！……夫撒帐、闹房之恶俗，严拒禁绝宜也。若婚娶用乐既为人心陷溺之事，宜亦矫俗弗行，而公未尝言昏时不用乐，盖亲在不得自专耳。及著《仪礼节略》之日，正当抚渐之时，亦未尝下一令，禁杭城人嫁娶不得用乐。是后此风遂变者，诚知其有不能禁。矫拂人情之事，公亦不欲为也。夫少而昏，既不能不随俗；及有权位，又不能禁非。曷若酌乎古今人情，为之立说，使知是事未尝悖礼伤教？而徒称引前代一人之迂言，以救人心之陷溺。天下后世，谁能信而从之耶？"①江永认为婚礼是嘉礼，用乐在于顺人之情，"夫婚礼用乐，亦所以饰喜者。何也？人有娶妻而不能生子者矣，又有生子而不能为之娶妇者矣。今幸而有子，至于成人，为之娶妇。百世宗祧，于是日基之。先人有知，欣慰何如也？独不可易其嗣亲之伤感，转为慰亲之庆幸乎？"②婚礼用乐来表达欢庆之义，是"人情之不能已也"③。此外，朱轼大力提倡亲迎等仪节，亦为江永所驳。江永质

---

① （清）江永：《昏礼从宜》，曾亦编：《儒学与古典学评论》，上海人民出版社2013年，第390—391页。
② （清）江永：《昏礼从宜》，曾亦编：《儒学与古典学评论》，上海人民出版社，2013年，第390页。
③ （清）江永：《昏礼从宜》，曾亦编：《儒学与古典学评论》，上海人民出版社，2013年，第390页。

问:"通国不亲迎,岂能一人独行古礼乎?"[①] 江永认为,既然经典记载的礼仪在时下并不通行,说明这些礼仪已与时下的人情风俗不合,因此朱轼从古之举是"矫拂人情"。不过从总体上来说,朱轼的礼俗观是颇有变通精神的。其在部分礼俗的抉择上表现出的从古意味,是希望以古礼正今俗之"弊",至于今俗是否是"弊",那是见仁见智的问题。

(三)厚风俗和正礼仪之实践

朱轼集学者与官宦于一身,其于康熙三十三年(1694)中进士,选庶吉士,选授湖北潜江知县,此后在康、雍、乾三朝皆被委以重任。朱轼是理学家,雍正说他"素性诚笃"[②],乾隆说他"品行端方,学术醇正"[③],"器资凝厚"[④];朱轼又是礼学家,杭世骏说他"潜心三礼","尤为杰出"[⑤]。朱轼崇尚理学,不过其在学理方面并没有太大建树[⑥]。其对理学的崇奉主要体现在践行方面。其在正风俗的实践方面的贡献可从以下三个方面来看。

其一是个人立身作则,不苟同流俗。朱轼在青年时代就重视礼教,不苟同流俗。在朱轼的家乡高安一带,婚礼当天,亲友凑钱

[①] (清)江永:《昏礼从宜》,曾亦编:《儒学与古典学评论》,上海人民出版社2013年,第385页。

[②] (清)朱瀚编,(清)朱龄补编:《朱文端公年谱》,《儒藏·史部·儒林年谱》第37册,四川大学出版社2007年,第176页。

[③] (清)朱瀚编,(清)朱龄补编:《朱文端公年谱》,《儒藏·史部·儒林年谱》第37册,四川大学出版社2007年,第200页。

[④] (清)朱瀚编,(清)朱龄补编:《朱文端公年谱》,《儒藏·史部·儒林年谱》第37册,四川大学出版社2007年,第201页。

[⑤] (清)杭世骏:《续礼记集说序》,《续礼记集说》卷首,《续修四库全书》第101册,第2页。

[⑥] 实际上这是清代理学家的共性,比如理学家熊赐履、李光地、方苞等人在学理方面也没有太大建树。

为贺，婿家置办盛大的宴会，饮酒完毕，青年人便"入房，撤帐劝酒，甚而以墨涂婿面，针刺侍婢"[1]，此即所谓"闹房"。朱轼对此甚为反感，他在二十一岁娶妇人陈氏时，"先期告之族长及亲戚之长者，严为拒绝"[2]。从那以后，朱氏家族"此风遂息"[3]。

其二是推行康熙以来崇俭黜奢政策。朱轼效忠朝廷，其每为官一方，都将正风俗作为自己的首要职责。清代江南地区经济比较发达，奢华之风盛行，为此，清政府将江南地区作为礼俗整顿的重点。朱轼抚浙时，在醇化风俗、抑奢崇俭方面做了很多努力。康熙五十六年（1717）春，五十三岁的朱轼任浙江巡抚，"比下车，以澄清吏治，维持风俗为急务。谓察吏莫先于奖廉惩贪，而风俗必要于去奢崇俭二端"[4]。他以身作则，下令"蠲除巡抚衙门一切供亿陋规，身衣粗疏，出入仪从减去大半，饬院吏无得曳纨绮，阖属凛然，不待苗薙发栉而已"[5]。对于民间弊俗，朱轼也加以干预和引导，"婚嫁竞尚侈靡，至鬻田舍"的浙江，由于朱轼的引导，以至于"贫富不相耀，里党宾蜡谳会止五簋，俱有常品，行既久，民甚便之"[6]。

---

[1] （清）朱瀚编，（清）朱舲补编：《朱文端公年谱》，《儒藏·史部·儒林年谱》第37册，四川大学出版社2007年，第126页。
[2] （清）朱瀚编，（清）朱舲补编：《朱文端公年谱》，《儒藏·史部·儒林年谱》第37册，四川大学出版社2007年，第126页。
[3] （清）朱瀚编，（清）朱舲补编：《朱文端公年谱》，《儒藏·史部·儒林年谱》第37册，四川大学出版社2007年，第126页。
[4] （清）朱瀚编，（清）朱舲补编：《朱文端公年谱》，《儒藏·史部·儒林年谱》第37册，四川大学出版社2007年，第143—144页。
[5] （清）朱瀚编，（清）朱舲补编：《朱文端公年谱》，《儒藏·史部·儒林年谱》第37册，四川大学出版社2007年，第144页。
[6] （清）朱瀚编，（清）朱舲补编：《朱文端公年谱》，《儒藏·史部·儒林年谱》第37册，四川大学出版社2007年，第144—145页。

其三是探寻厚风俗的途径。作为一个颇有远见的政治人物，朱轼认为正风俗的根本在于教化。其三十六岁选授湖北潜江知县时刊注《上谕十六条》，以教士民。朱轼说："轼起家县令，筮仕得楚之潜江，思教民易俗，莫如《上谕十六条》。爰用楚中乡语，注为训解，使妇人孺子皆可通晓。朔望亲集士民，宣讲于明伦堂。又遴选乡耆，优其礼数，使各解说于其乡。轼偶以事出郊垌，辄召其父老子弟为之解说，环立如堵墙，人人倾听。"[1] 通过努力，"逾年，困者甦，悍者驯，法立而人不犯，囹圄空虚，教化大行。……论者谓与文翁化蜀比烈焉"[2]。除了宣讲统治者颁布的条文外，朱轼还特别重视教育。其四十五岁出任陕西学政时，"率诸生谒横渠夫子庙。……每对诸生阐明张子以礼为教，在变化气质而实践其事。诸生闻之，莫不悚然立志。期年，关中正学豁然大明"[3]。其抚浙时"念国奢则示之以俭，国俭则示之以礼。浙江多明礼君子，……而江河日下，乡先正莫能挽，匪守土之责如何，取旧所刻《家仪》三卷，益以《士相见》《乡饮酒礼》共二十卷，刊而布之"，还刊刻《张子全书》《四礼翼》《颜氏家训》《温公家范》。在朱轼的努力下，"浙之士大夫莫不承式"[4]。由于朱轼对礼学有较深入的研究，对于司马光、朱熹、丘濬等人的礼书也有全面的探讨，因此他在礼书文本的选择和刊刻方面得心应手。在朱轼的观念里，礼与民风民俗

---

[1] （清）朱轼：《作佛事》，《朱文端公文集》卷一，《清代诗文集汇编》第214册，上海古籍出版社2010年，第458页。

[2] （清）朱瀚编，（清）朱鲂补编：《朱文端公年谱》，《儒藏·史部·儒林年谱》第37册，四川大学出版社2007年，第134页。

[3] （清）朱瀚编，（清）朱鲂补编：《朱文端公年谱》，《儒藏·史部·儒林年谱》第37册，四川大学出版社2007年，第139页。

[4] （清）朱瀚编，（清）朱鲂补编：《朱文端公年谱》，《儒藏·史部·儒林年谱》第37册，四川大学出版社2007年，第145页。

关系密切，因此他重视《仪礼》所记古礼，热衷于礼书的编纂和刊刻，希望以此从根本上改变社会弊俗。

由于明清鼎革所造成的文化冲突，以及明代以来理学在演变过程中对于世风和学风带来的负面影响，明清之际的士人对于理学做了深刻的反思，其中不乏否定和批判之声。他们普遍认为世风和人心变坏的原因是礼乐、礼俗的缺失，因此他们希望以礼教纠正理学特别是阳明后学的蹈虚之弊。他们或批判当时的礼俗，或建议如何规整礼俗，或身体力行地推行礼教。此外，明清之际的一些人以"华夷之辨"来表达他们复杂的文化观念，其中既有异族统治带来的"亡国"之恨，也有对于文化"覆灭"的忧虑。在相关的论辩中，他们反复凸显儒礼的价值，因为儒礼是华夏文明最重要的象征。在此观念的驱使下，清初的一些士人拒绝与清廷合作。然而到了康熙年间，社会趋于平定，晚明遗老的影响力也大不如前，起而代之者已不是明代遗民，而是清代的臣民。出于功令的原因，这些在清代成长起来的士人对于理学的要义已十分熟悉。而在理学的道德理想主义与事功之学的影响下，康熙朝出现了熊赐履、李光地、朱轼、方苞等为代表的理学官僚。与明清之际士人的经世致用不同，理学并不是朱轼等人批判或反省的对象，而是其经世的前提。虽然朱轼等人在理学的学理上没有太大的建树，但是他们将理学这门学问当成是不言而喻的信仰，而将信仰、学问与事功结合起来才是他们真正的诉求。朱轼等人敦礼厚俗之措意并非纠理学空疏之弊，而是阐扬张载、朱熹、王阳明等为代表的宋明理学中的事功之学。作为极受最高统治者倚重的大臣，朱轼在敦礼化俗方面所做的努力既体现了十八世纪理学官僚在道德、学问、修身、治家与政治方面依次递进的人生规划，也体现了清初以来统治阶层在社会控制方式上所做的调整及取得的成效。

在清代礼学史上，经礼学和家礼学呈双轨并进的态势。经礼学主要从事古礼文献、礼物、礼器、礼制的考证，张尔岐、方苞、吴廷华、惠栋、江永、程瑶田、沈彤、凌廷堪、胡培翚、孙希旦、朱彬、黄以周、孙诒让等皆是经礼学方面赫赫有名的学者。清代的经礼考证达到了很高水平，然而传播和影响仅限于文化精英层面，而难于下达民间。而以冠、婚、丧、祭诸礼为主的家礼学则侧重于儒礼应用以及在风俗淳化方面的作用。家礼具有教训正俗、联宗收族的作用，具有较强的实用性[1]。清人在这方面做了大量的工作。据何淑宜统计，清代刊刻的家礼与丧礼类礼书一共23种[2]，赵克生推算清代的家礼学文献不少于350种[3]，由此可见清人延续了宋代以来儒家以礼化俗的传统，他们或对朱子《家礼》进行删减改编，或制作指导行礼的礼图，或从事家礼的实践。朱轼是清代家礼的制作及实践方面颇有代表性的人物，其《仪礼节略》是应时下移风易俗之需而制作的家礼文献。虽然从重视考据的四库馆臣的眼光来看，《仪礼节略》不如经礼学考证精密，然而《仪礼节略》与经礼学文献本来就不是同类文献，将二者进行比较，实际上是"比之不类"。就如江永既有考据精深的《周礼疑义举要》《仪礼释例》《礼记训义择言》等经礼书，又有旨在敦礼化俗的《昏礼从宜》等家礼书，二

---

[1] 台湾学人张寿安提出"明清礼学转型"说，即明代家礼向清代经礼的转变，明代"私家仪注"向清代"以经典为法式"的仪式学转变（张寿安：《十八世纪礼学考证的思想活力》，北京大学出版社2005年，第20页、82页）。赵克生则通过对清代家礼书进行考察，认为"有清一代家礼的编纂、传播在社会上十分活跃"（赵克生：《清代家礼书与家礼新变化》，《清史研究》2016年第3期）。

[2] 何淑宜：《明代士绅与通俗文化——以丧葬礼俗为例的考察》，台湾师范大学历史研究所2000年，第263页。

[3] 赵克生、安娜：《清代家礼书与家礼新变化》，《清史研究》2016年第3期。

者制作的宗旨以及功能本就不同。虽然朱轼在经礼考据方面的成就不及江永等人，但是其理学官僚的身份，以及其通过制作礼书阐发礼俗观及在礼教方面的实践，则直接关系社会教化和生民福祉，是十八世纪理学官僚在学问与事功方面的缩影。

三、曾国藩以礼统合汉宋之学及其礼教实践

曾国藩（1811—1872）是晚清时期具有重大影响的人物。其修身律己，以德求官，以忠谋政，以礼教为先，不仅在官场上获得了巨大成功，而且在清代学术思想方面也占有一席之地。学界于曾国藩的学术思想之研究，主要围绕其文学、理学而展开，而于其礼学、礼教思想的研究则不够深入[1]。事实上，曾国藩一生尤其重礼，观其一生，可知其修身为人、学术思想、军政实践，无不透显出对传统礼仪、礼制、礼义、礼教的重视。可以说，崇礼、重礼、议礼、行礼贯穿了曾国藩的一生。清人郭嵩焘说："公（指曾国藩）始为翰林，穷极程朱性道之蕴，博考名物，熟精礼典，以为圣人经世宰物，纲维万事，无他，礼而已矣。浇风可使之醇，敝俗可使之兴。"[2] 从某种意义上来说，曾国藩的学术、治术与礼的关系最为密切，因此舍礼不可言曾国藩的学术和思想。鉴于此，本部分将从礼

---

[1] 钱穆《中国近三百年学术史》第十二章的"曾氏之风俗论""曾氏之礼论"，李育民《曾国藩传统文化思想研究》第四章"礼学篇"，皆对曾国藩的礼学有所探讨。参见钱穆：《中国近三百年学术史》，商务印书馆1997年，第639—653页；李育民《曾国藩传统文化思想研究》，湖南师范大学出版社2006年，第97—113页。此外，朱汉民、罗检秋、范广欣、武道房等也曾撰文对曾国藩的礼学思想有所探讨。各家之研究对于认识曾国藩的礼学功不可没。不过对于曾国藩的礼学与理学、礼学与风俗、礼学与教化之间关系的探讨，相关研究还是比较薄弱。

[2] （清）郭嵩焘：《曾文正公墓志》，《郭嵩焘全集》第15册，岳麓书社2018年，第522页。

与学术、风俗、教化三个方面，对曾国藩的礼学、礼教思想进行探讨，以期从礼学、礼教的角度呈现曾国藩的学术和治术，从而更加立体和全面地理解这一位近代史上的重量级人物。

（一）礼与汉宋之学

清代乾嘉时期，考据之学风靡朝野，臻于鼎盛。由于这一派学人崇尚汉代章句训诂之学，所以他们的学术被称之为"汉学"。而从元代延祐年间起，官方所推崇的是以程朱理学为核心的"宋学"。从内容上看，宋学言天道性命；从治学方法上看，宋学重义理而轻考据。汉宋之学的学人们从各自的学术立场出发，揭对方之短，而扬己之长，其中以江藩（1761—1831）与方东树（1772—1851）引发的"汉宋之争"格外引人瞩目。江藩是惠栋的再传弟子，他汲汲于文字训诂、名物考证，颇能传惠氏之学。其所撰《国朝汉学师承记》以人物传记汇编的形式，合清初到嘉庆年间崇尚考据的学者于一书，著录经师共一百一十一人。而以理学自居的桐城派学人方东树著《汉学商兑》，对"汉学"发起反击，并点名批评汉学中最有名望的戴震、惠栋、钱大昕等人。如其批评戴震之学"与程朱固为一家之学"，然而戴震"私心本志憎忌程朱，坚欲与之立异，故力辟求理之学"[①]。方东树还将整个乾嘉学派作为批判的对象，比如他认为汉学家"言言有据，字字有考，只向纸上与古人争训诂形声，传注驳杂，援据群籍，证佐数百千条，反之身己心行，推之民人家国，了无益处，徒使人狂惑失守，不得所用"[②]；而"实事求是莫如程朱，以其理信而足可推行，不误于民之兴行，然则虽虚理而

[①] （清）方东树：《汉学商兑》卷中上，上海古籍出版社 2018 年，第 43 页。
[②] （清）方东树：《汉学商兑》卷中上，上海古籍出版社 2018 年，第 44 页。

乃实事矣"①。方东树认为宋学经邦济世的传统才是实学,而汉学重考据而不关注修齐治平才是真正的空疏。

方东树对汉学的批判,反映了持宋学立场学人的共同心声。曾国藩"一宗宋儒"②,他站在理学的立场上对汉学之弊做了揭示。他说:"乾隆以来,鸿生硕彦稍厌旧闻,别启途轨,远搜汉儒之学,因有所谓考据之文。一字之音训,一物之制度,辨论动至数千言,曩所称义理之文,淡远简朴者,或屏弃之,以为空疏不足道。"③考据学家辨物析名、梳文栉字,解说多则成千上万言,"繁称杂引,游衍而不得所归",因此,考据学是"破碎之学"④。此外,乾嘉学人对于孔孟书中的"心性仁义之文,一切变更故训,而别创一义",则是非圣之举。对于有宋诸儒周、程、张、朱之书,则"有涉于其说者,则举世相与笑讥唾辱;以为彼博闻之不能,亦逃之于性理空虚之域"⑤,非议宋儒是"枝之蒐而忘其本,流之逐而遗其源"⑥。

曾国藩将学术归为四个方面,即义理、考据、辞章、经济。四者之中,"择其切于吾身心不可造次离者,则莫急于义理之学"⑦;

---

① (清)方东树:《汉学商兑》卷中上,上海古籍出版社2018年,第44页。
② (清)曾国藩:《复夏教授》,《曾国藩全集》第26册,岳麓书社2012年,第335页。
③ (清)曾国藩:《〈湖南文征〉序》,《曾国藩全集》第14册,岳麓书社2012年,第218—219页。
④ (清)曾国藩:《朱慎甫遗书序》,《曾国藩全集》第14册,岳麓书社2012年,第194页。
⑤ (清)曾国藩:《朱慎甫遗书序》,《曾国藩全集》第14册,岳麓书社2012年,第194页。
⑥ (清)曾国藩:《重刻〈茗柯文编〉序》,《曾国藩全集》第14册,岳麓书社2012年,第220页。
⑦ (清)曾国藩:《劝学篇示直隶士子》,《曾国藩全集》第14册,岳麓书社2012年,第487页。

"苟通义理之学，而经济该乎其中矣"①。明义理是为学的首要任务，只有义理之学明，才有"经济"之学。也就是说，义理层面的理学是本，而考据层面的汉学则是末。不过，与非宋即汉、非汉即宋不同，曾国藩对于汉学并不完全排斥，相反，他认为汉学也有其长。其曰："许、郑亦能深博，而训诂之文，或失之碎。程、朱亦且深博，而指示之语，或失则隘"②。只有通过博取汉宋之长，方能得圣人之道，因此，"不废汉学"③也是曾氏治学的价值取向。

曾国藩为学言汉宋之别，然而一味强调汉宋之别，势必造成两派水火不容，无益学术和治术。在曾国藩看来，汉宋之学可以礼来加以统合。他从两个方面做了论证。

首先，通过回溯学术演变史，曾国藩认为只有礼才是汉宋学术的根本。汉代郑玄注经有存亡继绝之功，而其最大的贡献是"三礼"笺注之学，因此，郑玄的学术"皆以礼也"④；唐代杜佑《通典》专叙典章制度，"言礼者十居其六"⑤。宋代以来，义理学大兴，张载、朱熹所言，马端临、王应麟所纂辑的文献，"莫不以礼为兢兢"⑥。到了清代，张尔岐、江永、戴震、秦蕙田等人言礼考礼、纂辑礼书，"举天下古今幽明万事，而一经之以礼，可谓体大而思精

---

① （清）曾国藩：《劝学篇示直隶士子》，《曾国藩全集》第14册，岳麓书社2012年，第487页。
② （清）曾国藩：《致刘蓉》，《曾国藩全集》第22册，岳麓书社2012年，第8页。
③ （清）曾国藩：《复夏教授》，《曾国藩全集》第26册，岳麓书社2012年，第335页。
④ （清）曾国藩：《圣哲画像记》，《曾国藩全集》第14册，岳麓书社2012年，第152页。
⑤ （清）曾国藩：《圣哲画像记》，《曾国藩全集》第14册，岳麓书社2012年，第152页。
⑥ （清）曾国藩：《圣哲画像记》，《曾国藩全集》第14册，岳麓书社2012年，第152页。

矣"①。通过对历代学术的回顾，曾氏得出结论："先王之道，所谓修己治人、经纬万汇者，何归乎？亦曰礼而已矣。"②

其次，从事礼经研究，可以避免汉学家的"支离"和宋学家的"空疏"。汉学家认为宋学家谈天道性命为"空疏"，而宋学家认为汉学家的文字训诂为"支离"。曾国藩认为，二者实际上是各执一偏，必须加以统合。在他看来，"由博乃能返约，格物乃能正心，必从事于礼经"③。此所谓"由博返约""格物正心"正是程朱理学的基本观点。在曾国藩看来，实现"由博返约""格物正心"，不能仅流于程朱所言天道性命，也就是说，程朱的"由博返约""格物正心"是正确的，而实现这些目标的途径是有问题的。曾国藩认为，实现"由博返约""格物正心"最有效的途径是从事礼经研究。他说："考核于三千三百之详，博稽乎一名一物之细，然后本末兼该，源流毕贯，虽极军旅战争、食货凌杂，皆礼家所应讨论之事。"④礼经所记者，既有礼之意义，又有名物制度。礼意是义理层面的内容，也是儒家道统的重要内容；其是根本，具有指导意义。然而仅言"义理"又不免于空疏，因此，考释礼经中的名物制度又必不可少。阐释和掘发礼的意义，这是理学家的专长；考释礼的名物制度，这是汉学家的专长。从事礼经研究，正好可以扬汉宋之长，而避其短。因此，曾国藩对于礼经研究者颇为推崇，他说："故尝谓江氏《礼书纲目》、秦氏《五礼通考》，可以通汉、宋二家

---

① （清）曾国藩：《圣哲画像记》，《曾国藩全集》第14册，岳麓书社2012年，第152页。
② （清）曾国藩：《圣哲画像记》，《曾国藩全集》第14册，岳麓书社2012年，第152页。
③ （清）曾国藩：《复夏炘》，《曾国藩全集》第23册，岳麓书社2012年，第730页。
④ （清）曾国藩：《复夏炘》，《曾国藩全集》第23册，岳麓书社2012年，第730页。

之结，而息顿渐诸说之争。"①

曾国藩以礼统合汉宋之学的观点，是建立在对学术史梳理以及对汉宋学术方法分析基础之上。正如其所言，从汉代的郑玄到宋代的朱熹，他们对于礼经、礼制、礼意和礼教都是十分重视的。有人认为礼是"实学"，即重视名物制度的考据之学，因此在汉唐重视章句训诂之学的土壤中，礼学得以兴盛；宋学重义理，因此重视考据的礼学在宋学的环境下便失去了生存的土壤。这种看法既没有看到礼学的多重内涵，也没有看到汉宋之学对待礼学的态度。事实上，在宋学的背景之下，礼学仍然十分发达。以宋代为例，聂崇义、陈祥道、张载、吕大临、朱熹、王与之、卫湜、杨复等人皆积极从事礼经研究，其中张载、吕大临、朱熹都是理学家。张载《礼记注》、吕大临《礼记注》，朱熹编纂《仪礼经传通解》，都是宋代礼学史上的重要著作。理学家不仅从事礼经之注释，他们还积极推行礼教，移风易俗。张载在家乡郿县，"方与学者议古之法，共买田一方，画为数井，上不失公家之赋役，退以其私正经界，分宅里，立敛法，广储蓄，兴学校，成礼俗，救灾恤患，敦本抑末，足以推先王之遗法，明当今之可行"②。张载在家乡以礼化俗，意在重建伦理、收复人心。他曾告诉二程，自己的努力使"关中学者，用礼渐成俗"③。朱子编纂《家礼》，对宋元明清时期民间礼俗产生了极为深远的影响，成为"万世人家通行之典"④。因此，不管是所谓

---

① （清）曾国藩：《复夏炘》，《曾国藩全集》第23册，岳麓书社2012年，第730页。
② （宋）吕大临：《横渠先生行状》，《张载集》附录，中华书局1978年，第384页。
③ （宋）程颢、程颐：《河南程氏遗书》卷十，《二程集》，中华书局1981年，第114页。
④ （明）丘濬：《家礼仪节序》，《重编琼台稿》卷九，文渊阁《四库全书》第1248册，第181页。

"汉学家"还是"宋学家",他们都热衷于研究礼经、推行礼教。事实上,在清代乾嘉以前,虽然学人们在治学方法上有差异,但是并没有乾嘉以来刻意的汉宋分别。正如皮锡瑞所说:"国初诸儒治经,取汉、唐注疏及宋、元、明人之说,择善而从。由后人论之,为汉宋兼采一派;而在诸公当日,不过实事求是,非必欲自成一家也。"① 历代以来,学人们皆重议礼、制礼、修礼书,这与礼的特征以及儒学的特质分不开。礼的内涵十分丰富,既有礼仪、礼器、礼物、礼制、礼书、礼教,也有礼意。如果说礼意是形上的、理论的,那么礼仪、礼器、礼物、礼制、礼书、礼教则是形下的、实际的。而礼的理论与实际的统一,便是儒家所崇尚的"内圣外王"。虽然汉宋学人在治学方法和方式上有所不同,但是在儒家的理想人格、社会理想的追求上则并无差异。对礼的推崇、研究和践履,正是历代以来儒家的道德伦理、社会理想最直接的体现。而这种道德伦理和社会理想,并没有汉宋之分,更没有古今之别。

在从事礼经研究以及对历代礼学家进行评论时,曾国藩彰显了以礼会通汉宋的观念。首先,曾国藩从训诂的角度对礼经的经文、前人的注释展开研究。比如曾国藩对《周礼》《仪礼》的部分经文之校勘、字词之训释、名物之考证以及礼仪之开展有比较深入的辨析。《仪礼·聘礼》"从其币出请受",曾国藩曰:"'请受'二字疑羡文也。"② 曾氏认为"请受"为衍文。对于前人的观点,曾国藩详加考察,并以己意为断。如《周礼·天官·大宰》"八曰官计以弊邦治",郑玄注:"弊,断也。"曾氏曰:"《小宰》'六计弊群吏之

---

① (清)皮锡瑞:《经学历史》,《皮锡瑞全集》第6册,中华书局2015年,第89页。
② (清)曾国藩:《读书录》,《曾国藩全集》第15册,岳麓书社2012年,第85页。

治'，《秋官·大司寇》'以邦成弊之'，《小司寇》'以辅众志而弊谋'。弊皆断也。《士师》'断狱弊讼'。'弊'与'断'字平列，弊亦断也。蔽亦有断义。《小尔雅》：'蔽，断也。'《论语》：'一言以蔽之。'《左传》：'蔽罪邢侯。'"[1]郑玄释《周礼》此"弊"字为"断"。曾氏同意郑注，并引《周礼》《论语》《左传》《小尔雅》中的记载作为参证。又如《燕礼》："君曰以我安。"张尔岐曰："当为我安坐以留之。"曾国藩说："张说辞意微有不合，安即留也，非安坐之外别有所为留也，直云以我意留之耳。"[2]张氏认为"安"为"安坐以留之"之义，曾氏则认为"安"即"留"之义。由此可见，曾国藩在释读礼经时，对于礼经的经文、注释，不管是出自所谓"汉学"，还是"宋学"阵营，皆不盲目信从，而是超越汉宋门户之见，而做独立考察。

其次，曾国藩对礼学家的评论也是在以礼统合汉宋的观念之下实现的。在文集和日记中，曾国藩评论最多的是清代礼学家。如其将明清之际王夫之的学问概括为"以汉儒为门户，以宋儒为堂奥"[3]，认为船山"生平指趣，专宗洛、闽，而其考《礼》疏《诗》，辨别名物，乃适与汉学诸大家若合符契"[4]。在曾氏看来，王夫之的学术是超越汉宋，或者说是兼采汉宋之长。曾国藩特别重视王夫之的《礼记章句》，认为船山说经，"以《礼记章句》为最"[5]。曾氏熟

---

[1] （清）曾国藩：《读书录》，《曾国藩全集》第15册，岳麓书社2012年，第64页。
[2] （清）曾国藩：《读书录》，《曾国藩全集》第15册，岳麓书社2012年，第83页。
[3] （清）曾国藩：《复潘黻庭》，《曾国藩全集》第30册，岳麓书社2012年，第351页。
[4] （清）曾国藩：《复潘黻庭》，《曾国藩全集》第30册，岳麓书社2012年，第351页。
[5] （清）曾国藩：《复欧阳兆熊》，《曾国藩全集》第30册，岳麓书社2012年，第477页。

读《礼记章句》，每每温故而知新，且称该书"多通于性命"[1]，"为先生说经之最精者"[2]。到了同治年间，曾国藩兄弟大规模刊刻《船山遗书》，曾国藩本人亲自作序曰："船山……注《礼记》数十万言，幽以穷万民之同原，显以纲维万事，弭世乱于未形。其于古昔明体达用，盈科后进之旨，往往近之。"[3]此所言"纲维万事""弭世乱于未形""明体达用""盈科后进"，皆是中国儒学精神之体现。曾氏在言王夫之学术时虽然有"汉""宋"字眼，但是他已俨然将王氏礼学置于汉宋分别之外。

言清代礼学，徽州不可或缺。曾国藩对徽州礼学多有褒奖，因为徽州礼学恰好是其以礼统合汉宋观念的最好注脚。他说："《仪礼》一经，前明以来，几成绝学。我朝巨儒辈出，精诣鸿编，迭相映蔚，而徽州一郡尤盛。自婺源江氏崛起为礼经大师，而同邑汪氏绂、休宁戴氏震，亦皆博洽，为世所宗。其后歙县金氏榜、凌氏廷堪并有撰述，无惭前修。"[4]清代徽州学人往往被看作清代考据学之中坚，然而江永、汪绂、凌廷堪等人以生在朱子故里为荣，考据学只是他们礼学的一个方面，化民成俗、有益治道才是他们的真正诉求。

（二）礼与移风易俗

在中国古代，礼有狭义和广义之分。狭义的礼指人们的行为规范、仪式以及与之相关的意义；而广义的礼之内容十分丰富，大凡道德、政事、典章、制度、风俗等皆可谓礼。曾国藩经常从宏观的

---

[1] （清）曾国藩：《日记》，《曾国藩全集》第18册，岳麓书社2012年，第291页。
[2] （清）曾国藩：《日记》，《曾国藩全集》第18册，岳麓书社2012年，第287页。
[3] （清）曾国藩：《〈王船山遗书〉序》，《曾国藩全集》第14册，岳麓书社2012年，第210页。
[4] （清）曾国藩：《〈仪礼释官〉序》，《曾国藩全集》第14册，岳麓书社2012年，第217页。

角度对礼加以界定，如他说："古之君子之所以尽其心、养其性者，不可得而见，其修身、齐家、治国、平天下，则一秉乎礼。自内焉者言之，舍礼无所谓道德；自外焉者言之，舍礼无所谓政事。"[1] 修、齐、治、平无不与礼相关，道德、政事处处皆由礼而起。礼涉及社会生活的方方面面，而与教化相关的移风易俗自然也属于广义的礼之范畴[2]。曾国藩说："特以礼之本于太一，起于微眇者，不能尽人而语之。则莫若就民生日用之常事为之制，修焉而为教，习焉而成俗。"[3] 礼与人的日常生活密切相关，而通过百姓的习礼，久而久之便形成风俗，即所谓"以礼化俗"。曾氏还以鲁地为例说："俗之既成，则圣人虽没，而鲁中诸儒犹肄乡饮、大射礼于冢旁，至数百年不绝。"[4]

曾国藩对礼俗的重视，受明清之际大儒顾炎武的影响很大。他说："我朝学者，以顾亭林为宗，国史《儒林传》褒然冠首。吾读其书，言及礼俗教化，则毅然有守先待后，舍我其谁之志，何其壮也！"[5] 顾氏关心国家和民族的命运，为了民族的复兴和天下苍生的福祉，他奔走四方，著书立说，鞠躬尽瘁，死而后已。顾氏治学的宗旨是"明学术，正人心，拨乱世，以兴太平之事"[6]，其认为世道

---

[1] （清）曾国藩：《笔记二十七则》，《曾国藩全集》第14册，岳麓书社2012年，第410页。

[2] 一般认为，俗是地域的、大众的，礼是普遍的、精英的。然而礼与俗之间又不可分，"以礼化俗""以俗合礼"是传统中国礼俗的常见现象。

[3] （清）曾国藩：《江宁府学记》，《曾国藩全集》第14册，岳麓书社2012年，第175页。

[4] （清）曾国藩：《江宁府学记》，《曾国藩全集》第14册，岳麓书社2012年，第175页。

[5] （清）曾国藩：《圣哲画像记》，《曾国藩全集》第14册，岳麓书社2012年，第152页。

[6] （清）顾炎武：《初刻日知录自序》，《顾炎武全集》第21册，上海古籍出版社2012年，第76页。

人心是社会有序的基础。顾氏亲眼目睹了江山易主和明清之际社会的无序,他将醇化礼俗当成明道救世的重要途径。他说:"有人伦,然后有风俗;有风俗,然后有政事;有政事,然后有国家。"① 讲人伦、美风俗,这是善政的前提,而善政关系国家的治乱。

道咸以来,社会各种问题暴露出来,世风疲敝,人心不古,与明清之际相比有过之而无不及。面对风俗不振的社会现状,曾国藩在顾炎武敦风化俗观念的影响之下,揭示社会敝俗,并矫而正之。在与友朋的书信中,曾国藩时时流露出对世道人心的忧虑和关切。比如由于社会剧变,官场效率不高,导致有识之士选择避世。对此,曾国藩说:"方今世变孔荆棘,而宦场泄沓之风,曾无少为振作。有识者以是深惧,皆怀入山恐不深,入林恐不密之志。"② 对于军政、吏治之弊,曾国藩说:"天下滔滔,祸乱未已;吏治人心,豪无更改;军政战事,日崇虚伪。"③ "今日人心非,吏治日坏,军兴十年,而内外臣工惕厉悔祸者,殆不多见。"④ 更为严重的是,作为引领社会风尚的士人也堕落了。曾国藩对此痛心疾首,他说:"二三十年来,士大夫习于优容苟安,揄修袂而养姁步,昌为一种不白不黑、不痛不痒之风,见有慷慨感激以鸣不平者,则相与议其后,以为是不更事,轻浅而好自见。国藩昔厕六曹,目击此等风

---

① (清)顾炎武:《华阴王氏宗祠记》,《顾炎武全集》第 21 册,上海古籍出版社 2012 年,第 167 页。
② (清)曾国藩:《与胡林翼》,《曾国藩全集》第 22 册,岳麓书社 2012 年,第 442 页。
③ (清)曾国藩:《复陈士杰》,《曾国藩全集》第 23 册,岳麓书社 2012 年,第 721 页。
④ (清)曾国藩:《复吴廷栋》,《曾国藩全集》第 23 册,岳麓书社 2012 年,第 354 页。

味，盖已痛恨次骨。"[1]作为有理想有抱负的曾国藩，眼见世风人心的败坏，他振臂呐喊："今日百废莫举，千疮并溃，无可收拾，独赖此精忠耿耿之寸衷，与斯民相对于骨岳血渊之中，冀其塞绝横流之人欲，以挽回厌乱之天心，庶几万有一补。不然，但就局势论之，则滔滔者，吾不知其所底也。"[2]他又说："非得二三君子倡之以朴诚，导之以廉耻，则江河日下，不知所届。默察天意人事，大局殆无挽回之理。"[3]观曾氏所言，可谓与当年顾炎武"拨乱涤污"[4]之志如出一辙。

曾国藩以转移风俗、陶铸人才为己任，他"以己之所向，转移习俗"[5]。在其看来，变易风俗，首要条件是培养人才。曾国藩说："严惩讼棍，邪气虽除而正气不伸，则风俗仍难挽回。风俗之美恶，主持在县官，转移则在绅士。欲厚风俗，不得不培养人才。"[6]风俗之美，不能靠严刑峻法，因为恶人得到惩治，正气却难换回；敦厚风俗，需要为政者的引导和士绅的表率，而其中的关键则在人才的培养，此即所谓"人才随士风为转移"[7]。也就是说，一地美善风俗的形成，与教育、教化息息相关。曾国藩为官一地，首先要做的就

---

[1] （清）曾国藩：《复龙启瑞》，《曾国藩全集》第22册，岳麓书社2012年，第397页。
[2] （清）曾国藩：《与江忠源左宗棠》，《曾国藩全集》第22册，岳麓书社2012年，第116页。
[3] （清）曾国藩：《复陈士杰》，《曾国藩全集》第23册，岳麓书社2012年，第721页。
[4] （清）顾炎武：《与杨雪臣书》，《顾炎武全集》第21册，上海古籍出版社2012年，第203页。
[5] （清）曾国藩：《原才》，《曾国藩全集》第14册，岳麓书社2012年，第138页。
[6] （清）曾国藩：《直隶清讼事宜十条》，《曾国藩全集》第14册，岳麓书社2012年，第481页。
[7] （清）曾国藩：《劝学篇示直隶士子》，《曾国藩全集》第14册，岳麓书社2012年，第486页。

是整顿当地的文教。比如同治七年（1868），曾氏出任直隶总督，到任之后发现"此间士风稍陋"①，遂力图通过对莲池书院的教学进行改革，"渐挽薄俗，一宏雅道"②，以此为标杆，从而实现直隶省的学风、文风、士风的转变。

  曾国藩特别看重士君子对于世风的影响和表率作用，他说："居崇高之地，总以维持风气为先务。"③士君子对于敦风化俗如此重要，是因为士君子的人格具有表率作用。对于一般人来说，士君子有引导意义。曾国藩说："风俗之厚薄奚自乎？自乎一二人之心之所向而已。民之生，庸弱者，戢戢皆是也。有一二贤且智者，则众人君之而受命焉，尤智者所君尤重焉。此一二人者之心向义，则众人与之赴义；一二人者之心向利，则众人与之赴利。众人所趋，势之所归，虽有大力，莫之敢逆。故曰：'挠万物者莫疾乎风。'风俗之于人之心，始乎微，而终乎不可御者也。"④在曾氏看来，一般人不晓义与利抉择之必要性，赖得一二"贤且智者"对于义利的抉择，让众人具有效法的对象。一二士君子在前示范和引导，众人在后跟随和效法，久而久之，风俗渐厚。曾国藩说："有一二人好学，则数辈皆思力追先哲；有一二人好仁，则数辈皆思康济斯民。倡者启其绪，和者衍其波；倡者可传诸同志，和者又可禋诸无穷；倡者如有本之泉放乎川渎，和者如支河沟浍交汇旁流。"⑤通过

---

  ① （清）曾国藩：《复李鸿裔》，《曾国藩全集》第30册，岳麓书社2012年，第583页。
  ② （清）曾国藩：《复李鸿裔》，《曾国藩全集》第30册，岳麓书社2012年，第583页。
  ③ （清）曾国藩：《致官文》，《曾国藩全集》第24册，岳麓书社2012年，第604页。
  ④ （清）曾国藩：《原才》，《曾国藩全集》第14册，岳麓书社2012年，第137—138页。
  ⑤ （清）曾国藩：《劝学篇示直隶士子》，《曾国藩全集》第14册，岳麓书社2012年，第487—488页。

"好学""好仁"的士君子"启其绪","传诸同志",百姓则"衍其波","植诸无穷",从而形成"先觉后觉,互相劝诱"①的良性互动局面,良风美俗渐渐得以形成。由此,曾氏对直隶风俗之转变寄予厚望。同治八年(1869),曾国藩撰《劝学篇示直隶士子》,开篇即言直隶本有的豪侠之风与圣贤之道并不相悖,他说:"前史称燕赵慷慨悲歌,敢于急人之难,盖有豪侠之风。余观直隶先正,若杨忠愍、赵忠毅、鹿忠节、孙征君诸贤,其后所诣各殊,其初皆于豪侠为近。即今日士林,亦多刚而不摇,质而好义,犹有豪侠之遗。才质本于士风,殆不诬与?"②直隶地区的"急人之难"的豪侠之风,除了与北学的特质有关,还与明代杨继盛、赵南星、鹿善继以及明清之际的孙奇逢等人的品质密不可分。正是由于有了直隶士君子之坚守,方有直隶"不悖于圣贤之道"③的豪侠之风。他说:"以直隶之士风,诚得有志者导夫先路,不过数年,必有体用兼备之才,彬蔚而四出,泉涌而云兴。"④也正是在曾氏的努力之下,直隶地区的风俗为之一变。有人记述:"当前清同治中,曾文正、李文忠先后来督畿甸,咸殷然有振兴文教之意。……于是教化大行,一时风气为之转移。"⑤

---

① (清)曾国藩:《劝学篇示直隶士子》,《曾国藩全集》第14册,岳麓书社2012年,第487页。
② (清)曾国藩:《劝学篇示直隶士子》,《曾国藩全集》第14册,岳麓书社2012年,第486页。
③ (清)曾国藩:《劝学篇示直隶士子》,《曾国藩全集》第14册,岳麓书社2012年,第486页。
④ (清)曾国藩:《劝学篇示直隶士子》,《曾国藩全集》第14册,岳麓书社2012年,第488页。
⑤ 吴闿生:《吴门弟子集序》,《吴门弟子集》,莲池书院1929年刊行本。

（三）礼与教化

太平天国运动不仅使清朝大厦将倾，而且对中国固有的道德观念和社会秩序造成巨大的冲击。曾国藩认识到清朝的社会危机绝不仅仅是军事和政治层面的，还有精神层面的。太平天国假借从西方传入的基督教，对于当时的群众具有很强的号召力，而其所宣扬的理论与传统儒学有着根本的不同。曾国藩从自己固有知识和立场出发，对太平天国进行批判。他认为洪秀全等人是"窃泰西诸国绪余"①，"崇天主之教"②；此外，太平军"燔烧诸庙，群祀在典与不在典，一切毁弃"③，"道士及浮屠弟子并见摧灭，金陵文物之邦，沦为豺豕窟宅"④。这样做的后果，是"士不能诵孔子之经，而别有所谓耶苏之说、《新约》之书。举中国数千年礼义人伦、诗书典则，一旦扫地荡尽"⑤，"三纲九法，扫地尽矣"⑥。在曾国藩的心中，"自唐虞三代以来，历世圣人，扶持名教，敦叙人伦，君臣父子，上下尊卑，秩然如冠履之不可倒置"⑦，而太平天国借基督宗教，严重冲击了传统中国的君臣父子、上下尊卑的伦理秩序和社会秩序。因此，

---

① （清）曾国藩：《江宁府学记》，《曾国藩全集》第14册，岳麓书社2012年，第174页。
② （清）曾国藩：《讨粤匪檄》，《曾国藩全集》第14册，岳麓书社2012年，第140页。
③ （清）曾国藩：《江宁府学记》，《曾国藩全集》第14册，岳麓书社2012年，第174—175页。
④ （清）曾国藩：《江宁府学记》，《曾国藩全集》第14册，岳麓书社2012年，第175页。
⑤ （清）曾国藩：《讨粤匪檄》，《曾国藩全集》第14册，岳麓书社2012年，第140页。
⑥ （清）曾国藩：《江宁府学记》，《曾国藩全集》第14册，岳麓书社2012年，第175页。
⑦ （清）曾国藩：《讨粤匪檄》，《曾国藩全集》第14册，岳麓书社2012年，第140页。

在太平天国战争之中以及战后,曾国藩努力从文化的层面探索解决社会危机的途径。而他寻找到的方法和途径,就是倡导礼教、以礼化俗。正如他说:"盖古之学者,无所谓经世之术也,学礼焉而已。"[1] 由于我们前面已对曾国藩思想中的礼俗关系做了辨析,所以这里重点考察曾氏倡导礼教的情况。

第一,曾国藩对人的基本修养和基本礼仪的养成做了说明。

曾国藩既继承孟子的性善论,认为"人性皆善,本体也"[2],又受宋儒之影响,认为人性源自天理,"凡人之生,皆得天地之理以成性,得天地之气以成形"[3]。源自天理的善性"为气禀所拘,物欲所蔽,则本性日失"[4],因此人有"天地之性"和"气质之性"。与荀子相似,曾国藩也认为人有体、目、耳、口等方面的嗜欲之求,以及名利方面的追逐。他说:"物生而有嗜欲,好盈而忘阙。是故体安车驾,则金舆鏓衡不足于乘;目辨五色,则黼黻文章不足于服。由是八音繁会不足于耳,庶羞珍膳不足于味。穷巷甕牖之夫,骤膺金紫,物以移其体,习以荡其志,向所扼捥而不得者,渐乃厌鄙而不屑御。"[5] 既然人的欲望如此之大,就需要通过礼来加以节制。曾国藩说:"礼主减而乐主盈,乐不可极,以礼节之,庶以制吾性

---

[1] (清)曾国藩:《孙芝房侍讲刍论序》,《曾国藩全集》第14册,岳麓书社2012年,第206页。

[2] (清)曾国藩:《孟子要略》,《曾国藩全集》第14册,岳麓书社2012年,第587页。

[3] (清)曾国藩:《谕纪泽纪鸿》,《曾国藩全集》第21册,岳麓书社2012年,第547页。

[4] (清)曾国藩:《笔记二十七则》,《曾国藩全集》第14册,岳麓书社2012年,第429页。

[5] (清)曾国藩:《求阙斋记》,《曾国藩全集》第14册,岳麓书社2012年,第143页。

焉。"① 因为"礼主减而乐主盈",乐极生悲,故需以礼来调节,礼主减,减即阙,以阙制盈,实际上就是以礼节制人的各种欲望,规范人的各种行为。曾氏还认为人需要通过后天的"学"才能"复性","学焉而后复之,失又甚者,须勉强而后复之"②,而所学的内容就是儒家的纲常礼教。曾国藩一方面认为人有先天的善性,另一方面又主张通过后天学习、以礼节制人的欲望来复性,实际上是对孟子和荀子人性说的融合。

对于人生的不同阶段,曾国藩认为所习的礼仪也应该有所不同。比如"自其弱齿,已立制防,洒扫沃盥有常仪,羹食肴胾有定位,绥缨绅佩有恒度";"既长则教之冠礼,以责成人之道,教之昏礼以明厚别之义,教之丧祭以笃终而报本";"其在职,则有三物以兴贤,八政以防淫"③。不同的礼仪对于塑造人的作用是不同的,"琴瑟鼓钟以习其耳,俎豆登降以习其目,诗书讽诵以习其口,射御投壶以习其筋力,书升以作其能,而郊遂以作其耻"④。在洒扫应对、立身行事的基本礼仪训练基础之上,还应"教之乐舞以养和顺之气,备文武之容;教之《大学》以达于本末终始之序,治国平天下之术;教之《中庸》以尽性而达天"⑤。根据曾氏的设计,人的一生皆应由礼

---

① (清)曾国藩:《求阙斋记》,《曾国藩全集》第 14 册,岳麓书社 2012 年,第 144 页。
② (清)曾国藩:《笔记二十七则》,《曾国藩全集》第 14 册,岳麓书社 2012 年,第 429 页。
③ (清)曾国藩:《江宁府学记》,《曾国藩全集》第 14 册,岳麓书社 2012 年,第 175 页。
④ (清)曾国藩:《箴言书院记》,《曾国藩全集》第 14 册,岳麓书社 2012 年,第 163 页。
⑤ (清)曾国藩:《江宁府学记》,《曾国藩全集》第 14 册,岳麓书社 2012 年,第 175 页。

贯穿其中，礼不但可规范人的行为，还可以涵养人的性情。

第二，曾国藩对家庭、家礼、家风、族谱颇为重视。

曾国藩一生中的不少精力都花在子女教育、家族事务的处理方面。其对家庭、家族的看重，与其祖上的传统分不开。曾氏家族有"世守礼义"[①]"讲求礼制"[②]的传统。曾国藩的祖父曾玉屏曾告诫子孙："后世虽贫，礼不可堕；子孙虽愚，家祭不可简也。"[③]父亲曾麟书曾在同族家塾设立的锡麟斋中讲授《周礼》《仪礼》，并教导家族子弟习礼。对于祖上以来的重礼传统，曾国藩说："我祖星冈公第一有功于祖宗及后嗣，有功于房族及乡党者，在讲求礼仪，讲求庆吊。我父守之勿失，叔父于祭礼亦甚诚敬。"[④]受父祖的影响，曾国藩特别重视家庭、家礼、家风。他对历史上善于治家的典范给予很高的评价："礼让之泽，如万石君之廉谨，富平侯之敬慎。唐之河东柳氏，宋之蓝田吕氏，门庭之内，彬彬焉有君子之风。余所见近时搢绅，未有崇礼法而不兴，习傲慢而不败者。"[⑤]在曾国藩看来，守礼的家族可兴可久，"若能于礼字详求，则可以医平日粗率之气而为先人之令子；若于族戚庆吊时时留心，则更可仪型一方矣"[⑥]；而不守礼的家族则会走向衰败，"偶思士大夫之家不旋踵而败，往往不如乡里耕读人家之耐久。……家败之道有四，曰礼仪全废者

---

① （清）曾国藩：《谕纪泽》，《曾国藩全集》第21册，岳麓书社2012年，第117页。
② （清）曾国藩：《台洲墓表》，《曾国藩全集》第14册，岳麓书社2012年，第365页。
③ （清）曾国藩：《大界墓表》，《曾国藩全集》第14册，岳麓书社2012年，第367页。
④ （清）曾国藩：《致澄弟》，《曾国藩全集》第20册，岳麓书社2012年，第454页。
⑤ （清）曾国藩：《笔记二十七则》，《曾国藩全集》第14册，岳麓书社2012年，第412页。
⑥ （清）曾国藩：《致澄弟》，《曾国藩全集》第20册，岳麓书社2012年，第454页。

败、兄弟欺诈者败、妇女淫乱者败、子弟傲慢者败"[1]。因此,曾国藩在其一生中极力营造重礼守礼的家风。其所写家书中蕴含的治家理念和真知良言,至今仍被不少人奉为宝典。

其一,家族子弟要知礼、习礼。曾国藩说:"先王之治人,尤重于品节。其自能言以后,凡夫洒扫、应对、饮食、衣服,无不示以仪则。因其本而利道,节其性而不使纵,规矩方圆之至也。既已固其筋骸,剂其血气,则礼乐之器盖由之矣。"[2] 要知礼,就必须熟读《礼记》中《曲礼》《内则》《少仪》等篇。在曾国藩看来,"天下所以少成材"[3],是因为"礼乐不兴,小学不明"[4],而"《曲礼》《少仪》者,宋儒之小学也"[5]。通过"熟读《礼记·曲礼》《内则》《少仪》诸篇,自足使人之威仪动作皆有范围;熟读《乐记》《学记》《祭义》,自足使人之心思识趣渐有把握"[6]。《礼记》中《曲礼》《少仪》《内则》等篇所记者多为少事长之礼。曾氏认为,熟读《礼记》,可以知礼守礼,从而实现家族和睦。他说:"《曲礼》《内则》所说的,句句依他做出,务使祖父母、父母、叔父母无一时不安乐,无一时不顺适;下而兄弟妻子皆蔼然有恩,秩然有序,此真大学问也。"[7]

---

[1] (清)曾国藩:《日记》,《曾国藩全集》第18册,岳麓书社2012年,第9页。
[2] (清)曾国藩:《抄朱子〈小学〉书后》,《曾国藩全集》第14册,岳麓书社2012年,第228页。
[3] (清)曾国藩:《日记》,《曾国藩全集》第16册,岳麓书社2012年,第119页。
[4] (清)曾国藩:《日记》,《曾国藩全集》第16册,岳麓书社2012年,第119页。
[5] (清)曾国藩:《海宁州训导钱君墓表》,《曾国藩全集》第14册,岳麓书社2012年,第370页。
[6] (清)曾国藩:《复邵顺国》,《曾国藩全集》第29册,岳麓书社2012年,第220页。
[7] (清)曾国藩:《致澄弟沅弟季弟》,《曾国藩全集》第20册,岳麓书社2012年,第60页。

其二，要重视家祭。曾国藩说："凡人家不讲究祭祀，纵然兴旺，亦不久长。"①每当父祖辈的忌日，曾国藩都会亲自行祭礼。这在其家书、日记中有诸多记载。如其父亡的周年之祭，曾国藩"祭祀全依朱子《家礼》，早起至坟山泣奠，日中在家恭祭也"②。其将家祭看得神圣而重大，至于家祭方方面面，他都要亲自过问和安排。比如家祭的器皿、饮食，曾国藩说："凡器皿第一等好者留作祭祀之用，饮食第一等好者亦备祭祀之需。"③"家中遇祭酒菜，必须夫人率妇女亲自经手。祭祀之器皿，另作一箱收之，平日不可动用。"④对于家祭的时辰、仪节、赞礼者，曾国藩都要亲自安排。比如曾国藩与其弟曾国荃举行除丧的释服礼，"早，五更起，行释服礼。盥洗上香后，复位，三跪九叩首。旋行三献礼，送神，又三叩首，仿《大清通礼》中品官祭礼仪注而小变之。与沅弟升降拜跪皆同之。惟上香、献爵二事，余以长子专之。赞礼者为易润坛、阎泰，执事者为李仁俊、陈鸣凤。……黎明礼毕，尚属肃穆整齐"⑤。这段文字，是曾国藩躬行礼教的生动记叙。看似繁文缛节，体现的是曾国藩对儒家传统礼教的持守。这样的繁琐礼仪，在曾国藩看来是十分必要的，因为这些仪式对于形成良好家风具有重要意义。

其三，重视族谱。曾国藩认为，族谱的功能，"所以尊祖宗、序子姓也。……览斯谱者，思祖宗营造之维艰，而尊祖敬宗之念生；识父兄伦纪之有序，而祗父恭兄之情笃。上治祖祢，旁治昆

---

① （清）曾国藩：《谕纪泽》，《曾国藩全集》第20册，岳麓书社2012年，第477页。
② （清）曾国藩：《致沅弟》，《曾国藩全集》第20册，岳麓书社2012年，第331页。
③ （清）曾国藩：《谕纪泽》，《曾国藩全集》第20册，岳麓书社2012年，第477页。
④ （清）曾国藩：《致欧阳夫人》，《曾国藩全集》第21册，岳麓书社2012年，第466页。
⑤ （清）曾国藩：《日记》，《曾国藩全集》第16册，岳麓书社2012年，第436页。

弟，下治子孙，敦亲亲之道，即以成雍穆之风。"① 然而，"自秦汉以来，宗子之法既废"②。曾国藩对谱牒之学兴起的原因做了追溯："自夫人惟门第为高，妄引古昔贤相勋臣、名儒才士，铺张扬厉，甚至虢郭承讹、卢雷袭误，俱所不顾。间有明所自出者，其中纪载失实，或坟墓附会、生卒舛错，类皆紊杂不足据，观者憾焉。"③ "古宗子之法废，族姓世系无所统承而谱作。盖圣人之礼与法穷，而文以系之。而世家巨族其传或远至千纪，……年湮世变，记载散佚不传，无可征纪，则淆乱多矣，于是而文亦穷。"④ 正是在这样的背景下，兴起了谱牒之学，"史氏纪世本，甄别派系原委，谱牒之学由此代兴，士君子欲纪世系，联系族姓，敦本明伦，以厚风俗，舍谱何由？"⑤ 在曾国藩的文集中，我们可以看到他为很多家谱作序，可见他对谱牒学是十分重视的。

曾国藩如此重视家庭、家礼、家风和家谱，既与其家族传统相关，也与中国儒家修齐治平的"内圣外王"之道不可分。曾国藩说："士大夫之志趣、学术果有异于人者，则修之于身，式之于家，必将有流风余韵传之子孙，化行乡里，所谓君子之泽也。就其最善者约有三端：曰诗书之泽，礼让之泽，稼穑之泽。"⑥ 检验人的"志

---

① （清）曾国藩：《李氏族谱序》，《曾国藩全集》第14册，岳麓书社2012年，第196页。
② （清）曾国藩：《李氏族谱序》，《曾国藩全集》第14册，岳麓书社2012年，第195页。
③ （清）曾国藩：《李氏族谱序》，《曾国藩全集》第14册，岳麓书社2012年，第196页。
④ （清）曾国藩：《青山彭氏征信谱序》，《曾国藩全集》第14册，岳麓书社2012年，第199页。
⑤ （清）曾国藩：《李氏族谱序》，《曾国藩全集》第14册，岳麓书社2012年，第195页。
⑥ （清）曾国藩：《笔记二十七则》，《曾国藩全集》第14册，岳麓书社2012年，第411页。

趣"和"学问",最直接的就是看其是否对子孙和乡里有感化和影响。也就是说,个人的修养与家庭、家族的兴旺以及与社会秩序的整合是不可割裂的。作为社会组成部分的家庭和家族的和睦,是社会有序的基本前提。曾国藩如此重视家庭、家礼、家风、家谱,正是中国儒家"修齐治平"观最直接的体现。

第三,曾国藩主张在地方治理和军政中要重振纲纪、推行礼教。

即便是在与太平天国交战的过程中,曾国藩对于礼教也不轻忽。其更是将对礼教的推崇融入治兵中去。曾国藩说:"持之以敬,临之以庄,无形无声之际,常有凛然难犯之象,则人知威矣。孟子曰:'君子以仁存心,以礼存心。'守是二者,虽蛮陌之邦可行,又何兵勇之不可治哉?"① 以仁、礼治兵,可以做到恩威并施。而其对于礼的强调,则是因为守礼可以让士兵形成"不战而屈人之兵"的气象。他说:"礼者,即所谓无众寡,无小大,无欺慢,泰而不骄也;正其衣冠,尊其瞻视,俨然人望而畏之,威而不猛也。"② 曾氏在治兵中强调仁与礼,体现的是他的儒将风范。曾氏自信地说:"守是二者,虽蛮陌之邦可行,又何兵勇之不可治哉?"③ 曾国藩以礼治兵选将,也给他带来了巨大的成功。我们在探寻湘军与太平军交战的过程中取得胜利的原因时,曾国藩以礼治兵的言论是不得不考虑的。

曾国藩每到一地任职,首先重振纲纪、推行礼教。当时湖南巡抚骆秉章很欣赏唐逢辰清廉而有信,遂调唐氏到湘乡任职,督办团练,扼守湘乡。唐氏置办"宾兴堂",兴教化。对此,曾国藩

---

① (清)曾国藩:《日记》,《曾国藩全集》第16册,岳麓书社2012年,第442页。
② (清)曾国藩:《日记》,《曾国藩全集》第16册,岳麓书社2012年,第442页。
③ (清)曾国藩:《日记》,《曾国藩全集》第16册,岳麓书社2012年,第442页。

大为赞赏,他说:"咸丰癸丑,唐侯临莅兹邑,倡捐助饷,练勇防堵。……置宾兴堂,择廉正者经纪之。立条明约,既简既坚,以期久远。自唐世长吏设宾主,陈俎豆,备管弦,行乡饮酒礼;歌《鹿鸣》之诗以饯士,差具前古兴贤之义,今犹略存其法,独不得与计吏偕。"① 本是尚气力的战争年代,作为湘军统帅的曾国藩却对唐氏所置办倡导礼教的"宾兴堂"给予肯定,如此之举,并非仅是笼络人心,而是曾氏对于儒家礼教发自内心的肯定和推崇。太平军定都天京以后,江宁府学主体建筑均毁于战火,江宁府所在地被改为"宰夫衙"。当湘军攻陷天京以后,曾国藩、李鸿章改建江宁府学,重设江宁府等教育机构。为此,曾国藩还写了《江宁府学记》。在此文中,曾国藩以大量的篇幅讨论"隆礼""学礼"的重要性。

有学者认为,"道光以下的理学与经世学是一事之两面,统一在实践这个观念之下;所不同者,理学注重个人的道德实践,经世则强调整体的社会、政治实践"②,因此,"这两个趋向都与曾国藩的学术成就有密切的关系"③。我们认为这个论断是值得商榷的。宋明理学由于过于重视心性涵养,所以其经世倾向往往被其心性之学所覆盖,而给人一种只重修养而不重践履的错觉。事实上,宋明理学本身就讲"本体"和"工夫","明体达用"。在理学家的世界,个体的道德实践与社会、政治之间并没有鸿沟,也不能割裂。比如张载、朱熹一方面积极建构其天道性命之学,另一方面积极编纂礼书、推行礼教。也就是说,宋明理学讲"内圣",却从来不缺"外

---

① (清)曾国藩:《湘乡县宾兴堂记》,《曾国藩全集》第14册,岳麓书社2012年,第149页。
② 余英时:《士与中国文化》,上海人民出版社2003年,第581页。
③ 余英时:《士与中国文化》,上海人民出版社2003年,第581页。

王"。曾国藩"一宗宋儒",其所"宗"者,既有宋儒的形上之学,也有宋儒的重礼传统。当然,曾氏并非是重新构建一套天道性命之学,而是将宋儒的形上之学当成一种信仰,而在生活中和功业中去践行。曾氏对宋儒重礼传统的肯定和践行,并没有像朱熹那样编修礼书,而是在治家、治兵和从政方面践行儒礼。实际上,曾国藩所崇尚和践行的正是两千多年以来儒家的"内圣外王"理念。如果说宋儒易于给人以重"内圣"而轻"外王"的错觉,那么曾国藩既重"内圣"又重"外王",则可以改变人们对宋明理学的这种错觉。需要指出的是,在新的历史条件下,曾国藩的"一宗宋儒"之"宗",是从大体而言,事实上,他的理学融汇了不少新的元素。宋代以来,与理学观念相左的一些新的学术派别也十分重礼,他们对曾氏重礼风范的影响,也是不可排除的[1]。

清初以来,以礼学闻名于世者多不胜数,张尔岐、方苞、江永、徐乾学、秦蕙田、杭世骏、凌廷堪、胡培翚、程瑶田、孙希旦、朱彬等,皆以礼经研究而著称于世。与此不同的是,曾国藩在礼经学方面并没有做深入研究,他的贡献主要是在礼的践履方面。曾国藩的一生,多是南北宦游、戎马倥偬,其所言礼并非经学家层面的名物礼制之考证,而是将礼与个人修养和社会实践结合起来。正如曾氏所言:"今日而言治术,则莫若综核名实;今日而言学术,则莫若取笃实践履之士。"[2]他效法顾炎武,倡导礼教,躬行实践,希望通过自己的努力,从而实现社会的有序。曾国藩于传统礼教的

---

[1] 比如颜元在猛烈抨击宋明理学"穷理居敬""静坐冥想"主张的同时,提倡"实学""习行""致用",试图以"农""兵""礼乐"来济世救民。颜元高度重视礼学,他说:"道莫切于礼,作圣之事也。"见(清)李塨:《颜习斋先生年谱》卷下,《颜元集》下册,中华书局1987年,第788页。

[2] (清)曾国藩:《复贺长龄》,《曾国藩全集》第22册,岳麓书社2012年,第5页。

守护，虽然在一定的时空范围内取得了成功，但是在从传统向近代转型的晚清时期，也有其保守性和局限性。然而从今天来看，曾国藩从思想和文化的角度对晚清社会危机所做的揭示，仍然是十分深刻和具有启发意义的；他在倡导礼教和移风易俗方面为应对和解决危机所做的努力，也是值得后人敬仰和称颂的。正如何贻焜所说："曾公立德、立功、立言，三俱不朽，……就其等差次第言之，应以正己率物，转移一代之风气为第一。"① 何氏之说，非虚言也。

四、郭嵩焘超越汉宋的礼学观及其外交礼仪实践

在晚清政界和实业界，郭嵩焘（1818—1891）是一位颇有影响力的人物。他兼封疆大吏、驻外公使和洋务运动代表人物于一身，以至于今人在研究郭嵩焘的时候，也主要将注意力放在其镇压太平天国运动、对待洋务的态度以及担任驻外公使等方面。实际上，郭嵩焘从小受过良好的经学教育，并在十九岁那年"入长沙岳麓书院读书，得交唐曦臣，并与刘蓉订交"②。他多次参加科考，受过理学、经学的系统训练。对于儒家经典，郭嵩焘特别重视礼经，以至于在"咸丰壬子，避乱山中"③时还撰《礼记质疑》四十余万言。此外，郭氏还有《校订朱子家礼》《大学章句质疑》《中庸章句质疑》等礼学著述。因此，礼学是郭嵩焘学术的重要组成部分，探讨其礼学思想，对于认识郭嵩焘的思想至为重要。藉其礼学思想之探究，可从一个侧面以窥中国近代社会转型时期官僚士大夫在面对古今中西各

---

① 何贻焜：《曾国藩评传》，岳麓书社2016年，第389页。
② 杨锡贵编：《郭嵩焘年表》，《郭嵩焘全集》第15册，岳麓书社2018年，第892页。
③ （清）郭嵩焘：《礼记质疑自序》，《郭嵩焘全集》第3册，岳麓书社2018年，第1页。

种思潮时所持有的态度和所做出的选择。

（一）对汉宋礼学的评价

清代乾嘉以来，学界出现了所谓的"汉学""宋学"之争。所谓"汉学"，是指汉唐时期的文字训诂之学，而所谓"宋学"，是指宋代以来重视天道性命的义理之学。东汉末年郑玄遍注群经，而尤精"三礼"，其《三礼注》是后世学人从事礼经研究最重要的参考文献。到了唐代，孔颖达、贾公彦采取"疏不破注"的体例疏释"三礼"及郑《注》，遂有《周礼疏》《仪礼疏》和《礼记正义》。按照清人的"汉宋"之分，郑玄、孔颖达、贾公彦等人的"三礼"注疏无疑属于"汉学"系统。对于郑玄、孔颖达、贾公彦等人之注疏，郭嵩焘或褒或贬。

对于郑玄之经学，郭嵩焘颇有褒奖。在他看来，郑玄功劳之一是"传经"。他说："郑君传经之功，所谓百世之师者也。盖孔子后千有余年而郑君出，由宋以前言礼者受范焉。又千有余年而朱子出，由元以至于今，言礼者受范焉。政教所趋，人心所向，凡所著书与行礼之实，确守而尊事之，莫敢违越，而独《礼经》之传授持之有本，其异于郑说者终无几也。"[①] 赖有郑玄礼经注，三礼之学才能延续二千年而不息。郑玄的功劳之二是考证训诂成就高。郭嵩焘说："郑君于三家之书会通抉择，始注而传之，于礼为专门之学，而用心尤勤。其考论典章制度及古今文声音训诂，流传至今，学者得知所归。"[②] 郑玄之文字训诂、名物礼制考证，为后世学者所宗。

---

① （清）郭嵩焘：《礼记质疑自序》，《郭嵩焘全集》第3册，岳麓书社2018年，第2页。

② （清）郭嵩焘：《礼记质疑自序》，《郭嵩焘全集》第3册，岳麓书社2018年，第2页。

除了褒奖，郭嵩焘对郑玄、孔颖达的经解多有质疑。其所撰《礼记质疑》一书，从书名"质疑"就可以看出其撰此书之目的。此书所质疑者，主要是郑玄、孔颖达的《礼记》经解。郭嵩焘认为郑玄《礼记注》"包罗群籍，兼综并揽，折衷于礼，时有出入"①，以至于"或拘于一义而无由会其通，或淆于众说而时未免决以臆"②。比如《礼记·月令》"鹰乃祭鸟，用始行戮"，郑玄认为鹰祭鸟后不必尽食，如人君行刑，戮之而已。郭嵩焘则认为此"行戮"是指鹰杀鸟而食之，与人君行刑之义不同，"郑《注》析分二义，则鹰固知礼且廉于食矣，似非经旨"③。又如《礼记·礼器》"礼，时为大，顺次之，体次之，宜次之，称次之"，礼之"时""顺""体""宜""称"，郑氏以时间先后释之，孔氏以轻重释之。郭嵩焘则认为郑玄、孔颖达之说皆误，经文所谓"时""顺""体""宜""称"，"实以推求制礼之原有是五者之次，不当以轻重先后论之"④。

对于宋儒之礼学，郭嵩焘亦是褒贬皆有。比如清代官方编纂的《钦定礼记义疏》多采宋人性理方面的注释，是一部"宋学"色彩甚浓的文献。对此，郭嵩焘说："伏读《钦定礼记义疏》，实言礼者之圭臬，所录宋儒之说为独多。惟其斟酌古今以求当于理，有宋诸子之所长也；嵩焘于此亦时有会悟焉。"⑤重视义理恰好是宋儒之

---

① （清）郭嵩焘：《礼记质疑后序》，《郭嵩焘全集》第3册，岳麓书社2018年，第742页。
② （清）郭嵩焘：《礼记质疑后序》，《郭嵩焘全集》第3册，岳麓书社2018年，第742页。
③ （清）郭嵩焘：《礼记质疑》卷六，《郭嵩焘全集》第3册，岳麓书社2018年，第202页。
④ （清）郭嵩焘：《礼记质疑》卷十，《郭嵩焘全集》第3册，岳麓书社2018年，第277页。
⑤ （清）郭嵩焘：《礼记质疑序》，《礼记质疑》卷首，《郭嵩焘全集》第3册，岳麓书社2018年，第2—3页。

长，郭嵩焘认为自己对于有宋诸子"时有会悟"，可见其对于"宋学"之肯定。

郭嵩焘对宋儒礼学的看法还集中体现在他对朱熹将《大学》《中庸》从《礼记》中抽离出来并为之划分章句的做法之评论。中唐以前，人们视《大学》《中庸》为《礼记》中普通的两篇，并无特殊对待。中唐韩愈讲道统、李翱说心性时皆重视《大学》《中庸》，开后世表彰《大学》《中庸》之先。到了宋代，朱熹撰《大学章句》《中庸章句》，并将二者与《论语集注》《孟子集注》合为"四书"，《大学》《中庸》便成为经中之经。从"五经"到"四书"，标志着经学的理学化，而《四书章句集注》成为宋明理学最重要的文本。到了明清时期，有人提出将《大学》《中庸》还原到《礼记》中看待。王夫之在《礼记章句》中始将《大学》《中庸》与《礼记》的其他单篇同等看待，并为之笺释①。此后，清人李光坡、朱彬等人有意识地从"五经"之学的角度来看待《大学》《中庸》。

在《礼记质疑》中，郭嵩焘视《大学》《中庸》为《礼记》中的单篇，并明言自己是受到了王夫之的影响。他说："读船山《礼记章句》，寻其意旨，将合《大学、中庸章句》为一书，还以戴《记》之旧，所得经义为多，鄙心窃独好之。"② "以还戴《记》之旧"，即将《大学》《中庸》从"四书"体系中抽离出来，从而合诸"五经"系统。郭氏认为自己的这种做法并没有违背朱子之学。在他看来，朱

---

① 当然，由于王夫之对待汉唐学术和宋人学术的态度很复杂，所以其对《大学》《中庸》的看法也是前后不一。在《礼记章句》中，其是从"五经"的角度来看待《大学》《中庸》；不过在《四书稗疏》《四书考异》《四书笺解》《读四书大全说》等著述中，其仍将《大学》《中庸》当作"四书"学的组成部分。

② （清）郭嵩焘：《礼记质疑自序》，《郭嵩焘全集》第3册，岳麓书社2018年，第1页。

子"言学"与"释经"是两回事,朱子之"学"不可违,而朱子"释经"则值得商榷。朱子在"释经"时将《大学》分经分传,此不可从。郭嵩焘说:"《大学》本无经传之分,……章旨极为完密,无庸纷纷改易经文以从己意也。"① "《大学》子思作也。……朱子分经传而以曾子传孔子之言为经,门人述曾子之言为传,似属以意拟之。"② 朱子补"格物致知传"也是多余之举,郭嵩焘说:"《大学》一书完具无缺,数百年辨争盖皆求之于外,而于中之要领有未究也。"③

作为科举出身之人,郭嵩焘的心态是颇为矛盾的。与清代所有有志于科考的士子一样,郭嵩焘从小接受程朱理学的教育,对于理学是十分熟悉的。因此,即便郭嵩焘对朱熹划分《大学》《中庸》章句的做法不满,对于理学本身也没有过多訾议。他甚至有时候也表达对《大学》《中庸》的看重。郭嵩焘说:"国朝乾嘉以来,标立汉学、宋学之名,以所得训诂古义寻求义理之所归,其言深当经旨,多所发明。而用是以求胜程朱之说,凡所著论,直以《大学》《中庸》还之戴《记》,不名'四子书'。然自汉贾逵以《中庸》《大学》并出子思,其言与《论语》《孟子》足以相证,而义亦足相成。《汉志》载《曾子》十八篇,今见之《大戴记》者,未若《中庸》《大学》之纯粹也。则以'四子书'名经,犁然有当于人心,数百年莫能废也。"④ 与《礼记》中的其他单篇相比较,《大学》《中庸》蕴

---

① (清)郭嵩焘:《大学章句质疑》,《郭嵩焘全集》第 2 册,岳麓书社 2018 年,第 729—730 页。
② (清)郭嵩焘:《大学章句质疑》,《郭嵩焘全集》第 2 册,岳麓书社 2018 年,第 730 页。
③ (清)郭嵩焘:《大学章句质疑序》,《郭嵩焘全集》第 2 册,岳麓书社 2018 年,第 726 页。
④ (清)郭嵩焘:《与王实丞〈四书疑言〉序》,《郭嵩焘全集》第 14 册,岳麓书社 2018 年,第 290—291 页。

含着更多精义，因此又不可以简单地将《大学》《中庸》等同于《礼记》中的其他单篇。在他看来，即便朱子在《大学》《中庸》文本的处理上不可取，也不影响《大学》《中庸》蕴含有深刻的理学思想。郭氏说："当朱子时，陆子寿氏谓《论语、孟子集注》纯实精洁传世之书，而疑《大学、中庸章句》为未至。嵩焘心契其说，而谓朱子之言理，后人无能有易也。而求之过密，析之过纷，可以言学而不可以释经。稍因朱子章句就经以求其义，而后此经之微言大谊以明，即朱子之言惟其所以附丽之而精神愈出。尊经也，亦即所以尊朱子也。"[1]在郭氏看来，朱子的理学思想"无能有易"，而在理学的框架之下质疑朱子的《大学章句》《中庸章句》，看似与朱子违异，实则是"尊经"和"尊朱子"。这是作为一个理学信徒为朱子学所做的回护，也是郭氏为自己的"质疑"所做的辩解。

郭嵩焘对待《礼记》注疏、朱熹《大学章句》《中庸章句》的态度，折射出的是时代学术思想的取向。乾嘉以来的汉宋之争，到了嘉道以后已为不少学人所厌倦。学人们希望在所谓汉宋之学外寻求一种新的学术思想形态，从而避免这种争论。与郭嵩焘同时代的朱次琦（1807—1881）说："古之言异学者叛之于道外，而孔子之道隐；今之言汉学、宋学者哄之于道中，而孔子之道歧。何天下之不幸也。"[2]而"学孔子之学，无汉学，无宋学，修身读书，此其实也"[3]。与朱氏类似，郭嵩焘也反对非汉即宋的论争。在他看来，汉代以后，汉、宋、今、古，学派多样，歧见纷出，而学术最理想的

---

[1] （清）郭嵩焘：《大学章句质疑序》，《郭嵩焘全集》第2册，岳麓书社2018年，第726页。
[2] 简朝亮编：《朱九江先生年谱》，《朱九江先生集》，台北文海出版社1967年，第56—57页。
[3] （清）朱次琦：《朱九江先生集》，台北文海出版社1967年，第56—57页。

状态却是汉武帝之前的汉初经学。他说:"汉承秦毁灭《诗》《书》之余,稍求遗书,置五经博士,聚讲于京师,诸儒通一经者,又各以专门教授乡里。天下之士,争以明经行修相奖为名。朝廷设六艺之科以整齐天下。非经博士讲授,有异师法,悉屏不录。是以学出于一,人才之美,风俗之醇,恍然见三代之遗。"① 由于武帝将利禄与经学相关联,以至于"学出于一"被打破。对于所谓汉学、宋学的代表人物及其经说,郭氏皆以理性的眼光重新审视,信从则有之,质疑者亦有之。这就形成了郭嵩焘学术独特的个性。

(二)礼与人情、风俗

礼有形式层面的礼仪,也有礼的制作和意义层面的礼意。郭嵩焘特别看重礼意,他说:"窃论《礼》者征实之书,天下万世人事之所从出也,得其意而万事可以理,不得其意则恐展转以自牾者多也。程子有言:'得于辞不达其意有矣,未有不得于辞而通其意者也。'蒙于此经沈潜反复,于其辞也稍得二三焉;由其辞以求其意,又幸庶几其一得也。"② "辞"即经文,由经文以通礼意才是最根本的,因为"得其意而万事可以理",而"不得其意则恐辗转以自牾者多"。在"三礼"之中,郭嵩焘最重视《礼记》,因为"戴《记》一书发明《礼经》之意,周秦间儒者为之,……其义蕴拓之而愈闳、析之而愈深,汉魏以来儒者有不能竟其绪焉"③。

在郭氏的观念中,礼意在逻辑上优先于礼仪。在此观念之下,

---

① (清)郭嵩焘:《重建湘水校经堂记》,《郭嵩焘全集》第14册,岳麓书社2018年,第663页。
② (清)郭嵩焘:《礼记质疑自序》,《郭嵩焘全集》第3册,岳麓书社2018年,第2页。
③ (清)郭嵩焘:《礼记质疑自序》,《郭嵩焘全集》第3册,岳麓书社2018年,第3页。

他主张不同的时代有不同的礼仪,而礼意却始终如一。比如历代学人关于"祧庙"(远祖庙)的处理方式议论纷纭,莫衷一是。郭嵩焘认为,"祧庙之说,自汉匡衡、贡禹建此议于宗庙,诸儒纷纷辨论,至今未息,而不知其无当也"①。诸儒之说不当,是因为没有看到礼仪要与时俱进。比如关于周代的"毁庙",郭嵩焘说:"自后稷至文武三十余世,周公固度宗庙之必不能容,缘情制礼,以后稷为始祖,而尊文武为世室,所祭其亲,但高、曾、祖、祢四世而已。……群祖之祭,于禘合之。情之不容已而义以生,周公之不得已也。天子既以七庙为制,诸侯以下,以次递减,贵贱隆杀之仪,又所以制其宜而通其变。"②周代"毁庙"是出于现实的考虑,因为从后稷到文、武时期已有三十余世,若不毁庙,祖宗数量之多,就很难为宗庙所容纳。关于汉代以来的不毁庙,郭嵩焘说:"汉祖以匹夫得天下,无所奉以为始祖。西汉传世十二,通东汉计之得二十四世,后世历数之久远无逾此者,所祀之祖不过十余世。而有祧有毁,以吝祖宗之血食,其心固有所不安者矣。"③汉代以来,每个朝代传世多则十余代,少则几代,不存在宗庙不能容纳的情况,因此不毁庙则成为常态,以至于诸儒不再言毁庙。

按有些人的看法,周代的毁庙才是"古礼之正",汉代以后不毁庙是对古礼之违异。在郭嵩焘看来,这种"违异",恰是应该倡导的对待古礼的变通精神。毁庙与不毁庙的根据之义就是"情"和"心",也就是郭氏所谓"缘情制礼""情之不容已而义已生,周公之不得已也"的"情",以及"其心固有多不安者"的"心"。

---

① (清)郭嵩焘:《日记》,《郭嵩焘全集》第8册,岳麓书社2018年,第392页。
② (清)郭嵩焘:《日记》,《郭嵩焘全集》第8册,岳麓书社2018年,第392页。
③ (清)郭嵩焘:《日记》,《郭嵩焘全集》第8册,岳麓书社2018年,第392页。

也就是说，毁庙与不毁庙，主要考虑的是礼仪是否与当时的"人情""人心"相应。而这种礼仪之外深层次的意义就是郭氏所强调的"礼意"。为什么不同的时代，礼仪于"人情""人心"的对应需要重新进行调整呢？这是因为不同时代有不同的社会情势，不同的情势则需对礼仪进行调整，从而与固有的"人情""人心"相合。因此，"圣人生于今日，亦必不能悉仿古礼而行之。而儒生操翰缀文，至今辨论纷纷，引古礼之正，欲劫后世以行之，无能见及此者，可叹也"①。

在对朱子《家礼》进行校订时，郭嵩焘以变通的眼光看待之。他说："嵩焘读《家礼》之书，反而求之礼意，以推知古今因革之宜而达其变，稍仿秦溪杨氏《家礼》附注之例，发明所以异同，条次于后，以靳合乎人心之安，而通乎事变之会，使人不敢疑礼之难行，以乐从事于复古。"② 在知礼意的前提之下，对古礼予以变通，以与时代相协，这就是郭氏校订《家礼》的初衷。比如关于行冠礼者的年龄，有十二岁而冠之说，有二十岁而冠之说，也有十五至二十岁而冠之说，各家皆有根据，莫衷一是。郭嵩焘说："今科举之制，行之已久，士大夫子弟年十二皆已应有司试为生员，势不能不为之加冠，宜断以年十二至二十加成人之服，告于祖而冠之，不使童子得僭冠服。"③ 郭氏以科举制的大环境为据，认为加冠礼当在十二至二十岁之间，这样既合乎古礼之意，又与现实不冲突，即郭

---

① （清）郭嵩焘：《日记》，《郭嵩焘全集》第8册，岳麓书社2018年，第392页。
② （清）郭嵩焘：《校订朱子家礼本序》，《郭嵩焘全集》第2册，岳麓书社2018年，第624页。
③ （清）郭嵩焘：《校订朱子家礼》卷二，《郭嵩焘全集》第2册，岳麓书社2018年，第647页。

氏所言"酌古今之宜，准人情之安"①。又如古之葬者不封不树，掩之而已，三代乃有封树，汉代始有碑，宋代始有石志。郭嵩焘认为，"古"与"今"的时空变幻，"后世送死之义，较详于古，此亦古今之礼不能以强同者"②。

除了要考虑"人情""人心"，礼还要与俗实现良性互动。礼与俗在很多时候是你中有我、我中有你的关系。若一定要有所分辨，可说礼更加普遍、仪式性更强，而俗则具有地域性和多样性。郭嵩焘认为"俗"与"道"是相违异的，他说："同乎俗者违乎道，由乎道者忤乎俗，古今类然也。"③之所以如此，是因为"极天下之艰难险阻以求其通，察人心之曲折纠纷以尽其变，行为刚毅而自遂其刚毅焉，行乎廉让而自遂其廉让焉。君子惟得乎此，是以其道用之而不穷，而介焉不与俗相混"④。尽管俗与道相违异，但是俗与人们的生活密切相关，与礼也有着密切关系，因此在制礼之时，不得不考虑俗。郭嵩焘说："一朝之大法，礼所不能违，其行礼之仪节，各因其俗，审行之而已。"⑤"民间行礼，各从乡俗，互有参差。"⑥当古礼仪节与风俗相违异时，只要不妨害礼意，以俗合礼是必要的。

---

① （清）郭嵩焘：《校订朱子家礼》卷二，《郭嵩焘全集》第2册，岳麓书社2018年，第647页。
② （清）郭嵩焘：《校订朱子家礼》卷四，《郭嵩焘全集》第2册，岳麓书社2018年，第691页。
③ （清）郭嵩焘：《送李申方伯西归序》，《郭嵩焘全集》第14册，岳麓书社2018年，第413页。
④ （清）郭嵩焘：《送李申方伯西归序》，《郭嵩焘全集》第14册，岳麓书社2018年，第413页。
⑤ （清）郭嵩焘：《校订朱子家礼》卷一，《郭嵩焘全集》第2册，岳麓书社2018年，第634页。
⑥ （清）郭嵩焘：《校订朱子家礼》卷一，《郭嵩焘全集》第2册，岳麓书社2018年，第634页。

比如据古礼，丧在殡奠而不祭，朔日用特豚、鱼腊鼎谓之殷奠，虞卒哭而后名祭。而在清代的葬俗中，先葬二三日受吊，于其中一日实行家奠，而无初祭、大祭之分。郭嵩焘认为，受今俗影响的葬礼"达人子之心，于古礼不必尽合"[①]。

（三）礼与外交实践

郭嵩焘是中国历史上第一位驻外公使。当时清廷有一惯例，即令出使他国的官员记录沿途中的见闻，以资参考。在出使英国期间，郭嵩焘除了记载一些实政内容外，还将注意力放在了异域礼俗方面。比如当郭氏乘坐的船经过广东外海时，有英国的铁甲兵船尾随而至，两船遂互相行礼。对此，郭嵩焘有一段生动的记述：

> 我船升旗，来船见，亦升旗。我船随下旗。来船渐趋而近，两船并行，相距可十余丈。来船船人皆升桅，舟中乐作。我船复升旗，来船横掠船首而过，我船停轮候之，遂扬帆驰去。因询船主：升旗何也？曰：所以告也。彼亦升旗何也？曰：报也。犹曰公使在船，已谨知矣。下旗何也？曰：既告，则可以下矣。彼船人升桅而立，何也？曰：示敬也，犹之列队也。升桅而后可以示远。乐，所以作军乐也，以为列队之节也。掠船首而过，何也？曰：趋而迎也。停轮者，以示让也。彬彬然见礼让之行焉。[②]

---

① （清）郭嵩焘：《校订朱子家礼》卷四，《郭嵩焘全集》第2册，岳麓书社2018年，第678页。
② （清）郭嵩焘：《使西纪程》，《郭嵩焘全集》第10册，岳麓书社2018年，第101页。

英国铁甲兵船与郭嵩焘所乘的船通过升旗以示相见礼，通过"升桅而立"以表敬，"掠船首而过""停轮"以示迎让。这些英国船队之间习以为常的礼仪，对于出使的郭嵩焘来说颇觉新奇，因此他详细地予以记述。通过寻绎郭氏之记述，可知其对于英国船队之间的礼仪是持肯定和欣赏的态度。在本段记述的结尾部分，郭嵩焘向朝廷所呈《使西纪程》的内容是："足知彼土富强之基之非苟然也。"[①] 郭氏认为，英国的强大并非仅是坚船利炮，还有"富强之基"，所谓的"基"，就是与"器"所对应的"道"。

在伦敦期间，郭嵩焘在广泛与英国各界人士接触时，对于当时英国人的相见礼、着装等皆有细致的观察，这在他日记中也多有反映。比如：

> 十八日，为西历三月初二日。君主召见各国公使及其诸臣于柏金噶恩巴雷司。至则妇人居十之八。诸臣见君主，鞠躬而已，妇人则屈一膝。君主亦分三等款接：有执手亲脸者，有仅执手者，亦有立受者。其国戚下辈，或执君主之手，以嘴亲之。其冢嗣及其妃及三公主皆旁侍。惟君主着长衣，余皆露两肩及胸背于外，而结束上衣于两乳垂处，紧约其腰，曳裙委地八九尺，盖此间妇人觐见之礼也。[②]

> 廿八日，赴柏金哈恩斯宫接见君主。各国公使并至，而自参赞官以下皆无至者。所见亦数百人。立候至三点钟。其礼有

[①] （清）郭嵩焘：《使西纪程》，《郭嵩焘全集》第10册，岳麓书社2018年，第101页。
[②] （清）郭嵩焘：《日记》，《郭嵩焘全集》第10册，岳麓书社2018年，第142页。

跪一足捧君主之手，以嘴亲之。马格里云：此初见之礼。大率武官为多，以所着红衣，武官之服也。又有跪一足，君主拔取侍卫所佩剑，先加之其右肩，次加其左肩。马格里云：初受宝星有此礼。①

从今天来看，西方人的这些礼仪，我们可以说是再熟悉不过了。然而在十九世纪七十年代，这些礼仪对于很多国人来说是十分陌生的。比如"执手亲脸""执君主之手，以嘴亲之""跪一足捧君主之手，以嘴亲之"，无疑与中国的相见礼、朝觐礼颇不相类。在中国古代，女性参与政治并不常见，而在英国君主召见各国公使时，"妇人居十之八"，而且"露两肩及胸背于外，而结束上衣于两乳垂处"，这在中国无异于奇闻。郭嵩焘在记载这些见闻时也毫不掩饰他的好奇之意，不过对待这些陌生的的礼仪和着装，郭嵩焘的心态是谦虚的、平和的，并没有当时不少人在"华夷""道器"观念下的妄自尊大。

在英国伦敦期间，郭嵩焘在与英国人的交往中体现了《礼记》中的"礼从宜，使从俗"的外交理念。所谓"礼从宜，使从俗"，孙希旦曰："礼之为体固有一定，然事变不一，礼俗不同，故或权乎一时之宜，或随乎他国之俗，又有贵乎变而通之者也。"② 意思是说，出使异国他乡的使臣，要入乡随俗、因地制宜，尊重他国的风俗，不能我行我素，只按自己的习惯和风俗来行事。在郭嵩焘的时代，有些人囿于对西方的成见以及过分的敏感，认为在出使时应

① （清）郭嵩焘：《日记》，《郭嵩焘全集》第10册，岳麓书社2018年，第147页。
② （清）孙希旦：《礼记集解》卷一，中华书局1989年，第6页。

当以中国固有礼俗为准，而不必遵从异域礼俗，否则有卑躬屈膝之嫌。比如与郭嵩焘同往英国的副使刘锡鸿曾说："日本国政令改用西法，并仿其衣冠礼俗，西人皆鄙之，谓摹仿求合，太自失其本来也。'扬武'船带兵官蔡国祥言：宴会洋人，应自用中国器具。彼免冠，我应拱手答之。若舍我而效彼，且反为笑。容闳华官洋服，马格理以为羞。中国之士，有事于邦交者，当鉴此。"[①] 刘锡鸿强调不可"舍我以效彼"，甚至对"使从俗"之古训视而不见，是出于他过分的自尊和敏感。相反，作为刘锡鸿上司的郭嵩焘真正做到了"使从俗"，而郭嵩焘的行为却成为后来刘锡鸿参与弹劾郭嵩焘的重要证据。

在郭嵩焘的日记中，我们没有看到在相关外交场合郭氏行礼的记载。倒是在刘锡鸿参与弹劾郭嵩焘所列的罪证中，我们可窥郭氏是如何践行"使从俗"的。刘锡鸿认为郭氏"于洋务迁就卑恭，大失使臣之礼"[②]。其证据之一，是郭嵩焘过示卑恭以求悦。比如郭嵩焘见同舟兵丁必起而垂手站立，与商人握手以表恭敬；当巴西国王夫妇游于英国期间，郭氏与之相遇于舞会，众人都只是起立，郭嵩焘却进至阶前，像站班的样子。刘锡鸿所列罪证之二，是郭嵩焘"不以忘本为耻"[③]。比如当看到西方人多持伞时，郭嵩焘就急着寻伞；当看到西方人不持扇时，郭嵩焘就急着去扇；当看到西方人听唱皆捧戏单时，郭嵩焘不识英文，也捧着戏单；当看到西方人听戏高兴时用手指敲打桌子，郭嵩焘也用手指敲击桌子；西方人用银盘银罐盛糖酪以招待客，郭嵩焘仿效之；在英国参观炮台时，郭嵩焘

---

① （清）刘锡鸿：《英轺私记》，岳麓书社1986年，第63页。
② （清）郭嵩焘：《日记》，《郭嵩焘全集》第10册，岳麓书社2018年，第327页。
③ 转引自熊月之：《郭嵩焘出使述略》，《求索》1983年第4期。

还穿上了当地人的服装。

郭嵩焘对待异域礼仪的态度并非偶然,而是与他的礼仪观和文化观密切相关。在郭氏看来,中西方的礼仪是相通的。在出使的日记中,郭氏在记述西洋礼仪之后,经常不忘与中国的传统礼乐文化相比较。比如光绪三年二月,郭氏至一学馆观学员的晚餐,在奏乐的环节,郭氏记载道:"持乐器者数十百人,亦两两相并,别为一队。询其所歌之辞,则先祝君主天佑,次及大太子。……中国圣人所以教人,必先之以乐歌,所以宣志道情,以和人之心性。闻此歌辞,亦足使人忠爱之意油然以生。三代礼乐,无加于此矣。"①当郭氏看到西洋乐歌演奏时,就联想到中国三代礼乐。在郭氏看来,不管是西洋的音乐演奏,还是中国的三代礼乐,二者皆有共同的功能,即"宣志道情""和人之心性"。不仅如此,郭嵩焘还认为西方礼仪有优于中华礼仪之处。他说:"西洋以智力相胜,垂二千年,……创为万国公法,以信义相先,尤重邦交之谊,致情尽礼,质有其文,视春秋列国殆远胜之。"②他在对中外风俗和礼教进行比较时,甚至颠覆了当时人的一般看法。在记载自己经过广东外海所见船与船所行相见礼之后,郭嵩焘说:"中国之不能及,远矣。"③在言及西方的"文明"观念时,郭嵩焘称:"西洋言政教修明之国曰色维来意斯得(即 civilized),欧洲诸国皆名之。其余中国及土耳其及波斯曰哈甫色维来意斯得(haif-civilized)。……自汉以来,中国教化日益微灭,而政教风俗,欧洲各国乃独擅其胜,其视中国,亦犹三代盛时之视夷狄也。中国士大夫知此义者尚无其人,伤

---

① (清)郭嵩焘:《日记》,《郭嵩焘全集》第10册,岳麓书社2018年,第150页。
② (清)郭嵩焘:《日记》,《郭嵩焘全集》第10册,岳麓书社2018年,第128页。
③ (清)郭嵩焘:《日记》,《郭嵩焘全集》第10册,岳麓书社2018年,第61页。

哉！"① 郭嵩焘的感慨中，有对西洋文化的肯定和赞赏，也有对当时很多人仍在"天朝上国"的迷梦中妄自尊大的批判。

郭嵩焘之礼学，既涉及中国传统的礼经、礼制、礼意之学，也关乎其对待异域礼俗的态度和应对方式。不过，传统礼学与对待异域礼俗两个方面在郭嵩焘的身上并不割裂。根据以上之论述，可知郭嵩焘将礼与汉宋之学、风俗人心、外交实践等很好地统合在一起，并处处透显出郭氏超越时人的卓识和远见。而他的卓识和远见，除了与其性格有关②，更重要的是基于他的思想观念。郭嵩焘认为万事万物中存在规律性的"天道"，"天道有常"③，而且"天道久而必变"④。也就是说，作为万象背后有本质和规律性存在的"天道"，"天道"并非一成不变，而是"久而必变"。既然"天道"是变，那么顺乎天道的人在面对现实问题之时也应知"变"。郭嵩焘说："圣人之道，日新以为功而无固守，观雷风之用而知天地所以为恒者，惟其变而不可穷也。"⑤ 因此他特别反对"守理而不化"，"不知变通者"⑥。有学者指出："郭嵩焘认知的道也是具有高度开放性的，它可以超越朱陆、汉宋，乃至儒墨的界限。既然如此，他后来亲临西方后可以看到西方有道，也就水到渠成了。"⑦ 郭嵩焘在言

---

① （清）郭嵩焘：《日记》，《郭嵩焘全集》第10册，岳麓书社2018年，第420页。
② 郭嵩焘晚年说："生平与人共事，动辄抵牾。"参见（清）郭嵩焘：《玉池老人自叙》，《郭嵩焘全集》第15册，岳麓书社2018年，第769页。
③ （清）郭嵩焘：《日记》，《郭嵩焘全集》第8册，岳麓书社2018年，第499页。
④ （清）郭嵩焘：《日记》，《郭嵩焘全集》第10册，岳麓书社2018年，第468页。
⑤ （清）郭嵩焘：《周易内传笺》卷三，《郭嵩焘全集》第1册，岳麓书社2018年，第199页。
⑥ （清）郭嵩焘：《日记》，《郭嵩焘全集》第8册，岳麓书社2018年，第473页。
⑦ 李欣然：《处变观通：郭嵩焘与近代文明竞争思路的开端》，北京大学出版社2020年，第137页。

礼学时超越汉宋的态度，以及在面对异域礼俗时所持有的变通精神和开放态度，皆与他的哲学思想相关。在"久而必变"的"天道"的统摄之下，"汉学"与"宋学"语境之下的礼学，古代与时下的礼学，中国与异域的礼学，皆应以变通和开放的眼光来看待。也正因为郭嵩焘礼学所具有的超越时代的特性，所以难免受到同时代人的不解和非议。然而当我们站在新时代的高度重新审视郭氏的礼学时，其所具有的独特个性和前瞻性就再也明显不过了。

第三节　朱子家礼学思想在清代的传播和应用：以巴蜀和徽州为例

朱子《家礼》是一部重要的礼书，对宋、元、明、清时期的士庶之礼影响十分深远[①]。明代丘濬甚至认为"《家礼》一书实万世人家通行之典"[②]。围绕《家礼》出现了不少"以礼化俗"的文献，从而形成宗族、家族礼仪教化的学问——家礼学，与此相关的文献就是家礼书。家礼书是地方宗族或有志于从事礼乐教化的地方精英对士庶人的道德伦理和生活方式的理性反思，也是家庭、宗族行事和生活的文本依据。宋代以来，围绕《家礼》而形成的家礼书多不

[①]　元代至正年间之前，人们普遍认为朱熹是《家礼》的作者。不过从至正年间开始，已有人开始怀疑这种观点。明代学者王懋竑更是直接认为《家礼》非朱熹所撰之书。清代学人多有从王氏之说者。不过，近代以来的学者如钱穆、陈来、束景南、蔡方鹿等皆结合新的材料，力证《家礼》为朱熹所撰。南宋以来，《家礼》对士庶人礼仪的影响是客观存在的，"朱子《家礼》""文公《家礼》"的称谓已约定俗成，且深入人心。笔者认为《家礼》为朱熹所撰，遂沿用旧例，仍称"朱子《家礼》"。

[②]　（明）丘濬：《家礼仪节序》，《重编琼台稿》卷九，文渊阁《四库全书》第1248册，第181页。

胜数，而清代的家礼书尤多①。据赵克生统计，清代家礼书不少于350 部，这些家礼书可以分为重刊的前朝家礼书、清朝官修家礼书以及清人私修家礼书三大类②。本节拟通过对清代巴蜀和徽州的家礼学进行考察，以窥朱子家礼学思想在清代地方社会控制中所承担的角色以及起到的作用。

一、朱子家礼学思想在清代巴蜀地区的传播和应用

（一）朱子家礼学思想在清代巴蜀地区传播的原因

巴蜀地处我国西南，主要部分是四川盆地，"其地四塞，山川重阻"③。不过自古以来，巴蜀文化并非自我封闭，而是表现出较强的开放性。朱子《家礼》在清代巴蜀地区移风易俗中有着举足轻重的地位，其在清代巴蜀地区传播的原因可从以下三个方面来看。

首先，儒学和朱子学在清代巴蜀地区的传播较早，使《家礼》在清代巴蜀地区的传播拥有深厚的文化土壤。巴蜀大地虽处西南，然较早被儒风所染。汉景帝末年，蜀郡守文翁仁爱好教化，他在蜀地推行儒学教育，为汉武帝推行"独尊儒术"做了很好的铺垫，"天下郡国皆立学校官，自文翁为之始云。"④文翁重视儒家经典在教化中之作用，使巴蜀大地甚早受儒风之影响，"至今巴蜀好文雅，文翁之化也"⑤。文翁之后，蜀地文化教育一直很繁荣，颇能继汉代

---

① 家礼书并非宋代以来才有。据《隋书·经籍志》之著录，可知三国魏人董勋有《问礼俗》十卷，晋人干宝有《后养议》五卷，晋人卢谌有《杂祭法》六卷，这些都是家礼书。当然，家礼书的大量出现是在朱子《家礼》之后。
② 赵克生：《清代家礼书与家礼新变化》，《清史研究》2016 年第 3 期。
③ （唐）魏徵：《隋书》卷二十四，中华书局 1973 年点校本，第 830 页。
④ （汉）班固：《汉书》卷八十九，中华书局 1962 年点校本，第 3626 页。
⑤ （汉）班固：《汉书》卷八十九，中华书局 1962 年点校本，第 3627 页。

之雄风而位于全国前列。作为中国宋代以来十分重要的文化人物朱熹，其学术与巴蜀学人有着十分密切的关系。比如由朱熹门人记录师徒答问的《朱子语类》一书，最先致力于汇辑成编的是四川学者李道传，最终将语录统一排定的是四川人黎靖德。由此可见，巴蜀学人在《朱子语类》的形成和传播方面做出了巨大贡献，巴蜀地区有崇朱子学之传统。由于众贤之努力，包括朱子《家礼》在内的朱子学在巴蜀地区得到了广泛传播，对巴蜀思想文化和民风民俗产生了深远影响。

其次，清代以前《家礼》在巴蜀地区的流传，是《家礼》在清代巴蜀地区流传之基础。由于史料缺乏，《家礼》在明代以前巴蜀地区的流传情况已难见全貌，《嘉庆金堂县志》所说"明以前无可考"[1]，即指此也。不过明代部分方志流传至今，故《家礼》在明代巴蜀地区的流传状况仍依稀可见。《万历嘉定州志》载："惟士大夫依《家礼》，立宾、赞，行三加，谒祖庙，拜父母尊长，出拜师友，余或行，或不行。"[2] 此即是《家礼》所记冠礼在明代巴蜀地区流行之证。《家礼》在清代巴蜀地区的传播，正是在明代《家礼》在该地区传播之延续。

再次，移民是《家礼》在清代巴蜀地区传播的重要推动力量。元代至清初，巴蜀地区遭受战乱，民生凋敝，人口锐减。为救时弊，重振巴蜀，当时的统治者采取了一系列措施吸引外地移民徙居巴蜀，其中以湖广行省的人口最多，即所谓的"湖广填四川"。这

---

[1] （清）谢惟杰修，（清）陈一津等纂：《（嘉庆）金堂县志》卷二，清嘉庆十六年刻本，第52页。

[2] （明）李采明修，（明）范醇敬纂：《（万历）嘉定州志》卷五，民国间抄本，第60页。

些移民,除了"填川"的湖广人,还有很多是从粤、闽、赣、鄂等地徙居巴蜀的客家人。① 移民占清代巴蜀地区总人口的比例很高,清道光《巴州志》载:"州自明季,献逆扰乱,土著无几,遗风旧俗,弗可得而详已。国朝康熙雍正间,秦楚江右闽粤之民著籍插佔,各因其故俗,以为俗不必尽同。"② 巴州地处川东北,大巴山南麓,此地居万山之界,连数郡,僻远险峻。如此偏远之地,移民尚且如此之多,那么在土地沃美的成都平原,移民数量就可想而知了。有学者指出:"宋代以后,即'湖广填四川'之后,占总人口70%以上的新的移民成了新时期人口构成的主体。"③ 众多的移民对巴蜀地区的经济、文化、风俗等产生了极为深远的影响。

　　清代巴蜀移民中的湖广人受朱子学的影响十分深远。宋代以来,湖湘大地就是朱子学的重镇,学界崇朱子之理学,民间崇朱子之礼学。除了湖广人,巴蜀移民中的客家人的先祖当年南下岭南,又从粤、闽、赣西进巴蜀,因此这些客家人"根在中原,源于河洛"④。客家人辗转大江南北数百年,而后形成的客家民俗文化依然保留了中原古风,而这种"古风"的最集中体现就是对朱子《家礼》的遵崇。谢重光先生指出:"客家人的大家族的大婚,讲究六礼,有'纳采'、'问名'、'纳吉'、'纳征'、'请期'、'亲迎'等一系列繁琐的程序,都说是遵循《文公家礼》。文公是朱熹,他的

---

　　① 民国《双流县志》载:"清初招徕,大抵楚黄人为多,次则粤东,次则由闽、由赣、由陕,服贾于此,以长子孙,今皆土著矣,风俗已无差殊焉。"(刘佶等修,刘咸荣等纂:《(民国)双流县志》卷一《风俗》,民国二十六年重刊本,第8页。)可见四川客家人与徙居四川的湖广人之间,由于互相混合,风俗亦有融合趋势。
　　② (清)朱锡谷修:《(道光)巴州志》卷一,清道光十三年刻本,第34页。
　　③ 袁庭栋:《巴蜀文化志》,上海人民出版社1998年,第276页。
　　④ 李全中:《四川客家中原本根与文化传承探析》,《客家与中原文化国际学术研讨会论文集》,中州古籍出版社2003年,第131页。

'家礼'源于儒家经典《礼记》。"[1] 遵崇《家礼》，是客家人的一个重要特征[2]。客家人入川之时，也将这种对《家礼》的崇奉意识带到了巴蜀大地，并与巴蜀既有的民俗相结合，从而形成了独具特色的巴蜀民俗文化。

（二）朱子家礼学思想在清代巴蜀地区的应用

我们于此将对清代巴蜀地区的冠、婚、丧、祭诸礼进行探讨，以见朱子家礼学思想在清代巴蜀地区的流传和应用情况[3]。

1. 冠礼

冠礼为"礼之始也"[4]，所谓冠礼即成人礼，是华夏族最重要的人生礼仪之一。《仪礼·士冠礼》于冠礼仪节有详尽的记载。《家礼》于冠礼之设计，仪节大体源自《仪礼》，然又多有节略和变通[5]。据《家礼》之规定，冠礼的仪节包括告于祠堂、宿宾、陈冠服、三加（一加冠巾，再加帽子，三加幞头）、行醮礼、宾字冠者、主人以冠者见于祠堂、冠者见于尊长、礼宾、冠者见于乡先生及父之执友。此外，《家礼》还有女子笄礼之设计，包括戒宾、宿宾、陈服、加冠笄、服背子、行醮礼、礼宾等仪节。《家礼》规定，行冠礼的主人，"谓冠者之祖父，自为继高祖之宗子者"，冠者之父亦可为主人。

清代巴蜀地区所推行冠礼受《家礼》之影响，主要体现在以下

---

[1] 谢重光：《客家文化的中原结构与草根本色》，《解读客家历史与文化：文化人类学的视野》，知识产权出版社2011年，第10—11页。
[2] 笔者曾于2018年10月到成都市龙泉驿区文化局采访从事客家文化研究的学者胡开全先生，胡先生认为恪守朱子《家礼》是客家人最本质的特征。
[3] 《家礼》分为通礼、冠、婚、丧、祭五部分。
[4] （清）阮元校刻：《十三经注疏》下册，中华书局1980年，第1679页。
[5] 笔者曾对《家礼》如何实现于《士冠礼》《士昏礼》《士丧礼》的节略和变通作了考察。可参见潘斌《朱子〈家礼〉的编撰及现代价值》，《孔子研究》2015年第5期。

三个方面：

第一，虽知《家礼》设计的冠礼仪节之价值，然由于各种原因而少实行。

如在巴地的江津地区，"近世子自髫龄即子冠带，《少仪》《弟子职》罕能习之，容兮遂兮，不胜刺矣。二十而冠、三加之节不行已久。"[1] 在川南之峨眉县，"《家礼》立宾、赞，行三加，谒祖庙等仪，经乱后，唯士大夫行之。"[2] 在綦江县，"冠礼不行，匪独綦邑然。荐绅之家，修明古训，讵不知加冠为人道始。"[3] 由此可见，清代巴蜀地区对于冠礼已不甚重视，即便有行此礼者，也是士大夫阶层，而非普通百姓家庭。

第二，士大夫家行冠礼者对于《家礼》的仪节有所继承。

清代巴蜀地区所行冠礼，既有行冠礼之前的主人告于祠堂，亦有三加、起字，还有三加之后的拜父母及尊长。总的来说，清代巴蜀地区所行之冠礼仍保留了《家礼》所设计冠礼的重要仪节。比如嘉庆江安县等地，"冠礼，成婚前一日，主人延集亲朋，请大宾一人、傧相四人。其大宾以前辈之显达，或子孙众多者为之。设冠席于东隅，谤醮席于西隅。行三加后醮之，而命之字，以祝文告于先祖，谢宾与傧相毕，戚友致贺设宴。"[4] 由此可见，嘉庆江安县所行之冠礼，基本保留了《家礼》中冠礼的最重要仪节。

---

[1] （清）徐鼎立修纂：《（乾隆）江津县志》卷九，嘉庆九年重刻本，第2页。
[2] （清）文曙修，（清）张弘映纂：《（康熙）峨眉县志》卷七，清乾隆五年刻本，第3页。
[3] （清）宋灏修，（清）罗星编辑：《（道光）綦江县志》卷九，清同治二年刻本，第47页。
[4] （清）赵炳然修，（清）徐行德纂：《（嘉庆）纳溪县志》卷六，清嘉庆十八年刻本，第2页。

第三，士大夫家行冠礼者对于《家礼》的仪节有所变通。据地方志记载：

> 近俗男冠巾即照，女冠髻日时。是夜，亲友举贺，父母告于祖宗，加之以冠。再拜，兴，拜父母及尊长。出拜客，随治酒饮众。女家冠髻，多在嫁娶之前月，择吉设筵，请男家父母及三族至亲，次燕相邻朋亲。①

> 近世不甚讲求，六七岁后即加冠。至受室之期，亲友于前一二日，或取字，或取号，书于纸，以相赠贺。父于其时，亦设席相饮，至是，人遂称其字号，而不名。至于女子，非嫁不笄，受笄亦必于婚嫁时，俟婿家先期，具冠饰衣服至，请亲戚高年娴妇道多子孙者与之冠笄，俗谓之上梳上头，亦犹存冠礼之意云。②

> 冠礼，附婚礼行。婚前一日，父命其子至堂前，亲加冠服，教以成人之道，祀祖毕，亲友簪花披红，举酒酌贺，亦仿佛冠礼也。③

---

① （清）文曙修,（清）张弘映纂：《（康熙）峨眉县志》卷七，清乾隆五年刻本，第3—4页。
② （清）多泽厚修,（清）陈于宣等纂：《（乾隆）涪州志》卷五，清乾隆五十年刻本，第9页。
③ （清）李玉宣等修纂：《（同治）重修成都县志》卷二，清同治十二年刻本，第2页。

案：据《家礼》规定，"男子年十五至二十，皆可冠"[①]，"女子许嫁，笄"[②]，"年未十五，虽未许嫁，亦笄"[③]。而清代涪州等地行冠礼，男子年龄可小至六七岁，与《家礼》之记载出入很大。此外，《家礼》认为行冠礼的日期，"正月内择一日可也"[④]，而清代成都等地将行冠礼的日期选在婚前一日，峨眉县等地将女子加笄安排在出嫁之前一月。此外，《家礼》所选择加冠之宾是主人朋友中贤而有礼者，而清代巴蜀地区行冠礼，亲自加冠者可以是被加冠者之父亲。清人对待朱子《家礼》的变通精神，体现了他们试图沟通"古"与"今"，这与朱子《家礼》对待《仪礼》的态度是一样的。

2. 婚礼

婚礼为"礼之本也"[⑤]，华夏族所行之婚礼，在《仪礼·士昏礼》中有整全之设计。朱子《家礼》于婚礼之设计，受到了司马光《书仪》之启发，而大体仪节源于《仪礼》。清代巴蜀地区士庶人所行之婚礼受《家礼》影响甚深，这主要体现在以下几个方面：

第一，对《家礼》所设计的婚礼仪节颇为推崇，并多有采用。

《家礼》有议婚、纳采、纳币、亲迎、见舅姑等仪节，在议婚阶段，必先使媒氏往来通言，俟女氏许之，然后纳采。媒氏往来通信，在《仪礼》中属于纳采仪节，《家礼》则析出而置于纳采之前。

[①] （宋）朱熹：《家礼》卷二，《朱子全书》第7册，上海古籍出版社、安徽教育出版社2002年，第889页。

[②] （宋）朱熹：《家礼》卷二，《朱子全书》第7册，上海古籍出版社、安徽教育出版社2002年，第893页。

[③] （宋）朱熹：《家礼》卷二，《朱子全书》第7册，上海古籍出版社、安徽教育出版社2002年，第896页。

[④] （宋）朱熹：《家礼》卷二，《朱子全书》第7册，上海古籍出版社、安徽教育出版社2002年，第889页。

[⑤] （清）阮元校刻：《十三经注疏》下册，中华书局1980年，第1681页。

《家礼》所言纳采，就是"纳其采择之礼，即今世俗所谓言定也"[1]。《家礼》所谓"纳币"，即遣使者带着酒、果实之类到女方家，进献于女氏。《家礼》的"亲迎"，主要仪节是婿至女家迎妇、合卺等。妇见舅姑在亲迎的第二天。清代川东地区受《家礼》婚礼仪节影响甚深。如乾隆时期，川东涪州遵循《家礼》，婚礼有"议婚"仪节，"涪俗议婚，男家请媒通于女家。既久，则备盒酒香烛投刺，谓之'递书'。随备钗饰绫罗为礼，谓之'下聘'。"[2]此有《家礼》的"议婚"仪节。此外"递书"，即《家礼》所谓"纳采"仪节，"下聘"，即《家礼》所谓"纳币"仪节。名有异，而实同。"及男女成人，将娶，则先择亲迎吉期，报于女家，谓之报期。将婚，前数日如彼，此从简，只备衣服、钗簪、酒盒。请媒送于女家，至亲迎之日，婿到女家门外行礼，捧鹅拜，献，名奠雁，毕，遂亲迎。妇家行合卺礼。次日庙见，拜翁姑伯叔。三日下厨。新妇捧茶，示妇道也。"[3]此所谓"亲迎"以及"拜翁姑"仪节，与《家礼》婚礼"亲迎"等仪节亦大致相同。

清代川西地区受《家礼》影响也很大，比如嘉庆年间金堂县，"始结两家之好，则书男女生之生年月日于帖，谓之鸾书。副以首饰、布帛、鸡鱼、肉酒之类，命媒氏送之女家，亦以冠履笔札之类相答报"[4]，此即纳彩、问名之遗；"今谓之插定，亦曰插花；次则有

---

[1] （宋）朱熹：《家礼》卷三，《朱子全书》第7册，上海古籍出版社、安徽教育出版社2002年，第896页。
[2] （清）多泽厚修，（清）陈于宣等纂：《（乾隆）涪州志》卷五，清乾隆五十年刻本，第9页。
[3] （清）多泽厚修，（清）陈于宣等纂：《（乾隆）涪州志》卷五，清乾隆五十年刻本，第10页。
[4] （清）谢惟杰修，（清）陈一津等纂：《（嘉庆）金堂县志》卷二，清嘉庆十六年刻本，第52页。

报期之礼,择吉已定,或先一年,或先数月,书吉期于帖,副以缄缕、布帛、果饼、肉酒之类,命媒氏送之女家,女家亦缄缕、女红之类相答报"①,此即纳吉、纳征、请期之遗;"及期,则有'周堂'之礼。夫家备彩舆,仪从冠帔肉酒之属,择亲戚之福寿贤德者,男妇各一二人,随媒氏往迎,女家则以其女之妆奁、服饰、器用为嫁资之陪奁,亦曰嫁装,亦择亲戚男妇或女子之兄弟各一二人,送女过门,夫家尊之谓之上亲,亦曰上客,款待从厚。周堂礼毕,命二人执烛前行,新郎导新妇入房,饮合卺酒而出"②,此即亲迎、庙见之礼。嘉庆年间金堂县之婚礼,涵盖了《家礼》规定的所有仪节。

第二,清代巴蜀地区婚礼在遵循《家礼》的同时,还有"复古"的倾向。

清代巴蜀地区,婚礼仪节并不完全恪守《家礼》,可谓有从有变。传统婚礼之"六礼",见于《仪礼·士昏礼》,即纳采、问名、纳吉、纳征、请期、亲迎。《家礼》有所简化,主要有议婚、纳采、纳币、亲迎四个最重要的仪节。朱子曰:"古有问名、纳吉,今不能尽用,止用纳采、纳币,以从简便。"③可见《家礼》将问名和纳吉合于纳币之中。亲迎之后,《家礼》有妇见舅姑、庙见、婿见妇之父母等仪节。清代巴蜀地区的婚礼仪节受《家礼》之影响是肯定的,各地的方志对此直言不讳。不过,巴蜀地区婚礼仪节并不完全恪守《家礼》之规定,而是在应用时有所变通。乾隆《涪州志》、

---

① (清)谢惟杰修,(清)陈一津等纂:《(嘉庆)金堂县志》卷二,清嘉庆十六年刻本,第52页。

② (清)谢惟杰修,(清)陈一津等纂:《(嘉庆)金堂县志》卷二,清嘉庆十六年刻本,第52页。

③ (宋)朱熹:《家礼》卷三,《朱子全书》第7册,上海古籍出版社、安徽教育出版社2002年,第8967页。

嘉庆《金堂县志》、光绪《彭水县志》等都明确表示遵从婚礼"六礼"。乾隆《涪州志》云:"婚礼,纳采、问名、纳吉、纳征、请期、亲迎,此婚礼之六也。古云:'六礼不备,贞女不行。'"①光绪《彭水县志》曰:"先以媒妁传言,既允,乃行聘以香炬、爆竹、簪珥、布帛,称家行之日插香,嗣有请庚、报期、亲迎,诸礼尚有六礼遗意。"②《家礼》将《仪礼》"六礼"简化,意在方便时人;清代巴蜀士庶人对"六礼"的遵从,相对于《家礼》来说有"复古"之蕴意,由此可见清代巴蜀人对于醇风化俗之殷殷期待。

需要指出的是,由于巴蜀地域广阔,关山阻隔,往往十里不同音,百里不同俗,因此各地对于《家礼》的应用情况有所不同。此外,社会各个阶层对于《家礼》所设计的婚礼仪节的推行和实践也有差异。比如嘉庆时期川西什邡县,"惟荒政,十有二日多昏,始有省礼节费之意。按六礼繁重,惟世家大族能之,士庶诚艰于行,而问名、纳征、亲迎三礼,关系风化,匹耦不可不遵而行之。"③迫于时艰,嘉庆时期什邡县只有经济条件比较好的世家大族才能按"六礼"操办婚礼,而普通百姓之家只行婚礼中的"问名""纳征""亲迎"三礼。实际上,《家礼》是一部士庶通礼,简化仪式、方便操作是《家礼》最显著的特色。清代巴蜀地区的百姓根据自身所处的地域环境、经济条件对《家礼》所规定的婚礼仪节的变通应用,实际上就是践行《家礼》与时俱进的制礼精神。

---

① (清)多泽厚修,(清)陈于宣等纂:《(乾隆)涪州志》卷五,清乾隆五十年刻本,第9页。

② (清)庄定域修,(清)支承祜纂:《(光绪)彭水县志》卷三,清光绪元年刻本,第66页。

③ (清)纪大奎修,(清)林时春纂:《(嘉庆)什邡县志》卷十八,清嘉庆十八年刻本,第2页。

3. 丧礼

《仪礼》有《士丧礼》一篇，于丧礼仪节记载甚详。《家礼》依据《士丧礼》，对丧礼的仪节做了新的设计，包括初终、沐浴、袭、奠、为位、饭含、灵座、魂帛、铭旌、小殓、大殓、成服、朝夕哭奠、上食、吊、奠、赙、闻丧、奔丧、治葬、迁柩、朝祖、陈器、祖奠、遣奠、发引、及墓、下棺、祠后土、题木主、成坟、反哭、虞祭、卒哭、祔、小祥、大祥、禫。

清代巴蜀地区对于《家礼》有推崇者。如康熙年间峨眉县，"丧称大事，士大夫家应遵《家礼》"①，小殓、大殓等皆有之。嘉庆年间金堂县，"丧礼俗以《家礼》为法"②，小殓、大殓、成服、奠祭、安葬、除服诸大端，与《家礼》不异。嘉庆年间叙永县，丧礼仪文"俱遵朱子《家礼》"③，或五七日即葬，或逾月始葬，送讣、成服、开吊、家奠、题主、迁柩诸仪节皆有。同治年间成都的丧礼，"各仪节皆与文公《家礼》相符。"④始卒，报知亲友来视含、殓，帮办杂务；三日穿孝曰成服，叙事曰哀启，亲友来吊曰奠纸，卜妻将告亲友曰讣闻，葬之前夕改祭曰太夜，设筵受吊曰开奠；执绋、合葬及三周除服皆与《家礼》同。嘉庆年间什邡县，"士人多按《家礼》，不敢越分"⑤，丧葬称家有无，近在百日之内，远亦不

---

① （清）文曙修，（清）张弘映纂：《（康熙）峨眉县志》卷七《风俗》，清乾隆五年刻本，第5页。
② （清）谢惟杰修，（清）陈一津等纂：《（嘉庆）金堂县志》卷二，清嘉庆十六年刻本，第52页。
③ （清）周伟业修，（清）褚彦昭纂：《（嘉庆）直隶叙永厅志》卷十八，清嘉庆十七年木刻本，第2页。
④ （清）李玉宣等修纂：《（同治）重修成都县志》卷二，清同治十二年刻本，第2页。
⑤ （清）纪大奎修，（清）林时春纂：《（嘉庆）什邡县志》卷十八，清嘉庆十八年刻本，第2页。

逾期年，不惑风水。由此可见，《家礼》所设计的丧礼对于清代巴蜀地区的影响是十分深远的。

不过，受佛教、道教的影响，清代巴蜀地区的丧礼与《家礼》又有很大的差异。为了更清楚地看到清代巴蜀地区丧礼受佛教、道教影响之程度，兹将部分巴蜀方志之记载列表于下：

出处	巴蜀方志关于丧礼受佛教、道教影响之记载
康熙《重庆府涪州志》	葬后设灵，必延僧作斋事，近则谓之荐七，远则谓之超荐人。在生时亦喜作醮事，谓之填还寄库。绅士家初葬亦行《家礼》，及至百日、期年，亦延请僧道诵经。
乾隆《雅州府志》	丧事，绅士用《家礼》，庶民多尚浮屠。
乾隆《荣县志》	凶丧，背弃《家礼》，竞修佛事，并用鼓乐闹灵。吊客至，必啖以酒食，分以白布裹头。三年服制定例，不计闰，二十七个月为准。荣俗士夫家丁忧，起复遵奉定例。其实除灵扯席，周以三年，近来屡经诚谕，稍知变易。
乾隆《大邑县志》	多用浮屠作佛事，安厝年月定，仍讣告亲友。开奠三日，有力者备丧仪，扎造纸人马。有官者轿伞仪仗无焉。方相氏、显道、神童、男女、侨鹤、鹿、开路鬼，无一有遗。
乾隆《合江县志》	亲友具牲醴祭，帐，往吊，庶民多用浮屠，各亲友亦具礼往奠。
乾隆《岳池县志》	然《家礼》希行，多用浮屠度荐，谚称除灵，亦礼俗之坏也。
乾隆《丹棱县志》	然多拘阴阳风水之说。自宋时，彭百川已然，亲殁后二十五日，延僧众建道场，曰观音，曰报恩皇梁，曰千佛。贫者亦不敢废，恐人以俭亲不孝让之也。
乾隆《珙县志》	丧葬罕遵文公《家礼》。亲死，中等人家三日即葬。衣衾棺椁取辨临时，墓亦浮浅不及数尺。不请礼宾赞相礼仪，惟招客彻夜饮宴。倩僧道011多作佛事，以此相尚。
乾隆《涪州志》	丧礼……至百日、期年，亦延僧诵经，盖犹未能免俗也。
乾隆《江津县志》	《家礼》载"不作佛事"，然乡俗多用之，不用则亲族以为不孝。其弊在不能遵礼而行，假此以涂饰人耳目耳，故疏其大略。
嘉庆《金堂县志》	七七百日，诵经展奠，虽不合于礼，亦传之久远，可无废也。
道光《新津县志》	惟佞佛之家，多延僧道作荐度，此则荒诞不经矣。
同治《珙县志》	请僧道多作佛事，以此相尚独范。

续表

出处	巴蜀方志关于丧礼受佛教、道教影响之记载
光绪《江油县志》	丧祭，富者酌照文公《家礼》，不丰不俭，始则饭，僧作佛事安之。
光绪《彭水县志》	死七日，惮延僧道礼佛，七七乃止。日烧七至一年，或二三年，大作佛事。
光绪《庆符县志》	土俗三日即葬，不请礼宾赞相礼，惟延僧道撒画，夜作佛事，其士大夫家有遵文公《家礼》者。
光绪《大宁县志》	丧礼，初终即殓，棺不用铁。延僧道设奠，曰开路。三日成服，殡于中堂。逢七或延僧道诵经，三五七日不等，曰作斋。
光绪《黔江县志》	二十七月而禫，从俗者招僧道作佛事，谓之道场。每七日诵经忏，谓之烧七。三年内大作佛事。

据以上方志之记载，可见从巴地的重庆、涪州、岳池、合江、黔江、江津，到蜀地的大邑、金堂、新津、雅州，再到川北的江油，川南的荣县，丧礼皆多受佛教、道教之影响。至于丧礼中请僧道诵经、作佛事，并非清代巴蜀地区才有，北宋司马光所撰《书仪》中就曾记载佛道对于民间丧礼的深远影响。不过，巴蜀地区受佛、道影响甚深，故丧礼中的佛道元素更多。其中的原因，清代人已有认知，比如康熙《重庆府涪州志》揭示巴蜀地区丧礼重佛道的原因曰："盖由地近峨眉，又邻西域，故信佛教者众也。"[1] 佛教早在东汉时期就已传入巴蜀地区，巴蜀各地佛寺遍布，石刻造像甚多。巴蜀还是名副其实的大佛之乡，据统计，单是高度或长度在 10 米以上的大佛就有 20 座之多[2]。蜀地峨眉山还是普贤菩萨信仰的重地。此外，道教的发源地是今成都市大邑县鹤鸣山，道教的发祥地是今成都市青城山。由此可见巴蜀大地受佛教、道教的影响十分深远。清代巴蜀地区丧礼中有大量的佛道元素，由此也就不难理解了。

---

[1] （清）董维祺等修纂：《（康熙）重庆府涪州志》卷一，清康熙五十四年刻本，第 47 页。

[2] 袁庭栋：《巴蜀文化志》，上海人民出版社 1998 年，第 262 页。

需要指出的是，清代巴蜀地区丧礼中延请佛道诵经，多是普通百姓之家为之，而世家大族或士大夫还是多遵从《家礼》。如乾隆时期的大邑县，"绅士凡以寿终，清白人家皆行之，仪制俱遵《家礼》"①。乾隆时期的合江县，"绅士用《家礼》"②。乾隆时期的资阳县，"《家礼》仪制，士大夫有行之者"③。

4. 祭礼

《家礼》于祭礼，有四时祭、初祖祭、先祖祭、祢祭、墓祭等。此外，《家礼》还有与祭祀密切相关的祠堂建置之规定。朱子将祠堂建置放在《家礼》卷首，且曰："此章本合在《祭礼》篇，今以报本反始之心，尊祖敬宗之意，实有加名分之守，所以开业传世之本也，故特著此冠于篇端。"④由此可见，在朱子的视域中，祠堂是属于祭礼的范畴。

清代巴蜀地区的祭礼，受朱子《家礼》的影响很大，其中最具有代表性的就是祠堂。朱子提出"君子将营宫室，先立祠堂于正寝之东"⑤，意在"以报本反始之心，尊祖敬宗之意，实有家名分之守，所以开业传世之本也"⑥。"报本反始""尊祖敬宗"是《家礼》用意之所在。《家礼》祠堂内神龛的摆放位置，使大宗、小宗秩序井然。《家礼》规定，宗子不但主持祭祀，还拥有支配家族公共财产的特权。如于"置祭田"，《家礼》曰："初立祠堂，则计见田，每龛取

---

① （清）宋载修纂：《（乾隆）大邑县志》卷三，清乾隆十四年刻本，第23页。
② （清）朱维辟修纂：《（乾隆）合江县志》卷六，清乾隆二十七年刻本，第35页。
③ （清）张德源修纂：《（乾隆）资阳县志》卷之二，清乾隆三十年刻本，第22页。
④ （宋）朱熹：《家礼》卷一，《朱子全书》第7册，上海古籍出版社、安徽教育出版社2002年，第875页。
⑤ （宋）朱熹：《家礼》卷一，《朱子全书》第7册，上海古籍出版社、安徽教育出版社2002年，第875页。
⑥ （宋）朱熹：《家礼》卷一，《朱子全书》第7册，上海古籍出版社、安徽教育出版社2002年，第875页。

其二十之一以为祭田，亲尽则以为墓田，后凡正位祔者，皆放此，宗子主之，以给祭用。"[1] 祭田是家族的公共田产，用来祭祀共同的祖先。《家礼》此规定，意在敬宗收族，凝聚人心。由于朱子《家礼》主要涉及士庶人之礼，因此当其问世以后，民间的祭祖建筑才得以称为"祠堂"[2]。

巴蜀地区的祠堂很多，嘉庆《金堂县志》载："祭礼俗多建祠堂，盖古人庙制之遗，每以冬至前后，用羊豕酒馔，合族人而祭其祖先。"[3] 又据乾隆《江津县志》载："宗法不行于时，祭礼多废。夫豺獭尚知报本，为人子孙可不尽心于祀事乎？津俗族众者间立祠堂，置祭田于清明，扫墓时行礼。族长主祭，近见龚族谱中称时祭祖先用仲月吉日，兢兢追远收族之意，可谓克遵《家礼》。又祠堂祭田年久，往往有子孙经理不善以致兴讼，识者讥之。"[4]

客家人在四川建了很多祠堂，几乎每个姓皆有，大姓还有分祠和支祠[5]。如由闽、赣等地入蜀的东山客家，他们的始祖经过艰苦奋

---

[1] （宋）朱熹：《家礼》卷一，《朱子全书》第 7 册，上海古籍出版社、安徽教育出版社 2002 年，第 876 页。

[2] 祠堂的渊源甚早，司马光说："先王之制，自天子至于官师皆有庙。君子将营宫室，宗庙为先，居室为后。……汉世公卿贵人多建祠堂于墓所，在都邑则鲜焉。魏晋已降，渐复庙制。……庆历元年，因郊祀赦，听文武官依旧式立家庙。"[（宋）司马光：《文潞公家庙碑》，《司马光全集》第 3 册，四川大学出版社 2010 年，第 1602 页。] 由此可见，祠堂的前身是宗庙，且非士庶人所能有。

[3] （清）谢惟杰修，（清）陈一津等纂：《（嘉庆）金堂县志》卷二，清嘉庆十六年刻本，第 53 页。

[4] （清）曾受一等纂修：《（乾隆）江津县志》卷九，清乾隆三十三年刻本，第 4—5 页。

[5] 林晓平认为，祠堂分为总祠、分祠和支祠三类，合族为祭祀始迁而立的宗祠是"总祠"；某房人丁兴旺，支派蔓延，往往再次分房，原来的房为大房，后分的房为支房或小房，因此有了"分祠"；当支房或小房人财俱旺，达到一定程度，就会建起祭祀该支房或小房直系祖先的祠堂，是为"支祠"（参见林晓平：《客家祠堂与祠堂文化》，《赣南师范学院学报》1997 年第 4 期）。

斗，从而发家致富，购买田产，修建祠堂。部分祠堂或是入蜀二世祖修建，或是三世祖修建。部分祠堂直到今天还能见到，据谢桃坊先生考察，数十年前四川东山客家的祠堂甚多，仅龙潭寺范氏祠堂就有清水沟、松树、同乐、同仁、石马、保和、西河等八座[①]。客家人的先祖来自中原大地，他们深受儒家思想的熏陶，守礼节，重道义，讲伦理。对于中原文化的记忆的表达，可以从客家人对于祠堂的重视态度中窥见。由于客家人长期在特殊的环境中求生存和发展，所以他们是汉民族较有意识地保留儒家文化的一个民系。相对于其他四川人，在巴蜀地区的客家人尊祖敬宗的观念要强些，这在他们所修建的祠堂中得到了集中的体现。而这一切，与朱子《家礼》的祠堂建置及意义的阐述息息相关。

巴蜀地处西南，山川阻隔，交通不便，加之民族众多，各民族都有自己特定的风俗习惯，因此民俗现象纷繁复杂。巴蜀文化为中华民族重要的地域文化，其既与占主流地位的中原文化有着相同或相通之处，又有不同于其他地域文化的显著特点。要考察巴蜀文化与其他地域文化的共同性和差异性，朱子《家礼》在清代巴蜀大地的传播及影响给我们提供了一个很好的切入点。清代巴蜀地区士庶人对于朱子《家礼》既有承袭，也有变通，巴蜀人所具有的崇圣意识和变通精神尽在其中。此外，从清代巴蜀地区与朱子《家礼》相关的民俗事项中，我们可以依稀看到巴蜀文化与中原文化的渊源脉络。

[①] 谢桃坊：《成都东山的客家人》，巴蜀书社2004年，第59页。

二、朱子家礼学思想在清代徽州地区的传播和应用

(一) 朱子家礼学思想与徽州礼教传统

被誉为"东南邹鲁""阙里邹鲁"的徽州是朱子桑梓之邦,为宋明以来礼教兴盛之地。清代徽州礼教的兴起,与统治者的文教政策息息相关。明清更迭给社会带来巨大动荡的同时,也造成以清代贵族为代表的满文化与汉文化之间的剧烈冲突。满清入主中原以后,出于巩固统治的需要,逐渐改变与汉文化对抗的思路,在文化政策上开始重视经学和理学。顺治帝说:"帝王敷治,文教是先,臣子致君,经术为本。……今天下渐定,朕将兴文教,崇经术,以开太平。"[1] 从顺治帝开始,崇儒重道作为一项基本的文化政策被确定下来。到了康熙时期,程朱理学成为官方哲学,正礼俗、兴教化成为统治者实行社会控制的重要方式。康熙九年(1670)颁布《圣谕十六条》,内容涉及政治、经济、文化等各个方面,其中"尚节俭以惜财用""明礼让以厚风俗"等条目与文化和社会风俗相关。统治者认为,社会风气与人们的经济生活密切相关,不管是为政者还是普通百姓都要勤俭节约,不违礼制,才能形成恭敬礼让、风清气正的社会风貌[2]。此后,崇俭黜奢成为康熙、雍正时期社会治理的重要途径和目标。清廷在对官员进行考核时,以崇俭黜奢为要义

---

[1] 《世祖章皇帝圣训》卷五,文渊阁《四库全书》第411册,第134页。

[2] 康熙九年(1670),熊赐履上奏:"礼者,圣王所以节性防淫,而维系人心于不坠也。……观今日风俗,其奢侈凌越,至有不可殚述者,一裘而费中人之产,一宴而靡中岁之粮,舆隶披黄介之衣,倡优拟命妇之饰。习为固然,争相雄长,而无有起而议其非者。……盖奢则必贪,而廉耻丧矣。奢则必僭,而名分荡矣。奢则必骄,奢则必竞,而礼让衰,节文乱矣。呜呼!此饥之本,寒之源,而盗贼、讼狱、水旱、灾荒之所由起也。"(清)夏力恕等编:《湖广通志》卷九四,文渊阁《四库全书》第534册,第460页。

的礼俗整顿成为一项重要的指标。雍正说："理国之道贵储才有素，首先以厚风俗为要务，风俗既端，斯趋向有方，而人材蔚起。"①在提倡移风易俗的治国理念下，清代的家礼学逐渐勃兴。

清代徽州礼教的兴起，除了受国家层面的文教政策的影响，还与朱子学在徽州根深蒂固的影响有关系。宋代以来，徽州人遵朱子理学，崇朱子礼教；徽州学人重视研礼制礼，百姓生活重礼守礼。徽州为文教兴盛之地，被誉为"东南邹鲁"。礼学是徽州学术的重要内容，重礼是徽州学术的优良传统。此可从以下两个方面来看：

一是徽州学人于礼经、礼制、礼器、礼义等方面的研究蔚为大观。刘师培说："徽州学派传播扬州，于礼学咸有专书。（如江永作《礼经纲目》《周礼疑义举要》《礼记训义择言》《释宫补》，戴震作《考工记图》，而金［榜］、胡［培翚］、程［瑶田］、凌［廷堪］于《礼经》咸有著述，此徽州学者通'三礼'之证也）。"②钱穆也说："徽学原于述朱而为格物，其精在'三礼'。"③清代徽州礼学之盛，与江永、戴震等人的努力分不开。江永学术博大精深，而其核心是礼学。其礼学方面的代表作有《周礼疑义举要》《礼书纲目》《仪礼释例》《礼记训义择言》《乡党图考》等。江永于礼经、礼物和礼制考证之精，罕有人能与之匹敌。江永的学生戴震对于徽州礼学研究的开展起到了转关作用。戴震所撰《考工记图》《周礼太史正岁年解》皆是《周礼》考据之作，而"解《考工记》二卷，尤见精

---

① 《世宗宪皇帝圣训》卷十三，文渊阁《四库全书》第412册，第193页。
② （清）刘师培：《南北学派不同论》，《刘申叔遗书》上册，凤凰出版社1997年，第557页。
③ 钱穆：《中国近三百年学术史》上册，商务印书馆1997年，第357页。

核"①。除了考据成就，其"为学须先读礼"②、"理存于礼"等观念，将江永重视考据和经世的礼学导向了考据、义理与经世兼而有之的礼学。钱穆说："东原出而徽学遂大，一时学者多以治礼见称。"③与戴氏为同门的程瑶田也善于礼之考据，其《仪礼丧服文足征记》《宗法小记》《磬折古义》《考工创物小记》等皆是礼学考据名作。而被誉为"一代礼宗"的徽州学人凌廷堪所撰《礼经释例》一书曾五易其稿。此书是礼例研究方面的巅峰之作，在中国礼学史上有重要的价值和深远的影响。凌氏的弟子胡培翚所撰《仪礼正义》为中国古典《仪礼》学的集大成之作，也是清代新疏的代表作之一。

二是徽州学人承朱子《家礼》之学，热衷于民间仪礼的制定和推广。朱子《家礼》是一部关于士庶人冠、婚、丧、祭的礼书。与经礼学不同，此书所规定的仪节具有很强的实用性和可操作性，对于宋代以来中国民间礼仪的规范和实行起到了至为重要的作用。徽州学人继承朱子《家礼》，积极制定与家族生活密切相关的礼书。比如以考据之学而闻名天下的江永对民间礼俗的规整曾有一番作为。他在致徽州学人汪绂的书信中说："窃以为，古礼虽不可尽行于今，今人亦当知其文、习其数，当世所行乡饮酒礼，饩羊仅存，而坐席仪节皆非古。愚别有《演礼私议》，欲取《仪礼·士相见》《乡饮酒》及《戴记·投壶》篇，依古礼为仪注，选童子八岁以上、十五以下，假立宾主，教之威仪进退，以今服代古服，以蒲席代古席，以壶代尊，以瓷代俎豆，……以茶代酒，以脯代牲。或就祠

---

① （清）永瑢等：《四库全书总目》卷十九，中华书局1965年，第157页。
② （清）段玉裁：《戴东原先生年谱》，《戴震文集》附录，中华书局1980年，第248页。
③ 钱穆：《国学概论》，商务印书馆1997年，第275页。

堂，或就家塾，令礼童娴熟于此，演而观之。"①江氏认为今人应知古礼，而不可拘泥于古礼。他所计划撰写的《演礼私议》，就是以礼经记载为基础，在仪节、名物上多有变通，以符合现实的需要。此外，江永《昏礼从宜》一书在参考《家礼》等文献的基础上，以"从宜"为制礼的指导思想，对当时的婚礼做了新的思考和设计②。江氏认为，古今人情有异，而礼的仪节应当符合时下的人情；古礼为圣人所制，而圣人所制之礼并非完美无缺，因此不可照搬古之婚礼仪节；当时俗与古礼不合甚至有冲突时，有时应以时俗为是。这些关于婚礼的设计，反映了当时徽州学人对社会问题的关注和经世致用的学术取向。

（二）朱子家礼学思想在清代徽州的应用：以《茗洲吴氏家典》为中心

在清代徽州众多的家礼书中，《茗洲吴氏家典》（以下简称"《家典》"）颇具有代表性。此书出自清代康熙年间，为徽州人吴翟所辑撰。与一般的徽州谱牒所记族规家法不同，《家典》不仅有"家规"八十条，还有关于冠、婚、丧、祭诸礼仪节颇为详密的设计和考证。关于《家典》的成书过程，刘梦芙先生在该书"点校前言"中已有全面的介绍，兹不赘言③。概而言之，《家典》是一部凝聚了茗洲吴氏家族八九代人的心血之作，也是清代颇具代表性的家礼学著作。在礼教的视域下对《家典》加以考察，对于认识古徽州的社会控制、徽州宗族对于礼教的态度以及在移风易俗方面所做的

---

① （清）江永：《答汪灿人先生书》，台北"中研院"文哲所2013年，第43页。
② 潘斌、郑莉娟：《人情、风俗与礼之制作——以江永〈昏礼从宜〉为中心的考察》，《民俗研究》2021年第1期。
③ 刘梦芙：《点校前言》，《茗洲吴氏家典》卷首，黄山书社2006年，第1—11页。

努力等皆有十分重要的意义。

《家典》是在清廷文教政策和徽州礼教的大背景下出现的一部家礼书。此书刊布以后，受到当时和后世人的赞誉。康熙年间叶蘅称《家典》"法古而不泥于古，宜今而非徇于今"[1]。此所谓"古"，主要是从礼的角度言；其所谓"今"，主要是从俗的角度言。雍正年间窦容恂言《家典》"尤严乱礼之防"，是"卓荦破俗者"[2]。下面将通过对《家典》的礼俗观进行探讨，以见其在礼教方面的贡献，并掘发其现实启示价值。

古礼最重要的载体是《周礼》《仪礼》和《礼记》三部礼经。这三部经典是中国历代议礼制礼最重要的依据，是礼学之根与魂。而自南宋以来，《家礼》成为士庶人立身行事的依据，甚至还影响到社会上层的礼制之制作。其影响之大，以至于不少人只知《家礼》而不晓《仪礼》。作为一部私家礼书，《家典》是在系统考察礼经和《家礼》的基础上而成。其对于礼经和《家礼》的态度，可从以下两个方面来看。

第一，《家典》对礼经和《家礼》所记礼仪多有遵从。

《家礼》分为"通礼""冠礼""昏礼""丧礼""祭礼"五部分；《家典》则分为"家规""通礼""冠礼""昏礼""丧礼""祭礼"六部分，外加"讲学""释菜"。由此可见，《家典》的架构和内容是承袭《家礼》而有所增益。而关于冠、婚、丧、祭的具体仪节，《家典》也基本上是遵从《家礼》。比如《家典》"家规"部

---

[1] （清）叶蘅：《读茗洲家典跋后》，吴翟：《茗洲吴氏家典》附录，黄山书社2006年，第304页。

[2] （清）窦容恂：《茗洲吴氏家典序》，吴翟：《茗洲吴氏家典》卷首，黄山书社2006年，第2页。

分云:"立祠堂一所,以奉先世神主。出入必告,至正朔望,必参俗节,必荐时物,四时祭祀,其仪式并遵文公《家礼》。"① 又如《家礼》于冠礼的仪节主要是"告于祠堂""宿宾""陈冠服""三加""醮""字冠者""冠者见尊长""女子加笄",《家典》冠礼仪节也大致如此。

此外,在对通礼、冠礼、婚礼、丧礼、祭礼仪节进行考证时,《家典》大量征引礼经和前人之说。比如在"通礼考证"部分,《家典》征引朱子之说9次,征引《仪礼》经文和注疏6次,征引《礼记》经文7次,征引吕大临之说1次,征引程子之说2次;又如在"丧礼考证"部分,《家典》征引《周礼》经文2次,征引《仪礼》注疏11次,征引《礼记》经文77次,征引朱子之说9次,征引程子之说3次,征引丘濬之说5次,征引司马光之说4次。由此可见《家典》对于礼经和前人之说是十分重视的。

《家典》对于古礼颇为尊崇。比如关于宗法制度,《家典》曰:"自汉以来,此法已废。……此法不修,上无以为先祖主,下无以为宗人之所尊。宗人不尊,何以统理族人?无以统理族人,则冠昏丧祭之间,逐处隔碍,其欲以礼法导天下,俾天下进于淳古,不更戛戛乎其难之哉!然则挽今日之颓风,莫重于礼,而欲行古礼,尤莫先于立宗,断断如也。"② 对于远古以来的宗法制度,历代并没有严格执行。《家典》认为宗法制度中的宗子法是"统领族人"的根据和保障,对于挽救颓废的世风具有重要意义。《家典》规定:"今诚准古宗子法,以次递及,其应为后者,主冬至、立春之祭;其各

---

① (清)吴翟:《茗洲吴氏家典》卷一,黄山书社2006年,第17页。
② (清)吴翟:《茗洲吴氏家典》卷二,黄山书社2006年,第26—27页。

支高曾祖祢之在庙者，各就其宗子主之如宗。其为曾祖后者，为曾祖宗宗；其为祖后者，为祖宗宗；其为父后者，为父宗。其于古宗子法，或未必尽复，而于朱子所论祭祀用宗之意，或有当焉。"①《家典》参照古代的宗子法，对宗子和各小宗的地位和权力做了说明。《家典》还对与宗法制密切相关的"祧"颇为关注。所谓"祧"，就是把隔了几代的祖宗神位迁到远祖庙里，而本宗的始祖为"不祧之祖"。《家典》说："古者立庙奉先，所以明一本、致孝享也。溯及五世，则祧而藏之，此岂靳于仁孝哉！亲尽则分定，先圣本天理以体人情，缘人情而定礼法，权衡斟酌，尽美尽善，非私智师心所能损益于其间也。"②在肯定"祧"的意义之后，《家典》对"祧"的内容做了说明："今议：始祖暨功德闻望隆重之祖，永垂不祧，其余各以其支属推而上之。至于高祖存主祔庙，俾得岁时致享，其亲尽者，则依礼奉主埋之墓侧。"③此规定与"祧"的本义相符合，因此被《家典》称之为"天理人情之至"④。

第二，《家典》对礼经和《家礼》的部分仪节有所变通。

首先，《家典》对《仪礼》《礼记》的经文和郑《注》所言仪节多有变通。比如据《仪礼·士丧礼》，丧礼"初终"时的仪节"楔齿"所采用的礼器是角柶。《家典》曰："按古礼，楔齿用角柶，长六寸，两头屈曲。今人家一时未备，以箸代之可也。"⑤"角柶"即角制的楔形物，人初死，用角柶撑其齿，使不闭合，以便于饭含。《家典》认为角柶并非为每家常备，箸则易得，因此在楔齿时可以

---

① （清）吴翟：《茗洲吴氏家典》卷二，黄山书社 2006 年，第 27 页。
② （清）吴翟：《茗洲吴氏家典》卷二，黄山书社 2006 年，第 28 页。
③ （清）吴翟：《茗洲吴氏家典》卷二，黄山书社 2006 年，第 29 页。
④ （清）吴翟：《茗洲吴氏家典》卷二，黄山书社 2006 年，第 29 页。
⑤ （清）吴翟：《茗洲吴氏家典》卷五，黄山书社 2006 年，第 129—130 页。

箸易角柶。

对于《礼记》所记仪节,《家典》也变通地加以应用。如婚礼是否用乐,《礼记·郊特牲》曰:"昏礼不贺,人之序也。"《曾子问》曰:"娶妇之家,三日不举乐。"然而主张用乐也不乏人,《汉书》曰:"夫婚姻之礼,人伦之大者也。酒食之会,所以行礼乐也。"[①]清代江永也认为婚礼用乐可表达欢庆,是"人情之不能已也"[②]。《家典》在考察《礼记》和时人观点之基础上说:"合而观之,以理言,则幽阴之礼不可举乐;以情言,则代亲之感不忍举乐。今概世用之,若非两家皆好礼,不能遽革。拟于迎亲时从俗用之。至妇入门后,遂撤去。"[③]若根据礼经和揆诸情理,婚礼皆不举乐;然而在现实社会,婚礼用乐处处可见。鉴于此,《家典》规定迎亲时依俗而用乐,至妇入门后则不用乐。《家典》如此规定,实际上是在礼经记载与时下的风俗之间寻找折衷方案。

其次,《家典》对朱子《家礼》多有变通。比如虞祭,《家礼》:"若去家经宿以上,则初虞于所馆行之。"[④]对于"所馆行之",《家典》认为不妥,并对此做了变通:"按所馆行礼,恐寓他人宅舍,未必皆宽敞。及哭泣于他宅,俗人所忌。若经宿以上,预先择墓前空处,用蓬荜构一屋,度宽可行礼,似为简便。"[⑤]《家典》认为,在别人的宅舍行虞祭不妥,一是因为别人的宅舍并不一定宽敞,二

[①] (汉)班固:《汉书》卷八,中华书局 1962 年,第 265 页。
[②] (清)江永:《昏礼从宜》,曾亦编:《儒学与古典学评论》,上海人民出版社 2013 年,第 390 页。
[③] (清)吴翟:《茗洲吴氏家典》卷四,黄山书社 2006 年,第 109 页。
[④] (宋)朱熹:《家礼》卷四,《朱子全书》第 7 册,上海古籍出版社、安徽教育出版社 2010 年,第 922 页。
[⑤] (清)吴翟:《茗洲吴氏家典》卷五,黄山书社 2006 年,第 149 页。

是因为在别人住地哭泣可能犯忌讳。《家典》认为,若墓地太远,行礼者可在墓地前面的空旷处用蓬草和荆竹搭建房子,这样既能在落葬当天举行虞礼,也可以避免"于所馆行之"所带来的不便。又如对于《仪礼》所记婚礼中的"六礼",《家礼》做了简化,仅保存了纳采、纳币、亲迎。《家典》对此提出异议:"纳采、问名、纳吉、纳征、请期、亲迎……是之谓六礼。《家礼》从简,故只存纳采、纳币、亲迎。然问名、请期似不可阙者。故今以问名附纳采,而纳吉、纳币、请期,合为一事,亲迎各为一节,既不悖乎《仪礼》,而实亦《家礼》之遗意也。"① 《家典》认为婚礼"六礼"的每个仪节都不可缺,因此其将《家礼》所简化的问名、纳吉、请期三个仪节重新纳入婚礼仪节之中。不过,《家典》并非简单地回复到《仪礼》,而是将问名合于纳采,将纳吉、请期合于纳币。这样做,一方面是溯源《仪礼》以求法古,另一方面是遵从《家礼》以求不泥古,实际上是在《仪礼》和《家礼》之间寻找折衷方案。

《家典》对礼之大体的继承和变通,折射出传统礼教所具有的强大生命力。自古以来,礼既讲损益,又讲因革。孔子说:"殷因于夏礼,所损益可知也。周因于殷礼,所损益可知也。"(《论语·为政》)礼在流传的过程中,所损益的是礼器、礼制和礼仪,但是礼教所蕴含的卑己尊人、尊长慈幼、敦亲睦邻、诚信无欺、宽厚忠恕等伦理道德和价值理念有其内在的稳定性,这就是所谓"百世可知""万世不易"。历代不少人都是在吸收并传承礼教的基础上制礼作乐。在中国礼教史上,与士庶人和宗族、家族密切相关的家礼学,最能体现中国礼教的这种因革损益精神。比如宋代司马光以《仪

---

① (清)吴翟:《茗洲吴氏家典》卷四,黄山书社 2006 年,第 82—83 页。

礼》为基础而成《书仪》,并非恪守礼经固有的仪节,而是多有变通,特别是其将礼经中的繁文缛节加以简化,以便人们在现实生活中去践行。朱子在《书仪》的基础上对冠、婚、丧、祭诸礼的仪节做了进一步的调整、简化和变通,以适应现实社会的需要。明清以来,围绕朱子《家礼》而出现的家礼书多不胜数,而"变通"始终是家礼书制作的原则和灵魂,《家典》亦不例外。在清代统治者提倡道德教化、徽州重视礼教的背景下,茗洲吴氏家族自发地辑撰家礼书,其法古而不泥古,正是中国古代礼教精神的集中体现。

在探讨《家典》对时俗的采择与批判之前,有必要先对礼与俗的关系加以辨析。从狭义的角度来看,礼与俗既有区别,也有联系。礼是人与人之间表达谦让、敬意、庆贺等的一系列行为、仪式,又分礼器、礼仪、礼制、礼意等几个层面的内容;而俗则是经过长期积累从而形成的习惯或风俗。礼具有普遍性,社会上下广泛遵行。礼的产生与政治统治有关,是经精英阶层对俗的反思、拣选和提炼而成,因此礼自形成之后,就不限于满足一时一地的需要,而是在广阔的地域上进行推广,为大多数人所信奉和尊崇。俗则有地域性,在不同的地域、不同的气候之下生活的人群,往往会形成不同的习俗。班固说:"凡民函五常之性,而其刚柔缓急,音声不同,系水土之风气,故谓之风;好恶取舍,动静无常,随君上之情欲,故谓之俗。"[1]《汉书》亦曰:"百里不同风,千里不同俗。"[2]俗是民间或基层的文化,其也具有一定的稳定性。礼与俗的关系密切,一方面,人们在长期的社会生活实践中,将固有的习俗进行提

---

[1] (汉)班固:《汉书》卷二十八,中华书局1962年,第1640页。
[2] (汉)班固:《汉书》卷四十二,中华书局1962年,第3063页。

炼、改造，从而"以俗合礼"；另一方面，一些人通过礼教影响百姓生活和规范习俗，从而"以礼化俗"。

《家典》是清代徽州的家礼书，其以礼经和《家礼》为基础，并于时俗多有参考。《家典》择时俗有益于教化者而用之。比如女子加笄礼，《礼记·内则》："（女子）十有五年而笄，二十而嫁。"《礼记》规定女子十五岁始加笄，二十成婚。然而据徽州民间风俗，加笄往往是在成婚前夕举行。《家典》规定："女子许嫁，笄。"自注云："古者年十五，虽未许嫁亦笄。今依古礼恐骇俗，当于亲迎前择日行之。"①《家典》认为，若依古礼，就要打破当时成婚前夕举行加笄的习俗，而改为在成婚前数年行加笄礼。《家典》认为这种打破习俗之举为"骇俗"，遂规定在亲迎前择日行加笄礼。

《家典》在制定冠、婚、丧、祭诸礼仪节时，择时俗之可从者并不多，而对时俗的批判却不遗余力。《家典》认为判断时俗之是非需要以古礼为据。比如婚礼，其曰："是在读书好礼之君子，痛革时俗之非，而后考古昏礼之意，行媒受币，日月告君，斋戒告鬼神，为酒食以召乡党、僚友，俾男正位乎外，女正位乎内，将天地之大义、人伦之大经，王化从此始，礼乐从此兴，家之盛衰，国之治乱，皆于是乎在也。"②婚俗之是非，需要以婚礼的本义为判断标准；对于那些不合古礼之义的婚俗应"痛革"之。《家典》于此所言"痛革"，表明其对时下婚俗的流弊有着清醒的认知。其指陈时下婚俗之弊曰："慨自昏礼不明，有阴阳拘忌，选命合昏，男女失时者；有自幼许字，指腹为昏，致疾病贫窭，背信爽约者；有门第

---

① （清）吴翟：《茗洲吴氏家典》卷三，黄山书社 2006 年，第 72 页。
② （清）吴翟：《茗洲吴氏家典》卷四，黄山书社 2006 年，第 82 页。

非偶,妄自缔昏者;有过听媒妁之言,不以性行家法为务,而惟依财附势是急者;有弃亲丧之礼,而讲合卺之仪,宽括发之戚,而修结发之好者;有张鼓吹、演戏剧,以娱宾亲者;有男女混杂,行类禽兽,如世俗所谓闹房者;……种种恶习,不可枚举,有一于此,便非古道。"①《家典》于此所列"选命合昏""指腹为昏""妄自缔昏"等,皆是当时婚俗中的"恶习",而其判断的标准,就是所谓的"古道"。对于时下有根深蒂固的影响却不合礼义的婚俗,《家典》主张极力革除。比如徽州婚俗中的"闹房",《家典》说:"新妇入门合卺,本家须烦持重者襄礼,照所定仪节举行。一切亲疏长幼,不得效恶俗入房耍闹,违即群叱之。"②其将婚俗中的"闹房"定性为"恶俗",并严令吴氏家族摒弃之。

明清时期,徽州丧礼仪节中多掺杂佛、道元素,礼生设祭,僧道诵经,儒礼夹杂佛、道,是当时丧礼的常态。《家典》对此辟之甚严:"浮图之说,先儒辩之甚详。后世之士,宜其尊守礼法,不致陷亲于不义矣。乃邪说惑人,牢不可破,凡有丧事,无不供佛饭僧,念经礼忏。有不为者,则恐致乡人非议。此在流俗溺于僧佛,听其蛊惑,或不足责。若读圣贤之书,讲明生死之理,而犹悖礼从俗,为邪说所诱,其亦庸劣鄙陋之甚矣。"③《家典》认为丧礼中的佛教元素是"邪说惑人",而将佛教元素混入丧礼是"悖理从俗""庸劣鄙陋"之举。在《家典》看来,丧礼用佛事对于风俗人心有百害而无一益,因为"治丧而用浮图,无论丧礼不足观,就使衰麻哭泣,备物祭奠,一一禀礼,而其陷亲不义不孝之罪,上通于

---

① (清)吴翟:《茗洲吴氏家典》卷四,黄山书社2006年,第81—82页。
② (清)吴翟:《茗洲吴氏家典》卷一,黄山书社2006年,第23页。
③ (清)吴翟:《茗洲吴氏家典》卷五,黄山书社2006年,第119页。

天，已无可逭者。又况从其教，弃礼灭义，事事无理，无一可观者乎！有心世道者，不深恶而痛绝之，永断其根本，是又与不孝之甚者也。亦乌足以正人心、挽风俗于隆古也哉"①。《家典》完全是站在儒家的礼教立场，对丧礼用佛事加以批判。

明清时期，徽州丧葬礼俗中流行用纸钱。《家典》对此表示反对，其曰："纸钱始于殷长史。汉以来，里俗稍以纸寓瘗钱。至唐玄宗惑于王玙之说，鬼神之事繁，钱不继，玙作纸钱，用于祠祭。于是纸钱之用侈矣。夫祀天神则焚币，祀人鬼则瘗币，纸钱何所取乎？……今人重佛，谓纸钱资于冥途，益诬罔不经，宜用素纸代币帛，且以明洁。"②《家典》对丧礼用纸钱的历史做了一番梳理，并指出用纸钱的葬俗是受到了佛教的影响。在此基础上，《家典》规定："祭礼并遵文公家式，只用素帛明洁，时俗所用纸钱锡箔之类，悉行屏绝。丧礼吊奠，亦只用香烛纸帛，毋杂冥宝经文。"③

又如受堪舆风水的影响，不少百姓深信人的祸福吉凶、寿夭穷通与亲人坟茔的位置和朝向有关。然而由于经济困窘无力置买坟地，或难以找到合适的坟地位置，就会导致亲人故去而无法及时落葬。明清之际，久葬、不葬成为普遍存在的社会问题。陈确曾力陈久葬之弊曰："葬死，大事也，古人甚重之，惟恐不及时焉。……今则非但于此已也，有数十年不葬者，有数世不葬，数十棺不葬而终于不可知者。一朝失火，朽骨灰飞；或遇水灾，漂流天末。崇祯之戊辰，浮棺蔽河，子孙莫能辨焉。其入大海者，更浩淼不知其所往矣。"④ 清

---

① （清）吴翟：《茗洲吴氏家典》卷五，黄山书社 2006 年，第 119 页。
② （清）吴翟：《茗洲吴氏家典》卷五，黄山书社 2006 年，第 120 页。
③ （清）吴翟：《茗洲吴氏家典》卷一，黄山书社 2006 年，第 24 页。
④ （清）陈确：《葬书上》，《陈确集》下册，中华书局 1979 年，第 476—477 页。

代徽州人受风水师的影响,有柩停数月甚至更久而不得安葬者。《家典》对此严加批判:"按《礼》:'大夫、士三月而殡。'故三月而葬,既殡之后,即谋葬事,礼也。然世俗信葬师之说,既择年月日时,又择山水形势,以为子孙贫富、贵贱、贤愚、寿夭,尽系于此。而其为术又多不同,争论纷纭,无时可决。至有终身不葬,或累世不葬,或子孙衰替,忘失处所,遂弃捐不葬者。正使殡葬实能致人祸福,为子孙者,亦岂忍使其亲臭腐暴露,而自求其利耶?悖礼伤义,无过于此。"[1]《家典》证之以礼经,晓之以人情,认为停殡过久而不葬是悖礼伤义之举。其认为孝子正确的做法是"既殡之后,即延葬师,谨五患,择形势之可以安先人者,急行葬礼"[2]。

与清代康熙、雍正年间江永的《昏礼从宜》、朱轼的《仪礼节略》相比较,《家典》更看重的是礼,而不是俗。比如《仪礼》所记婚礼"六礼"之一的"亲迎",在徽州婚俗中并不常见。江永认为,既然时下婚俗中不重视亲迎之礼,就没有必要强就《仪礼》而行亲迎。江永甚至还反问:"通国不亲迎,岂能一人独行古礼乎?"[3] 又如《礼记》认为婚礼不用乐,然而民间婚俗中用乐是常态。江永支持婚礼用乐,并批评那些固守礼经而不知变通的人是"徒称引前代一人之迂言,以救人心之陷溺"[4],以至于"天下后世,谁能信而从之耶"[5]。《家典》重礼而轻俗,比如其对当时的婚俗多有批判:"昏

---

[1] (清)吴翟:《茗洲吴氏家典》卷五,黄山书社2006年,第138页。
[2] (清)吴翟:《茗洲吴氏家典》卷五,黄山书社2006年,第139页。
[3] (清)江永:《昏礼从宜》,曾亦编:《儒学与古典学评论》第2辑,上海人民出版社2013年,第385页。
[4] (清)江永:《昏礼从宜》,曾亦编:《儒学与古典学评论》第2辑,上海人民出版社2013年,第391页。
[5] (清)江永:《昏礼从宜》,曾亦编:《儒学与古典学评论》第2辑,上海人民出版社2013年,第391页。

姻乃人道之本。俗情恶态，相延不改，至亲迎、醮啐、奠雁、授绥之礼，人多违之。今一去时俗之习，其仪悉遵文公《家礼》。"① 从"俗情恶态""去时俗之习"等表述，可知《家典》对于时俗的批判、排斥态度。《家典》并不缺乏变通精神，然而其更多的是考虑礼仪的变通，而不是这些变通的礼俗是否能适应现实的需要。

在中国古代，既有精英层面的经礼学，还有教化层面的家礼学。如果说经礼学更多的是从学理层面来从事礼经的研究，那么家礼学就是从实用的角度来从事礼教的开展。经礼学与家礼学并非截然对立，而是互相影响，经礼学的深入研究可以为家礼学的开展提供思想和制度资源，而家礼学的开展可使经礼学在现实社会中发挥作用。徽州是朱子故里，礼教昌隆，当地不少人于经礼学和家礼学皆有造诣。比如江永、汪绂等人既在礼经的考证方面成就斐然，又积极编纂家礼书，从而移风易俗。《家典》是徽州众多家礼书中的一种，其对于冠、婚、丧、祭礼仪做了学理上的探讨。不过与经礼学不同的是，《家典》的宗旨是维护家庭和宗族的秩序。其对于礼俗并不是停留在学理层面的探讨，而是强调通过"讲学"使族人明礼守礼。其曰："人心、风俗之本，在于学也。……诚循吾约，月月讲之，岁岁讲之，仁义道德之旨，沁人心脾，将见道德明秀，真儒辈出。"②《家典》对礼经、《家礼》的继承、变通和应用，正是家礼学关注社会现实、经世致用的体现。

《家典》是清代众多家礼书中的一种，具有清代家礼书的共性，然与其他家礼书相比，其个性亦颇为鲜明。《家典》拥有强烈的古

---

① （清）吴翟：《茗洲吴氏家典》卷一，黄山书社 2006 年，第 23 页。
② （清）吴翟：《茗洲吴氏家典》卷八，黄山书社 2006 年，第 296 页。

典理想主义色彩,从书中对古礼所做的考证以及所绘的五十余幅礼图来看,其很容易被误认为是一部经礼学著作。作为一部意在移风易俗的家礼书,《家典》对于其所制定和提倡的礼俗是否能在现实中推行的考虑并不多。事实证明,虽然此书"行之于乡,历有年岁"[1],但是其在现实社会中的推行颇受困扰,难以行之久远。这也提醒人们,在从事以礼化俗、以俗合礼时,一味地跟风徇俗固然不行,不过,若仅是遵循古礼而不考虑现实社会的需要,成效也难免会打折扣,甚至半途而废。

---

[1] (清)吴翟:《茗洲吴氏家典序》,《茗洲吴氏家典》卷首,黄山书社2006年,第9页。

第三章

乾嘉礼学中的考据与义理

乾嘉时期是清代政治经济发展的极盛期，也是中国学术发展的高峰期。此间学人汲汲于文字、音韵、训诂、典章、制度、校勘、辑佚之学，考据蔚然成风。学界普遍认为，乾嘉学人埋头考据，割裂了学术与社会的关系。然而近年以来，学界已逐渐认识到，虽然乾嘉学者重考据，但也不轻义理。[①] 本章将从礼学的角度切入，对乾嘉学者的考据学与义理学的关系加以探讨。

第一节 乾嘉考据礼学

乾嘉时期，礼学臻于鼎盛，出现了凌廷堪《礼经释例》、胡培翚《仪礼正义》、孙希旦《礼记集解》等礼学史上的重要著作。此外，江永、戴震、程瑶田等人皆汲汲于礼学，他们或从事礼经作者和成书问题之考证，或从事礼学文献之校勘，或从事名物礼制之考

---

① 这方面的代表作，有台湾地区学人张丽珠所著《清代义理学新貌》（台北里仁书局1999年），以及林庆彰、张寿安所编《乾嘉学者的义理学》（台北"中研院"中国文哲研究所2003年）。

证，或从事礼例之归纳。

一、礼经作者和成书问题之考证

我们于此所言的"礼经"，特指《周礼》《仪礼》《礼记》《大戴礼记》四部礼学经典。这四部经典是礼学的根本，是其他礼学文献的基础。不过由于年代久远，加之文献记载不详，以至于礼经的成书问题变得异常复杂，礼经的作者、成书时代、成书过程等问题皆困扰着历代学者。比如关于《周礼》的作者和成书时代，就有西周成书说，春秋成书说，战国、秦、汉之际成书说，西汉早期成书说，西汉末年成书说，由此可见《周礼》的作者和成书问题之复杂。乾嘉学人在前人的基础上，对礼经的作者和成书问题做了很多考证。今以乾嘉学人对《周礼》和《仪礼》的作者和成书问题所做考证为例，以窥乾嘉学者在考据礼学方面的贡献。

关于《周礼》的作者和成书，乾嘉学者的观点可以分为"周公制作"与"非周公制作"两大类。龚元玠（1703—?）、刘沅（1767—1855）、丁晏（1794—1876）等人认为《周礼》为周公所作，而崔述（1740—1816）则认为《周礼》不为周公所作。

刘沅认为《周礼》与周公的关系密切，不过《周礼》并非周公亲手所作。他说："周公成文武之德，制礼作乐，折衷前代，适合乎中。因恐圣王之法，久而渐敝，后人无所折衷，故命史臣辑为此书，其名曰《周官》，明其为周之官制也。"[①] 刘氏认为《周礼》是周公召集史臣辑而成之。

丁晏将《周礼》与《仪礼》所记官制进行比较，曰："《仪礼》

[①] （清）刘沅：《周官恒解凡例》，《周官恒解》卷首，巴蜀书社2016年，第5页。

所称官制，若《士冠礼》'筮人执策'，《燕礼》'射人告具'，'献内小臣'，'阍人为大烛于门外'，'又以授弓人'，《大射仪》'量人量侯道'，'巾车张三侯'，'献服不'，《聘礼》'乃谒关人'，《士丧礼》'冢人营之'，'卜人抱龟燋'，《少牢礼》'司士击豕'，《廪人》'摡甑甗七，小祝设槃匜'，《乡饮酒》《燕礼》《大射仪》俱有大师，《燕礼》《公食》《士丧礼》俱有甸人，《大射》《公食礼》俱有宰夫，《大射仪》胥荐主人，胥即胥徒。……雍人即内饔、外饔之属，并与《周官》合。《仪礼》为周公所作，则此《周官》亦元公之旧典也。"① 丁氏认为，《周礼》与《仪礼》所记官制吻合；既然《仪礼》为周公所作，那么《周礼》亦为周公所作。

有人认为周公非《周礼》的作者，理由是历史上一些人应用《周礼》从事变革，却并没有取得成功。对此，龚元玠驳曰："以较《周礼》，自《左传》所载'则以观德'四语，《曲礼》'君子抱孙不抱子'，《孟子》景子所引外，别无一字见于传记者。犹幸有五官之存，乃其存者如新莽、介甫之用而坏之，临孝存、何休、胡氏父子、苏次公辈之不能用而妄议之，无论矣。即唐太宗、宋诸大儒无不尊信者，亦不能不惑于注疏之踳驳。至我朝圣圣相承，无不本《周官》为治法，而圣制十条尤能发挥经文外之微旨，惟圣人能知圣人，不其然乎？"② 在龚氏看来，《周礼》的作者是周公，且是已成之书；后世导致败亡的案例，是用者不明《周礼》微旨所致。刘沅也说："《周官》晚出，刘歆、王安石以匪人而仿用之，至于

---

① （清）丁晏：《周礼释注序》，《周礼释注》卷首，《续修四库全书》第 81 册，第 581—582 页。
② （清）龚元玠：《周官客难序》，《周官客难》卷首，《续修四库全书》第 79 册，第 507 页。

败坏。于是人多指摘其书,程子、张子亦谓有汉儒增入者。然考其文义,殊不然也。因意义之未通,遂并其书而斥之,愚不敢然。"① "非《周礼》者,自临孝存、何休以来不下数十家。然皆未知圣人之心皆天地之心,其立法之意悉准天理。非天理烂熟,固无以知之也。"② "《周官》最为晚出,疑之者颇多,然皆未得乎圣人之德。"③ 刘氏认为,历史上应用《周礼》导致败亡,以及非议《周礼》之言,皆是因为应用或非议之人不明"圣人之心""圣人之德"所致。

与龚、刘、丁等人不同,崔述认为《周礼》并不是出自周公。他说:"余按此书条理详备,诚有可观,然遂以为周公所作周一代之制,则非也。"④ 崔氏认为《周礼》"撰于战国之时"⑤。他以《周礼》所记封地、祭祀、历法制度等为据,以证《周礼》非周公之书。如崔氏说:"九州岛之内约方三千余里,外尽四海不过五千里,故《孟子》曰:'海内之地方千里者九。'《记》曰:'四海之内九州,州方千里。'《书》曰:'弼成五服,至于五千,州十有二师,外薄四海,咸建五长。'今《周官》封国之制,诸公方五百里,侯方四百里,伯三百里,子二百里,男百里。天子邦畿之外九畿,畿每面五百里,通计为方万里。四海之内,安所得如计地而封之,而畿之?今自洛阳,东际海,西逾积石而西,亦不过五千余里,经传之文,较然可征。《周官》之诬,亦已明矣。"⑥ 崔氏将《周礼》所记公、侯、伯、子、男之封地与《尚书》《孟子》之记载进行比较,

---

① (清)刘沅:《周官恒解凡例》,《周官恒解》卷首,巴蜀书社2016年,第6页。
② (清)刘沅:《周官恒解凡例》,《周官恒解》卷首,巴蜀书社2016年,第6页。
③ (清)刘沅:《周官恒解序》,《周官恒解》卷首,巴蜀书社2016年,第3页。
④ (清)崔述:《丰镐考信录》卷五,《续修四库全书》第455册,第554页。
⑤ (清)崔述:《丰镐考信录》卷五,《续修四库全书》第455册,第555页。
⑥ (清)崔述:《丰镐考信录》卷五,《续修四库全书》第455册,第554页。

认为《周礼》所记内容与其他经传有异，亦与地理知识不合。

崔述还对《周礼》所记载的祭祀制度做了考察，他说："《书》云：'越三日丁巳用牲于郊，牛二；越翼日戊午乃社于新邑，牛一，羊一，豕一。'《记》云：'郊特牲而社稷太牢。'又云：'帝牛不吉，以为稷牛。'又云：'郊社之礼，所以事上帝也。'是古者止有一郊，祭天乃于郊，而祭地则于社也。今《周官》乃云冬至祭天于南郊，夏至祭地于北郊。果尔，则周公于洛，何以止一郊，即兼祭天地，亦不当同日而郊，……未有书南北郊者。果有两郊，不应混而同之，则其说之出于后人所臆度，明矣。"① 崔氏认为，《周礼》所记载的南北二郊，与《尚书》《礼记》所记载的郊祭不同。崔氏由此推断《周礼》所记郊祭为后人所臆度。

至于历史上有人应用《周礼》而招致败亡的事实，崔氏有另外一番看法。他说："嗟夫！自《周官》一书出，汉人据之以释经，其有不合则穿凿附会，以致离经而畔道者不少矣。至宋王安石后，遂据《泉府》之注以行青苗，蔡京复据'王及后世子不会'之文，以启徽宗之奢侈，而宋卒以此之亡。虽二子之意但假此以济其私，然不可谓非《周官》之有以启之也，可不为世之大监戒与！"② 在崔氏看来，王安石利用《周礼》推行变法从而导致北宋败亡，正可以说明《周礼》离经叛道，不可能是周公之书。

除了《周礼》外，乾嘉学者对《仪礼》的作者和成书问题也做了深入的探讨。下面我们以顾栋高（1679—1759）、崔述（1740—1816）和胡培翚（1782—1849）的观点为例来略作说明。

---

① （清）崔述：《丰镐考信录》卷五，《续修四库全书》第455册，第555页。
② （清）崔述：《丰镐考信录》卷五，《续修四库全书》第455册，第556页。

顾栋高早年相信《仪礼》为周公所作，不过后来撰《春秋大事表》时认为《仪礼》并非为周公所作，而是出自汉儒之手。他说："余年十八岁执经，高先生即令读《周礼》。二十一先府君见背，从授《丧服》及《士丧礼》三篇，已而渐及通经。当时深信笃好，见有人斥《周礼》为伪者，心辄恶之。五十以后辑《春秋大事表》，凡十四年而卒业，乃始恍然有疑，非特《周礼》为汉儒傅会，即《仪礼》亦未敢信为周公之本文也。何则？……《仪礼》有《燕礼》以享四方之宾客，《聘礼》以亲邦国之诸侯，《公食大夫礼》以食小聘之大夫，而《觐》为诸侯秋见天子之礼，其米禾薪刍有定数，牢鼎几筵笾豆脯醢有常等，靡不厘然具载。是宜天下诸侯卿大夫帅以从事，若今会典之罔敢逾尺寸。而春秋二百四十年，若子产之争承，子服景伯之却百牢，……未闻述《仪礼》燕食之礼以固辞好惠也。"①顾氏认为，《仪礼》所记聘觐食礼，在春秋时期不曾实行。顾氏据此，认为《仪礼》与《周礼》一样，"其为汉之儒者掇拾缀缉无疑"②。

崔述认为《仪礼》非周公之书。他说："周公曰：'享多仪，仪不及物曰不享，惟不役志于享。'孔子曰：'先进于礼乐，野人也；后进于礼乐，君子也。如用之，则吾从先进。'然则圣人所贵在诚意，不在备物。周初之制，犹存忠质之遗，不尚繁缛之节明矣。今《礼经》所记者，其文繁，其物奢，与周公、孔子之意叛然相背而驰。盖即所谓后进之礼乐者，非周公所制也。"③崔氏认为，《仪礼》

---

① （清）顾栋高：《左氏引经不及〈周官〉〈仪礼〉论》，《春秋大事表》卷四十七，中华书局1993年，第2565页。
② （清）顾栋高：《左氏引经不及〈周官〉〈仪礼〉论》，《春秋大事表》卷四十七，中华书局1993年，第2566页。
③ （清）崔述：《考信录》卷五，《续修四库全书》第455册，第550页。

所记繁文缛节，与周公和孔子的礼学思想是相悖的。崔氏由此推断《仪礼》既不出自周公，亦不出自孔子，当是春秋战国间人所撰。

崔述还从制度方面以证《仪礼》出自春秋战国时期。他说："古者公侯仅方百里，伯七十里，子、男五十里。而今聘食之礼，牲牢笾豆之属多而无用，费而无当。度其礼，每岁不下十余，举竭一国之民力犹恐不胜，至于上士之禄仅倍中士，中士仅倍下士，下士仅足以代其耕。而今士礼执事之人，实繁有徒陈设之物灿然毕具，又岂分卑禄薄者所能给乎？此必春秋以降，诸侯吞并之余，地广国富，而大夫、士邑亦多，禄亦厚。是以如此其备，非先王之制也。"[1] 崔氏认为，西周公、侯、伯、子、男的封地并不大，而《仪礼》所记聘食之礼规模大、费用多，非一国之力所能承担。崔氏由此推断《仪礼》所记聘食之礼是春秋时期诸侯兼并之余才有的。又如跪拜之礼，崔述曰："古礼臣拜君于堂下，虽君有命，仍俟拜毕乃升，未有升而成拜者也。齐桓为诸侯盟主，权过于天子，然犹如是，则寻常之卿大夫可知矣。……今《礼经》臣初拜于堂下，君辞之，遂升而成拜，是孔子所谓拜上矣，齐桓、晋文所不敢出，而此书乃如是。然则其为春秋以降沿袭之礼，而非周公之制，明矣。"[2] 崔氏认为，春秋时期没有《仪礼》所记"升而成拜"之例，因此《仪礼》为春秋以降才有之书。

乾嘉学人胡培翚以数十年之功而成《仪礼正义》，集历代《仪礼》学之大成。对于《仪礼》的作者和成书问题，胡培翚也做了探讨。他认为《仪礼》是周公所作，理由如下：

---

[1] （清）崔述：《考信录》卷五，《续修四库全书》第455册，第550—551页。
[2] （清）崔述：《考信录》卷五，《续修四库全书》第455册，第551页。

一是《仪礼》内容虽繁，却有条不紊，且有圣人精意存焉。他说："夫'三礼'之书，惟《仪礼》最精。自诸侯去籍，而后礼文散逸，五家之传，不绝如线。以为残缺不全，固有之矣，若以为出后人撰辑，则未有也，且其书亦非后人所能撰辑也。昔朱子尝云：'《仪礼》为礼之根本。'又云：'极细密，极周致，其间曲折难行处，都有个措置得恰好。'敖继公云：'以其书考之，辞意简严，品节详备，非圣人莫能为。'忆培翚初治是经，每于静夜无人时，取各篇熟读之，觉其中器物陈设之多、行礼节次之密、升降揖让裼袭之繁，无不条理秩然，每篇循首至尾，一气贯注，有欲增减一字不得者。呜呼！此岂后儒所能缀辑也哉！至各篇之记与《礼记》相出入，传与《公》《穀》相似，亦非七十子之徒莫能为，而谓汉儒能为之耶？"[1]在胡氏看来，《仪礼》内容之严密，以至于"欲增减一字不得"，而文字之间所蕴含的是圣人精意。

二是据《礼记·明堂位》和先儒之说，认为《仪礼》出自周公。胡培翚曰："《礼记·明堂位》曰：'周公摄政六年，制礼作乐。'故崔氏灵恩、陆氏德明、孔氏颖达及贾氏，皆云《仪礼》周公所作。韩氏愈云'文王、周公之法制粗具于是'，盖亦以为周公作也。孔子、孟子所云'学礼'，即谓此书。……今案：据此诸说，'三礼'惟《仪礼》最古，亦惟《仪礼》最醇矣。《仪礼》有经、有记、有传，记、传乃孔门七十子之徒之所为，而经非周公莫能作。"[2]胡氏指出，《仪礼》经文出自周公，而传、记则出自"孔门

---

[1] （清）胡培翚：《仪礼非后人伪撰辨》，《胡培翚集》，台北"中研院"中国文哲研究所 2005 年，第 87—88 页。

[2] （清）胡培翚、胡肇昕：《仪礼正义》卷一，北京大学出版社 2016 年，第 17—18 页。

七十子之徒"。

三是《仪礼》为先秦文献所征引者不在少数。顾栋高认为《仪礼》为孔、孟所未尝道,《诗》《书》《三传》所未经见,所以《仪礼》为晚出之书。胡培翚认为顾氏之说"不察之甚"[①],并论证曰:"夫《仪礼》之书,叙次繁重,有必详其原委而义始见者,非若他经之可以断章取义也,故各书引其辞者颇少,然其仪文节次,为诸经所称引者多矣。《仪礼》昏礼,有纳采、问名、纳吉、纳征、请期、亲迎六者,而《穀梁传》云:'《礼》有纳采,有问名,有纳征,有告期。'此所谓《礼》,非即《仪礼》乎?《聘礼》:'宾至近郊,君使卿劳。及聘毕,宾行,君使卿赠。'是主国接宾之事,以郊劳始,以赠贿终,而《左传》云:'齐国庄子来聘,自郊劳至于赠贿,礼成而加之以敏。'又云:'入有郊劳,出有赠贿。'此非本《礼经》为言乎?"[②] 胡氏指出,《仪礼》中的内容为他书所引用者不在少数,比如《士昏礼》为《穀梁传》所引,《聘礼》为《左传》所引,即是其证。

二、礼学文献之校勘

清代礼学文献校勘与清代训诂学的发展有密切关系。校勘是训诂的基础,要读懂古代典籍,就必须先对古籍中誊写文字的讹误进行清理。反过来,文字学、训诂学也对校勘学的发展起到了推动作用。只有具备了训诂学知识,同时又博闻强识,才可能纠正古籍

---

① (清)胡培翚:《仪礼非后人伪撰辨》,《胡培翚集》,台北"中研院"中国文哲研究所 2005 年,第 85 页。
② (清)胡培翚:《仪礼非后人伪撰辨》,《胡培翚集》,台北"中研院"中国文哲研究所 2005 年,第 85—86 页。

中的讹误。清代乾嘉时期以校勘名家者多，皮锡瑞说："国朝多以此名家，戴震、卢文弨、丁杰、顾广圻尤精此学。阮元《十三经校勘记》为经学之渊海。余亦见诸家丛书，刊误订讹，具析疑滞，有功后学者。"① 其所谓卢文弨、戴震、丁杰、顾广圻皆是乾嘉时期的经学家。礼学文献的校勘方面，乾嘉时期沈廷芳（1702—1772）、卢文弨（1717—1795）、戴震（1724—1777）、金日追（1737—1781）、阮元（1764—1849）、胡培翚（1782—1849）等人都有很大贡献。

金日追《仪礼经注疏正讹》十七卷是其《十三经注疏正讹》中的一部分。《仪礼经注疏正讹》比较详备，最能体现金氏的校勘成就。关于《仪礼》经注疏校勘之底本和参校本，金日追在《例言》中有交代："注疏本之流传于世者有五：一宋刻，一元刻附注释文本，一万历北监重刻本，一毛氏汲古阁本，一建本。"② 对于宋刻本，金氏曾求之数年而未尝得见，即使元本亦未见。金氏遂"先考之万历监本，然后更订建本、毛本之讹"③。参校本以朱熹《仪礼经传通解》为主，还有杨复《仪礼图》、敖继公《仪礼集说》、元陈凤梧、明钟人杰两郑注本，以及清代沈彤《仪礼小疏》、马烷《仪礼易读》。

金日追采用了多种校勘方法，涉及《仪礼》经、注、疏的很多内容。金氏常采用对校法，如《士昏礼》："主人拂几，授校。"金氏曰："'校'，《石经》《释文》及旧本并从'木'作'校'。今

---

① （清）皮锡瑞《经学历史》，《皮锡瑞全集》第6册，中华书局2015年，第92页。
② （清）金日追：《仪礼经注疏正讹例言》，《仪礼经注疏正讹》卷首，《续修四库全书》第89册，第423—424页。
③ （清）金日追：《仪礼经注疏正讹例言》，《仪礼经注疏正讹》卷首，《续修四库全书》第89册，第424页。

从'扌'作'挍',误'校'为几足。当从'木',不当从'扌'也。"① 金氏据《石经》《释文》及旧本,认为此为"校",而非"挍"。金氏还采用理校法,如《士冠礼》郑注:"天子与其臣玄冕以视朔,皮弁以日视朝。"贾疏:"云'天子与其臣玄冕以视朔,皮弁以日视朝'者。"金曰追曰:"'朝'下'者'上,脱'诸侯'以下十七字,今据上下文义补之。"② 金氏所补之后,贾疏遂如下:"云'天子与其臣玄冕以视朔,皮弁以日视朝,诸侯与其臣,皮弁以视朔,朝服以日视朝'者。"金氏有时还综合采用各种校勘方法,比如《士昏礼》:"出房南面,待主人迎受。"金氏曰:"'梧授',今本作'迎受'。此依陆德明《释文》校:按《聘礼》'宾进讶授几于筵前'注,今文'讶'为'梧',《公食大夫礼》'从者讶受皮'注,今文曰'梧受'。《既夕礼》'若无器则梧受之',盖'梧'与'讶'古本同音,而古今文又无适从,故郑叠出其文以广异耳。疑此注本作'梧',传写作'讶',后人又以'迎''讶'同义,遂更转而为'迎'也。"③ 金氏所据底本作"梧授",其遂据《释文》校语,并以意推之,断定"梧授"与"迎受"字异而义同。

金日追于《仪礼》校勘的成就,突出地表现在他对顾炎武《仪礼》校勘的纠谬。如《乡射礼》:"宾与大夫坐,反奠于其所。"顾炎武曰:"监本脱'坐'字。"④ 顾炎武认为"反"下脱"坐"字。金氏曰:"按石经'坐'在'反'上,又《注》曰'古文曰反坐',则经文为'坐反'更明。且'坐'字诸本并脱,则其误亦不自监本

---

① (清)金日追:《仪礼经注疏正讹》卷二,《续修四库全书》第89册,第436页。
② (清)金日追:《仪礼经注疏正讹》卷一,《续修四库全书》第89册,第428页。
③ (清)金日追:《仪礼经注疏正讹》卷二,《续修四库全书》第89册,第436页。
④ (清)顾炎武:《九经误字》,《顾炎武全集》第1册,上海古籍出版社2011年,第321页。

始。唯钱塘钟氏本'坐'在'反'上,正同石经。今据校补。"[1]金氏认为,此"反"上脱"坐"字,而非顾炎武所云"反"下脱"坐"字。金氏之依据,一是石经"坐"在"反"上,二是郑玄所云"古文曰反坐"。金氏还指出,此"坐"字,诸本皆脱,并非如顾炎武所云自监本始。

卢文弨是清代乾嘉时期著名的校勘学家,一生著作甚丰,其校勘成就多汇在《抱经堂丛书》中。《仪礼注疏详校》一书是卢氏《仪礼》校勘的成果。在该书序言中,卢文弨言其治《仪礼》受到了盛世佐的影响。不过直到六十四岁时,卢氏方"稍得见诸家之本,往往有因传写之讹误,而遂以訾郑、贾之失者,于是发愤,先为注疏校一善本,已录成书矣"[2]。《仪礼注疏详校》一书成于卢氏晚年,颇能代表其校勘水平。

卢文弨在《仪礼》校勘的底本和参校本方面做了慎重考虑。他选择《仪礼》毛氏汲古阁本为底本。卢氏在《凡例》中说:"外间常行之本,惟汲古阁所刻。家有其书,今所摘误字皆就此本而言。"[3]《仪礼注疏详校》所征引者,有陆德明《经典释文》、唐《开成石经》、张淳《仪礼识误》、李如圭《仪礼集释》、朱熹《仪礼经传通解》、黄榦《仪礼经传通解续》、张尔岐《仪礼郑注句读》、方苞《仪礼析疑》、吴廷华《仪礼疑义》、惠栋《仪礼古义》、盛世佐《仪礼集编》、浦镗《仪礼正字》、金日追《仪礼经注疏正讹》以及

---

[1] (清)金日追:《仪礼经注疏正讹》卷五,《续修四库全书》第89册,第453页。
[2] (清)卢文弨:《仪礼注疏详校自序》,《仪礼注疏详校》卷首,台北"中研院"中国文哲研究所2012年,第3页。
[3] (清)卢文弨:《仪礼注疏详校凡例》,《仪礼注疏详校》卷首,台北"中研院"中国文哲研究所2012年,第14页。

戴震、金榜等人之校语。卢文弨校书，主张"相形而不相掩"[1]，意即校书时尽量不改动底本的文字，只是在校记中将参校本的异文列出。比如《仪礼·士冠礼》："厥明夕，为期于庙门之外。"此"庙"字，卢文弨曰："石经并作'廟'，而此书多不画一，姑仍之。"[2] 又如《聘礼》："缫三采六等，朱、白、苍。"卢文弨曰："'苍'，石经作'仓'。"[3] 卢氏校书并非仅存异文，校是非亦为其所重。他说："向之订讹正误，在于字句之间，其益犹浅，今之纠谬释疑，尤为天地间不可少之议论，则余书亦庶几不仅为张淳、毛居正之流亚乎。"[4] 在《仪礼注疏详校》中，卢氏对经、注、疏文字文句之是非多有判断。卢文弨广泛采用对校、本校、他校、理校等各种校勘方法。如《仪礼·士冠礼》郑玄注："礼宾者，谢其自勤劳也。""礼宾"至"劳也"九字，《集释》、《通解》、敖氏《集解》同，毛本无。《集释》校语："按今注疏本脱此九字。"卢文弨曰："此句注下有'礼宾者，谢其自勤劳也'九字，《通解》《集释》皆有之，然《疏》无释，则所见本或无此文耳。"[5] 卢氏推测，贾疏于此九字无释，可能是贾疏所见郑《注》根本无此九字。卢氏于此所采用的校勘方法既有对校法，亦有理校法。又如《仪礼·士冠礼》郑玄注：

---

[1] （清）卢文弨：《与王怀祖庶常论校正〈大戴礼记〉书》，《抱经堂文集》卷二十，《续修四库全书》第1432册，第712页。
[2] （清）卢文弨：《仪礼注疏详校》，台北"中研院"中国文哲研究所2012年，第22页。
[3] （清）卢文弨：《仪礼注疏详校》，台北"中研院"中国文哲研究所2012年，第188页。
[4] （清）卢文弨：《仪礼注疏详校自序》，《仪礼注疏详校》卷首，台北"中研院"中国文哲研究所2012年，第5页。
[5] （清）卢文弨：《仪礼注疏详校》，台北"中研院"中国文哲研究所2012年，第28页。

"次，门外更衣处也，以帷幕簟席为之。""以"，《集释》、《通解》、敖氏同，毛本作"必"。《集释》校语曰："案以今注疏本讹作'必'。"卢文弨曰："《通解》《集释》俱作'以'，宋本作'必'，文弨案：'必'字胜，乃意度之辞。"① 此"以"字，卢氏认为当依宋本作"必"，理由是"必"为意度之辞。其于此所采用校勘方法既有对校法，亦有理校法。

古今学人对卢氏《仪礼注疏详校》的评价颇高，礼学大家凌廷堪曰："先生此书，则自宋李氏《集释》而下，所引证者数十家。凡经注及疏，一字一句之异同，必博加考定，归于至当。以云'详校'，诚不虚也。"② 今人曰："此书……实事求是，不惟郑、贾等前贤是从，其以为郑《注》并非至臻至善，贾《疏》证之他经亦有歧义之处，朱熹《通解》于贾《疏》所增移皆不见于宋本等，故于各家之注解择善而取，论说持平。此书校勘精审、称引广博，堪称《仪礼注疏》之善本。"③ 又曰："《仪礼注疏详校》不同于卢氏的一般校勘之作，而是既有校勘内容，也有研究心得，在一定程度上业已具备著作之性质。该书繁征博引，创获迭见，学术价值甚高。"④ 卢氏征引之宏富，校勘之精审，使得《仪礼注疏详校》成为清代《仪礼》学史上里程碑式的著作，影响十分深远。

戴震晚年入四库馆校勘《水经注》和天文历算类文献，成就斐

---

① （清）卢文弨：《仪礼注疏详校》，台北"中研院"中国文哲研究所2012年，第28页。
② （清）凌廷堪：《仪礼注疏详校序》，《仪礼注疏详校》卷首，台北"中研院"中国文哲研究所2012年，第3页。
③ 傅璇琮等主编：《续修四库全书总目提要·经部》，上海古籍出版社2015年，第186页。
④ 陈东辉、彭喜双：《仪礼注疏详校前言》，《仪礼注疏详校》卷首，台北"中研院"中国文哲研究所2012年，第5页。

然。戴震还校勘《大戴礼记》《仪礼识误》《仪礼集释》《仪礼释宫》等礼学文献。戴震据唐石经、宋本和其他经学文献以校经文注疏。如《仪礼·士冠礼》："彻皮弁、冠、栉、筵。入于房。……建柶，兴。""建"，唐石经、《集释》、敖氏同，然《通解》、毛本俱作"捷"。戴震曰："案《释文》云'捷柶，初洽反'，本又作'插'，亦作'扱'。张淳《仪礼识误》以为注之'扱柶'，《释文》作'捷柶'。李如圭以为经之'建柶'，《释文》作'捷柶'，今注疏本此处经文作'捷柶兴'，乃误据《释文》改经。考之他篇经文仍作'建柶'，不得此处独异。唐石经亦作'建柶'，则《释文》指注，非指经，明矣。"[①]戴震据唐石经，认为注疏本的经文当作"建柶"，而非"捷柶"；注疏本经文之讹，是误据《释文》。戴震此说得到卢文弨、钱大昕、凌廷堪的赞同。如卢文弨曰："'捷'误，当从石经，疏同。"[②]钱大昕曰："《士昏礼》妇受醴亦有坐啐醴，'建柶'之文则作'建'为是。"[③]此外，戴震据经注疏上下文以校经注疏。如《仪礼·乡射礼》："主人坐取爵于上筐，以降。……主人坐取爵，实之宾席之前，西北面献宾。""宾之席前"，唐石经作"宾席之前"，敖氏认为"席之"当作"之席"。戴震曰："据《乡饮酒礼》亦言'实之宾之席前'，其余经文称'某之席前'者甚多，绝不云'席之前'，当是石经误倒。"[④]戴震据《仪礼·乡饮酒礼》，以明《乡射礼》此"席之"应为"之席"。卢文弨赞同戴震之说，曰：

[①]（宋）李如圭《仪礼集释》卷一校语，文渊阁《四库全书》第103册，第46—47页。

[②]（清）卢文弨：《仪礼注疏详校》，台北"中研院"中国文哲研究所2012年，第27页。

[③] 转引自（清）阮元校刻：《十三经注疏》上册，中华书局1980年，第955页。

[④]（宋）李如圭《仪礼集释》卷五校语，文渊阁《四库全书》第103册，第114页。

"石经作'宾席之前',误,各本同。据《乡饮酒礼》,是'实之宾之席前'。其余经文称某之席前者甚多,绝不云席之前。"[1]戴震还对字之正体和俗体做了辨析。如《仪礼·士冠礼》:"若不吉,则筮远日,如初仪。彻筮席,宗人告事毕。""彻",唐石经、严本经注皆同。张淳《仪礼释误》作"撤",曰:"经曰'彻筮席',注曰:'彻,去也。'按《释文》写注作'撤',注举经以释之,注字必与经同,宜皆作'撤',从《释文》。"戴震驳曰:"案《说文》无'撤'字,'彻'通'彻去',古皆用'彻','撤'乃后代俗书,张氏不能订正其非,转改'彻'以从'撤',疏矣。"[2]戴震认为,"彻"为古字,而"撤"乃后代俗字,张淳误以俗字代古字。戴震还综合运用各种方法以校经注疏。如《仪礼·乡饮酒礼》:"主人俎,脊、胁、臂、肺。介俎,脊、胁、肫、胳、肺。""肫胳",朱子曰:"印本'胳'上有'肫'字,然《释文》无。《音疏》又云有臑肫而介不用,明本无此字也。成都石经亦误,今据《音疏》删去。"[3]敖氏曰:"云'或有肫胳两言者',又《释文》此处无肫音,至下乃音之。今据《释文》与《疏》之前说,则'胳'上固无'肫'字。又考《疏》之后说,则是作《疏》之时,或本已有两言'肫胳'二字者矣,是盖后人妄增之,而当时无有是正之者,故二本并行。其后石经与印本但以或本为据,所以皆误。今从《通解》删之。"[4]戴震曰:"案:今注疏本无'肫'字,唐石经有。据《疏》

---

[1] (清)卢文弨:《仪礼注疏详校》,台北"中研院"中国文哲研究所2012年,第84页。
[2] (宋)张淳《仪礼识误》卷一校语,文渊阁《四库全书》第103册,第5—6页。
[3] (宋)朱熹:《仪礼经传通解》卷七,《朱子全书》第2册,上海古籍出版社、安徽教育出版社2002年,第273页。
[4] (元)敖继公:《仪礼集说》卷四,文渊阁《四库全书》第105册,第74页。

云'宾用肩,主人用臂,介用胳,其间有臑肫在而介不用著,盖以大夫俎,故此阙焉',是贾《疏》之本无'肫'字也。《疏》又云'或有介俎肫胳并言'者,是贾氏所见别本有'肫'字也。然《注》内作'膞',《释文》云'刘音纯'而绝不涉及于'肫',是《注》及《释文》皆不知经有'肫'字,使'肫胳'两见,康成必解释其意,古本无'肫'字明矣。"① 戴震从朱子和敖氏之说,认为贾氏所见者既有"肫"字本,又有缺"肫"字本;此外,郑玄于"肫"字无解释,说明经文无"肫"字。戴震于此所采用的校勘方法,既有本校法,又有理校法②。

清人凌廷堪说:"《仪礼》一经,明监本及汲古阁本舛误特甚。昆山顾氏、济阳张氏既据开成石本校正其经文矣;校郑《注》者则有休宁戴氏;并校贾《疏》者则有嘉定金氏。戴氏所据者,小字宋本、嘉靖重刻相台本。"③ 又云:"毛氏汲古阁本诸经皆有脱误,惟《仪礼》为最多。……近世休宁戴氏始据宋本及嘉靖本刊定其误,虽有厘正,亦不能尽也。"④ 凌氏认为,在《仪礼》校勘史上,戴震卓然一大家。当然,戴震的校勘成就不局限于《仪礼》郑《注》方

---

① (宋)李如圭《仪礼集释》卷四校语,文渊阁《四库全书》第 103 册,第 138 页。
② 卢文弨认为不当删"肫"字,其曰:"石经有,朱删。以《疏》云'有臑肫,而介不用',明本无此字也。金案:'疏又云"或有介俎肫胳,两言者,欲见用体无常,若有一大夫,即介用肫,若有二大夫,则介用胳,故肫胳两见亦是也。"'又案前经'乃设折俎'下,《疏》引此《记》亦有"肫"字,则贾《疏》所据之本明有"肫"字。'今官本亦删之,非是。"[(清)卢文弨:《仪礼注疏详校》,台北"中研院"中国文哲研究所 2012 年,第 77—78 页。]阮元持折中说曰:"按贾云'肫胳两见亦是也',又前疏'云'下有'介俎脊胁肫胳',仍有'肫'字,则贾氏所据之本虽无'肫'字,亦不以有'肫'为非。"[(清)阮元校刻:《十三经注疏》上册,中华书局 1980 年,第 992 页。]
③ (清)凌廷堪:《仪礼注疏详校序》,《校礼堂文集》卷二十六,中华书局 1998 年,第 239 页。
④ (清)凌廷堪:《书校正汲古阁本仪礼注疏后》,《校礼堂文集》卷三十,中华书局 1998 年,第 270 页。

面，其于《考工记》的校勘也颇为精核。卢文弨、阮元、孙诒让等人在吸取戴震校记的基础上，将《考工记》和《仪礼》的校勘推向了新的高度。

阮元是乾嘉时期的著名学者，其一生以整理、刊刻、校勘、收藏图书、振兴学术为己任。阮元在出任浙江学政、巡抚期间，召集江浙朴学之士编纂《经籍籑诂》，创建诂经精舍，并组织汇校《十三经注疏》。其所主持编撰的《十三经注疏校勘记》二百余卷，被皮锡瑞誉为"经学之渊海"[1]。

阮元在从事礼经校勘时，重视底本和参校本之选择。校勘底本的选择，直接关系校勘质量之高低。阮元之前，部分学人在从事"三礼"之校勘时，由于未能找到宋本作为底本，所以在校勘质量上打了折扣。阮元在从事校勘时，特别重视底本和参校本之选择，对于前贤时人之校勘记亦多有重视。《周礼》部分，所据底本是阮元家藏的十行宋本，采用校本的单经本有唐石经本、《石经考文提要》本，经注本有《经典释文》本、钱孙保所藏宋本、嘉靖本；注疏本有惠校本、附《释音》本、闽本、监本、毛本；参考的校记有浦镗《周礼注疏正误》、惠士奇《礼说》以及段玉裁《周礼汉读考》等。《仪礼》部分，采用的是北宋苏州所刻的单疏本，此为贾公彦、邢昺的原书，比宋十行本还早。采用的校本有唐石经本、宋严州单注本、翻刻宋单注本、明钟人杰单注本、明永怀堂单注本、闽本、明监本、毛本、《经典释文》本、《仪礼集释》本、《仪礼经传通解》本、《仪礼要义》抄本、《仪礼图》本、《仪礼集说》本；参考校记有浦镗《十三经正字》、卢文弨《仪礼注疏详校》、顾炎武《九经

---

[1] （清）皮锡瑞：《经学历史》，《皮锡瑞全集》第6册，中华书局2015年，第92页。

误字》、张尔岐《仪礼误字》、彭元瑞《石经考文提要》等。《礼记》部分,底本采用的是阮元家藏的十行宋本,参校经本有唐《开成石经》本、南宋石经本;经注本有岳本、嘉靖本、附释音本、闽本、监本、毛本、卫湜《礼记集说》本;参考的校本校记主要是惠栋校宋本、卢文弨校本、孙志祖校本、段玉裁校本、《考文》宋版、浦镗校本。

阮元从事礼经校勘时不轻易改字,而是以校勘记的形式予以说明。阮元校勘群经极为谨慎,关于校勘原则,他说:"刻书者最患以臆见改古书,今重刻宋板,凡有明知宋板之误字,亦不使轻改,但加圈于误字之旁,而别据校勘记择其说,附载于每卷之末,俾后之学者不疑于古籍之不可据,慎之至也。"①"其经文、注文有与明本不同,恐后人习读明本,而反臆疑宋本之误,故卢氏亦引校勘记载于卷后,慎之至也。"② 在阮元看来,即便底本有明显讹误,也不可改字,而是以校记的形式加以说明。这样的校勘原则,能最大限度地再现古籍原貌,减少由于主观臆断所导致的校勘错误。

对于礼经参校本之异同,阮元并不盲从一家,而是将诸本之异同予以胪列,意在增广异闻。如《周礼》郑注:"常者,其上下通名。"阮校曰:"案疏曰'云常者上下通名者',又'故云常者上下通名也',两引此注皆无'其'字。"③ 阮氏将疏与注文之差异列出,而不下案断。又如《礼记正义》在孔颖达序之后又出"礼记正义"

---

① (清)阮元:《江西校刻宋本十三经注疏书后》,《揅经室集》三集卷二,中华书局1993年,第620页。
② (清)阮元:《江西校刻宋本十三经注疏书后》,《揅经室集》三集卷二,中华书局1993年,第620页。
③ (清)阮元:《十三经注疏校勘记·周礼》卷一,《续修四库全书》第181册,第104页。

四字,阮校曰:"此本于《礼记正义序》之后别出此篇目,闽本脱,监、毛本无。"①

阮元从事"三礼"之校勘时,采用了多种校勘方法。其采用最多的是对校法。如《周礼·地官·小司徒》贾疏:"施舍者,贵与老幼废疾不科役。"阮校曰:"监本'舍'误'合'。"②又如《既夕礼》孔疏:"柩车至圹,祝说载除饰,乃敛乘道槁车服载之,不空之以归。"此"空"字,《仪礼要义》作"窆",下"柩车既空""示不空之"皆同。《仪礼经传通解》、毛本俱作"空"。阮校曰:"案《要义》盖误合'空''之'两字为'窆'耳。下两'空'字遂亦作'窆'。浦镗校谓:柩车既空,'空'字应作'窆'。"③阮氏认为《仪礼要义》误合"空""之"二字为"窆"字,并附浦镗之说以供参考。阮元有时还据古书之体例从事校勘。如《周礼注疏》卷首"郑氏注、贾公彦疏",阮校曰:"此非旧式。依例,止当署贾氏名衔。"④阮氏于此据古书体例以明此"贾公彦"三字非古书原样。阮元还综合运用校勘方法从事礼经之校勘。如《周礼》:"腊人掌干肉,凡田兽之脯腊膴胖之事。"唐石经、诸本同。阮校曰:"案'膴胖之事'四字疑衍文。下经'荐脯膴胖','膴'字、'胖'字始有注,若于此先言'膴胖',二郑、杜氏、康成当于此下注矣。《释文》出'胖'字音于'豆脯'之下,则陆本尚未误衍。《仪礼·士

---

① (清)阮元:《十三经注疏校勘记·礼记》卷一,《续修四库全书》第181册,第560页。
② (清)阮元:《十三经注疏校勘记·周礼》卷三,《续修四库全书》第181册,第145页。
③ (清)阮元:《十三经注疏校勘记·仪礼》卷十三,《续修四库全书》第181册,第496页。
④ (清)阮元:《十三经注疏校勘记·周礼》卷一,《续修四库全书》第181册,第104页。

冠礼》疏引《腊人》云'掌干肉,凡田兽之脯腊,郑《注》云大物解肆干之'云云,无'臐胖之事'四字。此为误衍之明证。"① 阮氏于此采用了对校、他校、理校等多种校勘方法,以明"臐胖之事"四字为衍文②。

在礼经的校勘方面,阮元及其所邀集的参与者既能广采善本作为校勘资源,又能广泛吸纳清人的校勘成果,因此其在礼经的校勘方面可以超越前人。直到今天,阮元校刻的礼经注疏仍是公认的精校本,为礼学研究者们广泛采用。

三、礼例之归纳

在清代经学史上,治经重义例成为一种传统,这方面最具有代表性的当属江永的《仪礼释例》和凌廷堪的《礼经释例》。经学家们希望通过对经典之内容进行辨析和归纳,从而找出一些具有规律性的"例",然后以"例"来统系经典之内容,从而达到纲举目张之效果。众家之中,凌廷堪所撰《礼经释例》是清代《仪礼》之例研究方面最杰出的著作。凌氏认为,《仪礼》所记名物仪节虽然繁多,但是众多的礼仪有"经纬可分""途径可跻",若找到了这些"经纬"和"途径",就找到了治《仪礼》之筦钥。这些"经纬"和"途径"就是所谓的"例"。

《礼经释例》释例共 246 则。其分类的标准,既不是吉、凶、

---

① (清)阮元:《十三经注疏校勘记·周礼》卷一,《续修四库全书》第 181 册,第 117 页。
② 孙诒让曰:"阮据《释文》校,于义近是。《甸祝》疏亦引此经'掌凡田兽之脯腊',而此疏标起止,则有'之事'二字,或是后人窜改,非贾氏之旧。但有此四字,于义亦尚可通,未敢专辄删定也。"[(清)孙诒让:《周礼正义》卷八,中华书局 1987 年,第 308 页。] 孙氏对阮氏此说表示谨慎地同意。

军、宾、嘉五礼，亦不是冠、昏、丧、祭、乡、射、朝、聘八礼，而是将《仪礼》整本书所记诸礼的名物、向位、仪节进行重新分类。表面上看，凌氏所做分类的界限并不清晰。比如宾客之例、射例、祭例之中有器服，祭例中有饮食，而凌氏又单列宾客之例、器服之例和饮食之例，故其分类似有重复之嫌。然而细究之后，可知凌氏于例之分类有其用心所在。若依"五礼"或"八礼"划分，进而探求《仪礼》之例，那么出现的问题将会更多，因为诸礼中皆有饮食、器服以及通例中的内容。而其划分为通例、饮食之例、宾客之例、射例、变例、祭例、器服之例、杂例八类，既考虑到比较特殊的射礼、祭礼之例，又考虑到其他诸礼普遍涉及的内容。《仪礼》所记乡射礼、大射礼、祭礼所涉及的器服、仪节与其他诸礼差别较大，不能杂入他例释之，故只能单独列出。而凌氏所列通例、宾客之例、饮食之例、器服之例则遍及诸礼，如饮食之例中的醴礼见于士冠礼、士昏礼、聘礼，器服之例中的几、席见于士冠礼、士昏礼、乡饮酒礼、乡射礼、士丧礼、士虞礼、公食大夫礼、聘礼、觐礼、燕礼、特牲馈食礼。由此可见，凌氏是在对《仪礼》所记诸礼进行综合考察的基础上才分类和归纳出礼例，其所归纳的八例可以最大限度地揭示《仪礼》所记诸礼的名物、向位和仪节之规律。

凌廷堪《礼经释例》是乾嘉时期朴学的代表作，受到当时和后世学人的高度肯定。如钱大昕曰："《礼经》十七篇，以朴学人不能读，故郑君之学独尊。然自敖继公以来，异说渐滋。尊制一出，学者得指南车矣。"[①] 阮常生曰："《礼经释例》……凡经中同异

[①] （清）钱大昕：《与凌次仲书》，《凌廷堪全集》第4册附录，黄山书社2009年，第290页。

详略之文，多抒特见，务使条理秩然，非乡壁虚造，凭臆断以争胜于前人，其功不在后苍、大小戴、庆普诸人之下，海内学人当不苦其难读矣。"[1]梁启超曰："凌次仲的《礼经释例》……将全部《仪礼》拆散了重新比较整理贯通一番，发现出若干原则。其方法最为科学的，实经学界一大创作也。"[2]钱氏、阮氏和梁氏认为凌氏《礼经释例》于《仪礼》的研究方法具有开创性，对后人治《仪礼》也提供了方便。晚清学人刘师培将凌氏《礼经释例》与乾嘉时期其他礼学大家的《仪礼》学著作加以比较之后说："及江永作《礼经纲目》，于'三礼'咸有撰著。戴震、金榜承其学，同学之士，有胡匡衷、程瑶田，后有凌廷堪、胡培翚，以廷堪《礼经释例》为最精。"[3]刘氏认为凌氏《礼经释例》"最精"，实非虚言。凌廷堪生活于乾嘉学派的活跃期，《仪礼》学早已成为这一时期学术研究的重要课题。清初以来，张尔岐、张惠言、惠栋、江永、戴震、卢文弨等人于《仪礼》皆有精深研究，《仪礼》研究在乾嘉时期已蔚然成风。凌廷堪在《仪礼》之例的研究上前后共有二十二年，其所投入的精力和时间之多，研究之深入，是少有人可企及的。张惠言、惠栋、江永、戴震等人在《仪礼》研究上不乏创见，不过由于他们的学术研究领域较为广泛，以至于他们在《仪礼》学方面的精深程度上与凌氏相比还是有差距。曾师事凌廷堪的胡培翚撰《仪礼正义》，该书在清代《仪礼》学史上也有很高的地位，该书文献征引虽丰富，然于礼例的辨析力度方面却不及凌氏。凌氏之所以被奉为"一

---

[1] （清）阮常生：《礼经释例序》，《凌廷堪全集》第4册附录，黄山书社2009年，第307页。
[2] （清）梁启超：《中国近三百年学术史》，商务印书馆2011年，第228页。
[3] （清）刘师培：《经学教科书》，《刘申叔遗书》下册，凤凰出版社1997年，第2086页。

代礼宗",是因为他在《仪礼》学方面着力最多①。凌氏虽然不是探讨《仪礼》之例的第一人,但是他探讨《仪礼》之例的规模、深度以及影响却是其他人无法企及的。可以想见,若没有对《仪礼》全面而精深的研究,凌氏于《仪礼》之例的准确归纳和深刻辨析是不可能实现的。

《礼经释例》在《仪礼》之例的探讨方面有集大成意义。《仪礼》所记冠、婚、丧、祭、乡、射、朝、聘诸礼的名物仪节十分繁杂,鉴于此,有人在从事《仪礼》研究时,较为注意归纳其所记名物仪节的规律,如唐代杜佑《通典》采用了《周礼·春官·大宗伯》所言吉、凶、军、宾、嘉五礼划分法,宋代朱熹《仪礼经传通解》则采取了家、乡、邦国、王朝、丧、祭的划分法。清代徐乾学《读礼通考》的重点在探讨丧礼,其以历代先后为次第,说取类从,义贵条贯。秦蕙田《五礼通考》在徐氏之基础上将纂修内容扩展到"五礼"。由此可见,对礼进行分类编排和探讨是中国古代礼学研究的重要传统。与杜佑、朱熹、徐乾学、秦蕙田等人不同的是,清人江永重视《仪礼》所记诸礼规律之探讨,其所撰《仪礼释例》试图对《仪礼》所记之例进行归纳,然仅有"释服"一类,为未成之书。与江永一样,凌廷堪亦试图在《仪礼》所记诸礼中找出规律,而不是简单地对礼仪进行分类排比②。杜佑、朱熹、徐乾学、秦蕙田通过对礼进行分类,将涉及相关礼仪的材料加以罗列,并略作辨析。而凌

---

① 卢文弨曾说凌廷堪"于《礼经》用功最深"。见(清)卢文弨:《校礼堂初稿序》,《凌廷堪全集》第4册,黄山书社2009年,第318页。阮元亦说凌廷堪"贯通群经,而尤深于《礼经》"。见(清)阮元:《次仲凌君传》,《凌廷堪全集》第4册,黄山书社2009年,第273页。

② 唐代贾公彦的《仪礼疏》中有对礼例所作之归纳,只不过贾氏所作的归纳仅是零星的,不成系统。

氏打破诸礼之藩篱，将诸礼中的相关内容集合到一起加以归纳和辨析。比如《士昏礼》和《乡饮酒礼》中皆涉及宾客、饮食、器服，杜佑、朱熹、秦蕙田等人将此两篇分开进行探讨，对于二礼中的宾客、饮食、器服等内容亦是分别陈述。凌氏则不然，其将《士昏礼》和《乡饮酒礼》皆涉及的宾客、饮食、器服的内容加以归纳，从而找出一些规律性的认识，这些规律性的认识既适用于《士昏礼》，亦适用于《乡饮酒礼》。凌廷堪所分通例、饮食之例、宾客之例、射例、变例、祭例、器服之例、杂例等八类，几乎涵盖了《仪礼》所有的名物仪节。因此，凌廷堪虽然不是探讨《仪礼》之例的第一人，但是其所撰《仪礼释例》于例的归纳之全面、辨析之准确却是空前的。

以上从三个方面对乾嘉时期的考据礼学做了介绍。需要说明的是，乾嘉学者的考据礼学并不局限于以上所言三个方面。实际上，文字训诂、名物制度的考证、礼图的绘制等，皆是乾嘉时期考据礼学的重要内容。不过，由于本书考察的重点是乾嘉时期的义理礼学，而非考据礼学，所以本节从以上三个方面对乾嘉考据礼学所做之介绍，是言乾嘉考据礼学之大体，而非全部。至于清代乾嘉考据礼学的具体面貌，我在《清代"三礼"诠释研究》一书中已有较详尽的探讨，兹不赘言。

第二节　乾嘉义理礼学

一、江永对礼与人情、风俗关系的辨析

"三礼"所记的礼仪规范是人们对远古以来社会控制方式的经验总结。这些礼仪规范成为中国古代的社会治理和人们立身行事的重要依据。礼仪规范并非一成不变，而是随着时代的变迁而不断地

更新和改变。唐宋以来，随着士庶之间的界限被打破，社会结构和等级制度发生了很大变化，以前意在区别门第高下的礼仪已经不能满足现实的需要，以至于新礼仪的制定势在必行，南宋朱子《家礼》就是在这样的社会背景下产生的。此书不仅对元、明、清时期中国的社会礼俗有极大影响，还远播朝鲜半岛，受到朝鲜政府和学界的推崇。宋代以来，一些人在朱子《家礼》的基础之上，结合时代的需要，从而制定了新的礼书，丘濬《家礼仪节》、朱轼《仪礼节略》和江永《昏礼从宜》就是其中的代表作。江永《昏礼从宜》一书成于乾隆己卯（1759年），此书在参考《家礼》等礼书的基础上，以"从宜"为制礼的指导思想，对时下的婚礼做了新的思考和设计[1]。

---

[1] 今所能见江永的《昏礼从宜》仅为安徽省图书馆所藏一抄本，且是海内孤本。徐道彬从目录著录情况、文本内容、行文风格等角度对此书加以考察，认为此书非江永所撰。然而徐氏此说并非确论，林胜彩在驳徐氏疑《善余堂文集》的真实性时已有考证（参见林胜彩：《代序——江永〈善余堂文集〉的文献研究》，《善余堂文集》卷首，台北"中研院"中国文哲研究所2013年，第8—9页）。此外，《昏礼从宜》中有江永自述在都门与方苞讨论"昏礼妇至不交拜"一事，江氏的《群经补义》有同样的记载，此是《昏礼从宜》为江永所撰的有力证据。此外，从对待古礼的态度上来看，也可证《昏礼从宜》不伪。徐道彬说："江永对于施行礼仪的主张是'力行古道'，'令观者见先生制礼'，革时俗之非，考古礼之'益'，大有欣欣志古之心，此种'崇古'做法与《昏礼从宜》的'趋新'主张自是不同。"（参见徐道彬：《〈昏礼从宜〉辨伪》，《中国典籍与文化》2013年第4期。）徐氏立论的依据是江永与汪绂的书信。江永在信中说："又窃以为，古礼虽不可尽行于今，今人亦当知其文、习其数，当世所行乡饮酒礼，饩羊仅存，而坐席仪节皆非古。愚则有《演礼私议》，欲取《仪礼·士相见》《乡饮酒》及《戴记·投壶》篇，依古礼为仪注，选童子八岁以上，十五以下，假立宾主，教之威仪进退，以今服代古服，以蒲席拟古席，以壶代尊，以蕙代俎豆，以瓦瓶代投壶，以刻木代雉贽，以茶代酒，以脯代牲。或就祠堂，或就家塾，令礼童娴熟于此，演而观之。一则使今人见先王之礼，如此其彬彬郁郁，二则使童子习于礼，阴以化其骄逸之习，长其敬谨之心，亦可寓小学之教焉。投壶近于嬉戏而极典雅，童子为之，亦将有欣欣志古之心焉。……凡此皆迂拙之见，违俗之论，亦惟可与好古知道者商之耳。"（参见江永：《答汪灿人先生书》，《善余堂文集》，台北"中研院"中国文哲研究所2013年，第43—44页。）实际上，江氏于此是强调古礼需在变通和转化中实现其价值，其所谓"好古"，并非恪守古礼之仪，而是发扬古礼之义，这与《昏礼从宜》强调礼"随时而酌"的主张是一致的。

由于此书仅有一抄本,而且长期尘封,所以没有受到应有的重视。考察江永《昏礼从宜》一书,对于认识江永的礼俗观以及清代徽州礼学皆具有重要意义。

(一)"合于人情"与礼之制作

中国古人很早就开始探讨"人情"。《礼记·三年问》说"称情而立文",《礼记·礼运》说"礼义也者……所以达天道、顺人情之大宝也",由此可见《礼记》以"人情"为礼之根本。何谓人情?《礼记·礼运》说"喜、怒、哀、惧、爱、恶、欲,七者弗学而能",其以人的七种情绪为"人情"。此是从狭义的层面来界定"人情"。从广意上来说,"人情"是指人的情感,以及与之相关的世情、民情、约定俗成的事理标准。江永在《昏礼从宜》一书中论礼的制作时反复言及"情""人情",比如其认为"今时定采,……合于人情也"[1],婚礼用鼓吹之乐"亦所以顺人情而听其饰喜焉尔"[2]。江永是从广义的角度对"人情"加以界定,其所言"人情"不仅指人的情感、情绪,还指人所处的社会环境。在《昏礼从宜》中,江永从"人情"的角度对古今婚礼仪节做了考察,其观点可从以下两个方面来看。

首先,江永认为婚礼仪节要与"人情"相合。比如一些地方的婚礼中有哭嫁仪节,此在礼经中并无记载,司马光《书仪》、朱子《家礼》、朱轼《仪礼节略》也不曾言及[3]。江永《昏礼从宜》的

---

[1] (清)江永:《昏礼从宜》,曾亦编:《儒学与古典学评论》,上海人民出版社2013年,第382页。

[2] (清)江永:《昏礼从宜》,曾亦编:《儒学与古典学评论》,上海人民出版社2013年,第390页。

[3] 据《战国策》记载,赵国公主嫁到燕国去作王后,临别之际,其母赵太后"持其踵,为之泣"。在中国民间,哭嫁礼俗十分盛行,不但汉族有之,土家、藏、彝、壮、撒拉等少数民族也有之。

"亲迎"部分对女与父母告别时的仪节有细致的描述,比如"轿之进门也,母女哭于房"①,"将行,父醴女,谓之把金杯;女受杯,悲哭不自胜;父亦哭,以好言慰之"②,"女不自登轿,必有人负之;女号哭,母与亲族皆哭;父亦洒泪,初不以为忌也"③。此之记载,反映的是清代中前期徽州地区婚礼亲迎的哭嫁仪节④。对于出嫁者、出嫁者的父母以及亲族的"哭",江永认为"殊可怪,然而不足怪也"⑤,"女子有行,远父母兄弟。离别之际,虽丈夫不能不洒泪,而况于慈母乎?……盖当相离之际,哀情难忍;既相离之后,思念渐忘"⑥。江永认为,出嫁之时,出嫁者通过哭以表达对父母的养育之恩、对亲友的难分之情,出嫁者的母亲通过哭以表达对女儿的难舍之意。对于哭嫁,江永并没有因为礼经不载从而否定其价值和意义,相反,他从人的情感的需求出发,认为哭是出嫁者以及出嫁者的亲属在离别时抒发情感的需要。

婚礼仪式中是否用乐,古人的观点不尽一致。《礼记·郊特牲》说:"昏礼不用乐,幽阴之义也。乐,阳气也。昏礼不贺,人之序也。"此是"昏礼不用乐"主张之滥觞。汉代郑玄、东晋王彪之和

---

① (清)江永:《昏礼从宜》,曾亦编:《儒学与古典学评论》,上海人民出版社2013年,第387页。
② (清)江永:《昏礼从宜》,曾亦编:《儒学与古典学评论》,上海人民出版社2013年,第387页。
③ (清)江永:《昏礼从宜》,曾亦编:《儒学与古典学评论》,上海人民出版社2013年,第387页。
④ 哭嫁是古代徽州颇为流行的风俗,母女抱头痛哭,不过哭声中更多的是乐感而不是悲伤。据说是"不哭不发,哭哭发发"。参见逍遥津:《徽州婚俗的"四段九序"》,《合肥工业报》2004年9月9日。
⑤ (清)江永:《昏礼从宜》,曾亦编:《儒学与古典学评论》,上海人民出版社2013年,第387页。
⑥ (清)江永:《昏礼从宜》,曾亦编:《儒学与古典学评论》,上海人民出版社2013年,第387页。

唐代孔颖达据此，皆主张婚礼不用乐。清代朱轼也主张婚礼不用乐，他说："古人无昏礼用乐之事，今举世用之，反以不用为怪，人心陷溺，风俗败坏，非细故也，有世道之责者，可不戒诸！"[1] 不过也有婚礼举乐的记载，《汉书》："夫婚姻之礼，人伦之大者也。酒食之会，所以行礼乐也。"[2] 江永主张婚礼用乐，其首先从考据的角度对不用乐的"误会"做了澄清。在其看来，古代士人的乐器只有琴瑟，即便有悬，也仅悬一磬；大夫有钟有磬，然而诸侯的大夫、士不能用，因此，"所谓'娶妇之家三日不举乐'者，不于三日之内弹琴鼓瑟耳。……后世之乐，响乐也，鼓吹之乐也，是从古之凯乐而变为铙吹之乐，行道亦可作者也。夫战胜而凯歌以示喜，故后世凡有喜庆之事，必作鼓吹之乐。上自朝廷，下至乡里，莫不皆然"[3]。由于对乐器的理解有误，所以导致人们对于婚礼用乐产生了"误解"。江永认为，婚礼用乐是"顺人情而听其饰喜焉尔"[4]，而王彪之等人主张婚礼不用乐，"不知礼有从宜之义，乃为此迂腐之论"[5]；婚礼是嘉礼，用乐在于顺人之情，"夫婚礼用乐，亦所以饰喜者。何也？人有娶妻而不能生子者矣，又有生子而不能为之娶妇者矣。今幸而有子，至于成人，为之娶妇。百世宗祧，于是日基之。先人有知，欣慰何如也？独不可易其嗣亲之伤感，转为慰亲之

---

[1] （清）朱轼：《仪礼节略》卷三，《续修四库全书》第110册，上海古籍出版社2002年，第554页。
[2] （汉）班固：《汉书》卷八，中华书局1962年，第265页。
[3] （清）江永：《昏礼从宜》，曾亦编：《儒学与古典学评论》，上海人民出版社2013年，第390页。
[4] （清）江永：《昏礼从宜》，曾亦编：《儒学与古典学评论》，上海人民出版社2013年，第390页。
[5] （清）江永：《昏礼从宜》，曾亦编：《儒学与古典学评论》，上海人民出版社2013年，第390页。

庆幸乎？"① 婚礼用乐来表达欢庆之义，是"人情之不能已也"②。

其次，江永认为古今人情有异，礼的仪节应当符合时下的人情。江永说："古今同此民也，民亦同此情也。然风以时而迁，俗以地而易，则情亦随风俗而移，虽圣人不能矫而革之，化而齐之。惟修其教，不易其俗；齐其政，不易其宜。而记礼者亦曰：'礼从宜，使从俗。'又曰：'君子行礼，不求变俗。'其不能拂乎人情以为礼也久矣。三王异世不相袭礼，况去三王之世逾远，服饰器用、起居动作、往来交际，事事非古之俗，岂可以古人之礼律今人之情乎？"③时代不同，风俗有异，人情也在变，若亦步亦趋地用古礼约束今人，就是以今之情等同于古之情。在这样的观念下，江永对婚礼中的仪节进行审视。

据《仪礼·士婚礼》的"亲迎"仪节，可知婿至女家后，有女父醮女，也有父诫女之辞。朱熹《家礼》保留了醮女仪节和父母诫女之辞。然而在江永时代，徽州民间嫁女虽有醮女仪节，却无诫女之辞。江永认为，无父母诫辞的原因是古今人情的差异。他说："今人送女，何以未闻有此辞？盖古人送女不哭，故能为训戒之辞。今人送女悲哀不自胜，不复能出一语；即欲有言，惟以好言噢咻之，不能以正言训戒之。可见古今人情不同。古人文胜于情，今人情胜于文也。"④古人父母送女不哭，因此可有训诫之辞；今人送女

---

① （清）江永：《昏礼从宜》，曾亦编：《儒学与古典学评论》，上海人民出版社2013年，第390页。
② （清）江永：《昏礼从宜》，曾亦编：《儒学与古典学评论》，上海人民出版社2013年，第390页。
③ （清）江永：《昏礼从宜》，曾亦编：《儒学与古典学评论》，上海人民出版社2013年，第379页。
④ （清）江永：《昏礼从宜》，曾亦编：《儒学与古典学评论》，上海人民出版社2013年，第388页。

悲不自胜,训诫之辞无从出口。由于古今人情的不同,所以古有训诫之辞,今则没有。江永认为,今与古的仪节不同,当以时下的人情作为判断仪节是否可用的标准。他说:"善训女者,当以身教,不必以言教;当以平日之行事教,不必以临嫁之数语教。为父者能孝于父母,则其女知所以事舅姑矣;为母者能事舅姑、事夫子,则其女亦知所以事人矣。若不能然,强聒之无益也。礼有戒女词,自是周人尚文之习,非必不可省之节目。……今若行之,徒令人捧腹尔,何益于女哉? 甚笑言礼者之迂而固也。"① 江永认为身教重于临嫁时的言传,如果亦步亦趋地恪守古人诫女的做法,是"迂而固",甚至遭致嘲笑。江永对于礼经、朱子《家礼》所记仪节的评价和采纳,皆是以"人情"作为标准。在他看来,若圣人所制、前贤所述的礼与"人情"不合,也应更新,而不能固守。

(二)"从宜""从俗"与礼之制作

《仪礼》于人们生活各个方面的礼仪有细密的规定,是几千年以来华夏礼仪之渊薮。不过,中国历朝历代对于《仪礼》都不是亦步亦趋地搬用,而是变通性地采用。比如司马光根据现实的需要对《仪礼》做了剪裁和变通以成《书仪》,朱子通过损益《仪礼》和《书仪》以成《家礼》。在婚礼方面,历代并非完全恪守"六礼","随着频繁的改朝换代,婚礼礼制不断被修订;各地的婚礼习俗,也会因生活条件的改变而发生变异。……因此,两千多年来,我国以'六礼'为基本模式的婚礼,随社会经济、文化、政治和生活方式的变化不断演变"②。这些变化涉及的是礼的"古今"问题。在

---

① (清)江永:《昏礼从宜》,曾亦编:《儒学与古典学评论》,上海人民出版社2013年,第389页。
② 王玉波:《中国婚礼的产生与演变》,《历史研究》1990年第4期。

《昏礼从宜》中，与"人情"密切相关的就是礼的"古今"问题，即时下如何对待前人所制的婚礼仪节。江永的观点可以从以下几个方面来看。

首先，江永认为古礼为圣人所制，然而圣人所制之礼并非完美无缺。江永说："盖礼制皆因当时习尚，为之损益。其有风气未开、习俗未变者，虽圣人之心思智虑亦有所未逮。今人之制度过于古人者甚多，宜乎古人之所通行，今人不能行者亦甚多也。"① 礼制与时代密切相关，圣人于礼之制作也受其所处时代的限制。在江永的眼里，既不可迷信圣人所制之礼，也不可轻易否定时下礼俗。时下的礼俗虽不尽合古礼，然有不失古礼之意者，"以今日乡曲之所通行者，悲愉中节，烦简适中，使古人见之，安知不叹为'礼失求诸野'也？"②

其次，江永认为不可照搬古之婚礼仪节。一些人恪守礼经之记载，在婚礼仪节上亦步亦趋地照搬前人。江永则认为，时下与古代的社会环境不可同日而语，因此不能恪守以前的婚礼仪节而不加变通。若一味从古，虽有"力行古道"、移风易俗之志，然实难有变俗移风之效。比如朱子《家礼》在纳征（聘币）环节中保留了《仪礼》的玄纁、束帛、俪皮，江永则认为聘币可省，他说："古人服饰甚朴质，士妻始嫁，编发以为次，已谓之摄盛。其衣则纯衣纁袡，用青绸而以红缘其边，为嫁时盛服，则其平居之衣服可知。"③ 因此

---

① （清）江永：《昏礼从宜》，曾亦编：《儒学与古典学评论》，上海人民出版社2013年，第386页。
② （清）江永：《昏礼从宜》，曾亦编：《儒学与古典学评论》，上海人民出版社2013年，第380页。
③ （清）江永：《昏礼从宜》，曾亦编：《儒学与古典学评论》，上海人民出版社2013年，第384页。

他主张:"后世服用既大异于古人,而制礼当下通士庶,不能皆有田禄,故女家办奁物,男家送聘金,量力而行,随时而酌,民俗通行久矣。即《家礼》亦言前一日女氏使人张陈其婿之室。此陈张之物,大抵非古时所有,而谓束帛俪皮之礼可通行于今日乎?"①《仪礼》《家礼》婚礼纳币时所陈玄𫄸、束帛、俪皮在古代自有其意义,然而时下却难通行,唯有变通,"随时而酌",才能得古礼之意。

再次,当今俗与古礼不合甚至有冲突时,江永有时以今俗为是。比如据《仪礼》之记载,可知妇见舅姑时以枣、栗、腶、脩为贽。而在清代徽州一带,乡俗以履为贽。结婚以前,出嫁者要了解舅姑所穿的鞋的大小和式样,然后并亲手制作,见舅姑时,出嫁者将所制的鞋呈上。虽然此仪节所采用的贽与《仪礼》以枣、栗、腶、脩为贽不同,但是江永认为这样做"不惟习女红,亦以教孝敬也,视枣栗腶脩尤有意义"②。

江永认为,当今俗与古礼有冲突时,有时需要采纳今俗。比如朱轼对《仪礼》的"亲迎"仪节推崇有加,认为亲迎关系"刚柔倡随"之义,现实中的"夫懦妇悍""牝鸡司晨"等不良现象皆与婚礼亲迎的缺失有关。然而在江永时代,徽州地区乡俗婚礼不亲迎已是十分普遍的现象③。江永认为,亲迎中的一些仪节无实质性意义,也无益于教化。比如对于朱轼所言不亲迎将导致"夫懦妇悍"之

---

① (清)江永:《昏礼从宜》,曾亦编:《儒学与古典学评论》,上海人民出版社2013年,第384页。

② (清)江永:《昏礼从宜》,曾亦编:《儒学与古典学评论》,上海人民出版社2013年,第393页。

③ 朱轼说:"今古道不讲,奢侈于物,而苟简于礼。又或少年以行礼为羞,亲迎之举,十无一二。"[(清)朱轼:《仪礼节略》卷三,《续修四库全书》第110册,第553页。]由此可见,不亲迎是当时社会的普遍现象。

说，江永驳曰："若谓夫懦妇悍由于不亲迎，恐无此情理。亲迎者，自卑之道也。设有悍妇，指其夫曰：'汝尝为我御轮三圈者也。'则悍者不愈增其悍？懦者不愈益其懦乎？要之，懦与悍，性行则然；亲迎与不亲迎，皆无与也。"① 江永认为，时俗不亲迎是出于现实的考虑。据古礼，亲迎近则迎于其家，远则迎于其馆，然而"远者迎于馆，程子之说也。然必有设馆之地，又必有主昏授女之人，恐女家不从奈何？礼原有从宜从俗之法，必欲泥古，则奠雁者取其顺阴阳往来，非他物可代，无雁之乡将以何物为奠乎？"② 恪守亲迎仪节是"泥古"之举，与礼的"从宜""从俗"之义不合。江永反问："通国不亲迎，岂能一人独行古礼乎？"③ "从宜""从俗"，就是要求礼的仪节要与现实社会的境况相合，不可唯古是从，泥古不化。

复次，在基于"礼从俗"原则的基础上，江永认为增加礼书所不曾记载的礼俗是有意义的。比如《仪礼·士昏礼》中的成婚仪节仅有新妇拜父母，无婿拜父母，而后世的成婚仪节多是婿与妇同拜父母。江永认为，后世所增婿拜父母使成婚仪节更趋合理，他说："父母劬劳，为子娶妇，以成室家，今不与新妇共拜父母，岂能安乎？古人行礼不参，故婿不顾，此古人之固也。'礼者，非从天降，非从地出，人情而已矣。'冠礼拜母不拜父，已为后世之大疑。今子成婚而无拜父母之文，是亦大可疑者也。《家礼》亦疏略。邱氏

---

① （清）江永：《昏礼从宜》，曾亦编：《儒学与古典学评论》，上海人民出版社 2013 年，第 385 页。
② （清）江永：《昏礼从宜》，曾亦编：《儒学与古典学评论》，上海人民出版社 2013 年，第 385 页。
③ （清）江永：《昏礼从宜》，曾亦编：《儒学与古典学评论》，上海人民出版社 2013 年，第 385 页。

《仪节》从俗,壻与妇同拜,甚是。"[1] 又如清代徽州一带的婚礼中,男女拜堂之后有请姑开衣箱的仪节,即妇以果物及钥匙令婢仆请于姑,妇家衣物请姑开视之后,妇才敢服用。江永认为,"此孝敬之道,可尚也"[2]。

(三) 实用性与礼之制作

儒家高扬道德理想主义,孔子说"君子喻于义,小人喻于利"(《论语·里仁》),孟子也说"何必曰利?亦有仁义而已矣"(《孟子·梁惠王上》)。孔、孟所提倡的"先义后利""舍生取义"观念对后世的影响极为深远。作为儒家"五常"之一,礼是与仁、义、智、信并列的道德范畴,在耻言功利的社会文化氛围下,儒家士人在研礼、制礼时往往关注的是道德层面的内容。司马光《书仪》说:"文中子曰:'昏娶而论财,鄙俗(夷虏)之道也。'……然则昏姻有及于财者,皆勿与为昏姻可也。"[3] 司马光明确反对将婚礼与钱财相关联。朱子《家礼》婚礼亲迎部分征引司马光此说[4]。在纳币等涉及财礼的环节,司马光、朱熹也仅强调纳币的象征意义,而于时俗中的纳币情况并没有讨论。

在《昏礼从宜》中,江永对文中子"昏娶而论财,夷虏之道也"之说表示反对,认为"论财亦自有道,未可概斥之为夷虏

---

[1] (清)江永:《昏礼从宜》,曾亦编:《儒学与古典学评论》,上海人民出版社 2013年,第393页。

[2] (清)江永:《昏礼从宜》,曾亦编:《儒学与古典学评论》,上海人民出版社 2013年,第393页。

[3] (宋)司马光:《书仪》卷三,文渊阁《四库全书》第142册,上海古籍出版社 1989年,第475—476页。

[4] (宋)朱熹:《家礼》卷三,《朱子全书》第7册,上海古籍出版社、安徽教育出版社 2010年,第897页。

也"①。其认为言财礼是现实中的婚礼必须涉及的,"一若言及货财,便鄙俗不堪,是皆为文中子所误。究之,无米不能为炊,画地不能作饼,终不免于用财行聘。而习俗相沿,鹅酒菓面,浮费日多,闾里争相慕效。寒畯儒士有年壮不能娶妻者,岂非讳言财者误之与?"②婚礼言财礼是难免的,问题的关键在于言财礼是否"有道"。江永举例说:"今时乡俗结昏,令媒者通言,量其聘财之多少,以为奁仪之丰约,毋过靡,亦毋过啬,逐物胪列,谓之礼单。酌其价值约略相当,男家照单送聘金之数,为女而费,女家亦置勿道矣。如此论财,论之有道,亦何嫌于论财?倘必以论财为讳,矫枉过正,使嫁女者恒得负,娶女者恒得赢,岂能使民俗通行哉?"③婚礼中的奁仪、聘金等皆关乎钱财,只要"论之有道",本无可厚非。此所谓"有道",就是要考虑男女双方家庭的经济状况。现实中的婚姻状况既有"嫌贫而易昏,倚势而夺昏",又有"寔未结婚而诈谋以图昏",在江永看来,这些现象并非钱财本身的问题,而是当事者自己的问题。江永甚至认为钱财在婚礼中有积极意义,"有司断讼,惟以财礼为据。庚帖不足凭,口许不足凭,媒议不足凭,果物往来不足凭,惟据所受财与否以为断。未受财,虽有奸滑不能图;已受财,虽有负心不能易,豪强不能夺。受其聘定之物,亲服用之,则一心系属于夫,倡随偕老,是所愿也。万一有不虞之

---

① (清)江永:《昏礼从宜》,曾亦编:《儒学与古典学评论》,上海人民出版社2013年,第381页。
② (清)江永:《昏礼从宜》,曾亦编:《儒学与古典学评论》,上海人民出版社2013年,第382页。
③ (清)江永:《昏礼从宜》,曾亦编:《儒学与古典学评论》,上海人民出版社2013年,第382页。

事，则睹物感怆，矢心如石。钗环之所系者岂细乎？"① 婚礼中的财礼对于"奸猾""负心"者有一定的约束作用，对于维护婚姻的稳定有积极意义。

在婚礼具体仪节的设计上，江永认为男方的聘金与女方置办仪物的花费应该相当。从嫁女之家来看，为女置办仪物如妆奁、被褥、帐幕等皆需花费，男方应该支付与女方置办仪物花费相当的聘金，这样才能减轻女方的经济负担。江永说："今时中下之家嫁一女约费五六十金；再约焉，四五十金；又约焉，二三十金，必不能省矣。过节而苦，葛屦履霜，女弗能堪也，岂真能以荆钗布裙嫁其女乎？此数十金者，不取诸娶妇之家，而将取乎？"② 江永还对前人在婚礼中讳言财物之举进行批评："讲礼者率恶夫论财言利，是未达古人之情者也。"③ 此虽没有指名道姓，然从其所言，可知其批评的是在婚礼制作中讳言财利的司马光和朱熹。

江永还主张男女双方提供的礼物要有实用性。《仪礼》所记婚礼的"六礼"中有纳采、问名，古礼用雁为贽，先纳采，次问名。《家礼》有议婚、纳采、纳币仪节，有书而无礼物。丘濬《家礼仪节》既有书，也有物。到了清代，徽州地区的婚礼中，男方遣使者给女方送去名帖和礼帖，即所谓的"定亲礼"。江永认为男方为女方所备的定亲礼物最好是"钗环钏镯为女子必用之物"，而女方回赠的礼物最好是"韈履及文房用物"，这样才能做到"华而不甚奢，

---

① （清）江永：《昏礼从宜》，曾亦编：《儒学与古典学评论》，上海人民出版社2013年，第383页。

② （清）江永：《昏礼从宜》，曾亦编：《儒学与古典学评论》，上海人民出版社2013年，第382页。

③ （清）江永：《昏礼从宜》，曾亦编：《儒学与古典学评论》，上海人民出版社2013年，第382页。

用财而不甚费"①。丘濬认为行古礼过于落漠,人情有所不堪,拟用鹅酒、盒果之类,经济条件比较好的还可以用羊酒。江永认为邱氏主张定婚有礼物是合理的,不过鹅酒、盒果、羊酒等已有"浮费"之嫌,"不知此等皆浮费,无益于姻家,亦无益于女子。总不肯为嫁女者设身处地,妆奁何所自出"②。由此可见,江永在婚礼仪节的安排方面,既看到财礼的重要性,又意识到财礼过奢会带来负面影响;财礼既要凸显其象征意义,也要有实用价值。

司马光《书仪》和朱熹《家礼》对于《仪礼》所记婚礼仪节已做了很大的变通,其实用性较《仪礼》显为增强。囿于时代,司马光、朱熹讳言财礼,然而现实中的婚姻不良现象并没有因为回避财礼而消失。与司马光和朱熹不同的是,江永将婚姻稳定与否的原因追溯到婚礼中的财礼,用今天的话语来说,江永已经意识到经济基础在婚姻中的重要作用。他不讳言财礼,还认为财礼在婚礼中有积极意义。江永对财礼的重视,与清代徽州地区的社会风气是密切相关的。余英时曾说:"明清的士世界和贾世界是互相交错的,士大夫在日常生活中处处接触到商业化潮流所带来的社会变动。在这种情形下,他们不可避免地要对从社会到个人的种种问题进行新的思考,因而也加速了儒学的转向。"③江永生活在清代中前期的徽州,徽州耕地少而水运资源独厚,以至于"徽州人就注定地成为生意人了"。④徽州人在商业方面的成功以及他们对儒学的推崇,从而形

---

① (清)江永:《昏礼从宜》,曾亦编:《儒学与古典学评论》,上海人民出版社2013年,第382页。
② (清)江永:《昏礼从宜》,曾亦编:《儒学与古典学评论》,上海人民出版社2013年,第382页。
③ 余英时:《士与中国文化》,上海人民出版社2003年,第542页。
④ 胡适:《胡适口述自传》,广西师范大学出版社2005年,第13页。

成了明清时期"无徽不成镇""无徽不成学"的特殊社会经济文化现象。作为徽州人，江永在重视礼学的同时不讳言财礼，正是清代徽州社会文化的真实写照。

长期以来，不少人重视江永的考据学成就，而于其经世致用之学有所忽略。通过对《昏礼从宜》的考察，可知江永不仅精于考据，还有对时代社会秩序建构的回应。他在《昏礼从宜序》中说："著此编，并发此论，而不止昏姻一事也。"[①] 由此可见，江永是希望以婚礼为例讨论社会礼俗的一般原则。他的《昏礼从宜》对于社会礼俗所做的思考和设计，让我们看到清代乾嘉皖派先驱的学术并非仅事典章制度之学。江永崇高的志趣、悲悯的情怀和对现实的关切，正是儒家士人"内圣外王"之学的体现[②]。

江永强调礼俗要"从宜"，所谓"宜"就是适宜、恰到好处。在他之前，朱子《家礼》是"从宜"的代表性礼书。《家礼》影响深远的根本原因，在于其顺应了时代的需要而对古礼加以变通。有学者认为江永《昏礼从宜》"在一定意义上颠覆了以朱熹《家礼》为代表的家礼学传统"[③]，若从江永学术的特点以及《昏礼从宜》的变通精神来看，此说难以成立。婺源是朱子故里，同为婺源人的江永对朱子十分敬仰，对朱子学也分外推崇。他说："尊经之意，当

---

① （清）江永：《昏礼从宜》，曾亦编：《儒学与古典学评论》，上海人民出版社 2013 年，第 380 页。

② 江永礼俗学的经世精神，与其经学思想是一致的。据江藩记载："永为人和易近人，处里党以孝悌仁让为先，人多化之。尝援《春秋传》丰年补败之义，劝乡人输谷立义仓，行之三十年，一乡之人不知有饥馑云。"[（清）江藩：《国朝汉学师承记》卷五，中华书局 1983 年，第 77 页。] 可见经世致用是江永经学的应有之义。

③ （清）江永：《昏礼从宜》，曾亦编：《儒学与古典学评论》，上海人民出版社 2013 年，第 379 页，注释 1。

以朱子为宗。"①其早年所编《礼书纲目》是"欲卒朱子之志,成礼乐之完书"②,晚年撰《近思录集注》意在"开扃发镝,祛疑释蔽"③。在《昏礼从宜》中,尽管江永于朱子《家礼》仪节并不是全部采纳,有时甚至还加以批评,但是其于婚礼仪节的设计上与《家礼》差异不大。此外,江永特别强调"从宜"之义,这与朱子《家礼》变通的制礼思想可谓如出一辙④。因此,以《昏礼从宜》"颠覆了以朱熹《家礼》为代表的家礼学传统"的观点不能成立。江永变通的礼学经世思想,对皖派学人戴震、程瑶田、凌廷堪、胡培翚以及浙东孙诒让等都产生了极为深远的影响⑤。因此,辨析江永的礼俗观,不仅涉及江永学术与朱子学的关系,还可以管窥清代皖派学人在社会秩序建构中所做的探索。

二、戴震的礼学思想及其对清代学术的影响

清代徽州人文荟萃,著述如林。江永、戴震、程瑶田、胡匡衷、金榜、凌廷堪、胡培翚等一大批精通礼学的重要学者相继出

---

① (清)江永:《礼书纲目序》,《善余堂文集》,台北"中研院"中国文哲研究所2013年,第91页。
② (清)江永:《礼书纲目序》,《善余堂文集》,台北"中研院"中国文哲研究所2013年,第92页。
③ (清)江永:《近思录集注序》,《善余堂文集》,台北"中研院"中国文哲研究所2013年,第120页。
④ 可参见潘斌、屈永刚:《朱子〈家礼〉的编撰及现代启示》,《孔子研究》2015年第5期。
⑤ 江永的高足戴震精于礼书校勘、名物考证,也重视礼的经世功能之揭示,他说:"礼者,天则之所止,行之乎人伦庶物而天下共安,于分无不尽,是故恕其属也。"[(清)戴震:《孟子字义疏证》,中华书局1982年,第72页。]凌廷堪既精于礼例之归纳,也重视礼的经世功能之阐发,其所撰《复礼》对复礼的必要性作了全面而深刻的论述。孙诒让在《周礼正义》中大量征引江永的考据成果,在《周礼政要》中则重点论述与国计民生密切相关内容,有强烈的通经致用精神。

现，并留下了一大批享誉礼学界的重要著作。在徽州学人中，戴震（1724—1777）以其精密的考据、深邃的思想，成为乾嘉皖派的代表人物，也为清代学界之巨擘。梁任公甚至称："苟无戴震，则清学能否卓然自树立，盖未可知也。"① 胡适之也说戴震建立起"清朝学术全盛时代的哲学"②。鉴于戴震学术的重要影响，当今学界对戴震的研究可谓高潮迭起，方兴未艾。不过学者们将研究的重点放在了戴震的哲学思想体系、考据学成就上，而对于戴震学术的一个重要方面——礼学思想的研究则显得比较薄弱③。受徽州重礼传统的影响，戴震十分重视礼学。他既从哲学的角度对礼与理、礼与人性的关系进行辨析，又对礼书加以校勘、对礼物礼制进行考证。我们拟在对戴震礼学中的礼与理、礼与人性的关系进行探讨的基础上，进一步揭示戴震的礼学与清代思想文化之间的关系。

（一）礼与理、人性的关系

1. 礼与理

在不少理学家的视域中，天地万物根源于气，而理（道）又是气之根。朱熹说："有是理后生是气。"④ "未有天地之先，毕竟也只是理。有此理，便有此天地。……有理便有气流行，发育万物。"⑤

---

① （清）梁启超：《清代学术概论》，人民出版社2008年，第24页。
② 胡适：《戴东原的哲学》，北京师范大学出版社2014年，第60页。
③ 关于戴震礼学，徐道彬曾有研究，其从"时代学风嬗变与地域文化背景""礼学的研究与理学的批判""'理存于礼'思想的影响与发展"三个方面对戴震礼学研究的特色与影响作了探讨。见徐道彬：《论戴震礼学研究的特色与影响》，《安徽大学学报》2015年第1期。
④ （宋）黎靖德辑：《朱子语类》卷一，《朱子全书》第14册，上海古籍出版社、安徽教育出版社2010年，第114页。
⑤ （宋）黎靖德辑：《朱子语类》卷一，《朱子全书》第14册，上海古籍出版社、安徽教育出版社2010年，第114页。

于是，在理学家那里就有了形上与形下两个世界，形上的"理（道）"是形下的"气"以及天地万物的根源和根据。张载说："礼者，理也，须是学穷理，礼则所以行其义，知理则能制礼，然则礼出于理之后。"①朱熹说："所以礼谓之'天理之节文'者，盖天下皆有当然之理。今复礼，便是天理。"②从理学的逻辑出发，理优先于礼，理是本体，是依据，而礼是理在具体、经验世界的呈现。

与程朱不同，戴震认为天地万物有气化流行的过程，他批评理学家"以理为气之主宰"是"诬圣乱经"③。戴震说："在天地，则气化流行，生生不息，是谓道；在人物，则凡生生所有事，亦如气化之不可已，是谓道。"④"道，犹行也；气化流行，生生不息，是故谓之道。"⑤戴震认为"气化流行"之先并没有超越的理（道），理（道）就在气化流行之中，所谓"道，言乎化之不已也。……生生者，化之原；生生而条理者，化之流"⑥；"一阴一阳，流行不已，夫是之为道而已"⑦。戴震否认本体意义的"理（道）"，而认为"理（道）"是经验的、具体的。他说："理者，察之而几微必区以别之

---

① （宋）张载：《张子语录·语录下》，《张载集》，中华书局1978年，第326—327页。
② （宋）黎靖德辑：《朱子语类》卷四十二，《朱子全书》第15册，上海古籍出版社、安徽教育出版社2010年，第1494页。
③ （清）戴震：《孟子字义疏证》卷中，《戴震全集》第6册，清华大学出版社1991年，第175—176页。
④ （清）戴震：《孟子字义疏证》卷下，《戴震全集》第6册，清华大学出版社1991年，第194页。
⑤ （清）戴震：《孟子字义疏证》卷中，《戴震全集》第6册，清华大学出版社1991年，第172页。
⑥ （清）戴震：《原善》卷上，《戴震全集》第1册，清华大学出版社1991年，第9—10页。
⑦ （清）戴震：《孟子字义疏证》卷中，《戴震全集》第6册，清华大学出版社1991年，第173页。

名也,是故谓之分理。在物之质,曰肌理,曰腠理,曰文理;得其分则有条而不紊,谓之条理。……古人所谓理,未有如后儒之所谓理者矣。"① "天地、人物、事为,不闻无可言之理者也,《诗》曰'有物有则'是也。物者,指其实体实事之名;则者,称其纯粹中正之名。实体实事,罔非自然,而归于必然;天地、人物、事为之理得矣。"② "分理""文理""条理"皆是就具体事物而言,"是故就事物言,非事物之外别有理义也;'有物必有则',以其则正其物,如是而已矣。"③ 对于人来说,"理也者,情之不爽失也。"④ "在己与人皆谓之情,无过情无不及情之谓理。"⑤ 所谓"不爽失""无过""无不及",指的是人在面对情欲时所应持有的度,这个度就是戴震所言的"自然之极则","极则"就是理。既然"自然之极则"的理与人事相关联,那么作为"极则"的理在现实社会最直接的呈现就是道德践履方面的礼。

戴震认为礼是天地之"条理"。他说:"由其生生,有自然之条理,观于条理之秩然有序,可以知礼矣。"⑥ "何谓礼?条理之秩然有

---

① (清)戴震:《孟子字义疏证》卷上,《戴震全集》第6册,清华大学出版社1991年,第151页。
② (清)戴震:《孟子字义疏证》卷上,《戴震全集》第6册,清华大学出版社1991年,第163页。
③ (清)戴震:《孟子字义疏证》卷上,《戴震全集》第6册,清华大学出版社1991年,第158页。
④ (清)戴震:《孟子字义疏证》卷上,《戴震全集》第6册,清华大学出版社1991年,第152页。
⑤ (清)戴震:《孟子字义疏证》卷上,《戴震全集》第6册,清华大学出版社1991年,第153页。
⑥ (清)戴震:《孟子字义疏证》卷下,《戴震全集》第6册,清华大学出版社1991年,第199页。

序,其著也。"① "礼者,天地之条理也。"② 生乃天地之大德,由"生生"而得万事万物;万事万物的存在有其条理,否则将紊乱失序。万事万物的条理就是秩序,礼就是万事万物条理之中的人间秩序。

此外,戴震认为礼的仪文度数出自圣人。他说:"仪文度数,亦圣人见于天地之条理,定之以为天下万世法。"③ 圣人通过观察天地之条理,从而制定礼仪,并以礼作为万世之法则。戴震又说:"周道衰,尧、舜、禹、汤、文、武、周公致治之法,焕乎有文章者,弃为陈迹。孔子既不得位,不能垂诸制度礼乐,是以为之正本溯源,使人于千百世治乱之故,制度礼乐因革之宜,如持权衡以御轻重,如规矩准绳之于方圆平直,言似高远而不得不言。自孔子言之,实言前圣所未言;微孔子,孰从而闻之!"④ 由于孔子对于天地之条理有准确的把握,所以其所制之礼对于社会的功用是直接的、具体的;孔子所制之礼并没有超然于万物之外的本体,而是源自形下具体的事物之理。

由此可见,戴震并没有从形上思辨的角度为礼寻找本体依据,而是将礼与理皆看作形下、经验的存在。在戴震的意识里,礼是形下、经验的,理也是形下、经验的;虽然理更抽象,然而理与礼之间并不存在本体与现象的鸿沟。虽然戴震认为在"天地之条理"与礼之间有圣人之制作,然而圣人之制作仅是将形下的"条理"与现

---

① (清)戴震:《原善》卷上,《戴震全集》第1册,清华大学出版社1991年,第10页。
② (清)戴震:《孟子字义疏证》卷下,《戴震全集》第6册,清华大学出版社1991年,第200页。
③ (清)戴震:《孟子字义疏证》卷下,《戴震全集》第6册,清华大学出版社1991年,第200页。
④ (清)戴震:《孟子字义疏证》序言,《戴震全集》第6册,清华大学出版社1991年,第149页。

实的礼结合起来。因此，戴震对于礼与理关系之辨析，与理学划分经验世界与本体世界的学说是截然不同的。

2. 礼与人性

要认识戴震的礼学思想，其人性论是必须要加以探讨的。

在中国人性论史上，先秦时期的孟子和荀子的人性论最具有代表性。孟子认为人具有先天的道德属性，所以人性本善；荀子认为人有耳目声色之欲和趋利倾向，所以人之性恶。其他人性论大多游移于孟、荀之间。戴震对人性做了新的界定："性者，分于阴阳五行以为血气心知、品物，区以别焉。……气化生人生物以后，各以类滋生久矣；然类之区别，千古如是也。"[1] "天道，阴阳五行而已矣；人物之性，咸分于道，成其各殊者而已矣。"[2] 在阴阳五行的气化流行过程中，人与其他事物相区别的血气心知得以产生；人部分地拥有了天道属性的血气心知，就是人与其他事物的区别之所在，也就是所谓的人之性。所以，"性者，血气心知本乎阴阳五行，人物莫不区以别焉是也"[3]。

戴震认为人的血气心知包含欲、情、知，他说："人生而后有欲，有情，有知，三者，血气心知之自然也。给于欲者，声色臭味也；因而有爱畏；发乎情者喜怒哀乐也，而因有惨舒；辨于知者，美丑是非也，而因有好恶。"[4] 人的欲、情是本然之性，而人通过

---

[1] （清）戴震：《孟子字义疏证》卷中，《戴震全集》第6册，清华大学出版社1991年，第176页。
[2] （清）戴震：《孟子字义疏证》卷中，《戴震全集》第6册，清华大学出版社1991年，第176页。
[3] （清）戴震：《孟子字义疏证》卷中，《戴震全集》第6册，清华大学出版社1991年，第179页。
[4] （清）戴震：《孟子字义疏证》卷中，《戴震全集》第6册，清华大学出版社1991年，第191页。

"知"实现对善恶的辨别,就是人性之善。戴震说:"人之心知,于人伦日用,随在而知恻隐,知羞恶,知恭敬辞让,知是非,端绪可举,此之谓性善。"[①]因此,戴震所谓的性善并非先验的道德属性,而是人分辨是非、羞恶的过程。而这个过程的实现,就是"自然"到"必然"。戴震说:"善,其必然也;性,其自然也;归于必然,适完其自然,此之谓自然之极致,天地人物之道于是乎尽。"[②]此所谓"自然",就是本来如此;所谓"必然",是必须如此。"性"是自然,即认知是人本来所具有的,通过认知的过程,从而实现自然的"性"到必然的"性善"的完成。这种认知的过程是人之为人的根本,"知觉运动者,人物之生;知觉运动之所以异者,人物之殊其性"[③];"人以有礼义,异于禽兽,实人之知觉大远乎物则然,此孟子所谓性善"[④]。

这种辨别是非善恶的能力,戴震又将其称之为"才"。人性不可见,通过"才"方能得以彰显。戴震说:"才者,人与百物各如其性以为形质,而知能遂区以别焉,孟子所谓'天之降才'是也。……由成性各殊,故才质亦殊。才质者,性之所呈也;舍才质安睹所谓性哉!"[⑤]他以桃杏之性为例说:"如桃杏之性,全于核中

---

① (清)戴震:《孟子字义疏证》卷中,《戴震全集》第6册,清华大学出版社1991年,第180页。
② (清)戴震:《孟子字义疏证》卷下,《戴震全集》第6册,清华大学出版社1991年,第195页。
③ (清)戴震:《孟子字义疏证》卷中,《戴震全集》第6册,清华大学出版社1991年,第179页。
④ (清)戴震:《孟子字义疏证》卷中,《戴震全集》第6册,清华大学出版社1991年,第186页。
⑤ (清)戴震:《孟子字义疏证》卷下,《戴震全集》第6册,清华大学出版社1991年,第190页。

之白,形色臭味,无一弗具,而无可见,及萌芽甲坼,根干枝叶,桃与杏各殊;由是为华为实,形色臭味无不区以别者,虽性则然,皆据才见之耳。成是性,斯为是才。别而言之,曰命,曰性,曰才;合而言之,是谓天性。故孟子曰:'形色,天性也,惟圣人然后可以践形。'人物成性不同,故形色各殊。人之形,官器利用大远乎物,然而于人之道不能无失,是不践此形也;犹言之而行不逮,是不践此言也。践形之与尽性,尽其才,其义一也。"① 正是人之才质,方能让人具有认知和辨别的能力,也才能有人性之善。由此可见,才质具有认知和实践之义。也就是说,从"自然"的人性到"必然"的性善,戴震赋予其以实践之义,而不是先验的道德本体。

正是在这样的人性论基础上,戴震对孟子和荀子的人性做了评论。

戴震持性善论,他说:"人无有不善,明矣。"② 他甚至认为荀子与孟子的人性论并不矛盾。比如荀子所言"途之人可以为禹"(《荀子·性恶》),戴震说:"荀子非不知人之可以为圣人也,……此于性善之说不惟不相悖,而且若相发明。"③ 不过,戴震认为荀子所言礼义与人性之间有隔阂。他说:"盖荀子之见,归重于学,而不知性之全体。……而于礼义与性,卒视若阂隔不可通。以圣人异于常人,以礼义出于圣人之心,常人学然后能明礼义,若顺其性之自然,则生争夺;以礼义为制其性,去争夺者也,因性恶而加矫揉之功,

---

① (清)戴震:《孟子字义疏证》卷下,《戴震全集》第6册,清华大学出版社1991年,第190—191页。
② (清)戴震:《孟子字义疏证》卷中,《戴震全集》第6册,清华大学出版社1991年,第182页。
③ (清)戴震:《孟子字义疏证》卷中,《戴震全集》第6册,清华大学出版社1991年,第183页。

使进于善，故贵礼义；苟顺其自然而生争夺，安用礼义为哉！又以礼义虽人皆可以知，可以能，圣人虽人之可积而致，然必由于学。弗学而能，乃属之性；学而后能，弗学虽可以而不能，不得属之性。此荀子立说之所以异于孟子也。"① 依荀子的观点，人有耳目声色之欲，且趋利避害，若顺人之性，人与人之间就会发生争夺。鉴于此，荀子主张通过学习礼仪规范从而止息争夺。而荀子所言的礼仪规范并非内在于性，而是在性之外。戴震认为，"荀子知礼义为圣人之教，而不知礼义亦出于性；知礼义为明于其必然，而不知必然乃自然之极则，适以完其自然也。"② 荀子之得，在于重视礼义；荀子之误，在于不知礼义出于性之"自然"。

戴震认为性是"弗学而能"的，通过后天的"学"才能知能行的并不是性。他说："夫资于饮食，能为身之营卫血气者，所资以养者之气，与其身本受之气，原于天地非二也。故所资虽在外，能化为血气以益其内，未有内无本受之气与外相得，而徒资焉者也。"③ "冶金若水，而不闻以金益水，以水益金，岂可云己本无善，己无天德，而积善成德，如罍之受水哉！"④ 人体的"本受之气"与饮食的"养者之气"看似为二，实则为一；冶金时，金熔化金水，金与金水看似为二，实则为一。戴震认为荀子之误在于将礼与性相分，礼与性的关系类似于人身体"本受之气"与饮食"养者之

---

① （清）戴震：《孟子字义疏证》卷中，《戴震全集》第6册，清华大学出版社1991年，第183页。
② （清）戴震：《孟子字义疏证》卷中，《戴震全集》第6册，清华大学出版社1991年，第183页。
③ （清）戴震：《孟子字义疏证》卷中，《戴震全集》第6册，清华大学出版社1991年，第184页。
④ （清）戴震：《孟子字义疏证》卷中，《戴震全集》第6册，清华大学出版社1991年，第184页。

气"的关系，或金与金水的关系。因此，戴震倡导"扩充"的修养方法，他说："就孟子之书观之，明理义之为性，举仁义礼智以言性者，以为亦出于性之自然，人皆弗学而能，学以扩而充之耳。"[1] 礼既然出自"性之自然"，那么人通过"扩充"就可以实现自我完善；即便是"弗学而能"的性，也需要通过后天的"扩充"才能实现"自然"的性到"必然"的性善的完成。

在对孟子、荀子人性论与礼义的关系进行辨析之后，戴震得出结论："荀子之重学也，无于内而取于外；孟子之重学也，有于内而资于外。……荀子举其小而遗其大也，孟子明其大而非舍其小也。"[2] 以人所具有的认知能力和认知过程为性善，其中就包括后天的"学"，而这正是荀子所提倡的。戴震非常重视"学"，虽然其将所学与取资于内相关联，但是其重智主义与荀子更加接近。[3] 因此，虽然戴震持孟子的性善论，但是实际上与荀子的人性论更加接近。这一点早已为前人所道破，如章太炎说："极震所议，与孙卿若合符。以孙卿言性恶，与震意佛，故解而赴《原善》。"[4] 钱穆也说："东原之言近于荀子之性恶。"[5] 造成这种现象的原因，乃是与孟子、荀子思想的历史境遇有关。历代以来，孟子性善论受到格外的重视和推崇，荀子的人性论却湮没不彰，地位不高。特别是宋明

---

[1] （清）戴震：《孟子字义疏证》卷中，《戴震全集》第6册，清华大学出版社1991年，第183—184页。

[2] （清）戴震：《孟子字义疏证》卷中，《戴震全集》第6册，清华大学出版社1991年，第184页。

[3] 胡适认为戴学是"纯粹理智态度"，与"好高而就易""内心生活"的阳明学有根本的不同。见胡适：《戴东原的哲学》，北京师范大学出版社2014年，第133—134页。

[4] （清）章太炎：《释戴》，《章太炎全集·太炎文录初编》，上海人民出版社2014年，第124页。

[5] 钱穆：《中国近三百年学术史》，商务印书馆1997年，第401页。

理学表彰孟子以来，孟子的人性论成为中国人性论的主流，而荀子的人性论愈发被冷落。戴震推崇孟子的性善论，而批评荀子的人性说，是对中国古代崇孟传统的继承。而从其思想的实质来看，戴震对孟子性善论的推崇可谓权宜之计。其既将礼看成是性之"自然"，又将"扩充"的修养方法与后天的"学"相关联，实际上是对孟子与荀子人性论的融通。戴震对于礼与人性关系的论说，是其义理学的重要组成部分。

（二）戴震礼学与清代学术思想的关系

戴震学术受两个人的影响最大，一是江永，二是惠栋。研究戴震的礼学，也不能不提这两个人。

戴震学术受江永的影响极大。清人王昶称："余友休宁戴君东原，所谓通天地人之儒也，尝自述其学术，实本之江慎修先生。"[1]江永以阐宋述朱为己任，其《近思录集注》《四书典林》之撰作，就是对朱子学的继承和弘扬。在《近思录集注序》中，江永说："晚学幸生朱子之乡，取其遗编，辑而释之，或亦儒先之志。"[2]其对朱子学的重视和推崇溢于言表。由此可见，作为考据学大家的江永，对于宋学也十分推崇。当然，江永对于宋学，更多的是继承朱子的礼书编纂思想和考据精神，而在天道性命之说方面并没有多少造诣。

江永精于"三礼"之学，其《礼书纲目》就是仿朱子《仪礼经传通解》而成，其《周礼疑义举要》《礼记训义择言》等对于汉

---

[1] （清）王昶：《江慎修先生墓志铭》，《春融堂集》卷五十五，《续修四库全书》第1438册，第216页。

[2] （清）江永：《近思录集注序》，《善余堂文集》，台北"中研院"中国文哲研究所2013年，第120页。

宋学人的注释择善而从，没有门户之见。戴震对江永的礼学了然于胸，他认为江永的《礼书纲目》"从《周官经·大宗伯》吉、凶、军、嘉、宾五礼旧次，使三代礼仪之盛，大纲细目，井然可观于今"[①]。受江永的影响，戴震对礼经研究表现出浓厚的兴趣。其早年所撰《考工记图》，就是礼经研究方面的一部名作。江永重视礼物、礼制之考证，这也为戴震所继承。

戴震三十五岁时南游扬州，结识了当时的汉学大家惠栋，此后，其学术思想由前期的"汉宋并举"[②]转变为"尊汉抑宋"[③]。乾隆中叶以后，惠氏之学大行。惠栋唯汉是从，厚古薄今。他说："汉犹近古，去圣未远"[④]。戴震对惠栋之学颇为推崇，他说："贤人圣人之理义非它，存乎典章制度者是也。松崖先生之为经也，欲学者事于汉经师之故训，以博稽三古典章制度，由是推求理义，确有据依。"[⑤]受惠栋的影响，戴震对宋儒义理提出了颇多异议。前贤时人在研究戴震学术时，认为戴震在后期的治学方面受惠栋的影响很大。然而从礼学方面来看，戴震受惠栋的影响并不明显。戴震晚年在从事礼学文献的校勘时，对于汉宋学人之说择善而从，无门户之见，这与江永学术比较接近，而与惠栋唯汉是从的学术取向是有差异的。究其原因，乃是由礼学的特点决定的。自古以来，礼学堪称"实学"，此所谓"实"，既指礼物、礼器、礼仪、礼制的考证之

---

① （清）戴震：《江慎修先生事略状》，《戴震全集》第5册，清华大学出版社1991年，第2605页。
② 钱穆：《中国近三百年学术史》，商务印书馆1997年，第350页。
③ 钱穆：《中国近三百年学术史》，商务印书馆1997年，第355页。
④ （清）惠栋：《上制军尹元长先生书》，《松崖文钞》卷一，《续修四库全书》第1427册，第275页。
⑤ （清）戴震：《题惠定宇先生授经图》，《戴震全集》第5册，清华大学出版社1991年，第2615页。

实，也指礼的义理之实、践履之实。汉儒、宋儒从事礼学研究，皆不能脱离礼学之"实"。因此，虽然戴震后期对宋儒义理多有排斥，但是对于宋儒议礼考礼的文字却多有采纳。

戴震礼学对于清代学术的影响，可从以下两个方面来看：

首先，戴震礼学对于清中期考据学的兴起起到了推动作用。

清代学术博大精深，汉、宋、今、古之学，无所不包。然而清学中最具有标志性和代表性的，还是乾嘉时期的考据学。皖派学人于礼经、礼制之研究，是乾嘉考据学的重要内容。在清代徽州地区，江永、戴震、程瑶田、胡匡衷、凌廷堪、胡培翚等一大批精于考据的礼学家，在礼经的文字训诂、名物制度考证等方面所取得的成就，可谓驾唐宋礼经注疏之上。

戴震生当雍正、乾隆两朝，这是清代考据学逐渐走向辉煌的时期。他继承了江永等人的礼经、礼制研究成果，并将此领域的研究推向更高水平。由于戴震在学界颇负盛名，所以他的研究是具有导向性的。比如戴震的《考工记图》是在江永的启发下完成的，然而江永的《考工记》研究并没有引起人们的注意。相反，戴震的《考工记图》刊刻以后，很快享誉学林，洪榜、钱大昕、余廷灿、纪昀、皮锡瑞对此书皆赞誉有加。如纪昀说："戴君深明古人小学，故其考证制度字义为汉已降儒者所不能及，以是求之圣人遗经，发明独多。"[1] 皮锡瑞《经学历史》的"经学复盛时代"部分两次提到《考工记图》。梁启超说："《考工记》本另为一部书，后人附入《周礼》。清儒对于这部书很有几种精深的著作。最著者为戴东原之《考工记

---

[1] （清）纪昀：《考工记图序》，《考工记图》卷首，《续修四库全书》第85册，第59页。

图注》。"① 此外，戴震对于其同门和后学从事礼学研究起到了推动作用。其同门程瑶田，后学凌廷堪、胡培翚等人皆专注于礼学。程瑶田的《考工创物小记》《仪礼丧服文足征记》、凌廷堪的《礼经释例》、胡培翚的《仪礼正义》等，皆是乾嘉时期礼经考据学方面的重要著作。而他们的研究受戴震的影响是直接而明显的。戴震晚年入四库馆从事古籍之校勘，且成就斐然。在礼学文献方面，其所校者有《大戴礼记》《仪礼识误》《仪礼集释》《仪礼释宫》等，校语皆精当，受到清代校勘学大家卢文弨、阮元、孙诒让等人的推崇。

其次，戴震的礼学丰富了清代中期的"新义理学"②。

考据学在清代学术中颇负盛名，然而清代学术并非只有考据学。事实上，即便是被视为乾嘉学派的中坚人物戴震、焦循、阮元等人精密考据的背后，依然有着丰富的哲学思想。清代中期戴震、程瑶田、凌廷堪、胡培翚等人的礼学研究，不仅有礼书文本、礼仪、礼制、礼器的考证，还有礼义的阐发。他们对礼与人性的关系、礼的本质、礼的功能及意义的阐释，是有别于理学形上思辨的全新义理之学。戴震从义理的角度对礼所做的研究，是其义理学的重要组成部分。与宋儒从形上思辨的角度探讨礼与道、理、性、情的关系不同，戴震从形下经验的角度来研究之。戴震对礼的义理的阐发影响

---

① （清）梁启超：《中国近三百年学术史》，商务印书馆2011年，第228页。
② 不少学人指出，清儒与宋儒的义理学是不同的。如余英时说："尽管清儒自觉地排斥宋人的'义理'，然而他们之所以从事于经典考证，以及他们之所以排斥宋儒的'义理'，却在不知不觉之中受到儒学内部一种新的义理要求的支配。这真是思想史上一个极为有趣的现象。"（余英时：《论戴震与章学诚》，生活·读书·新知三联书店2012年，自序第3页。）台湾学人张丽珠将清代乾嘉时期的部分学者不甘于考据范畴、积极致力于建构的义理学称之为"新义理学"，而戴震正是构建"新义理学"的代表人物。张丽珠说："戴震身为一代考据学大师，却藉着考据方法重建新义理学，不仅揭示了清代学术核心价值观之丕变，也凸显新时代对新义理的需求。"（张丽珠：《清代义理学新貌》，台北里仁书局1999年，第134页。）

十分深远，其同门程瑶田、后学凌廷堪等人皆从形下经验的角度来探讨礼与理、礼与人性的关系。比如程瑶田说："人之言曰：'天下止有一理。'余以为此亦一是非，彼亦一是非，乌在其为一理也？……准此而言，则今人之各执一是非也，亦若是则已矣。"① 程氏认为，理是相对的，人的立场不同，对于理的认知也有异。程氏所言并非本体意义上的"理"，而是事理或观念，这一点与戴震之说颇为接近。凌廷堪通过辨析性与情的关系，再言"复礼"就是"复性"，将宋儒形上的性情论变成经验层面的性情论②。由此可见，清代中期的礼义之学，戴震倡之在先，程瑶田、凌廷堪、胡培翚等人承之在后，他们的对礼的哲学基础的探索，对礼的功能和价值的探讨，为考据色彩甚浓的乾嘉学术增添了别样的风采。

三、程瑶田的礼学思想及其经世取向

程瑶田（1725—1814）是清代乾嘉时期皖派学术的代表人物。其在文字、音韵、训诂、金石、兵器、数学、天文、地理、生物、农业、水利等方面皆有深入的研究，堪称一代通儒。程氏精于名物制度的考证，以至于学界对其学术的研究和评价主要是从其考据学的角度展开。如阮元说："歙通儒程易畴孝廉方正之《通艺录》，所论说宗法、沟洫、古器、九谷、草木诸篇，精确不刊，海内深于学术者，宗之久矣。"③ 王国维也说："小学之中如高邮王氏、栖霞郝氏

---

① （清）程瑶田：《论学外篇》，《程瑶田全集》第1册，黄山书社2008年，第97页。
② 当然，凌廷堪对戴震的理解有偏颇。胡适曾说："凌廷堪不懂得戴学'重知'之意，用礼来笼罩一切，所以很失了戴学的精神。"（胡适：《戴东原的哲学》，北京师范大学出版社2014年，第82页。）
③ （清）阮元：《仪礼丧服文足征记叙》，《程瑶田全集》第1册，黄山书社2008年，第187页。

之于训诂，歙县程氏之于名物，金坛段氏之于《说文》，皆足以上掩前哲。"①实际上，程瑶田受宋明理学的影响颇深，在性理之学方面也颇有见地，只不过这方面的成就被其考据学成就所掩盖②。程氏"尤善言礼"③，其在礼学方面的著作有《仪礼丧服文足征记》《宗法小记》《磬折古义》《考工创物小记》等，这些文献皆重在名物礼制之考证。我们从程氏礼学的角度切入，对其学术思想加以研究，不过着眼点不是程氏的礼学考据成就，而是通过对程氏学说中的礼与理、礼与性情以及礼与敬让俭关系之辨析，以见其于名物礼制考证的动机、哲学基础及经世取向。

（一）礼与理、性情的关系

1. 礼与理

在理学的语境下，学人谈礼往往不离本体意义上的"理"。宋儒据"礼者，理也"之说，认为理是礼的根据和来源。比如张载认为理出于礼之先，他说："形而上者，是无形体者也，故形而上者谓之道也；形而下者，是有形体者，故形而下者谓之器。无形迹者即道也，如大德敦化是也；有形迹者即器也，见于事实如礼义是也。"④此所谓"道"即"理"，理是本体，而器是表象、事实，理

---

① 王国维：《周代金石文韵读序》，《观堂集林》上册，中华书局1959年，第394页。
② 有学者指出："程氏理学思想有其一套系统理论，在当时亦有一定影响及地位。然而，在中国哲学史研究中，却无其一席之地，现代学者哲学专著未见有人提及程氏。究其原因，至少有两个重要因素：一是程氏哲学著作《论学小记》《论学外篇》无人加以发掘、整理、研究，被长期埋没；另一则是，在清代学术中，程氏一生主要成就在训诂考据方面，其义理方面名声被训诂考据方面成就所掩盖。"见陈冠明：《程瑶田全集前言》，《程瑶田全集》第1册，黄山书社2008年，第24页。
③ （清）王藻：《文献征存录·程瑶田》，《程瑶田全集》第4册，黄山书社2008年，第211页。
④ （宋）张载：《横渠易说·系辞上》，《张载集》，中华书局1978年，第207页。

是礼的形上依据，礼是理的形下呈现，道与器不离，礼与理亦不可分。朱熹也对理与礼的关系做了辨析，他说："此理无形无影，故作此礼文，画出一个天理与人看，教有规矩可以凭据，故谓之'天理之节文'，有君臣，便有事君底节文；有父子，便有事父底节文；夫妇长幼朋友，莫不皆然，其实皆天理也。"①"这个典礼，自是天理之当然，欠他一毫不得，添他一毫不得。惟是圣人之心与天合一，故行出这礼，无一不与天合。"② 天理是抽象的本体，而礼是天理的具体呈现。朱熹反对空言理，"某之意，不欲其只说复礼而不说'礼'字。盖说复礼，即说得著实；若说作理，则悬空，是个甚物事？"③"只说礼，却空去了。这个礼，是那天理节文，教人有准则处。佛老只为元无这礼，克来克去，空了。"④ 理学家既言本体意义上的理，又言具体层面的礼；言礼则不空，可纠言理不实之弊。

程瑶田崇朱子学，其言礼时首先要面对的是礼与理的关系。程氏说："人之言曰：'天下止有一理。'余以为此亦一是非，彼亦一是非，乌在其为一理也？孟子之言'性'曰'善'，荀子之言'性'曰'恶'，扬子之言'性'曰'善恶混'。孔子欲有为于世，虽知世之不可而为之。晨门诸人，有见于世之断不可为，故知其不可而不为。武王之伐纣也，为无道也，所以救民也。夷齐扣马而谏，曰：'吾君也，而可以伐之哉？'准此而言，则今人之各执一是非

---

① （宋）黎靖德辑：《朱子语类》卷四十二，《朱子全书》第15册，上海古籍出版社、安徽教育出版社2010年，第1494页。
② （宋）黎靖德辑：《朱子语类》卷八十四，《朱子全书》第17册，上海古籍出版社、安徽教育出版社2010年，第2885页。
③ （宋）黎靖德辑：《朱子语类》卷四十一，《朱子全书》第15册，上海古籍出版社、安徽教育出版社2010年，第1475页。
④ （宋）黎靖德辑：《朱子语类》卷四十一，《朱子全书》第15册，上海古籍出版社、安徽教育出版社2010年，第1454页。

也，亦若是则已矣。"①程氏认为"理"具有相对性，出于不同的立场，就有不同的"理"，因此不存在理学家所说的天下只有一理。程氏所言的"理"是"事理"，与理学家所言本体意义上的"理"不可混为一谈。

由于"理"是相对的，所以其并非如理学家所说是礼的唯一根据。程氏说："窃以谓礼之本出于理，而理亦有所难通，据理而执一，不以礼权之，亦不可通也。"②礼虽然出自于理，但是理是相对的，只有在情的介入下，理才能与礼相合。由于理具有相对性，所以出于各种立场和背景，人与人所言的理可能有差异。在此前提下，人与人之间可能会据理力争，而争则会"动气"，动气就可能流于"放肆横逆"。程氏说："各是其是，是人各有其理也，安见人之理必是，而我之理必非也？而于是乎必争，争则持其理而助之以气。惟孟子然后能养'浩然之气'，顺其气而不至于动其气也。下此即焉能不动其气哉！动气，则必放肆横逆，吾未如之何也已矣。"③因此，通情则可达理，情不通则会流于固执己见，通情达理则与礼相合，反之则与礼不合，"故言理者，必缘情以通之；情也者，出于理而妙于理者也。情通则彼执一之理自屈，而吾之理伸之矣；情不通，则吾之理转成其为执一，是吾以理启其人之争矣。争则不和，而戾气中于人心，世局纷纭，缘以结不解者，夫亦自诒伊戚也乎！……圣人动容周旋中礼者，情极其和，而化其执一之理者

---

① （清）程瑶田：《通艺录·论学外篇》，《程瑶田全集》第1册，黄山书社2008年，第97页。

② （清）程瑶田：《通艺录·论学外篇》，《程瑶田全集》第1册，黄山书社2008年，第97页。

③ （清）程瑶田：《通艺录·论学外篇》，《程瑶田全集》第1册，黄山书社2008年，第97—98页。

也。"① 由此可见，在程氏的思想体系中，理不是本体，而是观念、意见；理既有是，亦有非，理只有在情的介入之下，才能与礼达成统一。

根据以上所述，可知程瑶田与宋明理学语境中的"礼理之辨"已相去甚远。程氏崇尚朱子，且以自己作为朱子的家乡人而感到自豪。其言"理"，然已不是宋明理学本体意义上的"理"，而是事理或观念。程氏此说，与其同门戴震之说颇为接近。戴震说："理者，察之而几微必区以别之名也，是故谓之分理；在物之质，曰肌理，曰腠理，曰文理；（亦曰文缕。理、缕，语之转耳。）得其分则有条而不紊，谓之条理。"② 由此可见，戴震所说的"理"存在于事物本身，"理在事情，于心之所同然，洵无可疑矣。"③ "是故就事物言，非事物之外别有理义也。"④ 戴震认为"理"不是先天或超越的存在，而是事理或规则。与程瑶田一样，戴震也强调情对理的作用，"理也者，情之不爽失也，未有情不得而理得者也"⑤，"以情絜情而无爽失，于行事诚得其理矣"⑥，合情之理才能在行事上不出差错。程瑶田论礼与理的关系时对"理"的界定，与戴震之说颇为接

---

① （清）程瑶田：《通艺录·论学外篇》，《程瑶田全集》第1册，黄山书社2008年，第98页。
② （清）戴震：《孟子字义疏证》卷上，《戴震全集》第1册，清华大学出版社1991年，第151页。
③ （清）戴震：《孟子字义疏证》卷上，《戴震全集》第1册，清华大学出版社1991年，第155页。
④ （清）戴震：《孟子字义疏证》卷上，《戴震全集》第1册，清华大学出版社1991年，第158页。
⑤ （清）戴震：《孟子字义疏证》卷上，《戴震全集》第1册，清华大学出版社1991年，第152页。
⑥ （清）戴震：《孟子字义疏证》卷上，《戴震全集》第1册，清华大学出版社1991年，第153页。

近，究其原因，是程氏对戴氏的推崇。有学者通过考察程瑶田的年谱得出结论："易田（程瑶田字）终身以兄事东原，对戴氏的淹博识断精审也是极力仿效。"① 此可解程氏与戴氏之说相近的原因。

2. 礼与性情

宋代理学家张载、朱熹等人持人性二元论，如张载认为人有先天的"天地之性"和后天的"气质之性"，"性于人无不善，系其善反不善反而已。"②"形而后有气质之性，善反之则天地之性存焉。故气质之性，君子有弗性者焉。"③ 天理即"天地之性"，人欲即"气质之性"。朱熹则认为天地之性是理，而气质之性是理与气相杂，他说："论天地之性，则专指理言；论气质之性，则以理与气杂而言之。"④ 宋代以来，张载、朱熹等理学家的人性二元论开始支配学界，"自性两元论成立，人性学说乃得到一种相对的统一，不似以前众说纷纭了。"⑤ 不过明代以来，人性二元论又受到挑战，罗钦顺、王廷相、颜元、王夫之、戴震等人皆持一元人性论，并在人性一元论的基础上构建自己学术思想体系。

受前贤时人的影响，程瑶田亦持人性一元论，其礼学思想与人性一元论有密切的关系。此可从以下几个方面来看：

第一，程瑶田认为人性出自质、形、气，不存在先于质、形、气的人性。

孟子言性善，他说："人性之善也，犹水之就下也。人无有不

---

① 徐道彬：《皖派学术与传承》，黄山书社 2012 年，第 311 页。
② （宋）张载：《正蒙·诚明篇第六》，《张载集》，中华书局 1978 年，第 22 页。
③ （宋）张载：《正蒙·诚明篇第六》，《张载集》，中华书局 1978 年，第 23 页。
④ （宋）黎靖德辑：《朱子语类》卷四，《朱子全书》第 14 册，上海古籍出版社、安徽教育出版社 2010 年，第 196 页。
⑤ 张岱年：《中国哲学大纲》，中国社会科学出版社 1982 年，第 222 页。

善，水无有不下。"(《孟子·告子上》)"仁义礼智非由外铄我也，我固有之也。"(《孟子·告子上》)仁义礼智等道德属性是人先天就拥有的，因此人性本善。孟子的性善论影响极大，战国以来，不少人沿着孟子的思路从而构建自己的一元性善论。

程瑶田继承了孟子的性善说，并对人性之渊源做了探讨，他说："有天地，然后有天地之性；有人，然后有人之性；有物，然后有物之性。有天地、人、物，则必有其质、有其形、有其气矣。有质、有形、有气，斯有其性，是性从其质、其形、其气而有者也。"[1]天地、人、物各有质、形、气，遂有天地之性、人之性、物之性，三者各不相同。宋儒张载、朱熹等人将人性分为"天地之性"与"气质之性"，即便是"气质之性"，仍属于人性的范畴。而程瑶田所言"物之性""天地之性"并不属于人性的范畴，因此程氏所言"天地之性"并非张载、朱熹等人所言的"天地之性"，其所言"物之性"也并非张载、朱熹等人所言的"气质之性"。

张载、朱熹认为源自气的人性有善有恶，而超乎气者为至善之性。程瑶田驳曰："夫人之生也，乌得有二性哉！譬之水，其清也，质、形、气之清也，是即其性也。譬之镜，其明也，质、形、气之明也，是即其性也。水清镜明能鉴物，及其浊与暗时，则不能鉴物。是即人之知愚所由分也。极浊不清，而清自在其中；极暗不明，而明自在其中。"[2]张载、朱熹认为通过后天的努力，"自能变化气质"，"气质恶者，学即能移"[3]。程瑶田则认为，"气质之性，

---

[1] （清）程瑶田：《通艺录·论学小记》，《程瑶田全集》第1册，黄山书社2008年，第38页。

[2] （清）程瑶田：《通艺录·论学小记》，《程瑶田全集》第1册，黄山书社2008年，第39页。

[3] （宋）张载：《经学理窟·气质》，《张载集》，中华书局1978年，第266页。

古未有是名，必区以别之曰：此气质之性也，盖无解于气质之有善恶，恐其有累于性善之旨。"① 气质之外别无人性，"性也而安得有二哉！安得谓气质中有一性，气质外复有一性哉！且无气质则无人，无人则无心；性具于心，无心，安得有性之善？故溯人性于未生之前，此天地之性，乃天道也。天道亦有于其形、其气，主实有者而言之。有天之形与气，然后有天之道，主于其气之流行不息者而言之。"② 人、天地、物之性皆来自形、质、气，气质之外无性可言。程氏认为，人的禀赋从气质而来，性也从气质而来，因此人性不是出自禀赋之先，"若以赋禀之前而言性，则是人物同之，犬之性犹牛之性，牛之性犹人之性，何独至于人而善也？故以赋禀之前而言性，释氏之言性也，所谓'如何是父母未生前本来面目'也。是故性善断然以气质言，主实有者而言之。"③ 若在禀赋之先言性，是以性为虚无，是佛教的主张。

第二，人性是一元的善性。

程瑶田认为，人的质、形、气本身就有仁义礼知，他说："然则人之生也，有五官百骸之形以成人，有清浊厚薄之气质不能不与物异者，以成是故天地位矣，则必有元亨利贞之德，具于质、形、气之中以成性。性一而已，有善而已矣。"④ "人生矣，则必有仁义礼知

---

① （清）程瑶田：《通艺录·论学小记》，《程瑶田全集》第 1 册，黄山书社 2008 年，第 40 页。
② （清）程瑶田：《通艺录·论学小记》，《程瑶田全集》第 1 册，黄山书社 2008 年，第 40 页。
③ （清）程瑶田：《通艺录·论学小记》，《程瑶田全集》第 1 册，黄山书社 2008 年，第 40 页。
④ （清）程瑶田：《通艺录·论学小记》，《程瑶田全集》第 1 册，黄山书社 2008 年，第 39 页。

之德,是人之性善也。"① 从孟子的价值立场来看,仁义礼知就是善,人性中有仁义礼知,因此人性本善。与人性本善不同,物性不如人性全善。程氏说:"若夫物,则不能全其仁义礼知之德,故物之性,不能如人性之善也。使以性为超乎质、形、气之上,则未有天地之先,先有此性。是性生天地,天地又具此性以生人、物。如是,则不但人之性善,即物之性亦安得不善,惟指其质、形、气而言,故物之性断乎不能如人性之善。虽虎狼有父子,蜂蚁有君臣,而终不能谓其性之善也。何也?其质、形、气,物也,非人也。物与物虽异,均之不能全乎仁义礼知之德也;人之质、形、气,莫不有仁义礼知之德。故人之性,断乎其无不善也。"② 物的质、形、气不能全乎仁义礼知,因此物性并非全善。程氏区分了人之性与物之性,也就是对人之为人的特质做了界定。人的质、形、气有仁义礼知等道德属性,而物的质、形、气没有道德属性,以至于二者的性有不同。

有人据孔子所说"唯上知下愚不移"(《论语·阳货》),认为人性并非一元。程瑶田对此做了一番辨析。程氏认为智与愚是从人的聪明程度而言,并非是就人性的善与不善而言,"知愚以知觉言,全在禀气清浊上见。性则不论清浊,不加损于知觉,但禀气具质而为人之形,即有至善之性。其清,人性善者之清,其浊,亦人性善者之浊也。其知其愚,人性善者之知愚也,此之谓'性相近'也,断乎其不相远也。"③ 人有智愚之分,然而智者和愚者皆是性

---

① (清)程瑶田:《通艺录·论学小记》,《程瑶田全集》第1册,黄山书社2008年,第38页。
② (清)程瑶田:《通艺录·论学小记》,《程瑶田全集》第1册,黄山书社2008年,第38页。
③ (清)程瑶田:《通艺录·论学小记》,《程瑶田全集》第1册,黄山书社2008年,第39页。

善，因此性非二元。程氏认为，智者与愚者，是"习于正"与"习于邪"所导致的不同结果。他说："其知者，亦知当正其衣冠，而习而安焉，此习于恶则恶之事也；其愚者，见君子之正其衣冠也，亦有所不安于其心，及欲往见君子，必将正其衣冠焉，此习于善则善之事也。"① 由于"习"的选择不同，从而导致不同的结果，因此，"学""习"不可不慎，"此人所以不可不学，学者习于正也。不习于正，则习于邪，彼此相远，习为之也。此人所以当谨所习，专习于此，自不习于彼也。"② 既然人性善，为何有人习正，有人习于邪？程氏意识到自己观点存在逻辑上的悖论，他为此做了说明："性不可见，于情见之。情于何见？见于心之起念耳。人只有一心，亦只有一念。善念转于恶念，恶念转于善念，只此一念耳。性从人之气质而定，念从人之气质而有。若有两念，便可分性有善恶；今只此一念，善者必居其先，恶则从善而转之耳。"③ 程氏认为性由情而得见，而情由心之起念而得见，"念"是心所具有的自由意志；念转善即为善念，由善念而有"习于正"，转恶即为恶念，由恶念而有"习于邪"。

程瑶田认为心之"起念"是人选择习于善还是习于邪的原因。他举例以明"念"的作用曰："今为盗贼者，未有不迫于饥寒者也，其初只有谋生一念耳。谋生之事甚多也，夫岂不欲择其善者而为之？而乃皆不可得，及至于不得已，然后一切不顾而甘为盗贼也。

---

① （清）程瑶田：《通艺录·论学小记》，《程瑶田全集》第1册，黄山书社2008年，第41页。
② （清）程瑶田：《通艺录·论学小记》，《程瑶田全集》第1册，黄山书社2008年，第41页。
③ （清）程瑶田：《通艺录·论学小记》，《程瑶田全集》第1册，黄山书社2008年，第41页。

是其初念未尝不善，而转而之乎恶耳。又必有一二盗贼者从而引之，所谓'习'也。"①程氏认为，盗贼起初未尝没有善念，之所以由善转恶，是因为受到其他盗贼的影响。如果从逻辑上来说，程氏此说是存在问题的，因为其他盗贼也会涉及由善转恶的问题。程氏此说，意在化解恶的存在与其一元性善论之间的矛盾，其所做的辩解，与其前颜元等人一样皆是不得已之举。

程瑶田有时以"意"为"念"，认为"意"介于"情"与"事"之间。他说："心统性情，性生于心，而情出性，意则心之动而主张乎情之发焉者也。情出于性，意出于心，情与意似不同出其源，然性情实具之于心。心之动也，动以萌其意者也。性则浑然具之于心，有善而无恶；情则沛然流于所性，亦有善而无恶。意萌于心以主张之，意岂独有恶哉？内而与情谋，外而与事谋，是情之与事交也，以意为之枢，经之营之，于是利害之分明，而趋避之机习，丧其良心、不诚其意之为害大矣。"②"意为心之所发，……意之萌也，未有不因乎事者者也。事之乘我也，有吉有凶；而人之趋事也，有利有害。吉凶天降之，利害人权之，君子于此，亦未有不思就利而务去害也。主张之者，意而已矣。于是经营焉，曰：必如是，然后有利而无害也。然而善从此而亡矣。曰：苟如是，则必得利而远害也。然而不善从此而积矣。"③程氏认为，情出于性，而共同统于心；意也是出于心，而意"内而与情谋，外而与事谋"，也就是说，意

---

① （清）程瑶田：《通艺录·论学小记》，《程瑶田全集》第1册，黄山书社2008年，第42页。
② （清）程瑶田：《通艺录·论学小记》，《程瑶田全集》第1册，黄山书社2008年，第50页。
③ （清）程瑶田：《通艺录·论学小记》，《程瑶田全集》第1册，黄山书社2008年，第47—48页。

是情与事的链接和枢纽，通过意的"经营"则可见利害。由于事之有吉凶，人之趋事有利害，"意"与"事"相接的过程中遂生善与不善。

程瑶田对心、性、情、意、念各种概念和范畴所做的界定，意在说明人的行为与意念、人性关系的基础上，进而提出自己的修养论。程氏《通艺录》第一篇即《志学篇》。在此篇中，程氏强调为学的重要性，他说："学也者，学为人子，学为人臣，学为人弟，学为人友之道也。"① 又说："其在于身出诸口者，言也，言之难乎其无择也旧矣；施诸事者，行也，行之难乎其能敏也久矣。饮食，养吾身者也；衣服，饰吾身者也；席有向、衽有趾，安吾身者也。养吾身者，有节焉，学之，而后无以饥渴为心害；饰吾身者，有法焉，学之，而后无以不衷致身灾；安吾身者，一动一静皆非可以苟焉已也，学之，而后威仪能定命而容止戒心恭也。凡若此者，所接非一人也，所习非一事也。"② 观程氏所言"学"的内容，可谓无一不关乎礼，具体内容，就是所谓的"五达道"，"曰君臣也，父子也，夫妇也，昆弟也，朋友之交也，是之谓'五达道'也。"③ 君臣、父子、夫妇、昆弟、朋友是儒家的"五伦"，体现的是人与人之间的关系，而维系这些关系的就是讲亲疏有别、长幼有序、上下有等的礼。

关于习礼的渠道，程瑶田归诸于"文"。他说："天下之达道

---

① （清）程瑶田：《通艺录·论学小记》，《程瑶田全集》第1册，黄山书社2008年，第13页。

② （清）程瑶田：《通艺录·论学小记》，《程瑶田全集》第1册，黄山书社2008年，第13页。

③ （清）程瑶田：《通艺录·论学小记》，《程瑶田全集》第1册，黄山书社2008年，第86页。

五，而人之行百，其切于吾身而不可以须臾离者乎！其切于吾心而不可以一端弗学矣乎！于何学之？曰：于文。"① 其所谓的"文"，就是记载礼的文献。程氏说："圣人、贤人，先我而尽道者也，夫固我之师也，然而已往矣。其所存者，文而已矣。文存则道存，道存则教存。吾学其文而有获，不啻亲炙焉而诏我以语之，呼我以喻之也；不啻相依焉而携我以举之，掖我以履之也。"② 具体地说，其所谓的"文"就是其所说的"经书""典籍"。程氏说："经书，文章词赋之根本也。不读经书，则如无根之树；既读而不温之，令烂翻烂熟，则如树虽有根，而无雨以润之，无水以溉之，日就枯槁，是亦自拨其根而已，何以能使枝叶发荣滋长而垂条结繁也哉？"③ "欲诚其身，必先明善；明善之要，在于致知；而致知之功，首重博学。又古人嘉言懿行，尽在典籍。"④ 程氏认为学的途径是"文"，"文"所记载的内容是"礼"。

（二）礼与敬、让、和、俭

儒家提倡"内圣外王"，即通过心性修养，经世致用，从而实现道德与事功的结合。程瑶田在礼学方面的贡献主要体现在他对礼书所记名物所做的考证方面。比如其《考工创物小记》《仪礼丧服文足征记》于名物制度的考证之精、辨析之密，为当时和后世学人所叹服。虽然程氏在礼学方面的兴趣和造诣主要体现在考据方面，

---

① （清）程瑶田：《通艺录·论学小记》，《程瑶田全集》第1册，黄山书社2008年，第14页。
② （清）程瑶田：《通艺录·论学小记》，《程瑶田全集》第1册，黄山书社2008年，第14页。
③ （清）程瑶田：《通艺录·论学外篇》，《程瑶田全集》第1册，黄山书社2008年，第92页。
④ （清）程瑶田：《通艺录·论学外篇》，《程瑶田全集》第1册，黄山书社2008年，第103页。

但是通过以上的论述，可知程氏的考据并非意在故纸堆中找乐趣。事实上，程氏对世道人心颇为看重，"余每灯窗独坐，感念世风，睠怀后生，惴焉惊惧。"[1]其认为围棋、叶子戏对世风带来的负面影响甚大。他说："近世人家，多不知检身以教训其子弟。其好为赌掷者，此无赖之徒，不足言矣。否则为叶子戏，家家户户，三三两两，习实生常，内而女流，下而奴子，不论辈行，不分贵贱，交臂共坐，皆兄弟也。伤风败俗，可忍言哉！"[2]程氏对于围棋也是深恶痛绝，他曾为一联揭之坐楹曰："松柏其偃蹇独后凋乎，直到严冬，未闻落叶；礼乐有斯须不容去者，尽堪遣日，何必围棋。"[3]程氏的礼学研究是在人生的信念之下展开，既有高度，也有哲学的根基。程氏是带着强烈的使命感去从事礼学研究，并希望自己的研究能起到淳化世道人心的作用。

在《通艺录》中，程瑶田系统地阐述了礼与"敬""让""和""俭"等儒家所崇尚的观念的关系。孔子提倡"温、良、恭、俭、让"，在《通艺录》中，"温"即"和"，"良"即"善"（性善），"恭"即"敬"，《通艺录》的《述俭》言"俭"，《贵和篇》言"和"。其中的"敬""让""和""俭"与现实社会生活和人的修养密切相关，而这一切，程氏皆从礼学的视域来加以说明。

程瑶田继承了宋儒的"主敬"说，并将其与礼结合起来。"主敬"是宋代理学家提出的道德修养方法。理学开山周敦颐说："圣

---

[1] （清）程瑶田：《通艺录·论学外篇》，《程瑶田全集》第1册，黄山书社2008年，第113页。

[2] （清）程瑶田：《通艺录·论学外篇》，《程瑶田全集》第1册，黄山书社2008年，第113页。

[3] （清）程瑶田：《通艺录·论学外篇》，《程瑶田全集》第1册，黄山书社2008年，第113页。

人定之以中正仁义，而主静，立人极焉。"[1] 周敦颐提倡"主静"而非"主敬"，虽然其"主静"说始终与成圣成贤相关，并强调这种修养方式与佛、道有根本不同，然而在实际的修养上，却极易与佛、道相混淆。鉴于此，程颐将"主静"改为"主敬"，他说："如何为主，敬而已矣。"[2] 朱熹也讲主敬，"持敬是穷理之本"[3]，其还认为居敬、穷理二事互相作用，如人之两足交助；敬是在无事时能安然，有事时能应变。由此可见，"敬"是理学重要的道德修养方式，也是理学家们用以区别佛道修行方式的重要内容。

程瑶田认为"敬"与"事""动"相关。对于《乐记》"感于物而动，性之欲也"，程氏说："是故物至知知，好恶形而不知节，则悖逆诈伪生于心，淫佚作乱见诸事。感物而动，静于何有？不力持于动之时，据实事以求其是，而空言主静，庸有幸乎？"[4] 儒家主"事""动"，与佛教主"静"正好相反。而与"事""动"相关的是"敬"，程氏说："窃谓敬之全功，用在事上，用在动时。"[5]"吾儒之所以异于释氏者，全在事上动处用功，其不已于静处者，乃所以继续动时之功也。"[6]"敬"是儒家区别于佛教的修养方式，而"动"正是"敬"的应有特征，"事"是"敬"的载体。

---

[1] （宋）周敦颐：《太极图说》，《周敦颐集》卷一，中华书局2009年，第6页。
[2] （宋）程颢、程颐：《河南程氏遗书》卷十五，《二程集》上册，中华书局2004年，第169页。
[3] （宋）黎靖德辑：《朱子语类》卷九，《朱子全书》第14册，上海古籍出版社、安徽教育出版社2010年，第301页。
[4] （清）程瑶田：《通艺录·论学小记》，《程瑶田全集》第1册，黄山书社2008年，第85页。
[5] （清）程瑶田：《通艺录·论学小记》，《程瑶田全集》第1册，黄山书社2008年，第55页。
[6] （清）程瑶田：《通艺录·论学小记》，《程瑶田全集》第1册，黄山书社2008年，第56页。

不过在程瑶田看来,"事"和"动"还是颇为抽象,最能直接彰显"敬"之义的是"礼"。他说:"'以义制事,以礼制心',……义与'非礼勿视'四句同;但《论语》以礼包义,'四勿'正以义制事也。于所非礼而用力'勿'之,非以礼制心乎?圣学制心,纯用制之之功,非空空主静而已。"① 程氏认为,以礼制心,是用实际的"力"去制心,而并非以意念"主静"。礼是现实的存在,需要借助于仪式和人的姿态才能呈现,因此以礼制心,就能区别于佛教无欲念的"静"。在程氏看来,以礼制心便可恭敬,而恭敬正是礼的应有之义。他说:"先王制为礼乐,所以节其性之欲而已矣。礼乐斯须不去身,则物至而不为物化。《艮》之象曰:'君子思不出其位。'《中庸》曰:'素其位而行,不愿乎其外。'又曰:'所求乎子以事父,所求乎臣以事君,所求乎弟以事兄,所求乎友以先施。'《曲礼》曰:'恭敬撙节退让以明礼。'孜孜焉从事于动,有百密而无一疏;及其至也,动容周旋皆中礼,坦然由之而无疑。"② 程氏于此所征引经典的内容,皆体现的是礼与敬的关系,即敬以明礼。

程瑶田还以"让"为礼之精义,其名家巷中的井曰"让泉",题述之堂内曰"让室",还以"让堂"之名扁于小筑。程氏说:"让者,争之反也。"③ 他以射礼为例以明让与礼的关系曰:"圣人以为射而后有争,然后升也,下也,饮也,揖让焉而已矣。让者,任之

---

① (清)程瑶田:《通艺录・论学小记》,《程瑶田全集》第1册,黄山书社2008年,第64页。
② (清)程瑶田:《通艺录・论学小记》,《程瑶田全集》第1册,黄山书社2008年,第85—86页。
③ (清)程瑶田:《通艺录・论学小记》,《程瑶田全集》第1册,黄山书社2008年,第19页。

对也。圣人固曰'仁以为己任',然而子路之任也,其言不让,则哂之而已矣。故至于当仁,虽师犹不让也,而让存焉;故至于射,不得谓非争之所也,而让存焉。"① 射礼并非不争,然而让才是其真义所在。若不知让,则不知礼,"若夫闾巷之民,不知礼义,以不相让为能,卒亦因而致困者,何可胜道也!"②"后生小子,第一要知退让。家庭兄弟之间,尤当以'让'字为主。"③

而与"让"相关的是"和",在程瑶田看来,"和"也是礼之精义。其阐发《中庸》"中""和"概念时说:"夫天地之行,四时而生,成乎百物也,苟其不和,且不能成岁功,而况于人乎!故曰:'中也者,天下之大本也;和也者,天下之达道也。致中和,天地位焉,万物育焉。'夫圣人之赞化育而参乎天地也,惟在于和而已矣,而况于学者乎!"④ "和"是天地、四时运行而生万物的根本保障,圣人对于人世间秩序的设计,是在参考天地、四时运行基础之上而形成的。对于学者的立身处世来说,"和"是最根本的。程氏说:"学者之持身而涉世也,一出于和而已矣。和以治己,则居之安;和以治人,则人皆乐之而日迁于善。"⑤《论语》载有子所言"礼之用,和为贵","和"是礼之功用所在,"治己""治人"需要有礼,有礼

---

① (清)程瑶田:《通艺录·论学小记》,《程瑶田全集》第1册,黄山书社2008年,第19页。

② (清)程瑶田:《通艺录·论学小记》,《程瑶田全集》第1册,黄山书社2008年,第20页。

③ (清)程瑶田:《通艺录·论学外篇》,《程瑶田全集》第1册,黄山书社2008年,第91页。

④ (清)程瑶田:《通艺录·论学小记》,《程瑶田全集》第1册,黄山书社2008年,第22—23页。

⑤ (清)程瑶田:《通艺录·论学小记》,《程瑶田全集》第1册,黄山书社2008年,第22页。

方有和，有和方有己"居之安"，而所治之人"日迁于善"。

除了"敬""让""和"，程瑶田还特别强调"俭"，因为"俭"关系到天下兴亡，"天下之至冒上至亡等者，其始由于不俭"①。在其看来，"俭"为大禹之教，而折衷于孔子。程氏说："人生日用之大凡，在于服、食、居三事。大禹，圣人也，其所致力者，惟是之务而已，菲饮食，恶衣服，卑宫室。吾夫子知之深，故悉数之而能详也。"②关于"俭"与"礼"的关系，孔子曾有论述。据《论语》所载林放问"礼之本"，孔子说："大哉问！礼，与其奢也，宁俭；丧，与其易也，宁戚。"孔子认为礼的本质、本原与"俭"较近，而与"奢"不类。程瑶田认为，移风易俗绝非易事，奢对于社会风气的负面影响很大。他说："以分数言之，一分之谓礼，由礼而加其分数，而二之、三之之谓奢；浸假而又加之，至于十分，则奢之极矣。然而犹未已也。于是易其十分之奢，而强而名之曰一，然且倍焉，蓰焉，吾乌能量其奢之止极耶？于积重难反之时，而以省啬之说悬之众间，而使人见见而闻闻焉，则彼知其解者，未尝不思欲反本而复始也。省啬之而又省啬之，乃至反其十分之奢，吾见其为之之难。盖竭蹶以图之矣，然其去礼也，尚犹有九分之远。夫何能遽及于礼？而况其能及于礼，而又过之而至于俭不中礼也？"③在程氏看来，"且夫俭不中礼，其弊万不至困穷；若由奢而纵之而至于

---

① （清）程瑶田：《通艺录·论学小记》，《程瑶田全集》第1册，黄山书社2008年，第70页。
② （清）程瑶田：《通艺录·论学小记》，《程瑶田全集》第1册，黄山书社2008年，第72页。
③ （清）程瑶田：《通艺录·论学小记》，《程瑶田全集》第1册，黄山书社2008年，第73页。

极重难反,势必至于困穷,而将计无复之矣。"[1] 程氏认为,虽然俭可能不中礼,但是从大体上来看,俭与礼的关系最近,"以俭救奢之极致,虽至于'俭不中礼',而究之俭为礼本,苟能力持乎俭绌乎奢,终与礼有回环相济之处。"[2] 程氏进一步指出,"俭"与"奢"所对应的分别是"义"与"利","喻义者,其行俭,其究也安乐;喻利者,其行必至于不俭,而其究也必困穷。"[3] 俭者喻义,而奢者喻利,"所喻在义,则必能以礼自防"[4],而"凡世之不俭者,皆其不能以礼自防而动辄逾于礼者也"[5]。在程氏看来,"行礼"与"行俭"是名异而实同,言下之意,"行奢"则与"违礼"等义。

要理解程瑶田的礼学,必须要将其放到徽州社会文化的大背景下来看。徽州是朱子的故乡,人文荟萃,儒风昌盛。宋代以来,当地人尊朱子之教,探讨性理之学。朱子的徽州籍弟子甚多,其中学行最著者有休宁程光、程永奇、汪莘、许文蔚,歙县吴昶、祝穆,祁门谢琎等。这些学生讲学乡里,推崇程朱理学,使徽州成为理学影响最深的地区,这种状况一直持续到清代。清人李应乾说:"我新安为朱子桑梓之邦,则宜读朱子之书,服朱子之教,秉朱子之礼,以邹鲁之风自待,而以邹鲁之风传之子若孙也。"[6] 作为徽州歙

---

[1] (清)程瑶田:《通艺录·论学小记》,《程瑶田全集》第1册,黄山书社2008年,第73页。
[2] (清)程瑶田:《通艺录·论学小记》,《程瑶田全集》第1册,黄山书社2008年,第75页。
[3] (清)程瑶田:《通艺录·论学小记》,《程瑶田全集》第1册,黄山书社2008年,第73页。
[4] (清)程瑶田:《通艺录·论学小记》,《程瑶田全集》第1册,黄山书社2008年,第74页。
[5] (清)程瑶田:《通艺录·论学小记》,《程瑶田全集》第1册,黄山书社2008年,第74页。
[6] (清)李应乾:《茗州吴氏家典序》,《茗州吴氏家典》卷首,黄山书社2006年,第3页。

县出生且长期生活于斯的程瑶田,其对朱子可谓推崇有加。当地方上欲以文公专祠而改为文昌祠庙时,程氏颇为愤慨,他撰两篇《徽州府建文昌神祠议》,力陈地方上此举之不可取。在文中,程氏首先指出徽州受惠于朱子极多,他说:"朱子,我新安之所尊,而以为斯文宗主者也。"[1] "是新安人,无论家食、流寓,莫不崇奉朱子,以朱子为新安之所独尊,而天下文章莫大乎是矣。"[2] 徽州人才辈出、文风之盛,与奉朱子分不开,"自建文公祠以来,于今四十余年,即以吾歙本籍文运而论,解元二人,会元二人,状元一人,皆前此所未有。又如召试制科之殊恩,海内所艳羡者,此四十年中,吾歙共得十有一人,是岂未建文公祠之所有者?"[3] "新安之有朱文公,即新安之文昌神也。人之称文公者,曰:'为天地立心,为生民立命,为往圣继绝学,为万世开太平。'此岂喜者多溢美之辞哉!昔文运至于五代,败坏极矣。宋世笃生诸贤,起而任之,力挽狂澜,乾坤不毁。然而人存政举,人亡政息,日月云逝,有不随之复就湮没者乎!而我文公继起,《大》《中》《论》《孟》,《四书章句集注》衷然大备。自前明三百年来,迄于今日,家家循诵,人人传习。……饩羊之存,我爱其礼,讲学之礼,不可谓非由我文公而存者也。"[4] 在程氏看来,由于徽州是朱子的故乡,受朱子影响甚深,所以人才辈出。当属于道教的文昌祠庙欲侵占朱子祠时,程氏

---

[1] (清)程瑶田:《通艺录·修辞余钞》,《程瑶田全集》第3册,黄山书社2008年,第334页。
[2] (清)程瑶田:《通艺录·修辞余钞》,《程瑶田全集》第3册,黄山书社2008年,第334页。
[3] (清)程瑶田:《通艺录·修辞余钞》,《程瑶田全集》第3册,黄山书社2008年,第334页。
[4] (清)程瑶田:《通艺录·修辞余钞》,《程瑶田全集》第3册,黄山书社2008年,第335—336页。

大声疾呼,"文公祠何负于桑梓?而桑梓之宜敬恭朱子者,乃欲夺其广居而跻之隘陋,无以对我文公。即非所以仰体圣朝累代有加无已之睿旨也。"①"今欲请朱子舍广厦,还归陋室,下乔木而入幽谷,此何心哉?朱子即随遇而安,而朱子之乡,其何以立于天地之间乎?"②从程瑶田这些表述中,可见其对朱子极为尊崇。程氏尊朱子,是从其学术之大体来说的。朱熹在构建其理学思想体系时,还不忘编撰《仪礼经传通解》《家礼》等礼书,抽象的理学思想体系与现实层面的仪式设计可谓珠联璧合。从以上于程瑶田礼学思想之探寻,可知程氏在礼与理、礼与心性的关系方面与宋儒颇有歧见。然而从学术之大体来看,程氏在重视礼学的同时不废性理之学,而且将性理之学作为礼学的哲学根基,这恰好是以朱子为代表的宋代理学的特点。实际上,对朱子学的尊崇也是其师江永等徽州学人的治学理路,程氏在从事礼学考据时对性理学理论的阐发,正是对其师江永学术的继承和光大。

四、凌廷堪的"复礼"思想及评价

凌廷堪(1757—1809)是乾嘉时期著名的经学家和思想家。其学无所不窥,于六书、历算以及古今疆域沿革、职官异同无不条贯,而尤精于礼学。凌氏除了有考据色彩甚浓的《礼经释例》,还有义理之作《复礼》上、中、下篇,《好恶说》上、下篇,《慎独格物说》等。凌氏在礼学考据方面的成就早已引起学界的关注,相关

---

① (清)程瑶田:《通艺录·修辞余钞》,《程瑶田全集》第3册,黄山书社2008年,第334页。
② (清)程瑶田:《通艺录·修辞余钞》,《程瑶田全集》第3册,黄山书社2008年,第333页。

研究较多。相对来说，其礼学思想没有受到太多重视，相关研究较少。不过近些年以来，凌氏"复礼"思想开始引起学人的重视，比如中国台湾地区学者张寿安、张丽珠，中国大陆学者陈居渊、徐道彬等对凌氏礼学思想的背景、渊源、内容以及影响等皆有论述[①]。诸家之研究，对于呈现凌氏礼学思想的面貌和特点颇有助益。不过，各家在研究中并没有注意到凌氏撰《复礼》与中唐李翱《复性书》之间的关系，也缺乏将凌氏"复礼"思想中的核心概念与理学作比较研究。因此，相关研究没能揭示凌氏撰《复礼》之用心，对凌氏"复礼"思想的评价也有拔高之嫌。鉴于此，我们拟在对凌氏"复礼"思想的提出与其学术理想之间的关系以及其"复礼"思想内涵进行辨析的基础上，对其"复礼"思想进行评价。

（一）凌廷堪礼学的社会文化背景

徽州一府六县，即歙县、黟县、休宁、祁门、绩溪、婺源，府治在今歙县徽城，古称歙州、新安，是朱子故里。宋代以来，徽州人尊朱子理学，崇朱子礼教；徽州学人重视研礼制礼，百姓日常生活处处守礼，以至于佛老之教在徽州无容身之处。许承尧说："徽俗不尚佛老之教，僧人道士，惟用之以事斋醮耳。无敬信崇奉之者。所居不过施汤茗之寮，奉香火之庙。求其崇宏壮丽所谓浮屠老子之宫，绝无有焉。于以见文公道学之邦，有不为歧途惑者，其教泽入人深哉！"[②]徽州为文教兴盛之地，被誉为"东南邹鲁"。而礼

---

① 相关研究，可参考张寿安《以礼代理——凌廷堪与清中叶儒学思想之转变》，河北教育出版社 2001 年；张丽珠《清代义理学新貌》，台北里仁书局 1999 年，第 235—296 页；商瑈《一代礼宗——凌廷堪之礼学研究》，台北万卷楼图书股份有限公司 2004 年；姜广辉主编《中国经学思想史》第 4 卷上册，中国社会科学出版社 2010 年，第 398—415 页（由陈居渊执笔）；徐道彬《皖派学术与传承》，黄山书社 2012 年，第 112—126 页。

② 许承尧：《歙事闲潭》，黄山书社 2001 年，第 607 页。

学为徽州学术的重要内容,重礼是徽州学术的优良传统。在凌廷堪之前,徽州已有朱熹、江永、戴震、程瑶田等礼学大家,礼学成就斐然。此可从以下两个方面来看。

一是徽州学人承朱子家礼之学,热衷于民间仪礼的制定和推广。

朱子所撰《家礼》是一部关于士庶人冠、婚、丧、祭的礼书。与经礼学不同,此书所规定的仪节具有很强的实用性和可操作性,对于宋代以来中国民间礼仪的规范和实行起到了至为重要的作用。徽州学人继承了朱子家礼学思想和做法,他们积极制定与家族生活密切相关的礼书。比如以考据之学而闻名天下的江永对民间礼俗的规整也曾有一番作为。他在致徽州学人汪绂的书信中说:"窃以为,古礼虽不可尽行于今,今人亦当知其文、习其数,当世所行乡饮酒礼,饩羊仅存,而坐席仪节皆非古。愚别有《演礼私议》,欲取《仪礼·士相见》《乡饮酒》及《戴记·投壶》篇,依古礼为仪注,选童子八岁以上、十五以下,假立宾主,教之威仪进退,以今服代古服,以蒲席代古席,以壶代尊,以瓷代俎豆,……以茶代酒,以脯代牲。或就祠堂,或就家塾,令礼童娴熟于此,演而观之。"[1] 江氏认为今人应知古礼,而不可拘泥于古礼。他所计划撰写的《演礼私议》,就是以礼经的记载为基础,在仪节、名物上多有变通,以符合现实的需要。此外,江永《昏礼从宜》一书在参考《家礼》等文献的基础上,以"从宜"为制礼的指导思想,对时下的婚礼做了新的思考和设计[2]。江氏认为,古今人情有异,而礼的仪节应当符合时下的人情;古礼为圣人所制,而圣人所制之礼并非完美无缺,因

---

[1] (清)江永:《答汪灿人先生书》,台北"中研院"中国文哲研究所2013年,第43页。

[2] 潘斌、郑莉娟:《人情、风俗与礼之制作——以江永〈昏礼从宜〉为中心的考察》,《民俗研究》2021年第1期。

此不可照搬古之婚礼仪节；当时俗与古礼不合甚至有冲突时，有时应以时俗为是。

徽州民间学人对制礼也颇有兴趣。比如雍正年间休宁人吴翟所著《茗洲吴氏家典》就是在朱子家礼学的影响下而形成的一部礼书。该书涉及家规、冠、婚、丧、祭、祀社稷、祀灶、祭乡厉、释菜礼等，是一部颇有实用价值的礼书。李应乾在该书序中曰："我新安为朱子桑梓之邦，则宜读朱子之书，服朱子之教，秉朱子之礼，以邹鲁之风自待，而以邹鲁之风传之子若孙也。乃今之行礼者，莫不崇尚朱子，而冠昏丧祭，多以习俗淆于古礼之中，是以讲礼愈繁，而去礼愈甚。"[1]吴氏认为朱子家礼学是徽州礼学的渊源，然而在应用的过程中，当代习俗不断地融入朱子的家礼学，以至于礼的精义越来越少。在此背景下，吴氏"以《仪礼》《家礼》为蓝本"[2]，并根据时代的需要制定新的礼书就势在必行了。这种与时俱进、讲求变通的做法，正是朱子礼学精神的延续。

二是徽州学人于礼经、礼制、礼器、礼义等方面的研究蔚为大观。

刘师培说："徽州学派传播扬州，于礼学咸有专书（如江永作《礼经纲目》《周礼疑义举要》《礼记训义择言》《释宫补》，戴震作《考工记图》，而金［榜］、胡［培翚］、程［瑶田］、凌［廷堪］于《礼经》咸有著述，此徽州学者通三礼之证也）。"[3]钱穆也认为：

---

[1] （清）李应乾：《茗洲吴氏家典序》，《茗洲吴氏家典》卷首，黄山书社2006年，第3页。

[2] （清）叶蔼：《读茗洲家典跋后》，《茗洲吴氏家典》卷末，黄山书社2006年，第304页。

[3] （清）刘师培：《南北学派不同论》，《刘申叔遗书》上册，凤凰出版社1997年，第557页。

"徽学原于述朱而为格物,其精在'三礼'。"[1]清代徽州礼学之盛,与江永的努力分不开。江永学术博大精深,而其核心是礼学。其礼学考据方面代表作有《周礼疑义举要》《礼书纲目》《仪礼释例》《礼记训义择言》《乡党图考》等。江永于礼经、名物和制度考证之精,罕有人能与之匹敌。

如果说江永是清代徽州礼学的开端绪者,那么戴震就是徽州礼学研究路数的转变者。戴震的礼学对于徽州礼学研究的开展起到了转关作用。戴震既重视考据,又重视义理,且认为义理是考据之目的。他说:"义理者,文章、考核之源也。熟乎义理,而后能考核、能文章。"[2]不过,通义理则需要考据,一字一词都不能放过。他说:"仆自十七岁时,有志闻道,谓非求之'六经'、孔、孟不得,非从事于字义、制度、名物,无由以通其语言。宋儒讥训诂之学,轻语言文字,是犹渡江而弃舟楫,欲登高而无阶梯也。"[3]"经之至者道也,所以明道者其辞也,所以成辞者字也。必由字以通其词,由辞以通其道。"[4]戴震所撰《考工记图》《周礼太史正岁年解》皆是《周礼》考据之作,而"解《考工记》二卷,尤见精核"[5]。除了考据成就,其"为学须先读礼"[6]、"理存于礼"思想对乾嘉以来的礼学产生了深远影响,从而将江永重视考据和经世的礼学导向了考据、义理

---

[1] 钱穆:《中国近三百年学术史》上册,商务印书馆1997年,第357页。
[2] (清)段玉裁:《戴东原集序》,《戴震文集》卷首,中华书局1980年,第1页。
[3] (清)段玉裁:《戴东原先生年谱》,《戴震文集》附录,中华书局1980年,第217页。
[4] (清)段玉裁:《戴东原先生年谱》,《戴震文集》附录,中华书局1980年,第216—217页。
[5] (清)永瑢等:《四库全书总目》卷十九,中华书局1965年,第157页。
[6] (清)段玉裁:《戴东原先生年谱》,《戴震文集》附录,中华书局1980年,第248页。

与经世兼有的礼学。钱穆说:"东原出而徽学遂大,一时学者多以治礼见称。"① 受戴震影响,与戴氏为同门的程瑶田也善于礼之考据学,其《仪礼丧服文足征记》《宗法小记》《磬折古义》《考工创物小记》等皆是礼学考据之名作。正如阮元所说:"歙通儒程易畴孝廉方正之《通艺录》,所论说宗法、沟洫、古器、九谷、草木诸篇,精确不刊,海内深于学术者,宗之久矣。"② 然而程氏在重视礼学的同时不废性理之学,而且将性理之学作为礼学的哲学根基。

戴震之后,凌廷堪、胡培翚等徽州学人的礼学研究皆是沿着戴氏礼学的思路展开。凌廷堪自称是戴震的私淑弟子,他说:"东原先生卒后之六年,廷堪始游京师,洗马大兴翁覃溪先生授以戴氏遗书,读而好之。又数年,廷堪同县程君易田复为言先生为学之始末。……盖孟、荀以还,所未有也。"③ 由此可见凌氏对戴氏学术尊崇之甚。钱穆所云"次仲论学,极尊东原"④,非虚言也。凌氏既集中国古代《仪礼》礼例研究之大成,又在戴震、程瑶田等人的基础上对礼的义理做了一番新的阐释,其所提出的"复礼"思想也在清代中后期产生了一定的影响。

(二)凌廷堪的"复礼"思想

1."复礼"思想的提出

凌廷堪对于古今学术了然于胸。他在揭示学术源流和演变规律时说:"盖尝论之,学术之在天下也,阅数百年而必变。其将变也,

---

① 钱穆:《国学概论》,商务印书馆1997年,第275页。
② (清)阮元:《仪礼丧服文足征记叙》,《程瑶田全集》第1册,黄山书社2008年,第187页。
③ (清)凌廷堪:《戴东原先生事略状》,《凌廷堪全集》第3册,黄山书社2009年,第322—323页。
④ 钱穆:《中国近三百年学术史》下册,商务印书馆1997年,第542页。

必有一二人开其端,而千百人哗然攻之;其既变也,又必有一二人集其成,而千百人靡然从之。夫哗然而攻之,天下见学术之异,其弊未形也;靡然而从之,天下不见学术之异,其弊始生矣。当其时,亦必有一二人矫其弊,毅然而持之。及其变之既久,有国家者,绳之以法制,诱之以利禄,童稚习其说,耄耋不知非,而天下相与安之。天下安之既久,则又有人焉思起而变之。此千古学术之大较也。"①天下学术的演变有规律可循,积习既久而需变化时,必有"一二人开其端",也必有"一二人矫其弊"。凌氏的学术理想,就是希望自己成为"开其端""矫其弊"之人。他在对古今学术进行批判的基础上,从而建构起自己的学术思想体系。

与徽州学人戴震、程瑶田一样,凌廷堪对宋明理学多有批判。他认为理学与禅学在本质上是一样的。比如对于理学的核心概念的"理",凌氏说:"考《论语》及《大学》皆未尝有'理'字,徒因释氏以理事为法界,遂援之而成此新义。是以宋儒论学,往往理事并称。其于《大学》说'明德'曰'以具众理而应万事',说'至善'曰'事理当然之极',说'格物'曰'穷至事物之理'。于《中庸》说'道也者'曰'道者,日用事物当然之理'。……无端于经文所未有者,尽援释氏以立帜。"②凌氏认为,理学所言抽象的、本体意义上的"理",是借助佛教以立论,而与儒学本义不合。而宋儒所提出的理学范畴如"体用""理事"等,皆是受到了禅学的影响。凌氏说:"宋儒最喜言《学》《庸》,乃置好恶不论,而归心

---

① (清)凌廷堪:《与胡敬仲书》,《凌廷堪全集》第3册,黄山书社2009年,第194—195页。
② (清)凌廷堪:《好恶说下》,《凌廷堪全集》第3册,黄山书社2009年,第142页。

释氏，脱口即理事并称，体用对举。不知先王制礼皆所以节民之性，好恶其大焉者也，何必舍圣人之言而他求异学乎？"①宋明以来以"体用""理事"等概念和范畴而形成的理学思想，也是受到禅学的影响，"宋儒所以表章'四书'者，无在而非理事，无在而非体用，即无在而非禅学矣。鄙儒执洛闽以与金谿争，或与阳明争，各立门户，交诟不已，其于圣学何啻风马牛乎！明以来讲学之途径虽多，总之不出新安、姚江二派，盖圣学为禅学所乱将千年矣。自唐以后，禅学盛行，相沿既久，视为固然，竟忘'理事''体用'本非圣人之言也，悲哉！"②在《姚江篇》中，凌氏更是直斥理学和心学偏离了圣人之道而堕入释氏之学，他说："晦翁无极本丹诀，贯通佛老尤融圆。袭其精微诋其迹，面目虽变心神专。……阳明学亦考亭学，窃钩窃国何讥焉！至今两派互相诟，稽之往训皆茫然。"③不管是理学还是心学，皆"援儒入释"，"贯通佛老"，"以二氏参遗编"④。在凌氏看来，理学和心学在表面上是儒家，本质上却是佛老之学。

凌廷堪重视考据，因此被视为乾嘉考据派的中坚力量。然而凌氏所处的时代，汉学之流弊亦渐显现。凌氏对此亦有认识，他说："固陵毛氏出，则大反濂、洛、关、闽之局，掊击诋诃，不遗余力，而矫枉过正，武断尚多，未能尽合古训。元和惠氏、休宁戴氏继之，谐声诂字，必求旧音，援传释经，必寻古义，蔚彬彬乎有

---

① （清）凌廷堪：《好恶说下》，《凌廷堪全集》第3册，黄山书社2009年，第143页。
② （清）凌廷堪：《好恶说下》，《凌廷堪全集》第3册，黄山书社2009年，第142—143页。
③ （清）凌廷堪：《姚江篇》，《凌廷堪全集》第4册，黄山书社2009年，第143页。
④ （清）凌廷堪：《姚江篇》，《凌廷堪全集》第4册，黄山书社2009年，第143页。

两汉之风焉。浮慕之者，袭其名而忘其实，得其似而遗其真。……不明千古学术之源流，而但以讥弹宋儒为能事，所谓天下不见学术之异，其弊将有不可胜言者！"① 又说："近时如昆山顾氏、萧山毛氏，世所称博极群书者也。而昆山攻姚江不出罗整庵之剩言。萧山攻新安，但举贺凌台之绪语，皆入主出奴余习，未尝洞见学术之隐微也。"② 在凌氏看来，即便是顾炎武、毛奇龄这样博极群书之人，也没能脱离宋明理学之藩篱；汉学家"矫枉过正"，"武断尚多"，以至于汉学家的经典诠释并非尽合古义。即便是对于戴震，凌氏也偶有龃龉，他说："吾郡戴氏，著书专斥洛闽，而开卷仍先辨'理'字，又借'体''用'二字以论小学，犹若明若昧，陷于阱攫而不能出也。"③ 凌氏认为，先辈们看似是在批判理学，实则是游走在理学的思想框架之下，甚至连戴震在批判理学时所使用的概念都是袭自理学。言下之意，只有脱离理学的思想框架和概念，才能真正实现对理学的批判。实际上，对汉宋之学的批判，凌氏并非第一人，在凌氏稍前的戴震那里已有之。不过凌氏对汉宋之学批判之激烈程度，与戴震相比有过之而无不及，正如钱穆所说，凌氏"好越训诂考据而言义理，架空为大言，抑扬汉宋，盖承东原之风而益甚"④。

在对汉宋之学批判的基础上，凌廷堪以徽州所盛行的礼学为基础，以中唐李翱的《复性书》为参考，以"复礼"为目标，从而构

---

① （清）凌廷堪：《与胡敬仲书》，《凌廷堪全集》第3册，黄山书社2009年，第197页。
② （清）凌廷堪：《好恶说下》，《凌廷堪全集》第3册，黄山书社2009年，第143页。
③ （清）凌廷堪：《好恶说下》，《凌廷堪全集》第3册，黄山书社2009年，第143页。
④ 钱穆：《中国近三百年学术史》下册，商务印书馆1997年，第554页。

建起自己的学术思想体系。李翱有《复性书》上、中、下三篇,对人性、人情以及教化的目的、内容和方法等做了系统的阐述。凌廷堪也撰《复礼》上、中、下三篇。从篇名及篇数就可以看出,凌氏《复礼》是仿李翱《复性书》而作。其之所以要"复礼",是因为他意识到礼的缺失,就像当年李翱要"复性"是因为中唐儒家性情论因佛老之学的盛行而缺失一样。凌氏撰《复礼》之目的,就是希望通过自身的努力,像中唐李翱那样改变学术的进路,进而影响世道人心。

2. "复礼"思想的内涵

礼在凌廷堪学术思想体系中占有极重要的地位,是贯穿其学术思想体系的关键和灵魂。凌氏之所以将礼提到如此高度,是因为其以礼为"五常"的"纲纪"。所谓"五常",即儒家自先秦到西汉所形成的仁、义、礼、智、信五大道德准则。在"五常"之中,凌廷堪格外强调"礼"的重要性。他说:"五常实以礼为之纲纪。何则?……是有仁而后有义,因仁义而后生礼。故仁义者,礼之质干;礼者,仁义之节文也。夫仁义非物也,必以礼焉为物;仁义无形也,必以礼焉为形。"[1]礼之所以为"五常"的纲纪,是因为"五常"中仁、义、智、信是抽象的,唯有礼是具体的、实有的;若没有礼,仁、义将无法体现出来,仁、义必须借助于礼,才能"为物""为形"。

在《论语礼后说》一文中,凌氏对礼与仁、义、智、信的关系做了进一步的阐释。《论语》记子夏问曰:"'巧笑倩兮,美目盼

---

[1] (清)凌廷堪:《复钱晓徵先生书》,《凌廷堪全集》第3册,黄山书社2009年,第215页。

兮,素以为绚兮',何谓也?"孔子说:"绘事后素。"子夏说:"礼后乎?"朱熹认为"后素"为"后于素也",惠栋、戴震等人皆以朱说为是。凌廷堪认为:"子夏'礼后'之说,因布素在众采之后而悟及之者也。盖人之有仁、义、礼、智、信五性,犹绘之有青、黄、赤、白、黑五色也。礼居五性之一,犹素为白采,居五色之一也。……是仁与义,皆所以制礼之本也,所谓道也。……《白虎通》曰:'智者,知也,所以知此礼也。'即《大学》之'致知'、《中庸》之'明善'也。……是智与信皆所以由礼之具也,所谓德也。……然则五性必待礼而后有节,犹之五色必待素而后成文。"[1]"五色"之中,白采居其一,青、黄、赤、黑必待白采而后成文。与此类似,"五常"之中的仁、义、智、信必待礼而后有节。

儒家的"五常",五者之间本来是并列关系。凌廷堪虽然认同五者缺一不可,但是其格外强调礼在"五常"中的作用,此举实际上已将礼的地位拔高到仁、义、智、信之上。当然,以礼为"五常"之关键,并非凌氏的发明。北宋思想家李觏认为礼是仁、义、智、信之本,如果只知仁、义、智、信,而不知求之于礼,那只是"率私意,附邪说,荡然而不反,此失其本者也"[2]。凌氏在新时代再一次将礼的地位提升,用意就是为他的"复礼"思想提供理论上的支持。

凌廷堪认为礼可以节情复性。在他看来,人有先验的道德禀赋,因此人性本善,"夫人之所受于天者,性也;性之所固有者,

---

[1] (清)凌廷堪:《论语礼后说》,《凌廷堪全集》第3册,黄山书社2009年,第147页。
[2] (宋)李觏:《礼论第五》,《李觏集》卷二,中华书局2011年,第12页。

善也"①。与孟子的"扩充"说不同的是,凌氏主张"复善",并主张通过后天的"学"从而"复善","所以复其善者,学也;所以贯其学者,礼也"②。此过程并非主体的"存养"和"四端"的扩充,而是"学",学的内容就是"礼"。孟子认为人性就是人之善端,即人有善的可能,若不扩充人的善端,善的人性就相当于没有。孟子认为人具有先验的道德禀赋或道德本心,这种先验的道德禀赋或本心可以具体化为仁、义、礼、智;人通过不断地存养和扩充"四端",从而使个体达到"尽性""尽心""知天"的境地。荀子则认为人之性是好利多欲,人性并无道德成分,一切善行皆是通过后天的教化和训练而获得。因此,荀子主张人通过后天的学习从而成圣。凌氏的"学礼复善"之说,既强调先验的道德本心,又不忽视后天的教化,可谓是对孟、荀之说的折衷。凌氏之前,程瑶田亦有类似观点。程氏《通艺录》第一篇是《志学篇》,其在此篇强调为学的重要性说:"学也者,学为人子,学为人臣,学为人弟,学为人友之道也。"③程氏所言"学"的内容,可谓无一不关乎礼。程氏强调礼的重要性,是基于他对心、性、情、意、念各种概念和范畴的界定而来。由此可见,凌氏的"学礼复善"说是在广泛参考前人之说的基础上而成。

李翱主张"复性",凌廷堪则别出心裁地提出"复礼",并主张通过"复礼"实现"复性"。在凌氏看来,若不是通过"复礼"而"复性",相当于熔铸不待模范、造车不待规矩绳墨,他说:"如

---

① (清)凌廷堪:《复礼上》,《凌廷堪全集》第1册,黄山书社2009年,第13页。
② (清)凌廷堪:《复礼上》,《凌廷堪全集》第1册,黄山书社2009年,第13页。
③ (清)程瑶田:《通艺录·论学小记》,《程瑶田全集》第1册,黄山书社2008年,第13页。

曰舍礼而可以复性也，必如释氏之幽深微眇而后可，若犹是圣人之道也，则舍礼奚由哉！盖性至隐也，而礼则焉者也；性至微也，而礼则显焉者也。故曰'莫见乎隐，莫显乎微，故君子慎其独也'。三代盛王之时，上以礼为教也，下以礼为学也。"①自从李翱主张"复性"以来，宋明理学的"复性"与礼并不相关，而是"释氏之幽深微妙"。凌氏认为性是隐而难见，而礼是显而易见，由礼复性，即通过显性的、实有的礼，使微妙的、幽深的性得以彰显。凌氏又说："其所以复性者，复于礼也。故曰：'一日克己复礼，天下归仁焉。'夫《论语》，圣人之遗书也，说圣人之遗书，必欲舍其所恒言之礼，而事事附会于其所未言之理，是果圣人之意邪？后儒之学本出于释氏，故谓其言之弥近理而大乱真。不知圣学'礼'也，不云'理'也，其道正相反，何近而乱真之有哉！"②凌氏对舍礼而言复性的做法做了批评，在他看来，舍礼而言复性是遁入了释氏之学。

李翱在借鉴先秦文献记载的基础上，对"性""情"等概念及其内涵做了辨析。理学家在李翱的基础上，对"性""情"的关系做了进一步的辨析。凌廷堪在言"复礼"时，意识到不能将"复礼"直接等同于"复性"。因此，他通过辨析"性"与"情"的关系，再言"复礼"就是"复性"。凌氏说："夫性具于生初，而情则缘性而有者也。"③虽然情缘性而生，但是"性本至中，而情则不能无过不及之偏，非礼以节之，则何以复其性焉？"④凌氏遂主张

---

① （清）凌廷堪：《复礼上》，《凌廷堪全集》第1册，黄山书社2009年，第14页。
② （清）凌廷堪：《复礼下》，《凌廷堪全集》第1册，黄山书社2009年，第19—20页。
③ （清）凌廷堪：《复礼上》，《凌廷堪全集》第1册，黄山书社2009年，第13页。
④ （清）凌廷堪：《复礼上》，《凌廷堪全集》第1册，黄山书社2009年，第13页。

以礼节情，进而复性。他以"五伦"为例予以说明。儒家所言"五伦"，即君臣、父子、夫妇、长幼、朋友。在凌氏看来，"五伦"与礼息息相关。他说："君子学士冠之礼，自三加以至于受醴，而父子之亲油然矣；学聘觐之礼，自受玉以至于亲劳，而君臣之义秩然矣；……学士相见之礼自初见执贽以至于既见还贽，而朋友之信昭然也。盖至天下无一人不囿于礼，无一事不依于礼，循循焉日以复其性于礼而不自知也。"①"五伦"在本质上是礼，以礼复性，实际上就是通过礼以节情，从而复性。凌氏说："父子当亲也，君臣当义也，夫妇当别也，长幼当序也，朋友当信也，五者根于性者也，所谓人伦也。而其所以亲之、义之、别之、序之、信之，则必由乎情以达焉者也。非礼以节之，则过者或溢于情，而不及者则漠焉遇之。故曰'喜怒哀乐之未发谓之中，发而皆中节谓之和'，其中节也，非自能中节也，必有礼以节之。故曰'非礼何以复其性焉'。"②情缘性而生，性是"至中"，而情则难免"过"与"不及"，因此，通过礼以节情，实现"五伦"的"亲之""义之""别之""序之""信之"，从而复性。

凌廷堪认为礼与事、仪、物相关，不似佛老空言心性，因此儒家的"复礼"与佛老心性之学有着本质的区别。他说："彼释氏者流，言心言性，极于幽深微眇，适成其为贤知之过。圣人之道不如是也。其所以节心者，礼焉尔，不远寻夫天地之先也；其所以节性者，亦礼焉尔，不侈谈夫理气之辨也。是故冠婚饮射，有事可循

---

① （清）凌廷堪：《复礼上》，《凌廷堪全集》第1册，黄山书社2009年，第14—15页。
② （清）凌廷堪：《复礼上》，《凌廷堪全集》第1册，黄山书社2009年，第13—14页。

也;揖让升降,有仪可按也;豆笾鼎俎,有物可稽也。使天下之人少而习焉,长而安焉。其秀者有所凭而入于善,顽者有所检束而不敢为恶,上者陶淑而底于成,下者亦渐渍而可以勉而至。圣人之道所以万世不易者,此也;圣人之道所以别于异端者,亦此也。"① 在凌氏看来,礼的功能是"节心""节性",而无"理气之辨"。其以冠、婚、饮、射之礼为据,认为礼是实在的、显性的,而释氏空言心性,与礼有本质的不同。

此外,凌廷堪认为理学家言"理"而不言"礼",与佛教并无本质上的区别。他说:"后儒熟闻夫释氏之言心言性,极其幽深微妙也,往往怖之,愧圣人之道以为弗如,于是窃取其理事之说而小变之,以凿圣人之遗言,曰'吾圣人之固已有此幽深微眇之一境也',复从而辟之,曰'彼之以心为性,不如我之以理为性也'。呜呼! 以是为尊圣人之道,而不知适所以小圣人也;以是为辟异端,而不知阴入于异端也。……盖圣人之言,浅求之,其义显然,此所以无过、不及,为万世不易之经也;深求之,流入于幽深微眇,则为贤知之过,以争胜于异端而已矣。何也? 圣人之道本乎礼而言者也,实有所见也;异端之道外乎礼而言者也,空无所依也。"② 凌氏于此对理学建构的过程和学者的心理做了探讨,进而指出理学的禅学倾向。凌氏指出,一些士人以释氏心性之学幽深微妙、高深莫测,遂仿释氏之说以建构儒家性理之论,从而堕入禅学。凌氏认为,儒家修身之学平易近人,而并不是高深莫测,特别

---

① (清)凌廷堪:《复礼下》,《凌廷堪全集》第1册,黄山书社2009年,第17—18页。
② (清)凌廷堪:《复礼下》,《凌廷堪全集》第1册,黄山书社2009年,第18—19页。

是儒家的礼与现实生活密切相关，只有本乎礼，才能使修身学说不至于落入空虚之学。

凌廷堪认为理学家对一些概念和范畴的界定是错误的。比如《大学》"致知在格物，物格而后知至"，郑玄曰："格，来也；物，犹事也。其知于善深，则来善物；其知于恶深，则来恶物。言事缘人所好来也。"[1] 朱子曰："所谓致知在格物者，言欲致吾之知，在即物而穷其理也。"[2] 程、朱将"格物致知"与"即物穷理"联系起来，对"格物致知"所做的理学化阐述与《大学》原义已有不同。凌氏认为，"格物致知"的"物"是"礼"，而非"理"。《礼器》"无节于内者，观物弗之察矣。欲察物而不由礼，弗之得矣。故作事不以礼，弗之敬矣。出言不以礼，弗之信矣。故曰礼也者，物之致也"，凌氏据此认为："此即《大学》'格物'之正义也。格物亦指礼而言。'礼也者，物之致也'，《记》文亦明言之。然则《大学》之格物，皆礼之器数仪节，可知也。后儒置《礼器》不问，而侈言格物，则与禅家之参悟木石何异？由此观之，不惟明儒之争辨格物为床下斗蚁，即宋儒之补传格物，亦属鬻沙为饭也。"[3] 凌氏认为，所谓"格物"就是"格礼"。

凌廷堪还从礼学的角度对"慎独"做了诠释。"慎独"一词源自《大学》和《中庸》。《大学》"所谓诚其意者，毋自欺也，……故君子必慎其独也"，朱熹曰："独者，人所不知而己所独知之地也。……然其实与不实，盖有他人所不及知而己独知之者，故必

---

[1] （清）阮元校刻：《十三经注疏》下册，中华书局1980年，第1673页。
[2] （宋）朱熹：《四书章句集注》，中华书局1983年，第6页。
[3] （清）凌廷堪：《慎独格物说》，《凌廷堪全集》第3册，黄山书社2009年，第144—145页。

谨之于此以审其几焉。"①朱熹认为"慎"是戒谨于意念刚发动的"几",而"独"是他人还不知而自己知之的状态。对于《大学》"小人闲居为不善,……故君子必慎其独也",郑玄认为"慎独者,慎其闲居之所为"②朱熹沿着郑玄的思路说:"闲居,独处也。……小人阴为不善,而阳欲掩之,则是非不知善之当为与恶之当去也;但不能实用其力以至此耳。然欲掩其恶而卒不可掩,欲诈为善而卒不可诈,则亦何益之有哉!"③凌廷堪则以《礼器》"礼以少为贵者,以其内心者也……如此,则得不以少为贵乎?是故君子慎其独也"为据,说:"此即《学》《庸》'慎独'之正义也。慎独指礼而言,礼之以少为贵,《记》文已明言之。然则《学》《庸》之慎独,皆礼之内心精微,可知也。后儒置《礼器》不观,而高言慎独,则与禅家之独坐观空何异?"④凌氏认为,"慎独"必须要与礼关联,才能得其真义;理学家仅从观念的角度来看待"慎独",没有看到"慎独"与礼的密切关系,故堕入禅学。

3. "复礼"思想之评价

学术界于凌廷堪"复礼"思想的评价,大致有两种观点:

一是阮元、张寿安等人对凌氏的"复礼"思想有很高的评价。阮元称凌氏《复礼》三篇为"唐宋以来儒者所未有"⑤。阮氏此说影响深远,以至于今天仍有不少人据阮氏之说而加以发挥,如张寿安说:"清儒研治礼经和其经世目的之间的关系,以及由此而引出的

---

① (宋)朱熹:《四书章句集注》,中华书局1983年,第7页。
② (清)阮元校刻:《十三经注疏》下册,中华书局1980年,第1625页。
③ (宋)朱熹:《四书章句集注》,中华书局1983年,第7页。
④ (清)凌廷堪:《慎独格物说》,《凌廷堪全集》第3册,黄山书社2009年,第144页。
⑤ (清)阮元:《次仲凌君传》,《揅经室集》上册,中华书局1993年,第468页。

'以礼代理'的思想走向……其目的是要把儒学思想从宋明理学的形上形式,转向礼学治世的实用形式。在此思想转向之过程中,礼学大师凌廷堪实为一承前启后的关键人物,也是当时被公认的主要儒学理论家。"①

二是方东树、钱穆等人认为凌氏的"复礼"思想有局限。方东树说:"今汉学家历禁穷理,第以礼为教。又所以称礼者,惟在后儒注疏、名物制度之际,益失其本矣。使自古圣贤之言、经典之教,尽失其实而顿易其局。"②方氏反对凌氏的"复礼"思想,认为其为"亘古未有之异端邪说"③。钱穆说:"夫徽歙之学,原于江氏,胎息本在器数、名物、律历、步算,以之治礼而独精。然江氏之治礼,特以补紫阳之未备。一传为东原,乃大詈朱子,而目其师为婺源之老儒焉。再传为次仲,则分树理、礼,为汉、宋门户焉。至曰格物即格礼之器数仪节,是宋儒以格物为穷理者,次仲以格物为考礼,寻之故训,其果若是乎?次仲十年治礼,考核之精,固所擅场,然必装点门户,以复礼为说,笼天下万世之学术,必使出于我之一途,夫岂可得?此皆当时汉学家意气门户之见驱使然,亦不必独病次仲也。"④钱先生指出,凌氏以"复礼"为说,别标宗旨,是清代汉学家意气门户之见,也是乾嘉时期汉学家的通病之体现。

要对凌廷堪的"复礼"思想做出客观的评价,必须要将其放到思想史和礼学史的大背景下来进行考察。

魏晋南北朝以来,由于统治者对佛老的提倡,以及佛老本身

---

① 张寿安:《以礼代理——凌廷堪与清中叶儒学思想之转变》,河北教育出版社2001年,第6页。
② (清)方东树:《汉学商兑》卷中之上,上海古籍出版社2018年,第69页。
③ (清)方东树:《汉学商兑》卷中之上,上海古籍出版社2018年,第69页。
④ 钱穆:《中国近三百年学术史》,商务印书馆1997年,第547—548页。

所具有的精微义理和对"美好"世界的承诺，佛老信徒之多，流布之广，已呈遍地开花之势。李翱崇奉儒家，他站在儒家的价值立场上，将佛教的心性学说杂糅于儒学，从而建构起新的儒家人性论，以实现排击佛老、振兴儒学之目的。李翱的《复性书》对人性、人情以及教化之目的、内容和方法等做了系统的阐述。虽然其在重构儒学时借鉴了佛老之学的概念和思辨精神，但是其理论性的阐释，使得当时的儒家学者看到了希望，近乎窒息的儒学由此重新焕发出生机。经过两宋时期学者的努力，李翱"复性"之目的可谓变成了现实。李翱《复性书》导引出一种新的儒学形态——宋明理学，这种新的儒学形态对中国宋代以来的政治、思想、文化、教育、风俗等都产生了极为深远的影响。虽然理学的思想体系是在宋代才得以成型和完备，但是中唐李翱开风气之先的意义不可忽视[①]。

凌廷堪撰《复礼》三篇，初衷是要改变宋明以来的学术风气。凌氏之所以要改变学风，是因为其认为理学之下侈谈心性有堕入释老之弊。凌氏仿效当年李翱转变学风的做法，别出心裁地提出"复礼"之说。虽然凌氏绝口不提自己是受李翱的影响，但是从《复礼》的篇名和思路，可知凌氏撰作的动机无疑是受李翱的影响。然而凌廷堪的"复礼"思想对于中国学术思想演进所带来的影响，与中唐李翱的"复性"论不可同日而语了。

首先，与李翱一样，凌氏也是持儒家的价值立场，其"复礼"之目的亦是重光儒学。然而凌氏所在的乾嘉时期，儒学并没有因为

[①] 对宋明理学起导引作用的，除了李翱，中唐韩愈也是应当提及的重要人物。韩愈以《孟子》的学说为依据，对儒学进行理论性的改造、构建"道统"理论，从而实现其排拒佛老、接续孔孟之目的。李翱二十五岁时在汴州与韩愈结识，他不仅是韩愈的弟子，也是韩愈志同道合的朋友。二人对佛老的排拒和对儒家心性之学的提倡、阐释，使得他们成为宋明理学之先声。

"异端"而衰微，相反，官方所推崇的程朱理学、学术界所热衷的考据学以及民间的家礼学，使儒学拥有很强的活力，儒学并不像中唐时期那样有生存的危机。

其次，凌氏倡导"复礼"，言下之意是礼已缺失，如同中唐李翱认为儒家性命之学已缺失。然而清初以来，顾炎武、张尔岐对礼学的推崇，万斯大、毛奇龄等人对礼经的考证，徐乾学、秦蕙田等人于礼书的编纂，江永、戴震、程瑶田对礼经及名物的考辨，皆是礼学勃兴的表征。也就是说，凌氏所处的时代，礼学已可谓如日中天。如果说儒学在中唐已失去了活力是李翱"复性"说的前提，那么凌氏试图转变学风的前提并不存在，因为礼在清代乾嘉时期并没有缺失。此外，作为官方哲学的程朱理学在精英阶层和庶民社会都有很强的影响力，不少理学家又是礼学家，因此，要通过抑理学而扬礼学本身也是行不通的。

要对凌廷堪"复礼"思想做客观的评价，还需要对凌氏的相关论证进行考察。

宋明理学是双轨并进，理学家既有天道性命之说，也有礼经编纂、化民成俗之举。比如张载既构建思辨的理学体系，又在其家乡郿县从事古礼的推广；朱熹既有抽象的理学思想体系，又有《仪礼经传通解》《家礼》等礼书之编纂。到了清代，出现了不少集理学、礼学于一身的学者。比如李光地、方苞、朱轼既是理学名臣，又有礼学著作和礼学实践。实际上，理学家的世界并不缺乏礼学，他们建构的抽象理论，是为了给事功和道德提供意义的来源，也就是所谓的"本体"与"工夫"的关系。事功和道德并非末务，而是理论在现实中的落实。礼之于人属于道德，礼之于社会属于维系长幼尊卑秩序的工具，而这些皆是理的现实呈现①。因此，凌廷堪对理学家思想世界中理与礼的关系的看待并不公允。凌氏说："然则修身为本者，礼而已矣。盖修身为平天下之本，而礼又为修身之本也。后儒置子思之言不问，乃别求所谓仁义道德者，于礼则视为末务，而临时以一理衡量之，则所言所行，不失其中者鲜矣。"②在理学的语境中，理的重要性和认可度固然要大于礼，然而在理学家的学术视野和社会实践中，礼从来都不是"末务"。凌氏拔高礼的重要性，甚至不惜对理学家的思想加以歪曲，正是其所处时代学风之体现。若今人仍以理学为"虚无"之学，并据此去评价凌氏于理学与礼学关系的相关论述，就未免错上加错了。

凌廷堪的"复礼"思想是在广泛参考前人观点的基础之上形成的。钱穆说："盖次仲分言情、性，以性为具于生初，情则缘性而有，实即宋儒先、后天之辨也。以性本至中，情则不能无过不及，实即宋儒性本至善，夹杂气质乃有不善之说也。以礼为复性之具，如金之待镕铸，木之待绳墨，则全是荀子性恶善伪之论。而其所谓节情复性者，亦几乎庄老反本复始之义矣。"③钱穆所云，指出了凌氏性情论和礼学思想之渊源。对于前人观点的继承和发挥本无可厚非，然而凌氏礼学思想所具有的综合性，使得其思想的深度打了折扣。若从学术创新的角度来看，戴震所提出的"以理杀人"刮起了

---

① 余英时说："宋代理学虽以'内圣'之学（讨论心、性、理、气之类）显其特色，但并没有离开儒学的大传统，仍然以重建一个合理的人间秩序为其最主要的目的，即变'天下无道'为'天下有道'。"（余英时：《朱熹的历史世界》下册，生活·读书·新知三联书店2004年，第879页。）余氏所言"重建一个合理的人间秩序"，最重要的途径就是对礼的推崇和实践。
② （清）凌廷堪：《复礼中》，《凌廷堪全集》第1册，黄山书社2009年，第17页。
③ 钱穆：《中国近三百年学术史》下册，商务印书馆1997年，第544页。

时代学风变革的旋风，然而凌氏的"复礼"思想却没有产生这样的效力。尽管凌氏希望自己也成为开宗立派之人，然而他将"礼"视为一切学术思想的根本，未免有"赋新强说"之嫌。如钱穆所云："若谓其字来自释氏，即谓其学乃释氏之学，则'道'字见于老庄，儒家即不得言道，'理'字见于佛书，儒家即不得言理；治汉学者，欲专以一'礼'字代之，其事不可能。且宋学与释氏虽同言'理'，同言'体'，其为学精神途辙固非无辨；若必以考核为义理，即以用字之同，证其学术之无异，排宋入释，夺儒归礼，如次仲所云云，乃亦仍有未得为定论者。"①

以上对凌廷堪"复礼"思想的评价，并非要否定其在礼学方面的造诣。事实上，凌氏在礼经学方面有精深的造诣，他所撰《礼经释例》堪称礼经学方面的经典之作。此书五易其稿，前后长达二十二年，可谓凌氏呕心沥血之作，在中国礼学史上有重要的学术价值和深远的学术影响，钱大昕称"尊制一出，学者得指南车矣"②，阮常生也说"《礼经释例》……其功不在后苍、大小戴、庆普诸人之下"③，梁启超说"凌次仲的《礼经释例》……其方法最为科学的，实经学界一大创作也"④。《礼经释例》是凌氏的代表作，受到学术界的高度重视。也正是因为此书对于礼经之"例"精到的归纳和辨析，所以江藩《国朝汉学师承记》将凌氏归诸于清代"汉学"阵营，直到今天，学界不少人仍然将凌氏看成是乾嘉考据学派

---

① 钱穆：《中国近三百年学术史》下册，商务印书馆1997年，第551—552页。
② （清）钱大昕：《与凌次仲书》，《凌廷堪全集》第4册附录，黄山书社2009年，第290页。
③ （清）阮常生：《礼经释例序》，《凌廷堪全集》第4册附录，黄山书社2009年，第307页。
④ （清）梁启超：《中国近三百年学术史》，商务印书馆2011年，第228页。

的代表人物。由于凌氏的学术成就主要是在礼经学方面,所以其以"复礼"为代表的义理之学并没有受到太大的重视。不仅如此,其理论性和思辨性与宋明理学相比也是有差距的。虽然其"复礼"主张受到焦循、阮元等人的推崇①,但是其影响也仅限于像阮元这样的学界精英,而没有形成一呼百应、改旧换新的局面。实际上,阮元与凌氏为莫逆之交,阮元认为"复礼"之说为"唐宋以来儒者所未有",显然是出于对好友的褒奖,今人切不可将溢美之词当作事实来看待②。

钱穆先生曾说:"窃谓近代学者每分汉宋疆域,不知宋学,则亦不能知汉学,更无以平汉宋之是非。"③这是钱先生在从事清代学术史研究时的心得,对于今人从事清代学术思想研究仍有启发意义。中唐韩愈、李翱所倡导的儒学更新运动,在宋元明时期形成程朱理学和陆王心学两大思想流派,对宋代以来的学术思想产生了极为深远的影响。清代学术呈现出多元的面貌,不过宋明理学依然是官方哲学,且在民间拥有极大的影响力。即便是考据学兴盛的乾嘉时期,理学依然是考据学家思想的底色。不管将理学当作信仰,还是将理学当作批判的对象,清人的学术皆无法绕开理学的影响。江永、惠栋、戴震、程瑶田、凌廷堪等一大批声名赫赫的考据学家,同时又对理学有精深的研究。因此,从事清代思想史研究,关注清

---

① 焦循、阮元等人大体认同"复礼"主张,而晚清陈澧、黄式三、黄以周父子、曾国藩等都加以鼓吹,陈澧甚至还提出"理学即礼学"[(清)陈澧:《东塾读书记》卷九,《陈澧集》第 2 册,上海古籍出版社 2008 年,第 171 页]。今人张寿安将凌廷堪礼学思想归纳为"以礼代理",张丽珠沿用了张寿安这一说法。此后,大陆一些学者在从事清代思想史、礼学史研究时也沿用"以礼代理"说。

② 乾隆四十六年(1781),凌廷堪自歙县由杭州回校浦,客居扬州,撰《元遗山年谱》初稿时与阮元相识,遂成莫逆之交。后应阮元之聘,教授其子阮常生。

③ 钱穆:《中国近三百年学术史》,商务印书馆 1997 年,自序第 1 页。

代学术流派与宋明理学的关系是重要的研究视角，否则相关的评论就会失之于片面。

第三节 乾嘉义理礼学与考据礼学之关系

戴震在言考据与义理的关系时曾说："故训明则古经明，古经明则贤人圣人之理义明。……彼歧故训、理义二之，是故训以明理义，而故训胡为？"[①]也就是说，"从故训以求义理"是戴震对于义理与考据关系的基本认识。而戴震所谓的"义理"，就是"贤人圣人之义理"。崇奉儒家的圣人之道，是戴震从事考据之目的，也是乾嘉学人从事学术研究的普遍观念。乾嘉学者在从事考据时不忘追求圣贤之义，是因为他们的学术与宋明理学有内在的联系。

乾嘉学术重考据，这是事实，不过将乾嘉学术等同于考据学，那就是偏颇之见。事实上，乾嘉学术与理学的关系颇为密切。今以乾嘉学术先驱江永为例，以窥乾嘉学术与理学的关系。

江永的学术经历和学术方向皆与理学有极深的渊源。其言自己的治学经历时说："昔为学，未知向方，十八九岁读《大学》，熟玩儒先之言，知入手工夫在格物。程子所谓'今日格一物，明日格一物，久则自然贯通'者，深信其必然。"[②]由于程朱理学被悬为功令，所以江永"少就外傅时，与里中童子治世俗学"[③]，"治世俗

[①] （清）戴震：《题惠定宇先生授经图》，《戴震全集》第5册，清华大学出版社1997年，第2614页。

[②] （清）江永：《答汪灿人先生书》，《善余堂文集》，台北"中研院"中国文哲研究所2013年，第41页。

[③] （清）戴震：《江慎修先生事略状》，《戴震全集》第5册，清华大学出版社1997年，第2605页。

学"即从事举业。江永是从研习程朱理学而步入学术的殿堂,他回忆说:"先君子肄业时,年甫弱冠,即能锐志理学,尽力于四子书,闭关静坐,终日研穷,著为《四书条理集》,藏之于笥。慎修谨受读,且从而增释之。"①因为有理学的学习经历,所以江永对宋儒学说颇为重视。他所撰《近思录集注》《太极图说》《性理论》《西铭论》《朱陆异同论》等,对于理学人物多有推崇,江永说:"道在天下,亘古长存,自孟子后,一线弗坠。有宋诸大儒起而昌之,所谓为天地立心,为生民立道,为去圣继绝学,为万世开太平。其功伟矣!其书广大精微,学者所当博观而约取,玩索而服膺者也。"②对于理学的重要文献,江永也加以阐释,比如他说:"《西铭》从此推出,前半篇推亲亲之厚以大无我之公,天地民物与父母兄弟,一理也。后半篇因事亲之诚以明事天之道,仁人事天与孝子事亲,一理也。不知前半篇道理,则一膜之外犹胡越,安知更有乾坤?若无后半篇功夫,则一身之理多缺陷,何能及于民物?"③《西铭》极负盛誉,受到了众多理学家的一致推崇,是理学最重要的文献之一。江永对《西铭》的前半篇和后半篇主旨所做之分析,透显出其对于理学是颇为重视的。对于理学重要的概念和范畴,江永也多加辨析,比如他说:"夫性之理,至宋儒发之,已无余蕴、无疑义,无后之讲学者,好高奇异,犹或鄙其说为浅近,而更求夫超妙,于是释氏明心见性之说乃复炽。夫圣贤之学曰'尽性',曰'知性',

---

① (清)江永:《学庸图说序》,《善余堂文集》,台北"中研院"中国文哲研究所2013年,第98页。

② (清)江永:《近思录集注序》,《善余堂文集》,台北"中研院"中国文哲研究所2013年,第119页。

③ (清)江永:《西铭论》,《善余堂文集》,台北"中研院"中国文哲研究所2013年,第5页。

曰'养性'，曰'尧舜性之，汤武反之'，未有见性之说也。见性者，一闻直入释氏禅家顿悟之旨，要其所见之性，高者不过杳冥恍惚，昭昭灵灵，卑者则如所谓'在目能视，在耳能闻，在手执捉，在足运奔'，则又何以异告子生之说哉？由圣贤之说，性本同而末异，复性之功，终身由之而不尽；由后世阳儒阴释之说，则一见性而大事已毕，讲学力行，人直可一蹴而至也。不由下学，直可上达，读书穷理，皆为务外而支离，其流之弊，可胜言哉！"①江永认为，宋儒关于性理之学已有深刻的见解，宋代以后，不少人所修看似是理学，实则遁入禅学。透过江永于此对儒家性理说与佛教明心见性说所做的比较分析，可知江永对理学性理学说有深入之研究。

江永以自己是朱熹的同乡而自豪，他说："晚学幸生朱子之乡，取其遗编，辑而释之，或亦儒先之志。"②江永对朱熹颇为尊重，比如当时的邑志仿照《史记》的体例，《儒林》以下皆为传，特尊朱子于《世家》，不过执笔者记载朱子事迹疏略、考核不精，还称朱子之名而不称字。江永对此颇为不满，他说："盖有明中叶后，学术渐漓，大率谓学有宗旨，重在体认，而诋程朱之格物，轻朱子之传注，为支离、为务外，又复和合宋、陆两家而一之。故于称名称字之间，微寓尊陆之意。……夫尊朱子于《世家》，而隐尊陆，不可为训也。圣朝尤尊道崇儒，编纂诸书，周、张、邵、朱皆称子，未有称名者。而先达属辞如此，盖由学术之乖，举世同流，虽紫阳

---

① （清）江永：《性理论》，《善余堂文集》，台北"中研院"中国文哲研究所2013年，第4页。
② （清）江永：《近思录集注序》，《善余堂文集》，台北"中研院"中国文哲研究所2013年，第120页。

故乡，亦不免染其余波，溺焉不返。"[1] 江永认为执笔者尊陆而不尊朱是"学术乖张"使然。江永特别推崇朱子学，他说："朱子之学，主敬以立其本，读书穷理以致其知，省察力行以践其实。此孔、颜相传博文约礼之教，由下学而上达者也。"[2] 对于朱熹和吕祖谦合编的《近思录》，江永多加研探，成《近思录集注》。《近思录》是理学入德之门、进学之阶，备受后世儒者的推崇和重视，被尊奉为"圣贤传心明道之要法，学者造道成德之大端"。历代治理学者，无不首读《近思录》。江永说："《近思录》，吾人最切要之书，案头不可离者。"[3] "《近思录》……凡义理根源，圣学体用，皆在此编。其于学者心身疵病，应接乖违，言之尤详，箴之极切，盖自孔、曾、思、孟而后，仅见此书。"[4] 由此可见江永对朱子学术推崇力度之大。

江永与宋学、朱子学的渊源关系，后人也多有揭示。姚鼐说："婺源自宋笃生朱子，传至元、明，儒者继起。虽于朱子之学益远矣，然内行则崇根本，而不为浮诞，讲论经义，精核贯通，犹有能守大儒之遗教而出乎流俗者焉，近世若江慎修永其尤也。"[5] 吴之斑评价江永《四书典林》时说："江子《典林》一书，为四子书所剙

---

[1] （清）江永：《考订朱子世家引言》，《善余堂文集》，台北"中研院"中国文哲研究所 2013 年，第 113—114 页。
[2] （清）江永：《朱陆异同论》，《善余堂文集》，台北"中研院"中国文哲研究所 2013 年，第 5 页。
[3] （清）江永：《再答汪灿人先生书》，《善余堂文集》，台北"中研院"中国文哲研究所 2013 年，第 52 页。
[4] （清）江永：《近思录集注序》，《善余堂文集》，台北"中研院"中国文哲研究所 2013 年，第 119 页。
[5] （清）姚鼐：《吴石湖家传》，《惜抱轩文后集》，《续修四库全书》第 1453 册，第 159 页。

见，荟萃群言，会通典礼，补传注所未及，为讲习之必资。正朱子所谓'析之极其细而不紊，合之尽其大而无余'，统训诂、辞章、儒者之学而一之者与！"① 由此可见，江永《四书典林》受到了朱子学的影响。朱筠督学安徽时，以江永从祀朱子于紫阳书院。据郑文虎记载："时督学使者翰林院侍读学士朱公筠岁试按部至郡，首取先生所著书二十余篇，缮写进呈，并饬有司诹吉具礼，迎先生主入郡城紫阳书院，从祀子朱子祠。"② 以江永从祀朱子祠，从一个侧面反映出后人对于江永学术渊源之认知。

江永"于三礼尤功深"③，其所撰《周礼疑义举要》《礼书纲目》《礼记训义择言》《仪礼释例》等，是清代礼学史上的重要著作。四库馆臣对江永《周礼疑义举要》评价颇高，认为"其解《考工记》二卷，尤见精核"④。在清代礼书编纂史上，江永《礼书纲目》具有承上启下的意义。戴震说："先生以朱子晚年治《礼》，为《仪礼经传通解》，书未就，虽黄氏、杨氏相继纂续，犹多阙漏，其书非完。乃为之广摭博讨，一从《周官经·大宗伯》吉、凶、军、嘉、宾五礼旧次，使三代礼仪之盛，大纲细目，井然可观于今。题曰《礼经纲目》，凡数易稿而后定。"⑤ 戴震认为，江永在礼书编纂方面受到了朱子的影响。

---

① （清）吴之琎：《四书典林叙》，《善余堂文集》，台北"中研院"中国文哲研究所2013年，第153页。
② （清）郑文虎：《为徽州守汪梦龄作婺源江先生从祀紫阳书院朱子祠碑记》，《善余堂文集》，台北"中研院"中国文哲研究所2013年，第294页。
③ （清）戴震：《江慎修先生事略状》，《戴震全集》第5册，清华大学出版社1997年，第2605页。
④ （清）永瑢等：《四库全书总目》卷十九，中华书局1965年，第157页。
⑤ （清）戴震：《江慎修先生事略状》，《戴震全集》第5册，清华大学出版社1997年，第2605页。

在义理礼学方面，江永与朱子学也有渊源。在此，我们有必要先对朱子的义理礼学略作介绍。朱子的义理礼学分为两个层面：一方面，朱子重视辨析礼与理的关系。在构建理学思想体系时，朱子对理、气、心、性等概念范畴做了细致的辨析。理学是朱子学术的哲学基础，礼学则是其理学的具体呈现。朱熹对理、礼关系做了辨析，他说："所以礼谓之'天理之节文'者，盖天下皆有当然之理。今复礼，便是天理。但此理无形无影，故作此礼文，画出一个天理与人看，教有规矩可以凭据，故谓之'天理之节文'，有君臣，便有事君底节文；有父子，便有事父底节文；夫妇长幼朋友，莫不皆然，其实皆天理也。"① 朱子认为礼乃天理之节文和天理之当然，是将礼上升到天理的高度来看待。朱子反对空言理而不及礼，他说："某之意，不欲其只说复礼而不说'礼'字。盖说复礼，即说得著实；若说作理，则悬空，是个甚物事？"② "只说礼，却空去了。这个礼，是那天理节文，教人有准则处。佛老只为元无这礼，克来克去，空了。"③ 朱子认为，礼学、礼教可以赋予理学以丰富的内涵，从而可以避免理学沦为释老的虚无之学。另一方面，朱子重视礼的经世功能。其《家礼》一书对于冠、婚、丧、祭诸礼的设计，简便易行，备受后世学人的欢迎。杨复的《家礼附注》、刘垓孙的《家礼增注》、刘璋的《家礼补注》、丘濬的《家礼仪节》，皆是《家礼》之注本。元代甚至还出现了插图本《纂图集注文公家礼》。明

---

① （宋）黎靖德辑：《朱子语类》卷四十二，《朱子全书》第15册，上海古籍出版社、安徽教育出版社2010年，第1494页。
② （宋）黎靖德辑：《朱子语类》卷四十一，《朱子全书》第15册，上海古籍出版社、安徽教育出版社2010年，第1475页。
③ （宋）黎靖德辑：《朱子语类》卷四十一，《朱子全书》第15册，上海古籍出版社、安徽教育出版社2010年，第1454页。

代洪武年间,《家礼》被编入《性理大全》,受到后世学者的推崇。朱子《家礼》还传入朝鲜半岛,受到学术界和朝鲜政府的推崇。

江永的义理礼学与朱子对礼的经世功能和价值的探讨一脉相承。这方面最集中的体现就是江永所撰《昏礼从宜》一书。《昏礼从宜》是在参考《家礼》等礼书的基础上,以"从宜"为制礼的指导思想,对时下婚礼所做的新思考和新设计。在《昏礼从宜》中,江永从应用的角度,以议论的方式,对当时的婚礼提出了自己的看法,涉及婚礼制作与人情、婚礼与风俗等多个方面的问题。这在前面已有详细探讨,兹不赘言。

江永学术与宋明理学的关系并非个案,事实上,乾嘉时期的不少学者皆与宋明理学有很深的渊源。正如皮锡瑞所说:"雍、乾以后,古书渐出,经义大明。惠、戴诸儒为汉学大宗,已尽弃宋诠,独标汉帜矣。……而惠氏红豆山斋楹帖云:'"六经"宗孔、孟,百行法程、朱。'是惠氏之学未尝薄宋儒也。戴震……兼通历算声韵,其学本出江永,称永学自汉经师康成后,罕其俦匹。永尝注朱子《近思录》;所著《礼经纲目》,亦本朱子《仪礼经传通解》。戴震作《原善》《孟子字义疏证》,虽与朱子说经牴牾,亦只是争辨一理字。……段玉裁受学于震,议以震配享朱子祠。……是江、戴、段之学未尝薄宋儒也。"[①] 除了皮氏所列江、惠、戴、段等人,乾嘉学人凌廷堪、程瑶田、阮元等都于宋明理学有深入的研究。

戴震在礼学文献的校勘和考证方面成就斐然,同时,他对礼与理、礼与人性的关系以及礼的功能、意义等皆有探讨。程瑶田的

---

① (清)皮锡瑞:《经学历史》,《皮锡瑞全集》第 6 册,中华书局 2015 年,第 89—90 页。

《仪礼丧服文足征记》《宗法小记》《磬折古义》《考工创物小记》在礼经和名物方面有十分精密的考证，此外，他对礼与理、礼与性情以及礼与敬让俭的关系也做了辨析。凌廷堪以考据色彩甚浓的《礼经释例》而名扬天下，不过《复礼》三篇则体现了他对义理探讨的浓厚兴趣。由此可见，重视考据礼学的乾嘉学者，在义理礼学方面也卓有建树。

受理学的影响，乾嘉学人的义理礼学有性理方面的形上思辨内容，这在戴震、程瑶田和凌廷堪等人的礼论中有体现。此外，乾嘉学人的义理礼学还有对礼的经世功能和价值进行阐释的内容，这在江永、戴震、程瑶田等人的礼论中有体现。台湾地区学者张丽珠认为："乾嘉时期的义理，是筑在考据学之上的；考据学是以经验实证为出发的，因此乾嘉时期的义理发展充满了经验主义色彩——不仅其学术途径崇实黜虚，即其所关怀的焦点也在经验领域；此其所以立异于主观内向、形上思辨的宋明义理学。"[①] 张丽珠认为乾嘉学人的义理学有着经验主义的色彩，以乾嘉学人的义理礼学来检验之，张氏此说未必准确。实际上，乾嘉义理礼学固然有很浓的经验主义色彩，不过也不乏形上思辨的内容。

---

① 张丽珠：《清代义理学新貌》，台北里仁书局1999年，第367页。

第四章

晚清"以礼制平分今古"学说的兴起与衍变

"以礼制平分今古"学说是晚清蜀地学人廖平在其"经学一变"时提出的。此学说对当时和后世学界产生了深远影响，有人甚至将其与顾炎武的音韵学、阎若璩的《尚书古文疏证》并列为清代学术的三大发明。廖平的弟子蒙文通称廖氏此说"以言两汉家学，若振裘之挈领，划若江河，皎若日星"[1]；"二千年来之积惑，欲启之而未能者，先生一旦昭然揭之，虽曰天纵之才，要亦由前贤之累积所能致，若为山九仞，而收功者固一篑也。于是言今文者，莫不宗先生，而言古文者亦取先生之论以为说。"[2] 今人李耀仙也说："廖平经学一变，颇明两汉经师家法，独创以礼制分别今古，其治学之谨严，见识之精辟，可与惠、戴、凌、刘并驾齐驱。"[3] 至于廖平为何以礼制来"平分今古"，以及"以礼制平分今古"学说在晚清学界的衍变情况，相关探讨则显得比较薄弱，这对于人们认识晚清经学

---

[1] 蒙文通：《井研廖季平师与近代今文学》，《蒙文通全集》第 1 册，巴蜀书社 2015 年，第 276—277 页。

[2] 蒙文通：《廖季平先生传》，《蒙文通全集》第 1 册，巴蜀书社 2015 年，第 303—304 页。

[3] 李耀仙：《廖平选集序》，《廖平选集》第 1 册，巴蜀书社 1998 年，第 27 页。

史和清代思想史都是不利的①。鉴于此，我们拟在前人研究的基础上，对廖平提出"以礼制平分今古"学说的缘由以及此学说在晚清的衍变情况加以探究，以见廖氏此说兴起之渊源以及对当时和后世之影响。

第一节 廖平的"以礼制平分今古"学说

一、清人经学家法意识与"以礼制平分今古"学说的提出

汉初儒家在经学的传授过程中，由于句读、义训互有歧异，经学遂分为不同的派别。师所传授，弟子一字不能改变，界限甚严，称之为"家法"。廖平治经恪守经学之家法，他说："说经则当墨守家法，虽有可疑，不能改易，更据别家为说。"② 东汉以前，经学家法朗然。廖平说："东汉以前，今学与今学自为一派，与古别行，不求强同。以古乱今者，皆郑君以后之派，旧原不如此也。"③ 不过，秦汉以来，"古学独行，自为一派，不相混杂。考之古书，证以往

---

① 今可见者，以蒙文通《井研廖季平师与近代今文学》一文为代表。蒙氏认为，廖平"平分今古"的渊源是受到"三陈"的影响和启发。蒙氏曰："前乎廖师者，陈寿祺、陈乔枞父子，搜辑《今文尚书》《三家诗遗说》，而作《五经异义疏证》，陈立治《公羊春秋》而作《白虎通义疏证》，皆究洞于师法，而以礼制为要，然大本未立，故仍多参差出入。"（蒙文通：《井研廖季平师与近代今文学》，《蒙文通全集》第1册，巴蜀书社2015年，第277页。）蒙氏对廖平以礼制"平分今古"之说作了高屋建瓴的梳理，对于认识廖平经学"一变"之缘由颇有参考意义。不过蒙氏所言比较笼统，因此对于廖平以礼制"平分今古"之说的缘由及影响尚有继续探讨的余地。

② （清）廖平：《今古学考》卷下，《廖平全集》第1册，上海古籍出版社2015年，第33页。

③ （清）廖平：《今古学考》卷上，《廖平全集》第1册，上海古籍出版社2015年，第18页。

事，莫不皆然。非予一人之私言，乃秦汉先师之旧法也"[1]。今文学、古文学恪守自己的家法，"如水火、阴阳，相妨相济，原当听其别行，不必强为混合"[2]。不过东汉郑玄混淆今古，遂致经学家法不明。在《今古学考》中，廖平多次批评郑玄不守家法。比如对于郑玄以今文学与古文学经传互证的做法，廖平说："郑君驳《异议》时，犹知今、古不同，各自成家，至于撰述，乃忘斯旨。注古《周礼》用《王制》，笺《毛传》用《韩诗》，注《古文尚书》用夏侯、欧阳说。"[3] 郑玄意在弥合经典记载之异，然而在廖平看来，郑玄兼采今古"正如相者嫌一人耳目不好，乃割别人耳目补之，不惟无功，而且见过"[4]。郑玄不守家法，"使今古之派，遂至汉末而绝也"[5]，"今古之分，自郑君一人而断"[6]。廖平认为，不但郑玄如此，魏代王肃等人也是混淆今古，有害家法。他说："今古之混乱，始于郑君，而成于王子雍。……其混乱之罪，尤在郑君之上。欲求胜人，而不知择术，亦愚矣哉！"[7] 即便是在经学昌盛的清代，不少人仍混淆今古，不守家法。如清代阮元所编《清经解》、王先谦所编《清

---

[1] （清）廖平：《今古学考》卷上，《廖平全集》第1册，上海古籍出版社2015年，第18页。

[2] （清）廖平：《今古学考》卷下，《廖平全集》第1册，上海古籍出版社2015年，第33页。

[3] （清）廖平：《今古学考》卷下，《廖平全集》第1册，上海古籍出版社2015年，第33页。

[4] （清）廖平：《今古学考》卷下，《廖平全集》第1册，上海古籍出版社2015年，第33页。

[5] （清）廖平：《今古学考》卷下，《廖平全集》第1册，上海古籍出版社2015年，第33页。

[6] （清）廖平：《今古学考》卷下，《廖平全集》第1册，上海古籍出版社2015年，第47页。

[7] （清）廖平：《今古学考》卷下，《廖平全集》第1册，上海古籍出版社2015年，第36页。

经解续编》乃"宏编巨制,超越前古,为一代绝业"[1],然而这两部丛书"特淆乱纷纭,使人失所依据"[2]。两部丛书不别今古,不讲家法。即便是清代学者辨析今古之学,也多是混淆今古,不讲家法。如孙星衍的《尚书今古文注疏》,"同说一经,兼才今、古,南辕北辙,自相矛盾"[3];魏源等人"略知分今古",然而其"主张今、古门面,而不知今、古根源之所在"[4]。

在经学家法的视域下,廖平提出以《王制》为今之大宗,以《周礼》为古学之大宗。他说:"故定为今学主《王制》、孔子,古学主《周礼》、周公,然后二家所以异同之故,灿若列眉,千溪百壑,得所归宿。今古两家所根据,又多出于孔子,于是创为'法古''改制',初年、晚年之说。然后二派如日月经天,江河行地,判然两途,不能混合。"[5]又说:"排难解纷,如利剪之断丝,犀角之分水,两汉今古学派,始能各自成家,门户森严,宗旨各别。学者略一涉猎,宗旨自明,斩断葛藤,尽扫尘雾。各择其性质所近之一门,专精研究,用力少而成功多。……此《今古学考》张明两汉师法,以集各代经学之大成者也。"[6]廖平以礼制来平分今古,与前

---

[1] (清)廖平:《经学六变记》,《廖平全集》第2册,上海古籍出版社2015年,第544页。

[2] (清)廖平:《经学六变记》,《廖平全集》第2册,上海古籍出版社2015年,第544页。

[3] (清)廖平:《经学六变记》,《廖平全集》第2册,上海古籍出版社2015年,第544页。

[4] (清)廖平:《经学六变记》,《廖平全集》第2册,上海古籍出版社2015年,第544页。

[5] (清)廖平:《经学六变记》,《廖平全集》第2册,上海古籍出版社2015年,第544页。

[6] (清)廖平:《经学六变记》,《廖平全集》第2册,上海古籍出版社2015年,第544页。

人的影响分不开。对此,廖平自己并不讳言。如其认为前人在著录《礼记》单篇时已有今古之分。廖平说:"以《礼记》分篇治之,则《隋志》已有《中庸》《丧服》《月令》单行之解矣。今与今合,古与古合,不相通。"①《隋书》中也蕴含"今与今同,古与古合"的观念,这种著录理念,汉代"许君《异义》早以类相从矣"②。廖平承认"以礼制平分今古"之说的提出,与清代陈寿祺、陈乔枞、陈立及俞樾等人的影响有关。

在《今古学考》中,廖平曾多次提及陈寿祺、陈乔枞③。陈寿祺、陈乔枞父子二人治经重点在今文学。陈寿祺有《五经异义疏证》《尚书大传定本》《欧阳夏侯经说考》《鲁齐韩诗说考》,陈乔枞有《诗经四家异文考》《三家诗遗说考》《齐诗翼氏学疏证》等,重点皆在辨析今古文经说。陈氏父子治经重家法,如陈寿祺说:"去古日远,师法日微,训诂不明,而九经之文字意恉,浸以不得其解,凌迟至于有宋,极矣。"④陈乔枞说:"实事以求是,必溯师承;沿流以讨源,务随家法。"⑤在分别今古的视角下,陈寿祺《五经异义疏证》借助于诸经义疏、《说文》、《通典》以及清人著述,对许慎《五经异义》所叙今古文经学的不同内容进行条列,以类相从。

---

① (清)廖平:《今古学考》卷下,《廖平全集》第1册,上海古籍出版社2015年,第39页。

② (清)廖平:《今古学考》卷下,《廖平全集》第1册,上海古籍出版社2015年,第39页。

③ 廖平说:"以今古分别礼说,陈左海、陈卓人已立此宗旨矣。"[(清)廖平:《今古学考》卷下,《廖平全集》第1册,上海古籍出版社2015年,第39页。]这里的"陈左海",就是陈寿祺,"陈卓人"是陈立。

④ (清)陈寿祺:《左海文集》卷四《答王伯申侍郎书》,《续修四库全书》第1496册,第166页。

⑤ (清)陈乔枞:《今文尚书经说考自序》,《今文尚书经说考》卷首,《续修四库全书》第49册,第2页。

廖平在《〈五经异义〉今与今同、古与古同表》中说:"许君《五经异义》胪列今古师说,以相折中。今与今同,古与古同,二者不相出入,足见师法之严。今就陈本,标厥名目,以见本原,条其异同,使知旧本二派,自郑君以后乃乱之也。"① 此所谓"陈本",就是指陈寿祺的《五经异义疏证》。廖平所撰《〈五经异义〉今与今同、古与古同表》,根据就是陈寿祺的《五经异义疏证》。陈寿祺在辨析今古文经说时重视礼制,他说:"五经皆手定于圣人,群弟子之学焉者,微言大义靡不与闻。……子舆、游夏最善说礼服,而《檀弓》言小敛之奠,东西异方;司徒敬子之丧,吊经异用;公叔木与狄仪之所为服,功衰异说。何也?周衰礼失,旧闻浸湮。或疑文坠绪,传习错出;或繁文缛理,儒者难言。况其后支裔益分,门户益广,则五经焉得无异义哉?汉承秦燔之余,学者不见全经,经义多由口授。古文始出壁中,经生递传,各持师法,宁固而不肯少变,斯亦古人之质厚贤于季俗之逐波而靡也。"② 陈氏认为,礼说纷繁,礼制不一,之所以如此,是因为今古之学不同;今文经由经师口授,而古文经出自孔壁,二者来源不同,遂有礼说之异。也就是说,陈寿祺、陈乔枞是用今古文之不同来解释经典所载礼制之异,今古文之不同是因,而经典所记载的礼制之异是果。而廖平认为,礼制之不同是因,而今古文之不同是果。在廖平看来,陈氏父子虽然已经注意到礼制与今古之辨的关系,但是二人分辨今古并不明确,未能实现以礼制来平分今古。

---

① (清)廖平:《今古学考》卷上,《廖平全集》第1册,上海古籍出版社2015年,第15页。
② (清)陈寿祺:《五经异义疏证自序》,《五经异义疏证》卷首,《续修四库全书》第171册,第1—2页。

廖平还受到清代经师陈立的影响。陈立曾受学于凌曙。在清代经学史上，凌曙首次将公羊义例与礼学相结合，从而开启了常州学派援礼学入公羊学之先声。受凌曙的影响，陈立"博稽载籍，凡唐以前《公羊》古义及国朝诸儒说《公羊》者，左右采获，择精语详"①。其将公羊学与礼学研究相结合，成《公羊义疏》一书。虽然陈氏在治公羊学时主要是以乾嘉以来的汉学为门径，不过他能恪守何休之家法，对何氏"三科九旨"之说多有维护与发挥，尤其重视"通三统"和"王鲁说"。陈立会通礼学与公羊学的治学方法在其名著《白虎通疏证》中得到了体现。《白虎通》是汉代讲论五经异同和统一今文经义的一部重要著作。该书所言之"爵""号""谥""五祀""社稷""礼乐""乡射""辟雍""封禅""巡狩""三纲六纪""宗族""嫁娶"等皆与礼制相关。不少人对此有揭示，如明人王世贞说《白虎通》"其言名物制度甚详"②，清人蒋彤说"汉人长于议礼，而《白虎通》总其会也"③。陈立所撰《白虎通疏证》，"只取疏通，无资辨难"④。也就是说，陈氏只是利用经传说记等疏通《白虎通》，至于经说之分歧则置之不论。由于《白虎通》之经说与今古文的关系密切，所以陈立从今古文经学的视角对该书经说进行条列和疏证。陈立此举与其治公羊学的学术经历不无关系。支伟成说："（陈立）成《公羊义疏》七十六卷，又以《公羊》一书多言礼制，而礼制之中有周礼，有殷礼；以孔子

---

① 赵尔巽等：《清史稿》卷四百八十二，中华书局1977年，第13294页。
② （明）王世贞：《读白虎通》，《读书后》卷五，《四库全书》第1285册，第67页。
③ （清）蒋彤：《上养一子论白虎通书》，《丹棱文钞》卷四，《常州先哲遗书后编》，刊本，第29页b。
④ （清）陈立：《白虎通疏证自序》，《白虎通疏证》卷首，中华书局1994年，第2页。

有'舍文从质'之说,故言礼多舍周而从殷。殷周典制既迥然不同,故欲治《公羊》必先治'三礼'。而《白虎通德论》实能集礼制之大成,且书中所列大抵皆《公羊》家言,而汉代今文古文之流别亦见于此书,诚可谓通全经之滥觞;乃别撰《白虎通疏证》十二卷,取古代典章制度一一疏通证明。"[1] 由此可见,陈立是将会通礼制与公羊学的治经方法应用到治《白虎通》方面。在陈立这里,分别今古是他治学的重要目的,而对于礼制的重视,又是分别今古的重要内容。也就是说,陈立已经意识到分别今古与礼制之间有密切关系,只不过他的这种意识尚较模糊,不像廖平那么明确。

与"三陈"重今文学不同,俞樾以乾嘉皖派的实事求是精神和治学门径为依归,力求原本经典,"即训诂名物以求义理"[2]。不过,俞氏对《王制》的论说具有明显的今文经学倾向。廖平"平分今古"说的提出,即受俞樾《王制》论说之影响。在《今古学考》中,廖平两次提到俞樾。当有人认为廖平"以《王制》主今学无据"时,廖氏驳曰:"俞荫甫先生有成说矣。"[3] 此外,廖平还认为俞樾以《王制》为《公羊》礼,"其说是也。"[4] 俞樾对《王制》的相关论说见其《达斋丛说·王制说》。在这篇文字中,俞氏认为《王制》乃素王所立之法,他说:"愚谓《王制》者,孔氏之遗书,七十子后学者所记也。王者孰谓?谓素王也。孔子生衰周,不得位,乃托

---

[1] 支伟成:《清代朴学大师列传》,上海人民出版社2014年,第250—251页。
[2] (清)俞樾:《重建诂经精舍记》,《春在堂杂文》卷一,《续修四库全书》第1596册,第163页。
[3] (清)廖平:《今古学考》卷下,《廖平全集》第1册,上海古籍出版社2015年,第39页。
[4] (清)廖平:《今古学考》卷下,《廖平全集》第1册,上海古籍出版社2015年,第48页。

鲁史，成《春秋》，立素王之法，垂示后世。"① 又说："孔子将作《春秋》，先修王法，斟酌损益，具有规条，门弟子与闻绪论，私相纂辑，而成此篇。后儒见其与周制不合，而疑之，不知此固素王之法也。宋儒于戴《记》中表章《学》《庸》二书，愚谓《王制》一篇，体大物博，或犹在《中庸》之上乎？"② 在俞樾看来，《礼记》中的《王制》是经中之经，因为其出自孔子和七十子后学，是"素王之法"。此外，俞樾认为《王制》与《公羊》之义相合，他说："《春秋》微言大义，惟《公羊》得其传。《公羊》之传，惟何劭公为能发明其义。乃今以《公羊》师说求之《王制》，往往符合。"③ 公羊学属于今文学，而将《王制》所记制度等同于《公羊》师说，实际上是将《王制》视为今文学之典籍。受俞樾的影响，廖平也以《王制》为素王之法，不过其所言《王制》与今文学的关系与俞樾有很大的不同，对此，蒙文通曾有揭示："（廖平）以为《王制》者孔氏删经自订一家之制、一王之法，与曲园俞氏之说出门合辙。然俞氏惟证之《春秋》，廖师则推之一切今文家说而皆准。"④ 也就是说，俞樾只是认为《王制》与《公羊》之师说同，因此《王制》是今文学的典籍；廖平则认为《王制》不仅是今文学之典籍，而且是今文学之大宗。尽管如此，俞樾对廖平的影响仍不可小视。在俞樾之前，没有人真正将《王制》看作是今文学的典籍，正是俞樾将《王制》看成是"素王"之法，《王制》才从《礼记》一般的单篇变成经中之经。虽然廖平认为《王制》与《穀梁传》所记礼制相合，

---

① （清）俞樾：《达斋丛说》，《清经解续编》第5册，上海书店1988年，第975页。
② （清）俞樾：《达斋丛说》，《清经解续编》第5册，上海书店1988年，第976页。
③ （清）俞樾：《达斋丛说》，《清经解续编》第5册，上海书店1988年，第975页。
④ 蒙文通：《井研廖季平师与近代今文学》，《蒙文通全集》第1册，巴蜀书社2015年，第276页。

而非俞樾所言《王制》与《公羊传》所记师说相合，但是俞樾在看待《王制》所记制度时，将注意力投向了今文学的公羊学，这就给正在从事穀梁学研究的廖平以启示，即可以将《王制》与《穀梁传》所记制度相比较。当《穀梁传》所记制度与《王制》确有"耦合"之处时，廖平就将这种"耦合"（至少不是完全吻合）放大到《王制》与《穀梁传》所记礼制完全相合，从而构建自己的"平分今古"之说。

清代陈寿祺、陈乔枞、陈立等人崇尚经学家法，他们由东汉古文学上溯西汉今文学。与庄存与、刘逢禄等强调微言大义和魏源、龚自珍等人将经学的研究与社会问题联系起来的经学研究取向不同，"三陈"将研究的重心放在了经文今古属性的辨析上。"三陈"皆能明经学之家法，而以礼制为大要。"三陈"在从事《五经异义》《三家诗》《公羊传》《白虎通》等典籍的研究过程中，在经学家法的前提之下，对今文或古文进行排列和疏证。他们在研究的过程中并没有表现出对今文经或古文经的好恶或偏袒，这与汉代的今古文经学家的做法有着根本的不同。他们在对《五经异义》《三家诗》《公羊传》《白虎通义》所载经说进行排列和疏证时，虽然注意到礼制与今古文分辨之间的关系，不过这种观念并不明确。系统地从礼制的角度对今古文做出分辨者当是后起之廖平。

二、廖平的治学经历与"以礼制平分今古"学说的关系

廖平"以礼制平分今古"之说的提出，还与清代学者对穀梁学的重视以及廖氏治穀梁学的学术经历有密切的关系。

首先，《穀梁传》善言礼制，清人对此多有重视。

在中国经学史上，除了个别学者如崔适、张西堂等人认为《穀

梁传》属于古文经之外，绝大多数学者皆认为《穀梁传》属于今文经。穀梁学在历史上之所以不如公羊学那么显耀，其原因除了穀梁学本身缺乏像董仲舒、何休那样著名的经学大师的理论建构以外，还与穀梁学本身缺乏统治者在政治层面的扶持有关。即便如此，汉代以后还是有人对穀梁学进行研究。在廖平以前，晋代的范宁、陆淳，唐代的杨士勋，清代的钟文烝、王闿运等，都在穀梁学方面颇有建树。在《春秋》三传中，《穀梁传》比较重视礼制。正如钟文烝所说："《穀梁》多特言君臣、父子、兄弟、夫妇，与夫贵礼、贱兵、内夏、外夷之旨，明《春秋》为持世教之书也。"[1]《穀梁传》重视礼制，并以此为"正人心"的重要内容。

清代有人从礼制的角度对《穀梁传》进行研究，侯康《穀梁礼证》可谓其中的代表作。在侯康看来，《穀梁传》善言礼制，因此其将《穀梁传》与"三礼"及群书所记礼制互证。比如《穀梁传》"曰归之者，正也；求之者，非正也"，侯康曰："《礼记·少仪》臣为君丧，纳货贝于君，则曰纳甸于有司，是臣归君赗之礼也。求赗之非，《公》《穀》无异说，左氏虽于此年无讥，而于家父求车、毛伯求金两言非礼，则义可通于此矣。"[2]侯氏于此将《穀梁传》与《公羊传》《左传》所记礼制相比较，以明《穀梁传》所记之礼制。

其次，廖平从事穀梁学研究的经历是他提出"以礼制平分今古"的重要原因。

王闿运早年曾研究穀梁学，《穀梁申义》是其第一部春秋学著作。然而自此以后，王闿运在《春秋》学方面侧重于公羊学，而不

---

[1] （清）钟文烝：《论传》，《春秋穀梁经传补注》卷首，《续修四库全书》第132册，第343页。

[2] （清）侯康：《穀梁礼证》卷一，《续修四库全书》第132册，第312页。

涉穀梁学。王闿运于光绪五年（1879）来尊经书院任山长，当时的廖平有志于公羊学。据王闿运《湘绮楼日记》记载，光绪五年二月，"廖生登庭来，久坐，有志习《公羊春秋》，然拙于言，未知其学何如"[1]。到了光绪六年（1880），廖平"专治《穀梁春秋》，纂《穀梁先师遗说考》四卷"[2]。光绪七年（1881）春，廖平开始注《穀梁传》。今天已经没有资料证明廖平走向穀梁学研究的道路与王闿运相关，然而从对待范宁诠释《穀梁传》的方法和态度来说，廖平与王闿运的穀梁学又存在逻辑上的承继关系。[3]

从光绪六年开始，廖平就将注意力放在了穀梁学研究方面。其所撰《穀梁春秋内外编》著录其穀梁学著作多达三十七种，由此可见廖平于穀梁学研究用力之勤，用功之深。在穀梁学的研究过程中，廖平发现《礼记·王制》所记制度和大义与《穀梁传》颇有相同之处，由此引发了他对《王制》与《春秋》所记制度之关系的研究。虽然廖平在从事穀梁学的研究期间也对公羊学有研究，不过在他看来，《春秋》三传之中，《穀梁传》所言礼制最全。他说："何以见《穀梁》在先？以其所言尽合于《王制》，知其先传今学，笃守师说也。"[4] 之所以《穀梁传》在《公羊传》之先，是因为《穀梁传》

---

[1] （清）王闿运：《湘绮楼日记》，岳麓书社1997年，第747页。
[2] 廖幼平编：《廖季平年谱》，巴蜀书社1985年，第22页。
[3] 蒙文通说："湘绮言《春秋》以《公羊》，而先生治《穀梁》，专谨与湘绮稍异，其能自辟蹊径，不入于常州之流者。"（蒙文通：《廖季平先生传》，《蒙文通全集》第1册，巴蜀书社2015年，第302页。）赵沛则认为："王闿运的穀梁学对廖平的影响似乎没有引起学者的关注。廖平对于三传注疏的态度，于范宁《春秋穀梁传集解》的批评最为严厉，直斥为'纠谬'。……王闿运《穀梁申义》对范宁《春秋穀梁传集解》的批评，可能在很大程度上影响了廖平。"（赵沛：《廖平春秋学研究》，巴蜀书社2007年，第74页。）
[4] （清）廖平：《何氏公羊解诂三十论》，《廖平全集》第7册，上海古籍出版社2015年，第1209页。

所记载的礼制与《王制》全同，不似《公羊传》时参古学。通过将《穀梁传》与《王制》加以比较，廖平说："《王制》为《春秋》大传，千古沉霾，不得其解，以《穀梁》证之，无有不合。"①

廖平在撰《穀梁春秋经传古义疏》时，"注以《王制》为主，参以西汉先师旧说，从班氏为断"②。在此书中，廖平时常以《王制》所记礼制与《穀梁传》互证。如《春秋》："十有一年，春，滕侯、薛侯来朝。"《穀梁传》："天子无事，诸侯相朝，正也。考礼修德，所以尊天子也。诸侯来朝，时，正也。"廖平曰："《王制》曰：'天子无事，与诸侯相见曰朝。考礼、正刑、一德，以尊天子。'"③《王制》与《穀梁传》所记诸侯相朝之事基本吻合，廖平遂引《王制》以释《穀梁传》。又如《春秋》："八年春，正月，己卯，烝。"《穀梁传》："烝，冬事也。"廖平曰："《王制》：'天子、诸侯宗庙之祭，春曰礿，夏曰禘，秋曰尝，冬曰烝。'"④《王制》以"冬曰烝"，即天子诸侯之冬祭曰烝；《穀梁传》认为烝乃冬事。廖平遂引《王制》解《穀梁传》。廖平有时以《王制》与《穀梁传》所记制度互相证明。如《春秋》："己卯晦，震夷伯之庙。"《穀梁传》："晦，冥也。震，雷也。夷伯，鲁大夫也。因此以见天子至于士皆有庙。"廖平曰："《王制》：'天子之卿授地视伯，元士授地视附庸。'按：此天子、公、卿、大夫、元士，凡五等；君、卿大夫、上士、中士、下

---

① （清）廖平：《重订穀梁春秋经传古义疏凡例》，《廖平全集》第5册，上海古籍出版社2015年，第15页。
② （清）廖平：《重订穀梁春秋经传古义疏凡例》，《廖平全集》第5册，上海古籍出版社2015年，第15页。
③ （清）廖平：《穀梁春秋经传古义疏》卷一，《廖平全集》第5册，上海古籍出版社2015年，第53页。
④ （清）廖平：《穀梁春秋经传古义疏》卷二，《廖平全集》第5册，上海古籍出版社2015年，第68页。

士，凡五等，合十等。然则此士兼就天子、诸侯言之，公九锡起，士一命止，共十八等也。"① 廖平于此以《王制》所记班爵授受制度与《穀梁传》相互发明。又如《春秋》："夏，成周宣榭灾。"《穀梁传》："其曰宣榭，何也？以乐器之所藏目之也。"廖平曰："《王制》：'乐正崇四术，立四教，顺先王《诗》《书》《礼》《乐》以造士，春秋教以《礼》《乐》，冬夏教以《诗》《书》。'"②《穀梁传》以宣榭为乐器所藏之地，廖平遂引《王制》乐正所立四教以释之。

在廖平之前，《王制》作为《礼记》中的一篇，从来没有受到特别重视。廖平在从事穀梁学的研究过程中发现《王制》所载礼制与《穀梁传》比较接近，其遂将《王制》与《穀梁传》所记礼制互相发明。到了后来，廖平发现《王制》所记礼制不仅与《穀梁传》相合，而且是《春秋》之礼传。他在《重订穀梁春秋经传古义疏自叙》中说："辛巳中春，痛微言之久陨，伤绝学之不兢，发奋自矢，首纂遗说，间就传例，推比解之。癸未，计偕都门，舟车南北，冥心潜索，得素王、二伯诸大义。甲申初秋，偶读《王制》，恍有顿悟。于是，向之疑者尽释，而信者愈坚，蒙翳一新，豁然自达。"③ 廖平作《王制义证》时不过是引《穀梁传》与《王制》互证，而在作《〈异义〉今古学异同表》时，"恍然悟博士同为一家，古学又别为一家。遍考诸书，历历不爽，始定今古异同之论"④。此时的

---

① （清）廖平：《穀梁春秋经传古义疏》卷四，《廖平全集》第 5 册，上海古籍出版社 2015 年，第 152—153 页。
② （清）廖平：《穀梁春秋经传古义疏》卷六，《廖平全集》第 5 册，上海古籍出版社 2015 年，第 233 页。
③ （清）廖平：《重订穀梁春秋经传古义疏自叙》，《廖平全集》第 5 册，上海古籍出版社 2015 年，第 13 页。
④ （清）廖平：《今古学考》卷下，《廖平全集》第 1 册，上海古籍出版社 2015 年，第 50 页。

《王制》，在廖平的眼里已不仅是与《穀梁传》礼制相同的一部典籍，还是今文学之大宗。

在对穀梁学进行研究的过程中，廖平提出"鲁学为今学正宗，燕赵为古学正宗"①，由此实现经学今古之分派。廖氏说："鲁乃孔子乡国，弟子多孔子晚年说，学者以为定论，故笃信遵守。"②既然《穀梁传》属于今文学的鲁学，《王制》所记礼制又与《穀梁春秋》相同，那么《王制》就属于今文学。在廖平看来，"燕赵弟子，未修《春秋》以前，辞而先反，惟闻孔子'从周'之言；已后改制之说未经面领，因与前说相反，遂疑鲁弟子伪为此言依托孔子，故笃守前说，与鲁学相难"③。燕赵是古文学的所处之地，因为此地的隐君子"习闻周家故事，亦相与佐证，不信今学而攻驳之，乃有《周礼》《左传》《毛诗》之作；自为朋党，树立异帜，以求合于孔子初年之说"④。而在众多的古文学典籍中，《周礼》最具有代表性。廖平认为，"《周礼》之书，疑是燕赵人在六国时因周礼不存，据己意，采简册摹仿为之者"⑤，其遂以《周礼》为古文学之大宗，与《王制》为今文学之大宗相对应。

---

① （清）廖平：《今古学考》卷下，《廖平全集》第1册，上海古籍出版社2015年，第37页。
② （清）廖平：《今古学考》卷下，《廖平全集》第1册，上海古籍出版社2015年，第37页。
③ （清）廖平：《今古学考》卷下，《廖平全集》第1册，上海古籍出版社2015年，第37页。
④ （清）廖平：《今古学考》卷下，《廖平全集》第1册，上海古籍出版社2015年，第37页。
⑤ （清）廖平：《今古学考》卷下，《廖平全集》第1册，上海古籍出版社2015年，第45页。

第二节　廖平"以礼制平分今古"学说之流衍

一、皮锡瑞对"以礼制平分今古"学说的发挥

廖平"以礼制平分今古"学说对当时和后世产生了很大的影响。对此，学术界也有探讨。廖平的弟子蒙文通在《廖季平先生传》《井研廖季平师与近代今文学》《廖季平先生与清代汉学》等多篇文章中对廖平"以礼制平分今古"学说的学术价值和影响做了说明。如蒙文通说："先生依许、郑《五经异义》以明今古之辨在礼制，而归纳于《王制》《周官》，以《王制》《穀梁》鲁学为今学正宗，以《左氏》《周官》梁赵学为古学正宗，平分江河，若示指掌，千载之惑，一旦冰解。先生《春秋》造诣之微，人不易知，由《春秋》而得悟于礼制者，遂不胫而走天下。皮氏（锡瑞）、康氏（有为）、章氏（炳麟）、刘氏（师培）胥循此轨以造说，虽宗今宗古有殊，而今古之分在礼，则皆决于先生说也。"[①] 于此所言"皮氏""康氏""章氏""刘氏"四家之中，蒙文通又以皮锡瑞和刘师培所受廖平影响最大。蒙氏曰："自廖师之说出，能寻其义以明今文者惟皮鹿门，能寻其义之言古文者惟刘申叔，他皆无于此事。"[②] 在蒙氏看来，主今文学的皮锡瑞和主古文学的刘师培最能通廖平"以礼制平分今古"之义。今以皮锡瑞和刘师培为例，以窥廖平"以礼制平分今古"在晚清的衍变情况。

皮锡瑞是近代湖南最著名的经学家。其一生勤于著述，在经学

[①] 蒙文通：《廖季平先生传》，《蒙文通全集》第1册，巴蜀书社2015年，第303页。
[②] 蒙文通：《井研廖季平师与近代今文学》，《蒙文通全集》第1册，巴蜀书社2015年，第280页。

研究方面成就斐然。皮锡瑞重视今文学，故名其书斋为"师伏堂"，即以西汉今文经师伏生为师。皮锡瑞与廖平从未谋面，不过廖平对皮锡瑞有影响却是事实。首先，皮锡瑞十分熟悉廖平的经学著作。据《皮锡瑞日记》记载，光绪二十三年（1897）十二月初六，"梁卓如送来《新学伪经考》，又从黄麓泉假廖季平《古学考》《王制订》《群经凡例》《经话甲编》。康学出于廖，合观其书，可以考其源流矣"[1]。皮锡瑞于此所言廖平的《古学考》《王制订》等，都是廖平重要的经学著作。其次，皮锡瑞对其他人于廖平经学之评价也有耳闻。又据《皮锡瑞日记》光绪二十三年（1897）十二月二十七日，"有福建长汀人江翰字叔海者来拜，云在四川重庆主讲东川书院有年，言川士好学者无过廖季平，而其说愈变愈怪，解《诗》尤杜撰可笑，殆祖述其师之《诗补笺》而变本加厉者也"[2]。皮锡瑞于此从江翰处得知廖平经学有"好变"的特点，并推测廖平在解《诗》方面继承了王闿运的《诗补笺》。皮锡瑞对廖平经学的了解并不局限于此。实际上，皮锡瑞与王闿运的关系甚为密切[3]。王闿运在任尊经书院山长时曾多次往返于蜀湘之间，鉴于皮锡瑞与王闿运的密切关系，我们可以想见皮锡瑞对廖平经学的了解，一定还有王闿运所起到的媒介作用。

毋庸讳言，皮锡瑞以《王制》为素王之法的观点受到了俞樾的

---

[1]（清）皮锡瑞：《皮锡瑞日记》，《皮锡瑞全集》第9册，中华书局2015年，第744页。

[2]（清）皮锡瑞：《皮锡瑞日记》，《皮锡瑞全集》第9册，中华书局2015年，第752—753页。

[3] 李肖聃说："先生当同治时，年才弱冠，与益阳王德基、长沙阎土良辈以茂才绩学举癸酉科拔贡，湘绮王先生赋诗赞异，谓为文学名人。"（钱基博、李肖聃：《近百年湖南学风·湘学略》，岳麓书社1985年，第211页。）皮锡瑞等五人举为拔贡在同治十二年（1873）。

影响。章太炎在《驳皮锡瑞三书》中说:"先师俞君以为素王制法,盖率尔不考之言,皮锡瑞信是说,为《王制笺》,所不能通,即介恃素王以为容阅。"①皮锡瑞也说:"俞氏以《王制》为素王之制,发前人所未发,虽无汉儒明文可据,证以《公羊》《穀梁》二传及《尚书大传》《春秋繁露》《说苑》《白虎通》诸书所说,制度多相符合,似是圣门学者原本圣人之说,定为一代之制。"②由此可见,皮锡瑞和廖平所持《王制》为素王之法说皆受到了俞樾的影响。

如果说皮锡瑞以《王制》为素王之法的观点主要是受到了俞樾的影响,那么皮锡瑞"以礼制平分今古"方面则是受到了廖平的影响。皮锡瑞说:"《王制》为今文大宗,与《周礼》为古文大宗,两相对峙。一是周时旧法,一是孔子《春秋》所立新法。后人于《周礼》尊之太过,以为周公手定,于《王制》抑之太过,以为汉博士作,于是两汉今古文家法大乱。此在东汉已不甚晰,至近日而始明者也。"③将《王制》与《周礼》相对提出,并以二者分别作为今古文经学的统领性经典,除了廖平并无他人。前已言及,廖平在《今古学考》中认为《周礼》为战国时燕、赵人采简册摹仿周礼而为之。对于《周礼》的成书时代和作者,皮锡瑞也做了说明:"《周官》,据何劭公之说,亦出战国之时。"④"《周礼》体大物博,即非周公手笔,而能作此书者自是大才。……惟其书是一家之学,

---

① (清)章太炎:《驳皮锡瑞三书》,《章太炎全集》第1辑,上海人民出版社2014年,第15—16页。
② (清)皮锡瑞:《经学通论》,《皮锡瑞全集》第6册,中华书局2015年,第465—466页。
③ (清)皮锡瑞:《经学通论》,《皮锡瑞全集》第6册,中华书局2015年,第463页。
④ (清)皮锡瑞:《经学通论》,《皮锡瑞全集》第6册,中华书局2015年,第466页。

似是战国时有志之士据周旧典，参以己意，定为一代之制，以俟后王举行之者，盖即《春秋》素王改制之旨。"[1] 与廖平一样，皮锡瑞也认为《周礼》出自战国时期，《周礼》所载者"为古说"。在《经学通论》中，皮锡瑞对"《王制》为今文大宗，《周礼》为古文大宗"之说做了不少辨析。[2]

在廖平的基础之上，皮锡瑞对"以礼制平分今古"学说有新的发挥。在"经学一变"中，廖平对于今文学与古文学皆平等看待，不分优劣。而在皮锡瑞看来，《周礼》与《王制》并不平等，他说："《周官》一书亦自有矛盾之处，郑君虽极力弥缝之，学者不能无疑。"[3] 又说："《周礼》出于山岩屋壁，五家之儒莫见，其授受不明，故为众儒所排。"[4] 由此可见皮锡瑞的"尊今抑古"倾向十分明显，这与廖平经学"二变"的内容颇为契合。廖平在经学的"二变"中提倡"尊今抑古"，即尊从今文学而贬抑古文学。皮锡瑞曾阅读廖平的《古学考》[5]，如果说皮锡瑞"尊今抑古"倾向受之于廖平，也是有道理的。

---

[1] （清）皮锡瑞：《经学通论》，《皮锡瑞全集》第6册，中华书局2015年，第448—449页。
[2] 比如《经学通论》"论《周礼》为古说，《戴礼》有古有今，当分别观之，不可合并为一""论《王制》为今文大宗，即《春秋》素王之制"等部分，皆以《王制》为今文之大宗，《周礼》为古文之大宗。参见（清）皮锡瑞：《经学通论》，《皮锡瑞全集》第6册，中华书局2015年，第442—444、463—466页。
[3] （清）皮锡瑞：《经学通论》，《皮锡瑞全集》第6册，中华书局2015年，第447页。
[4] （清）皮锡瑞：《经学通论》，《皮锡瑞全集》第6册，中华书局2015年，第458页。
[5] 《古学考》是记载廖平经学第二变思想内容的最重要的文献。

二、刘师培对"以礼制平分今古"学说的承继

仪征刘氏以治《左传》而闻名于学界。作为刘氏后人,刘师培秉承家学,并在研究领域方面突破了《左传》而及群经。虽然刘师培的经学研究以"尊古"为立场,但是从他的研究思路和研究方法等方面,我们仍可以看到其受廖平"以礼制平分今古"学说的影响。

刘师培与廖平曾在四川国学院共事。据《刘师培年谱》记载,"廖平……颇守今文家法。……1912 年,刘师培任四川国学院院长,聘其讲经学"[①]。廖氏弟子辑《廖氏学案》,刘师培于 1912 年作序[②]。1913 年,刘师培在《四川国学杂志》第七期发表《与廖季平论天人数》,讨论廖平的《四变记》和"天学"[③]。由此可见,刘师培对廖平学术当是十分熟悉的。我们于此不拟讨论刘师培对廖平"经学六变"的认识,而是主要考察刘师培对廖平"以礼制平分今古"的承继和发挥。事实上,作为经学史上具有重大影响的"以礼制平分今古"之说,刘师培十分重视且深受影响。刘师培持古文学立场,与今文家廖平的立场不同。尽管经学立场不同,但是刘师培与廖平在"以礼制平分今古"方面却有相似之处。

首先,刘师培的治经思路与其父祖已有很大的不同。仪征刘氏治《左传》以名物制度的考证为重点,对于经学的"今古之辨"则甚少涉及。刘师培则不同,其治经的重点在经说属性的辨析。比如刘师培在撰《西汉周官师说考》时曾说:"窃以六代暨唐,惟宗郑说,随文阐义,鲜关旨要,西京逸绪,缊奥难见。顾鲜寻绎,莫能

---

① 万仕国:《刘师培年谱》,广陵书社 2003 年,第 211—212 页。
② 万仕国:《刘师培年谱》,广陵书社 2003 年,第 223 页。
③ 万仕国:《刘师培年谱》,广陵书社 2003 年,第 226 页。

原察。"① 六朝隋唐时期，人们很少从古文学的角度辨析汉代经师之说，因此刘氏所做的，"用是案省班书，比次甄录，贾、马诸说，亦间采剌，《春秋》内外传，旁逮《大戴记》《周书》之属，以证同制，成《西汉周官师说考》"②。

其次，刘师培受廖平"以礼制平分今古"的影响，还体现在他对《礼记·王制》的重视方面。刘师培对《王制》的今古属性及成篇提出了自己的看法。他说："近人解《王制》者，其误有二：一以《王制》为孔子改制之书，或以为合于《穀梁》，或以为合于《公羊》，不知《王制》所采不仅今文，所采今文不仅《公》《穀》。谓之取《公》《穀》则可，谓之悉符《公》《穀》则不可。一以群经非古籍，均依《王制》而作，不知此乃《王制》依群经而作也。若谓群经依《王制》作则执流为源。"③ 在刘师培看来，《王制》不拘于一代之礼、一家之言，而是今文古文杂之。从表面上看，刘师培对《王制》的看法与廖平差异很大，不过其从"今古之辨"的角度对《王制》内容所做的辨析，正是受到了廖平"以礼制平分今古"的影响。也就是说，刘师培将《王制》研究的重点，从文字训诂、名物制度的考证转向了经文今古属性的辨析，这恰好是廖平"平分今古"理路的翻版。对此，蒙文通曾有深刻的揭示："惟仪征刘师独能知廖师之真，故称道逾恒。左盦四世以《左氏》世其家，方其作《王制集证》，犹不信有今古之分，及既接廖师，遂专治《五经异

---

① （清）刘师培：《西汉周官师说考》，《刘申叔遗书》上册，凤凰出版社1997年，第167页。
② （清）刘师培：《西汉周官师说考》，《刘申叔遗书》上册，凤凰出版社1997年，第167页。
③ （清）刘师培：《王制篇集证自序》，《刘申叔遗书》下册，凤凰出版社1997年，第1209页。

义》《白虎通义》。作《白虎通定本》,辨析今古家法,极于毫芒。晚成《周官古注集疏》《礼经旧学考略》,遂专以礼为宗,其推明两汉说礼沿革,足以辅廖师之说。……廖、刘两家立言不同,而推本于礼则一,其辨析今古则一,惟其说明今古相异之故乃不同耳。"①蒙氏认为廖、刘二人的经学立场不同,然而他们从礼制的角度分辨今古文,则是异中之同。

"以礼制平分今古"之说是从经学而非史学的角度来立论。经学在其发展的过程中,形成了独立的学术思想体系,同时也积累了一系列需要解答的问题。由于经学有自己特定的话语体系,所以用史学的方法和眼光去解决经学的问题,虽然可以得出相应问题的答案,但是这些答案并不是在经学的话语体系之下。廖平"以礼制平分今古",就是在经学的话语体系之下对经学问题所做的回应。近代以来,当经学今古之辨问题还停留在文字差异以及是否立于学官等传统的思路,从而失去了解决问题的可能性时,廖平别出心裁地提出"以礼制平分今古"之说,对已经陷入死胡同的"今古之辨"问题,给出了令人耳目一新的解决方案。至于廖平的观点是否一定就是历史的真实,那是另外一回事。

从经学史的角度来看,廖平"以礼制平分今古"之说既是其个人的创见,也与中国经学发展之大势密切相关。清代之前,对于今古文的分别无非是以文字和是否在汉代立于学官为判断的标准,而在清代,学者们对于"今古之辨"做了新的探讨。蒙文通说:"庄存与、惠栋之流,皆是一经之义明,而各经相互间之关系尚未窥其

---

① 蒙文通:《井研廖季平师与近代今文学》,《蒙文通全集》第1册,巴蜀书社2015年,第280页。

全，是则所知者各家一隅之今文说，尚无综合各家以成整个之今文学派；刘逢禄之流，信《公羊》则并驳《左》《穀》，而《周官》亦为疑书，党伐之诤以起。宋于庭以十四博士为一家，至是而后有联合之今文派，与古文为仇，较为整个之今文学。然于今古两派立说异同，其中心所在，实未之知，徒以立学官与否为断，是则知表而仍不知里。……刘、宋不足以言成熟之今文学。然其区分今古，对垒抗行，自此之后遂有整个之今文学，功实亦不可没。"① 刘、宋等人已经突破文字和是否立于学官来言今文学，与古文学形成对垒之势。而"三陈"、俞樾等人对礼制与今古文之间关系之探讨，启发了廖平。廖平以《周礼》为古文之大宗、以《王制》为今文之大宗，礼制遂成为分别今古学之关键。而皮锡瑞、刘师培等人对今古文经说所做的条理和辨析，正是对廖氏"以礼制平分今古"学说的承继和发展。由此可见，"以礼制平分今古"之说是清代今古文之辨中最系统的学说，此学说带有集成意义，对当时和后世产生了深远影响。

---

① 蒙文通：《井研廖季平师与近代今文学》，《蒙文通全集》第 1 册，巴蜀书社 2015 年，第 276 页。

第五章

清代统治者的礼教思想

研究清代统治者的礼教思想，对于认识清代的礼学和思想文化皆有着十分重要的意义。本章从礼与法、礼与俗、礼与满汉关系等三个方面入手，对清代统治者的礼教思想加以探讨。

第一节 礼法合治、以刑弼教

满人入主中原以后，在统治策略上发生了改变，即由过去以军事征讨为主逐渐变为以教化为主。而重视礼教，积极从事礼书、礼典之编纂，是清政府以教化为主的社会控制方式的重要体现。此外，清统治者还重视法典的修纂，希望以此实现以刑弼教。

首先，清朝统治者重视礼书之编纂。

所谓"礼书"，即"三礼"（《周礼》《仪礼》《礼记》）以及围绕"三礼"而衍生的文献。"三礼"学是清代的显学，名家众多，文献浩富。"三礼"学不仅受到清代学界的重视，而且受到清代统治者的青睐。比如康熙年间的经筵，除了《易》、《书》、《诗》、"四书"受到重视，《礼记》等礼学文献也成为经筵日讲的必选之书。《日讲礼记解义》就是康熙年间所成的经筵之作。康熙在此书序言中说:"朕闻六经之道同归,而礼乐之用为急。孔子曰:'安上治民,莫善于礼。'又曰:'上好礼,则民莫敢不敬。'诚以礼者,范身之具,而兴行起化之原也。天之生人,品类纷纶,莫可纪极。圣人起而整齐之,法于天,则于地,顺于人,达于时,协于鬼神,斟酌损益,以定其品节限制,俾天下化其好逸恶劳之心,而予以从善弃恶之道,蒸蒸焉日蹈履于中正,而不敢越。盖非有以强之也,率乎其理之所安而已。其纲有三百,其目有三千,大者在冠婚、丧祭、朝聘、射宴之归,小者在揖让、进退、饮食、起居之节,循之则君臣上下赖以序,夫妇内外赖以辨,父子、兄弟、婚媾、姻娅赖以顺而成。反是,则尊卑易位,等杀无章,家未有能齐,而国未有能治者。故曰:'动容中礼,而天德备矣;治定制礼,而王道成矣。'尝遡观三代,禹、汤、文、武惇叙彝典以倡导天下,而其时之诸侯秉礼以守其国,大夫、士遵礼以保其家,下至工贾、庶人畏法循纪以世其业。呜呼!何风之隆哉!朕企慕至治,深惟天下归仁原于复礼,故法宫之中,日陈礼经,讲习绅绎,盖不敢斯须去也。"[①] 康熙认为,礼乃"范身之具",遵循礼仪规范,方能"君臣上下赖以序",若不遵守礼仪,则"家未有能齐,而国未有能治者";《礼记》所记载者多关乎礼仪风范和礼教精义,对于国家治理和社会控制具有参考价值。虽然《日讲礼记解义》是一部经筵之作,但是此书还是有不少精到的见解。四库馆臣说:"是编(指《解义》)推绎经文,发挥畅达,而大旨归于谨小慎微,皇自敬德,

---

① (清)玄烨:《日讲礼记解义序》,《御制文集》第二集卷三十一,文渊阁《四库全书》第1298册,第634页。

以纳民于轨物。卫湜所集一百四十四家之说,镕铸剪裁,一一荟其精要。"①

乾隆帝也对礼书编纂表现出浓厚的兴趣。其在即位的第一年(1736),就谕总理事务王大臣曰:"朕思五经乃政教之原,而礼经更切于人伦日用,传所谓经纬万端、规矩无所不贯者也。昔朱子请修'三礼',当时未见施行,数百年间,学者深以为憾。应取汉、唐、宋、元以来注疏诠解,精研详订,发其义蕴,编辑成书,俾与《易》《书》《诗》《春秋》四经,并垂永久。"②乾隆帝决定诏开"三礼馆",从事《三礼义疏》之编纂。通过李绂、方苞等众多学人的努力,《三礼义疏》耗时多年,最终定稿。此书是乾隆初年官方主导的文化工程,难免受到统治者个人意志的影响,不过从学术的角度来看,《三礼义疏》还是有其成就,对当时及后世的学风产生过一定影响。此以《礼记义疏》为例,以窥《三礼义疏》的学术成就。

《礼记义疏》以"求是"作为训释原则。《凡例》云:"说礼诸家,或专尚郑、孔,或喜自立说,而好排注疏,纷纷聚讼,兹各虚心体究,无所专适,惟说之是者从之。"③"惟说之是者从之",即不管是汉唐注疏,还是宋人解义,只要有益于解经就取之,无益解经就弃之。在"求是"思想的指导下,《礼记义疏》广泛采纳历代经学家之训释,并对各家观点做了较公允的评论。四库馆臣说:"(《礼记义疏》)言各有当,义各有取,不拘守于一端,而后见衡鉴之至精也。"④馆臣还将此书与其他御纂诸经加以比较,

---

① (清)永瑢等:《四库全书总目》卷二十一,中华书局1965年,第172页。
② 《高宗实录》卷二十一,《清实录》第9册,中华书局1985年,第201页。
③ 《礼记义疏》卷首《凡例》,文渊阁《四库全书》第124册,第3页。
④ (清)永瑢等:《四库全书总目》卷二十一,中华书局1965年,第172页。

曰:"《易》不全用程《传》《本义》,而仍以程《传》《本义》居先;《书》不全用蔡《传》,而仍以蔡《传》居先;《诗》不全用朱《传》,而仍以朱《传》居先;《春秋》于胡《传》尤多,所驳正刊除,而尚以胡《传》标题,列三传之次。惟《礼记》一经于陈澔《集说》仅弃瑕录瑜,杂列诸儒之中,不以冠首,仰见睿裁精审,务协是非之公,尤足正胡广等《礼记大全》依附门墙、随声标榜之谬矣。"[1]馆臣认为,《易》《书》《诗》《春秋》等御撰诸书在对待前人解义时皆为门户之见所限;《礼记义疏》则不然,其于各家注释瑕则弃之,瑜则录之,以至于其解经成就优于其他御撰诸经。

在中国历史上,以国家之力从事礼书之编纂并不鲜见,比如初唐孔颖达所纂《礼记正义》、贾公彦所纂《周礼疏》《仪礼疏》,都是官方礼书编纂的典范。清代康熙、乾隆年间,统治者对于礼书编纂之重视,"实是清初以来统治者对思想界倡礼之风的积极回应,亦体现了统治者自身对礼加以体认的不断深化和诉求"[2]。

其次,清代统治者重视礼典之编纂。

所谓"礼典",即国家所制定的礼仪规范。如果说礼书重在学术,那么礼典就重在应用。乾隆时期是礼典编纂的高峰期。在乾隆帝的主导之下,出现了《大清通礼》《钦定礼部则礼》《皇朝礼器图式》《钦定满洲祭神祭天典礼》等一大批礼典。

乾隆元年(1736),清高宗在上谕中说:"朕闻三代圣王,缘人情而制礼,依人性而作仪,所以总一海内,整齐万民,而防其淫佚,救其凋敝也。汉唐以后,虽粗备郊庙、朝廷之仪,具其名物,

---

[1] (清)永瑢等:《四库全书总目》卷二十一,中华书局1965年,第172页。
[2] 林存阳:《三礼馆:清代学术与政治互动的链环》,社会科学文献出版社2008年,第6页。

藏于有司，时出而用之，虽缙绅学士，皆未能通晓。至于闾阎、车服、宫室、饮食、嫁娶、丧祭之纪，皆未尝辨其等威，议其度数。是以争为侈恣，而耗败亦由之，将以化民成俗，其道无由。前代儒者虽有《书仪》《家礼》等书，而仪节繁委，时异制殊，士大夫或可遵循，而难施于黎庶。本朝会典所载，卷帙繁重，民间亦未易购，应萃集历代礼书，并本朝会典，将冠婚丧祭，一切仪制，斟酌损益，汇成一书，务期明白简易，俾士民易守，著总理事务王大臣会同该部从容定议。"①高宗指出，制定礼典对于"整齐万民，而防其淫侈，救其凋敝"是有益的；虽然汉唐有礼典之制定，但是知之者不多，即便前代有礼典，也因礼制不明，争端不断。此外，虽然宋代的《书仪》《家礼》在元、明、清时期颇有影响，但是这两本礼书的部分内容已不合时宜。因此，制定新礼典迫在眉睫。经过二十多年的努力，《大清通礼》于乾隆二十四年（1759年）成书。清高宗对此书颇为满意，他在为此书所撰序中说："三代以下，汉称近古，观叔孙通之朝仪，公玉带之明堂，不过椎轮粗具。后此如唐《开元礼》，宋《太常因革礼》，元《通礼》，明《集礼》，取足征一朝掌故。迨承用日久，俗尚浸寻，精意远而敝劾随之，既苟简慢易，而无以称其情。……是编也约而赅，详而不缛，圭臬群经，羽翼会典，使家诵而户习之，于以达之人伦日用之间，兴孝悌而正风俗，则朕淑世牖民之意，或在斯乎。"②四库馆臣说："自朝廷以迨于士庶，鸿纲细目，具有规程。事求其合宜，不拘泥于成迹；法

---

① （清）弘历：《御制大清通礼上谕》，《大清通礼》卷首，文渊阁《四库全书》第655册，第2页。
② （清）弘历：《御制大清通礼序》，《大清通礼》卷首，文渊阁《四库全书》第655册，第1—2页。

求其可守，不夸饰以浮文。与前代礼书铺陈掌故、不切实用者迥殊。"①《大清通礼》颁布之后，版藏内府，流传不广。不过此书的编纂对于后世有示范效应。嘉庆、道光年间，清廷都曾对《大清通礼》进行增补，这种做法一直延续到光绪年间。《清史稿》曰："德宗季叶，设礼学馆，博选耆儒，将有所缀述。大例主用《通礼》，仿江永《礼书》例，增'曲礼'一目。又仿宋《太常因革礼》例，增'废礼'、'新例'二目，附后简。未及编订，而政变作矣。"② 光绪帝设礼学馆，与其祖辈崇礼风范如出一辙。

《皇朝礼器图式》也是清廷礼典修纂之典范。此书之修纂与乾隆皇帝的礼学思想密切相关。乾隆帝认为，礼图之绘制关乎统治秩序。比如衣冠，乾隆说："衣冠乃一代昭度，夏收殷冔，本不相袭，朕则依我朝之旧而不敢改焉。恐后之人执朕此举，而议及衣冠，则朕为得罪祖宗之人矣，此大不可。且北魏、辽、金以及有元，凡改汉衣冠者，无不一再世而亡。后之子孙，能以朕志为志者，必不惑于流言。于以绵国祚，承天祐于万斯年，勿替引之，可不慎乎！可不戒乎！"③ 虽然乾隆认为衣冠当遵满洲旧制，有着偏狭的民族主义，但是他强调衣冠对于国家统治的重要性，则是颇有道理的。此外，乾隆认为前人所绘礼图既有得，亦有失，他说："是汉儒言礼图者首推郑康成，自阮谌、梁正、夏侯伏明辈，均莫之逮。宋聂崇义汇辑礼图，而陆佃《礼象》、陈祥道《礼书》复踵而穿穴之，其书几汗牛充栋。然尝念前之作者本精意以制器则器传，后之述者执

---

① （清）永瑢等：《四库全书总目》卷八十二，中华书局1965年，第706页。
② 赵尔巽等：《清史稿》卷八十二，中华书局1977年，第2484页。
③ （清）弘历：《皇朝礼器图式序》，《皇朝礼器图式》卷首，文渊阁《四库全书》第656册，第2页。

器而不求精意则器敝，要其归，不出臆说、傅会二者而已。"① 礼学家所绘礼图不精，甚至有"臆说""傅会"，这是乾隆帝主张绘制新礼图的重要原因。《皇朝礼器图式》所绘礼图 1300 余幅，不仅涉及与吉、嘉、军、宾、凶相关的祭器、仪器、冠服、乐器、卤簿、武备，还有与天文、地理相关的仪器。四库馆臣称此书"酌古宜今之精意，奉天法古之鸿规"，虽然未免溢美，但是也部分地道出了此书之价值。

再次，清代统治者积极从事律例典章之纂修。

清统治者认为刑罚在社会控制方面有着重要作用。比如顺治说："若自通都大邑至僻壤穷乡，所在州县，仿《周礼》布宪读法之制，时为解说，令父老子弟递相告戒，知畏法而重自爱，如此则听断明于上，牒讼息于下，风俗可正，礼让可兴。"② 顺治认为，法律对于正风俗、兴礼让颇为关键，因此他要求州县仿照《周礼》"布宪读法"之制，宣讲国家法令。康熙皇帝也认识到刑罚的重要性，他说："立刑法，原以戢奸禁暴。"③ "刑者所以禁暴止邪，若豪猾奸宄毋使漏网。"④ "国家设立法制，原以禁暴止奸，安全良善，故律例繁简，因时制宜，总期合于古帝王钦恤民命之意。向因人心滋伪、轻视法网，及强暴之徒凌虐小民，故于定律之外，复严设条例，俾其畏而知警，免罹刑辟。"⑤ 由此可见，清廷在"文教是先"

---

① （清）弘历：《皇朝礼器图式序》，《皇朝礼器图式》卷首，文渊阁《四库全书》第 656 册，第 1 页。
② （清）福临：《御制大清律集解序》，《大清律例》卷首，文渊阁《四库全书》第 672 册，第 379 页。
③ 《圣祖仁皇帝圣训》卷二十八，文渊阁《四库全书》第 411 册，第 477 页。
④ 《圣祖仁皇帝圣训》卷二十八，文渊阁《四库全书》第 411 册，第 483 页。
⑤ 《圣祖仁皇帝圣训》卷二十八，文渊阁《四库全书》第 411 册，第 479 页。

的统治策略之下，对于律例颇为重视。

清代的法律体系是由"律""例""会典""则例"等形式构成。"律"是最具有稳定性的法律条文，"例"是附于律之后的补充内容，"会典"是"会要"和"典章"的合称，是清廷政治运作和职官管理部门的法典，"则例"是清廷中央各个部门在处理本部门政务时所形成的事例之汇编。

清廷法律形式多样，法典众多，其中最具有代表性的就是《大清律例》。从顺治元年（1644）开始，清廷便"详译明律，参以国制"，积极从事律典之纂修。经顺、康、雍三朝的编纂，清代法典渐趋成熟。乾隆命臣工对前朝律例进行重新编定，于乾隆五年（1740）成《大清律例》47卷，律文436条，附例1049条。律典编成之后，乾隆说："（《大清律例》）揆诸天理，准诸人情，一本于至公，而归于至当。"[①] 作为清代最系统、最具代表性的成文法典，《大清律例》的律文在清末法制改革之前一直没有变化。

汉唐以来，统治者们一方面重视儒学的教化功能，另一方面重视刑罚的强制功能。比如唐代既有《贞观礼》《显庆礼》《大唐开元礼》《周礼疏》《仪礼疏》《礼记正义》等礼典礼书之编纂，也有《唐律疏义》等法典之修纂。这种既重视教化，又重视刑罚的社会控制模式，对于宋、元、明、清时期的社会控制产生了深远的影响。比如宋有《太常因革礼》，也有《宋刑统》；明代有《大明集礼》，也有《大明律》。清代统治者延续了汉唐以来的社会控制模式，他们既积极从事礼典礼书之编纂，又从事法典之修纂。需要指

---

① （清）弘历：《大清律例御制序》，《大清律例》卷首，文渊阁《四库全书》第672册，第380页。

出的是，在礼教与刑罚之间，清代统治者是以礼教为先。比如康熙说："帝王以德化民，以刑弼教。"① 乾隆也说："古先哲王所为设法，饬刑布之象魏，县之门闾，自朝廷达于邦国，共知遵守者，惟是适于义，协于中，弼成教化，以洽其好生之德，非徒示之禁令使知所畏惧而已！"② 在康熙、乾隆看来，相对于刑罚来说，儒家的德治才是根本。

第二节　文教是先、以礼化俗

满人入关以后，在统治策略上有一个探索的过程，最终选择了"崇儒重道"的社会控制模式。这种选择，既是中国文化惯性之使然，也是清廷为了适应当下社会而做出的策略性调整。清代统治者认为，只有通过教化，才能实现社会的长治久安。而教化的具体实现，则是与礼教密切相关的移风易俗。

早在满人入关以前，努尔哈赤就说："为国之道，以教化为本，移风易俗，实为要务。"③ 在其上谕中，可见其对"公""诚"多有强调。他说："能以公诚存心，建立纲纪，教养兼施，则天地神祇必交相感应，而群方亦莫不爱戴，以之均平邦国，臻于帝王之道无难矣。且修身与齐家治国，其道一也。一其心以修身，则君德清明；一其心以齐家，则九族亲睦；一其心以治国，则黎庶乂安。由是协和万邦，亦不外此为治之道，惟在君心之一而已。"④ "尝闻自古

---

① 《圣祖仁皇帝圣训》卷二十八，文渊阁《四库全书》第411册，第479页。
② （清）弘历：《大清律例御制序》，《大清律例》卷首，文渊阁《四库全书》第672册，第380页。
③ 《太祖高皇帝圣训》卷三，《四库全书》第411册，第27页。
④ 《太祖高皇帝圣训》卷二，《四库全书》第411册，第13页。

恃德者昌，恃力者亡，未有立志公诚而或失居心邪慝而反得者。故自上至下，有立志公诚者谓之积善，善既积，有不致福者乎？邪慝而横行暴虐者谓之积恶，恶既积，有不受祸者乎？"① 努尔哈赤认为，以"公""诚"存心是统治者"建立纲纪""教养兼施"的重要途径，也是修身、齐家、治国、平天下之前提。

皇太极也认识到文教对于治国的重要性。他说："自古国家文武并用，以武功戡祸乱，以文教佐太平。朕今欲振兴文治于生员中，考取文艺明通者，优奖之以昭作人之典，诸贝勒府以下及满汉蒙古家所有生员，俱令考试，各家主毋得阻挠有考中者，仍以别丁偿之。"② 而厚风俗、明教化是文教的重要内容。皇太极以丧葬之礼为例说："丧葬之礼，原有定制。我国风俗殉葬燔化之物过多，徒为糜费，甚属无益。夫人生则资衣食以为养，及其死也，以人间有用之物为之殉化，死者安所用之乎？嗣后凡殉葬燔化之物，务遵定制，无得奢费。"③ 皇太极认为，当时丧葬习俗中的"糜费""奢费"现象突出，皆是"甚属无益"之举，而解决此问题的办法，就是"辨等威、定民志，朝野各有遵守"④。

顺治也认为儒家礼教对于社会秩序的整合有着重要意义。其在位期间，曾在多条上谕中对礼教的开展予以强调。顺治十五年（1658）戊戌正月辛亥，顺治祈谷于上帝，礼毕还宫，谕大学士额色黑、学士折库纳曰："凡祭祀仪物、音乐必尽善尽美，始克展敬心。今观太常所奏乐，声容仪节，俱未谐和。夫乐乃祭祀之大典，

---

① 《太祖高皇帝圣训》卷二，《四库全书》第411册，第19页。
② 《太宗文皇帝圣训》卷四，《四库全书》第411册，第78页。
③ 《太宗文皇帝圣训》卷六，《四库全书》第411册，第94页。
④ 《太宗文皇帝圣训》卷六，《四库全书》第411册，第94页。

必声容仪节尽合歌章，始臻美善。其召太常严饬之，令勤加肄习，勿致违忽。"① 对于前朝帝王，顺治也是十分尊重，比如其多次言及明代崇祯皇帝，"明崇祯帝尚为孜孜求治之主，只以任用非人，卒致寇乱，身殉社稷。若不亟为阐扬，恐千载之下，竟与失德亡国者同类并观。朕用是特制碑文，以昭悯恻，尔部即遵谕勒碑，立崇祯帝陵前，以垂不朽。"② "明崇祯帝励精图治十有七年，不幸寇乱国亡，身殉社稷。考其身平，无甚失德。遭兹厄运，殊堪矜悯，宜加谥号，以昭实行，令谥为庄烈悯皇帝。"③

康熙在位期间，君臣皆重视礼教。康熙六年（1667），熊赐履再倡礼教之说："礼者，圣王所以节性防淫，而维系人心者也。臣观今日风俗，奢侈凌越，不可殚述。一裘而费中人之产，一宴而靡终岁之需，舆隶批贵介之衣，倡优拟命妇之饰，此饥之本，寒之源，而盗贼狱讼所由起也。"④ 基于此，其寄希望于圣祖能"躬行节俭，为天下先。自王公以及士庶，凡宫室、车马、衣服、仆从一切器用之属，俱立定经制，限以成数，颁示天下，俾恪为遵守，不许少有逾越。"⑤ 清圣祖推行仁政，重视教化。他说："至治之世，不以法令为亟，而以教化为先。……盖法令禁于一时，而教化维于可久。若徒恃法令，而教化不先，是舍本而务末也。……朕今欲法古帝王，尚德缓刑，化民成俗。"⑥ 圣祖指出，社会治理若仅靠法令，效果只是一时，而用教化，则可长治久安，"以教化为先"遂成为

---

① 《世祖章皇帝圣训》卷四，《四库全书》第411册，第130页。
② 《世祖章皇帝圣训》卷四，《四库全书》第411册，第130页。
③ 《世祖章皇帝圣训》卷四，《四库全书》第411册，第131页。
④ 《清圣祖实录》卷二十二，《清实录》第4册，中华书局1985年，第309—310页。
⑤ 《清圣祖实录》卷二十二，《清实录》第4册，中华书局1985年，第310页。
⑥ 《圣祖仁皇帝圣训》卷六，《四库全书》第411册，第215—216页。

圣祖之世社会治理的重要策略。圣祖又说："帝王致治，首在维持风化，辨别等威，崇尚节俭，禁止奢侈，故能使人心淳朴，致化休隆。"① 圣祖认识到，社会习俗风尚与礼教息息相关。今以圣祖时期的部分上谕为例，以见其对于礼教的重视：

康熙八年（1669）己酉七月壬子，上谕太常寺："祀典关系重大，理宜敬慎娴习。近见尔衙门典礼俱未谙练，所奏音乐亦未合节，殊非慎重禋祀之义。以后著详加练习，勿仍前怠，勿亵越祀典。"②

康熙十二年（1673）癸丑八月丁巳，上谕礼部："坛庙祭祀，国家大典，必仪文详备，允符古礼，乃可肃将诚恪，昭格神明。其致祭时辰、斋戒处所，稽诸往代，各有定制。尔部其详察典例、定议以闻。"③

康熙二十三年（1684）甲子正月壬辰，圣祖既定筵宴礼仪，礼部奏后，筵宴请拨兵部司官及各旗护军参领护军校监察。圣祖曰："筵宴关系大礼，百僚齐集，宜各加敬谨，无失礼之咎。朕见元旦朝会，旗下官员杂坐无纪，大礼所在，岂容慢忽？礼部可会同兵部及八旗都统，严加申饬，毋至紊越。"④

康熙二十八年（1689）己巳正月乙酉，圣祖东巡至泰山之麓，率文武诸臣向岱宗行礼毕，与部院诸臣曰："朕巡历所至，再经岱麓，重瞻祠宇，询其庙祝，知香火荒凉，日用难给。岱顶诸庙，亦复如之。念泰山为五岳之长，载在祀典，有功社稷，不宜使之渐就寥落，合将每岁香税钱粮内量给数百金，使上下岳庙与元君诸祠守

---

① 《圣祖仁皇帝圣训》卷六，《四库全书》第411册，第216页。
② 《圣祖仁皇帝圣训》卷三十一，《四库全书》第411册，第505页。
③ 《圣祖仁皇帝圣训》卷三十一，《四库全书》第411册，第505页。
④ 《圣祖仁皇帝圣训》卷三十一，《四库全书》第411册，第507页。

祠者得有资赖,晓夜尽心,兼可时加修葺,以壮往来观瞻,示朕崇祀之意。"①

康熙四十年(1701)辛巳十二月辛巳,圣祖谕内阁礼部太常寺:"朕自御极以来,一切祀典必敬谨斋戒,躬亲展祭,以尽昭事之诚,四十余年于兹矣。每当临祭之时,朕无一事不敬,此礼部、太常寺、起居注官所共知,从来祭祀、登降起立,莫不如常。"②

根据以上所列圣谕,可知康熙帝对于祭祀的程序、宴筵中官员的座次等皆亲自过问,还对泰山守祠者给予资助。由此可见康熙对于礼教重视程度之高。

康熙帝在位期间,针对当时社会上的不良风气,颁布了"圣谕十六条",要求"以上诸条,著通行晓谕八旗并直隶各省府州县乡村人等切实遵行"③。这十六条圣谕,多与移风易俗有关,比如"敦孝弟以重人伦""笃宗族以昭雍穆""和乡党以息争讼""尚节俭以惜财用""训弟子以禁为非"等,皆有关风化、有益治道④。这十六条圣谕影响深远,清世宗《圣谕广训》就是在"圣谕十六条"基础之上形成的。上谕曰:"初,圣祖仁皇帝御制上谕十六条,颁示八旗及直省兵民人等,自纲常名教之际,以至耕桑作息之间,本末精粗,公私钜细,各举要领,垂训万世。上以各条遵行日久,虑民或怠,宜申诰诫,以示提撕。乃复寻绎其义,推衍其文,共得万

---

① 《圣祖仁皇帝圣训》卷三十一,《四库全书》第411册,第507—508页。
② 《圣祖仁皇帝圣训》卷三十一,《四库全书》第411册,第508页。
③ 《圣祖仁皇帝圣训》卷六,《四库全书》第411册,第216页。
④ 明朝开国皇帝朱元璋曾颁布六条圣谕,即"孝顺父母,恭敬长上,和睦乡里,教训子孙,各安生理,毋作非为"。清初统治者照搬朱元璋的六条圣谕,作为顺治皇帝的"六谕",以之来教化民众。康熙皇帝在"六谕"的基础上,形成更加完善的"圣谕十六条"。

言，名曰《圣谕广训》。"① 到了乾隆、嘉庆、道光、咸丰、光绪年间，"圣谕十六条"和《圣谕广训》皆受到统治者的高度重视，宣讲与普及"圣谕十六条"和《圣谕广训》成为清代社会控制的重要方式。②

在这十六条圣谕中，第九条是"明礼让以厚风俗"③。此处将风俗与"礼让"直接关联，突出了儒家礼教对于醇化风俗的重要意义。《圣谕广训》对礼与俗的关系做了具体说明："汉儒有曰：凡民函五常之性，而其刚柔缓急，音声不同，系水土之风气，故谓之风；好恶取舍，动静无恒，随厥情欲，故谓之俗。其间淳漓厚薄难以强同，奢俭质文不能一致，是以圣人制为礼以齐之。孔子曰：'安上治民，莫善于礼。'盖礼为天地之经、万物之序，其体至大，其用至广。道德仁义，非礼不成；尊卑贵贱，非礼不定；冠婚丧祭，非礼不备；郊庙燕飨，非礼不行。是知礼也者，风俗之原也。"④ 雍正认为礼的作用至大，是风俗之源。

围绕"圣谕十六条"和《圣谕广训》，清代出现了一大批通俗性读物。这些读物使圣谕更加具体化、形象化。关于"明礼让以厚风俗"，除了讨好皇帝的内容，更多的是对礼教移风易俗意义的阐释。比如范承谟《上谕十六条直解》说："那个礼明了，自然有个孝子顺孙、义夫节妇、贤人君子出来。一乡出了几个人，那一乡的风俗自然就好了；一处出了几个人，那一处的风俗也自然好了。"⑤ 又如范正辂《上谕解义》说："礼者何？吉、凶、军、嘉、宾五礼

---

① 《世宗宪皇帝圣训》卷九，文渊阁《四库全书》第412册，第136页。
② 参见周振鹤撰集：《圣谕广训集解与研究》，上海书店2006年，第507—531页。
③ 《圣祖仁皇帝圣训》卷六，《四库全书》第411册，第216页。
④ 《圣谕广训》，文渊阁《四库全书》第717册，第602页。
⑤ 周振鹤撰集：《圣谕广训集解与研究》，上海书店2006年，第85页。

是也。让者何？行那礼去，有一段逊让的实意是也。若不知有礼，则流于狂悖，知有礼而不知让，则习为虚浮。凡若此者，风俗如何得厚？古者学宫之中所以教忠教孝、习礼习射，凡学宫如此，正要使百姓们看样，家家知礼，使天下习以成风，相沿成俗，这便叫做'厚风俗'了。"[1] 这些解释"圣谕十六条"的内容，既符合圣谕的内涵，又通俗易懂，易于为百姓所理解，对于当时扭转社会风气、醇化风俗起到了积极作用。

第三节 保存满洲礼俗与接受儒家礼教并举

清初统治者曾试图以满族文化同化汉族文化，比如顺治二年（1645）六月，南明福王政权覆灭之后，多尔衮下令实行全国范围内的剃发令。这一做法加剧了民族对立情绪，引起了汉族人民的强烈抵抗。随着当时社会现实的需要以及统治者对满汉文化认识的加深，清代统治者最终选择了接受儒家文化，并以之作为正统思想。本部分通过考察清统治者对待儒礼的态度，以窥他们在处理满汉关系方面的观念和方式。

首先，出身于满洲的清代统治者对于本民族文化念念不忘，他们在推行儒家文化的过程中不忘论证满洲文化的正当性和合法性。而对于满洲礼俗的保存，既是他们这一文化心理之体现，也是出于政治统治之需要。

清统治者曾发布"剃发""易服"令，要求其统治下的汉族、蒙古族以及其他民族人民剃满族发型，穿满族服饰。虽然此举遭到

---

[1] 周振鹤撰集：《圣谕广训集解与研究》，上海书店2006年，第87页。

汉族人民的强烈反对,甚至还发生了多次喋血惨案,但是清统治者始终如一地加以推行。"剃发""易服"令的推行,对儒礼造成了一定冲击。自古以来,汉地就是所谓的"衣冠上国""礼仪之邦",清统治者剃发易服令,对儒礼中的冠礼冲击最大,以至于后来清廷在制定国家典礼时取消了冠礼。《皇朝通典》载:"冠礼自宋明以来虽或考定其制,而当世鲜有行之者。伏惟国朝典章明备,宜古宜今,要皆崇实斥虚,以为亿万世遵守。冠礼今既不行,自无庸纂述。"①此后,《清通典》《大清通礼》皆不载冠礼。

满清统治者保留本民族礼俗的集中体现,就是乾隆年间诸王大臣奉敕所修《钦定满洲祭神祭天典礼》。关于此书纂修的原因,可见诸清高宗上谕,上谕曰:"我满洲禀性笃敬,立念肫诚,恭祀天、佛与神,厥礼均重,惟姓氏各殊,礼皆随俗。凡祭神、祭天、背镫诸祭,虽微有不同,而大端不甚相远。若我爱新觉罗姓之祭神,则自大内以至王公之家,皆以祝辞为重。但昔时司祝之人,俱生于本处,幼学国语,凡祭神、祭天、背镫、献神、报祭、求福,及以鶏猪祭天、去祟、祭田苗神、祭马神,无不斟酌事体,编为吉祥之语,以祷祝之。厥后,司祝者国语俱由学而能,互相授受,于赞祝之原字原音,渐致淆舛。不惟大内分出之王等累世相传,家各异辞,即大内之祭神、祭天诸祭,赞祝之语,亦有与原字原韵不相吻合者。"②高宗于此所言"国语"即满语。在过去满洲的祭神祭天仪式中,司祝从小学习满语,因此他们十分熟悉满洲的祭祀礼俗;时移世易,习满语者日少,司祝亦然,以至于祭神、祭天仪式中的

---

① 《皇朝通典》卷五十一,文渊阁《四库全书》第 643 册,第 1 页。
② 《清高宗实录》卷二百九十四,《清实录》第 12 册,中华书局 1985 年,第 853 页。

赞祝之辞渐致淆舛。对此，高宗深感焦虑，因为"若不及今改正，垂之于书，恐日久讹漏滋甚"①。而通过修纂《钦定满洲祭神祭天典礼》，"庶满洲享祭遗风永远遵行弗坠，而朕尊崇祀典之意亦因之克展矣"②。高宗的叔父允禄、允裪等人奉敕负责祭神祭天礼典之纂修，经过一番努力，终成《钦定满洲祭神祭天典礼》六卷。此书对满族祭神祭天的奏议、故事、仪注、祝辞、赞辞、器用、图式等都有详尽的记载，保留了许多满洲的信仰习俗和宗教崇拜观念。高宗纂修此书的深层动机是出于政治统治的需要，正如有的学者所言："《典礼》的颁布，其实际的目的，不在于将整个满族萨满教加以规范和划一，而是将萨满教作为一个满族的原始宗教信仰，始终使其具有鲜明的民族性，清朝统治者在民族旗帜的掩盖下，便于调和满族内部的各种矛盾和加强民族的凝聚力，借以稳定清朝封建统治的秩序。"③此书的修纂，还体现了满清统治者在满汉文化关系方面所存在的矛盾心理④，也从一个侧面反映了清朝建立一百多年以来，满汉文化之间仍存在着很深的隔阂。

其次，清廷在制定礼典时，有意识地将满洲的元素加入到礼制中。

成书于乾隆二十四年（1759）的大型礼器图谱《皇朝礼器图式》中有不少满洲的礼器和服饰。如八旗副都统行褂，《图式》曰："本朝定制八旗副都统行褂，正黄旗色用金黄，正白旗、正红旗、

---

① 《清高宗实录》卷二百九十四，《清实录》第 12 册，中华书局 1985 年，第 853 页。
② 《清高宗实录》卷二百九十四，《清实录》第 12 册，中华书局 1985 年，第 854 页。
③ 刘厚生、陈思玲：《〈钦定满洲祭神祭天典礼〉评析》，《清史研究》1994 年第 1 期。
④ 有学者将其称之为"满洲礼典的民族个性化张扬"。见吴丽娱主编：《礼与中国古代社会》（明清卷），中国社会科学出版社 2016 年，第 352 页。

正蓝旗各如旗色。镶黄旗、镶白旗、镶蓝旗红缘，镶红旗白缘。前锋参领、护军参领、火器营官皆服之。"[1] 此外，《图式》中还有不少融合满汉礼俗的内容。比如卤簿中的"皇帝大驾卤簿仪凤旗"，《图式》曰："谨按：《书·益稷》'凤皇来仪'，孔安国《传》：'仪有容仪。'《唐书·仪卫志》：'大驾卤簿，诸卫马队，第十凤旗。'《元史·舆服志》：'金凤旗，赤质，青火焰脚，绘凤而金色，凤旗制同前，而绘以五采。'乾隆十三年，钦定大驾卤簿仪凤旗，月白缎，为之斜幅，绣凤，间以彩云。缘及飘带俱蓝色，为火焰形。尺寸如八旗护军纛，杆如八旗骁骑纛之制。"[2] 关于此旗帜所遵循形制之来源，既有《尚书》经传、史书之记载，也有满洲八旗旗帜之尺寸、制度。

在清代历史演变过程中，满洲礼俗逐渐汉化，以儒家为主导的礼俗逐渐成为主流。清初以来，满汉文化不断融合。不过即便是到了满汉文化融合已深的乾隆统治中后期，满汉文化的冲突仍然存在。在皇帝的意识中，满洲的礼俗不可被同化。比如乾隆时期的"选秀女"中有仿汉人服饰者，乾隆下谕："旗人一耳带三钳者，原系满旧风，断不可改。昨朕选看包衣佐领之秀女，皆带义坠子，并相沿至于一耳一钳，则竟非满洲矣。著交八旗都统、内务府大臣，将带一耳钳之风，立行禁止。"[3] 尽管清朝统治者试图保留本民族的礼俗，然而社会现实让清廷认识到儒家礼治才是社会控制最合适也是最有力的方式。因此，清代帝王在维护本民族礼俗的同时，对于

---

[1] （清）允禄等：《皇朝礼器图式》卷十三，文渊阁《四库全书》第 656 册，第 741 页。

[2] （清）允禄等：《皇朝礼器图式》卷十一，文渊阁《四库全书》第 656 册，第 578 页。

[3] 光绪《大清会典》卷一千一百一十四《八旗都统户口》。

儒家的礼治主义采取了接受的态度,这在客观上推动了满汉文化的融合。以婚礼为例,清代婚姻类型既有以"六礼"为程序的"聘娶婚",也有受满族影响的"抢夺婚"。"抢夺婚"是满洲的婚姻类型,而"聘娶婚"是汉地传统的婚姻类型。[1] 满洲入关以后,随着统治策略的改变,渗透了儒家礼乐精神的"聘娶婚"逐渐成为主导的婚姻类型。有学者指出:"满族入关以后,国家制度在'清承明制'全方位地吸纳汉民族的典章制度与历朝统治经验,在汉族官吏的帮助下,很快完成了开国初年的一系列措施政策的制定之后,满族的婚姻观念、婚姻习俗以及一些习惯法逐渐地被汉化,汉民族的婚姻观念与婚姻习俗成为主流。"[2] 历史的发展和社会现实让满清统治者不由自主地折服于儒家的礼乐精神,即使他们在强调本民族礼俗的重要性时,也不敢轻忽儒家礼乐的治世功能。

---

[1] 关于清代的婚姻类型,可参见张晓蓓:《清代婚姻制度研究》,四川大学出版社 2001 年,第 62—90 页。
[2] 张晓蓓:《清代婚姻制度研究》,四川大学出版社 2001 年,第 31 页。

参考文献

说明：

1. 清代及清代以前的著作（包括现代整理本）按经、史、子、集顺序排列，各部分之下再按著者年代先后排列（包括现代整理本）。

2. 经的部分按《尚书》、三礼、《春秋》三传、四书、群经总义的顺序排列。

3. 今人的著作、论文按写作或出版年代先后排列。

一、清代及清代以前著述

[1]（清）陈乔枞：《今文尚书经说考》，《续修四库全书》影印华东师大图书馆藏清刻《左海续集》本。

[2]（清）毛奇龄：《周礼问》，《续修四库全书》影印上海辞书出版社图书馆藏清康熙李塨等刻《西河合集》本。

[3]（清）孙诒让：《周礼正义》，中华书局1987年。

[4]（宋）李如圭：《仪礼集释》，文渊阁《四库全书》本。

[5]（宋）张淳：《仪礼识误》，文渊阁《四库全书》本。

[6]（元）敖继公：《仪礼集说》，文渊阁《四库全书》本。

[7]（清）姚际恒：《仪礼通论》，中国社会科学出版社1998年。

[8]（清）张尔岐：《仪礼郑注句读》，文渊阁《四库全书》本。

[9]（清）万斯大：《仪礼商》，文渊阁《四库全书》本。

[10]（清）金日追：《仪礼经注疏正讹》，《续修四库全书》影印复旦大学图书馆藏清乾隆五十三年张式慎刻本。

[11]（清）卢文弨：《仪礼注疏详校》，台北"中研院"中国文哲研究所 2012 年。

[12]（清）胡培翚、胡肇昕：《仪礼正义》，北京大学出版社 2016 年。

[13]（清）朱轼：《仪礼节略》，《四库全书存目丛书》本。

[14]（清）曹元弼：《礼经学》，《续修四库全书》影印中国科学院图书馆藏清宣统元年刻本。

[15]《礼记义疏》，文渊阁《四库全书》本。

[16]（清）杭世骏：《续礼记集说》，《续修四库全书》影印华东师大图书馆藏清光绪三十年浙江书局刻本。

[17]（清）孙希旦：《礼记集解》，中华书局 1989 年。

[18]（清）侯康：《穀梁礼证》，《续修四库全书》影印上海辞书出版社图书馆藏清道光三十年南海伍氏粤雅堂刻《岭南遗书》本。

[19]（清）钟文烝：《春秋穀梁经传补注》，《续修四库全书》影印华东师大图书馆藏清光绪二年钟氏信美室刻本。

[20]（清）刘宝楠：《论语正义》，中华书局 1990 年。

[21]（宋）朱熹：《四书章句集注》，中华书局 1983 年。

[22]（明）吕坤：《四礼翼》，《四库全书存目丛书》本。

[23]（清）江永：《深衣考误》，《清经解》本，上海书店 1988 年。

[24]（清）黄以周：《礼书通故》，中华书局 2007 年。

[25]（清）陈寿祺：《五经异义疏证》，《续修四库全书》影印上海辞书出版社图书馆藏清嘉庆十八年刻本。

[26]（清）阮元：《十三经注疏》，中华书局 1980 年。

[27]（清）万斯大：《经学五书》，华东师范大学出版社 2012 年。

[28]（清）刘沅：《十三经恒解》，巴蜀书社 2016 年。

[29]（汉）班固：《汉书》，中华书局 1962 年。

[30]（唐）魏徵：《隋书》，中华书局 1973 年。

[31]（元）脱脱：《宋史》，中华书局 1977 年。

[32]（清）张廷玉等：《明史》，中华书局 1974 年。

[33]（明）李采明修，（明）范醇敬纂：《（万历）嘉定州志》，民国间抄本。

[34]《明神宗实录》，台北"中研院"历史语言研究所 1962 年校印本。

[35]（明）林云程修，（明）沈明臣等纂：《通州志》，《天一阁藏明代方志选刊》第 10 册，上海书店 2014 年影印本。

[36]《太祖高皇帝圣训》，文渊阁《四库全书》本。

[37]《世祖章皇帝圣训》，文渊阁《四库全书》本。

[38]《圣祖仁皇帝庭训格言》，文渊阁《四库全书》本。

[39]《圣祖仁皇帝圣训》，文渊阁《四库全书》本。

[40]《世宗宪皇帝圣训》，文渊阁《四库全书》本。

[41]《圣谕广训》，文渊阁《四库全书》本。

[42]《大清通礼》，文渊阁《四库全书》本。

[43]《大清律例》，文渊阁《四库全书》本。

[44]《皇朝通典》，文渊阁《四库全书》本。

[45]（清）允禄等：《皇朝礼器图式》，文渊阁《四库全书》本。

[46]（清）夏力恕等编：《湖广通志》，文渊阁《四库全书》本。

[47]（清）文曙修，（清）张弘映纂：《（康熙）峨眉县志》，清乾隆五年刻本。

[48]（清）多泽厚修,（清）陈于宣等纂:《（乾隆）涪州志》,清乾隆五十年刻本。

[49]（清）董维祺等修纂:《（康熙）重庆府涪州志》,清康熙五十四年刻本。

[50]（清）宋载修纂:《（乾隆）大邑县志》,清乾隆十四年刻本。

[51]（清）朱维辟修纂:《（乾隆）合江县志》,清乾隆二十七年刻本。

[52]（清）张德源修纂:《（乾隆）资阳县志》,清乾隆三十年刻本。

[53]（清）曾受一等纂修:《（乾隆）江津县志》,清乾隆三十三年刻本。

[54]（清）徐鼎立修纂:《（乾隆）江津县志》,嘉庆九年重刻本。

[55]（清）谢惟杰修,（清）陈一津等纂:《（嘉庆）金堂县志》,清嘉庆十六年刻本。

[56]（清）赵炳然修,（清）徐行德纂:《（嘉庆）纳溪县志》,清嘉庆十八年刻本。

[57]（清）纪大奎修,（清）林时春纂:《（嘉庆）什邡县志》,清嘉庆十八年刻本。

[58]（清）朱锡谷修:《（道光）巴州志》,清道光十三年刻本。

[59]（清）宋灏修,（清）罗星编辑:《（道光）綦江县志》,清同治二年刻本。

[60]（清）李玉宣等修纂:《（同治）重修成都县志》,清同治十二年刻本。

[61]（清）庄定域修,（清）支承祜纂:《（光绪）彭水县志》,清光绪元年刻本。

[62]（清）周伟业修，（清）褚彦昭纂：《（嘉庆）直隶叙永厅志》，清嘉庆十七年刻本。

[63]（清）崔述：《考信录》，《续修四库全书》影印清嘉庆二十二年道光二年四年陈履和递刻本。

[64]（清）唐鉴：《清学案小识》，上海商务印书馆1935年。

[65]（清）永瑢等：《四库全书总目》，中华书局1965年。

[66]（清）江藩：《国朝汉学师承记》，中华书局1983年。

[67]（清）黄宗羲：《明儒学案》，中华书局1985年。

[68]《圣祖仁皇帝实录》，《清实录》第6册，中华书局1985年。

[69]《高宗纯皇帝实录》，《清实录》第9—10册，中华书局1985年。

[70]（清）顾栋高：《春秋大事表》，中华书局1993年。

[71]（清）李光地：《榕村语录·榕村续语录》，中华书局1995年。

[72]（清）王闿运：《湘绮楼日记》，岳麓书社1997年。

[73]（清）朱彝尊：《经义考》，中华书局1998年影印本。

[74]（清）朱瀚编，（清）朱舲补编：《朱文端公年谱》，《儒藏·史部·儒林年谱》第37册，四川大学出版社2007年。

[75]（宋）司马光：《书仪》，文渊阁《四库全书》本。

[76]（明）田艺蘅：《留青日札》，《续修四库全书》影印明万历三十七年刻本。

[77]（明）顾元起：《客座赘语》，《续修四库全书》影印南京图书馆藏明万历四十六年刻本。

[78]（明）沈德符：《野获编》，《续修四库全书》影印清道光七年姚氏刻同治八年补修本。

[79]（清）刘锡鸿：《英轺私记》，岳麓书社1986年。

[80]（清）陈立：《白虎通疏证》，中华书局 1994 年。

[81]（清）吴翟：《茗洲吴氏家典》，黄山书社 2006 年。

[82]（清）梁启超：《清代学术概论》，人民出版社 2008 年。

[83]（清）江永：《昏礼从宜》，曾亦编：《儒学与古典学评论》，上海人民出版社 2013 年。

[84]（清）方东树：《汉学商兑》，上海古籍出版社 2018 年。

[85]（宋）张载：《张载集》，中华书局 1978 年。

[86]（宋）程颢、程颐：《二程集》，中华书局 1981 年。

[87]（宋）苏轼：《苏轼文集》，中华书局 1986 年。

[88]（宋）胡宏：《胡宏集》，中华书局 1987 年。

[89]（宋）朱熹：《朱子全书》，上海古籍出版社、安徽教育出版社 2002 年。

[90]（宋）周敦颐：《周敦颐集》，中华书局 2009 年。

[91]（宋）李觏：《李觏集》，中华书局 2011 年。

[92]（明）刘宗周：《刘宗周全集》，上海古籍出版社 2012 年。

[93]（明）王守仁：《王阳明全集》，上海古籍出版社 2014 年。

[94]（清）陈寿祺：《左海文集》，《续修四库全书》影印华东师大图书馆藏清刻本。

[95]（清）姚鼐：《惜抱轩文后集》，《续修四库全书》影印山东省图书馆藏清嘉庆三年刻增修本。

[96]（清）王昶：《春融堂集》，《续修四库全书》影印上海辞书出版社图书馆藏清嘉庆十二年塾南书舍刻本。

[97]（清）全祖望：《鲒埼亭集外编》，《续修四库全书》影印上海图书馆藏清嘉庆十六年刻本。

[98]（清）俞樾：《春在堂杂文》，《续修四库全书》影印上海

辞书出版社图书馆藏清光绪二十五年刻《春在堂全书》本。

[99]（清）惠栋：《松崖文钞》，《续修四库全书》影印清光绪刘氏刻《聚学轩丛书》本。

[100]（清）万斯同：《石园文集》，《续修四库全书》影印民国二十五年张氏约园刻《四明丛书》第四集本。

[101]（清）朱次琦：《朱九江先生集》，台北文海出版社1967年。

[102]（清）颜元：《颜元集》，中华书局1987年。

[103]（清）李文胤：《杲堂诗文集》，浙江古籍出版社1988年。

[104]（清）戴震：《戴震全集》，清华大学出版社1991年。

[105]（清）阮元：《揅经室集》，中华书局1993年。

[106]（清）李颙：《二曲集》，中华书局1996年。

[107]（清）刘师培：《刘申叔遗书》，凤凰出版社1997年。

[108]（清）全祖望：《全祖望集汇校集注》，上海古籍出版社2000年。

[109]（清）胡培翚：《胡培翚集》，台北"中研院"中国文哲研究所2005年。

[110]（清）方苞：《方苞集》，上海古籍出版社2008年。

[111]（清）程瑶田：《程瑶田全集》，黄山书社2008年。

[112]（清）陈澧：《陈澧集》，上海古籍出版社2008年。

[113]（清）朱轼：《朱文端公文集》，载《清代诗文集汇编》第214册，上海古籍出版社2010年。

[114]（清）顾炎武：《顾炎武全集》，上海古籍出版社2011年。

[115]（清）王夫之：《船山全书》第10册，岳麓书社2011年。

[116]（清）梁启超：《中国近三百年学术史》，商务印书馆2011年。

[117]（清）曾国藩：《曾国藩全集》，岳麓书社 2012 年。

[118]（清）江永：《善余堂文集》，台北"中研院"中国文哲研究所 2013 年。

[119]（清）皮锡瑞：《皮锡瑞全集》，中华书局 2015 年。

[120]（清）廖平：《廖平全集》，上海古籍出版社 2015 年。

[121]（清）章太炎：《章太炎全集》第 1 辑，上海人民出版社 2017 年。

[122]（清）郭嵩焘：《郭嵩焘全集》，岳麓书社 2018 年。

二、民国以来重要著述

[1] 侯外庐：《中国思想通史》，人民出版社 1956 年。

[2] 嵇文甫：《王船山学术论丛》，生活·读书·新知三联书店 1962 年。

[3] 赵尔巽等：《清史稿》，中华书局 1977 年。

[4] 张岱年：《中国哲学大纲》，中国社会科学出版社 1982 年。

[5] 廖幼平：《廖季平年谱》，巴蜀书社 1985 年。

[6] 詹海云：《陈乾初大学辨研究》，台北明文书局 1986 年。

[7] 蔡尚思：《中国礼教思想史》，香港中华书局 1991 年。

[8] 钱穆：《中国近三百年学术史》，商务印书馆 1997 年。

[9] 蔡方鹿：《宋明理学心性论》，巴蜀书社 1997 年。

[10] 钱穆：《国学概论》，商务印书馆 1997 年。

[11] 袁庭栋：《巴蜀文化志》，上海人民出版社 1998 年。

[12] 张丽珠：《清代义理学新貌》，台北里仁书局 1999 年。

[13] 何淑宜：《明代士绅与通俗文化——以丧葬礼俗为例的考

察》,台湾师范大学历史研究所 2000 年。

[14] 陈戍国:《中国礼制史》(元明清卷),湖南教育出版社 2001 年。

[15] 张寿安:《以礼代理——凌廷堪与清中叶儒学思想之转变》,河北教育出版社 2001 年。

[16] 林庆彰、蒋秋华编:《姚际恒研究论集》,台北"中研院"中国文哲研究所 2001 年。

[17] 许承尧:《歙事闲潭》,黄山书社 2001 年。

[18] 张晓蓓:《清代婚姻制度研究》,四川大学出版社 2001 年。

[19] 林存阳:《清初三礼学》,社会科学文献出版社 2002 年。

[20] 徐定宝:《黄宗羲评传》,南京大学出版社 2002 年。

[21] 萧萐父、许苏民:《王夫之评传》,南京大学出版社 2002 年。

[22] 林庆彰、张寿安编:《乾嘉学者的义理学》,台北"中研院"中国文哲研究所 2003 年。

[23] 余英时:《士与中国文化》,上海人民出版社 2003 年。

[24] 丁鼎:《〈仪礼·丧服〉考论》,社会科学文献出版社 2003 年。

[25] 万仕国:《刘师培年谱》,广陵书社 2003 年。

[26] 余英时:《朱熹的历史世界》,生活·读书·新知三联书店 2004 年。

[27] 谢桃坊:《成都东山的客家人》,巴蜀书社 2004 年。

[28] 商瑈:《一代礼宗——凌廷堪之礼学研究》,台北万卷楼图书股份有限公司 2004 年。

[29] 张寿安:《十八世纪礼学考证的思想活力——礼教论争与礼秩重省》,北京大学出版社 2005 年。

[30] 胡适:《胡适口述自传》,广西师范大学出版社 2005 年。

[31] 邓声国：《清代〈仪礼〉文献研究》，上海古籍出版社 2006 年。

[32] 李育民：《曾国藩传统文化思想研究》，湖南师范大学出版社 2006 年。

[33] 周振鹤撰集：《圣谕广训集解与研究》，上海书店出版社 2006 年。

[34] 中国训诂学研究会主编：《孙诒让研究论文集》，百花洲文艺出版社 2007 年。

[35] 李帆：《清代理学史》中卷，广东教育出版社 2007 年。

[36] 赵沛：《廖平春秋学研究》，巴蜀书社 2007 年。

[37] 陈力祥：《王船山礼学思想研究》，巴蜀书社 2008 年。

[38] 余英时：《宋明理学与政治文化》，吉林出版集团有限责任公司 2008 年。

[39] 林存阳：《三礼馆：清代学术与政治互动的链环》，社会科学文献出版社 2008 年。

[40] 张显清：《明代后期社会转型研究》，中国社会科学出版社 2008 年。

[41] 何佑森：《清代学术思潮》，台大出版中心 2009 年。

[42] 徐世昌：《清儒学案》，人民出版社 2010 年。

[43] 姜广辉：《中国经学思想史》第四卷，中国社会科学出版社 2010 年。

[44] 季蒙、程汉：《清代思想史稿》，台北秀威资讯科技 2011 年。

[45] 钱穆：《中国思想史》，九州出版社 2011 年。

[46] 潘斌：《宋代〈礼记〉学研究》，吉林人民出版社 2011 年。

[47] 徐道彬：《皖派学术与传承》，黄山书社 2012 年。

[48] 张仁善:《礼·法·社会——清代法律转型与社会变迁》,商务印书馆 2013 年。

[49] 陈来:《诠释与重建——王船山的哲学精神》,北京大学出版社 2013 年。

[50] 刘永青:《情礼之间:论明清之际的礼学转向》,人民出版社 2014 年。

[51] 商传:《走进晚明》,商务印书馆 2014 年。

[52] 胡适:《戴东原的哲学》,北京师范大学出版社 2014 年。

[53] 赵园:《明清之际士大夫研究:作为一种现象的遗民》,北京师范大学出版社 2014 年。

[54] 支伟成:《清代朴学大师列传》,上海人民出版社 2014 年。

[55] 蒙文通:《蒙文通全集》,巴蜀书社 2015 年。

[56] 吴丽娱主编:《礼与中国古代社会》(明清卷),中国社会科学出版社 2016 年。

[57] 肖建原:《"三教合一"之心:王夫之佛道思想研究》,北京师范大学出版社 2016 年。

[58] 周启荣:《清代儒家礼教主义的兴起——以伦理道德、儒学经典和宗族为切入点的考察》,天津人民出版社 2017 年。

[59] 周兵:《王夫之四书学思想研究》,科学出版社 2018 年。

[60] 潘斌:《清代"三礼"诠释研究》,人民出版社 2021 年。

三、当代重要研究论文

[1] 邓广铭:《王安石——北宋时期杰出的法家》,《北京大学学报》1974 年第 3 期。

[2] 熊月之:《郭嵩焘出使述略》,《求索》1983 年第 4 期。

[3] 王玉波:《中国婚礼的产生与演变》,《历史研究》1990 年第 4 期。

[4] 刘厚生、陈思玲:《〈钦定满洲祭神祭天典礼〉评析》,《清史研究》1994 年第 1 期。

[5] 杨国荣:《本体与工夫:从王阳明到黄宗羲》,《浙江学刊》2000 年第 5 期。

[6] 李全中:《四川客家中原本根与文化传承探析》,《客家与中原文化国际学术研讨会论文集》,中州古籍出版社 2003 年。

[7] 张学智:《王夫之〈春秋〉学中的华夷之辨》,《中国文化研究》2005 年夏之卷。

[8] 赵克生:《修书、刻图与观礼:明代地方社会的家礼传播》,《中国史研究》2010 年第 1 期。

[9] 谢重光:《客家文化的中原结构与草根本色》,《解读客家历史与文化:文化人类学的视野》,知识产权出版社 2011 年。

[10] 陈安金、孙邦金:《论孙诒让的礼学研究与中西政治文化观》,《哲学研究》2012 年第 9 期。

[11] 徐道彬:《〈昏礼从宜〉辨伪》,《中国典籍与文化》2013 年第 4 期。

[12] 周文玖:《顾炎武的历史盛衰思想》,《顾炎武研究文集》,上海人民出版社 2014 年。

[13] 徐道彬:《论戴震礼学研究的特色与影响》,《安徽大学学报》2015 年第 1 期。

[14] 潘斌:《朱子〈家礼〉的编撰及现代价值》,《孔子研究》2015 年第 5 期。

[15] 潘斌:《张载礼学思想探论》,《社会科学研究》2015 年第 6 期。

[16] 赵克生:《清代家礼书与家礼新变化》,《清史研究》2016 年第 3 期。

[17] 金珍根:《关于王夫之"夷夏之辨"的研究——以其宗旨与目的所体现的现代价值及普遍意义为中心》,《船山学刊》2016 年第 3 期。

[18] 赵克生、安娜:《清代家礼书与家礼新变化》,《清史研究》2016 年第 3 期。

[19] 邓声国:《朱轼〈仪礼〉研究探微》,《知与行》2017 年第 4 期。

[20] 马子木:《十八世纪礼学官僚的论学与事功》,《历史研究》2019 年第 3 期。

[21] 吴飞:《程瑶田礼学的心性学基础》,《中州学刊》2020 年第 3 期。

[22] 潘斌、郑莉娟:《人情、风俗与礼之制作——以江永〈昏礼从宜〉为中心的考察》,《民俗研究》2021 年第 1 期。

后　记

2020年初，书稿《清代"三礼"诠释研究》交付出版社之后，我就着手对清代礼学思想开展研究。本书就是这几年我在清代礼学思想研究方面的一些心得。

我在《清代"三礼"诠释研究》的后记中曾说："清代是中国经学的高峰时期，礼学发达，礼学家辈出，相关文献十分丰富。本书的研究，侧重于经学层面的礼学，确切地说就是'三礼'学。即便拙著对《读礼通考》《五礼通考》这样的通礼类文献有所考察，也是从'三礼'学的视角展开。而于礼俗类文献如朱轼的《仪礼节略》、江永的《昏礼从宜》等，则不纳入拙著的考察范围。"与《清代"三礼"诠释研究》侧重于文献研究不同，本书的研究焦点是清代的义理礼学；在取材选取方面不仅有经学文献，还有清人的文集和史书中的材料。朱轼的《仪礼节略》、江永的《昏礼从宜》也在本书的研究范围之内。

本书能顺利出版，与商务印书馆鲍海燕、张彦君两位编辑的大力支持是分不开的。西南财经大学社会发展研究院杨海洋先生也对本书的出版给予了大力支持。

在本书出版之际，谨向各位关心和支持我的前辈和同仁表示崇高的敬意与衷心的感谢！

潘　斌

2023年2月8日